中国近现代超级工程概览

胡文瑞 王基铭 刘 合 唐立新 等 著

科学出版社

北 京

内 容 简 介

　　本书以宏大视角系统梳理了1840～2022年间，中国从近代工业蹒跚起步到现代化飞速发展的辉煌历程中，所涌现出的一系列令人瞩目的超级工程。书中分析了中国近现化超级工程的年代分布、地理分布、行业分布等规律，揭示其背后的技术发展动力与时代变迁，总结演进趋势，贡献中国智慧。

　　本书适合关注中国近现代工业发展、工程技术进步的学者和工程技术人员阅读和参考。

图书在版编目（CIP）数据

中国近现代超级工程概览 / 胡文瑞等著. -- 北京 ： 科学出版社，2025. 5. -- ISBN 978-7-03-082041-9

Ⅰ. F282

中国国家版本馆 CIP 数据核字第 2025CE3327 号

责任编辑：吴凡洁　郑欣红/责任校对：王萌萌
责任印制：师艳茹/封面设计：有道设计

科 学 出 版 社 出版

北京东黄城根北街 16 号
邮政编码：100717
http://www.sciencep.com

北京汇瑞嘉合文化发展有限公司印刷
科学出版社发行　各地新华书店经销

*

2025 年 5 月第 一 版　开本：787×1092　1/16
2025 年 5 月第二次印刷　印张：22 1/2
字数：388 000

定价：200.00 元
（如有印装质量问题，我社负责调换）

作者简介 //

胡文瑞

　　毕业于东北石油大学，中国工程院院士，教授级高级工程师，博士生导师，国务院有突出贡献专家，第十届全国人民代表大会代表，中国共产党第十六次全国代表大会代表。曾任长庆石油勘探局局长、长庆油田公司总经理、中国石油专业公司总经理、中国石油天然气股份有限公司副总裁、中国石油企业协会会长、中国矿业联合会副会长、中国石油和化学工业联合会副会长、中国企业技术创新委员会副主任委员、中国工程院工程管理学部第七届主任。全国企业现代化管理创新成果审定委员会主任。全国五一劳动奖章获得者。主要研究方向是非常规油气勘探开发、新能源、工程管理与造物实践。

王基铭

　　毕业于华东化工学院，中国工程院院士，教授级高级工程师，博士生导师，炼油、石油化工及工程管理专家。曾任上海石化董事长，上海赛科石油化工有限责任公司董事长，中国石油化工集团有限公司副总经理，中国石油化工股份有限公司副董事长、总裁，中国可持续发展工商理事会执行理事长，中国工程院工程管理学部第五届主任，第十届、第十一届全国政协委员。现任华东理工大学理事会名誉理事长、中国石油化工集团有限公司科学技术委员会顾问、中国企业联合会特邀副会长、中国可持续发展工商理事会会长。中国石化大型装备国产化的杰出推动者和重大贡献者。主要研究方向是炼油化工产业智能化和煤化工产业化。

刘合

　　毕业于大庆石油学院，中国工程院院士，教授级高级工程师，博士生导师，能源与矿业工程管理专家。曾任大庆油田副总工程师和中国石油勘探开发研究院副总工程师。现任国家油气战略研究中心副主任、国际燃气联盟（IGU）执行委员。国家科学技术进步奖特等奖（1项）、二等奖（4项），国家技术发明奖二等奖（1项）获得者；光华工程科技奖、孙越崎能源大奖获得者。主要研究方向是采油工程技术及装备研发、工程管理创新与实践。

唐立新

　　毕业于东北大学，中国工程院院士，IEEE Fellow，教授，博士生导师。现为东北大学副校长（科技规划、国际合作）、第十四届全国人民代表大会代表、辽宁省第十四届人民代表大会常务委员会委员。东北大学控制科学与工程（自动化）国家一级重点学科负责人、控制科学与工程国家"双一流"学科建设领导小组组长、人工智能与大数据研究院院长、智能工业数据解析与优化教育部重点实验室主任、工业智能与系统优化国家级前沿科学中心主任和首席科学家。现任国务院学位委员会第八届控制科学与工程学科评议组成员、教育部科学技术委员会人工智能与区块链技术专业委员会副主任、国家工业互联网战略咨询专家委员会委员。兼任中国金属学会副理事长、中国运筹学会副理事长兼智能工业数据解析与优化专业委员会主任、清华大学自动化系咨询委员会委员、北京大学大数据分析与应用技术国家工程实验室技术委员会委员。2017年获全国五一劳动奖章。主要研究方向是工业智能与系统优化理论方法。

"超级工程丛书"编委会

顾问:	徐匡迪　朱高峰　何华武　殷瑞钰　翟光明　何继善　袁晴棠
	傅志寰　王玉普　汪应洛　陆佑楣　王礼恒　孙永福　许庆瑞
主编:	胡文瑞
副主编:	王基铭　刘　合　唐立新
秘书长:	唐立新(兼)
副秘书长:	王俊仁(执行)　聂淑琴　鲍敬伟　许　特

主要撰写人员:

胡文瑞	王基铭	刘　合	唐立新	卢春房	黄其励	黄维和
丁烈云	戴厚良	孙丽丽	曹建国	杨善林	谢玉洪	陈晓红
范国滨	金智新	凌　文	向　巧	林　鸣	王自力	李贤玉
王俊仁	许　特	方东平	宋　洁	郎　劲	赵国栋	赵　任
聂淑琴	鲍敬伟	王新东	钟　晟	刘清友	梁　樑	祝　磊
罗平平	邵安林	李家彪	黄殿中	孙友宏	张来斌	赵文智
聂建国	杨　宏	王　坚	王金南	杨长风	郭庆新	孟　盈
王显鹏	汪恭书	苏丽杰	吴　剑	宋　光	刘　畅	杜金铭
高　振	许美玲	陈宏志	李开孟	张秀东	张颜颜	宋相满
魏一鸣	贾枝桦	李新创	王慧敏	张家宁	郭振飞	董志明
白　敏	王佳惠	王　尧	马琳瑶	曹思涵	王丽颖	何冠楠
赵伟华	王剑晓	张　磊	杨钟毓	常军乾	吕建中	杨　虹
徐文伟	张建勇	林　枫	曲天威	王　军	李　青	王京峰
何江川	王建华	王安建	王荣阳	李　达	徐宿东	刘泽洪
张来勇	傅　强	王道军	李晓雪	陈晓明	袁红良	邵　茂
王定洪	关中原	何　欣	徐立坤	范体军	李妍峰	罗　彪
翁修震	陈佳仪	张　勇	李　治	王宗宪	钟金红	王　凡
任　羿	冯　强	田京芬	贾光智			

说明：1. 主要撰写人员按参与先后时间及任务权重排序
　　　2. 主要撰写人员 123 位 + 顾问 14 位，合计 137 位
　　　3. 总参与人员 751 人

本书编委会

主　编：胡文瑞　王基铭　刘　合　唐立新

副主编：王俊仁　郎　劲　许　特　鲍敬伟

　　　　孟　盈　苏丽杰　宋　光

编　委：张颜颜　纪　东　吴　剑　庞金刚

　　　　杨　阳　杨钟毓　王佳妮

MEGA PROJECTS

总序

　　工程是人类改造自然的伟大创造，而超级工程就是人类改造自然伟大创造的巅峰之作，是人类社会文明进步的旗帜性标志，堪称皇冠上一颗颗璀璨夺目的明珠。

　　超级工程历史，可以追溯到人类新石器时期，在那个洪荒世界就诞生了超级工程，标志着人类文明的开启，代表着人类从自然物理世界走向了人工物理世界。

　　新中国成立以来，中国经济持续七十多年中高速发展，其中改革开放以来的四十多年，GDP 增长了 225 倍。2010 年，中国经济总量超过日本，仅次于美国跃居世界第二位。巨大的经济实力为超级工程建造奠定了坚实基础。同年，中国制造业产值 1.98 万亿美元，占世界制造业总产值的 19.8%（美国占 19.4%），超过美国成为世界第一，截至 2022 年的制造业产值比美国、日本、德国的总和还多。强大的制造业为超级工程建造提供了工程装备和工程技术支撑。旺盛的需求为超级工程建造提供了强劲的动力。

　　这期间中国人民不屈不挠地进行了人类历史上史无前例、声势浩大、波澜壮阔的工程建设造物活动，中国城乡处处成为热火朝天的"大工地"，成为全球为数不多的蓬勃发展的工程建造"大市场"，诞生了数以万计的社会和民生需要的各类工程，催生了一大批史诗级的令人激动的超级工程和超级工程群。中国城乡到处欣欣向荣、日新月异，祖国大地发生了翻天覆地的变化，国家面貌焕然一新。为此，中国被誉为"基建狂魔"。

2017 年，中国工程院工程管理学部一批关注和热心超级工程研究的院士，提出系统研究超级工程的设想，得到了工程管理学部的全力支持。研究的目标以中国超级工程建造为重点，覆盖国内外超级工程建造，涵盖中国古代、近现代和世界古代、近现代超级工程，时间跨度从人类新石器时期到现代。可谓研究设想宏伟，内容浩大而繁复，学术性、理论性和专业性极强，没有强大的跨学科、跨领域的专业团队，难以完成如此重要的具有现实意义的超级工程研究工作。

2019 年，在两年多的咨询和组织准备的基础上，在中国工程院工程管理学部"工程哲学理论体系"和"工程管理理论"研究取得重大学术成果的鼓舞下，经工程管理学部七届 18 次常委会通过立项，正式设立"超级工程研究"课题，架构为"1+4"，即一个总研究课题为"超级工程研究"课题，四个专题研究课题为"中国古代超级工程研究""中国近现代超级工程研究""世界古代超级工程研究"和"世界近现代超级工程研究"课题，分别于 2019 年、2020 年、2021年、2022 年立项。

2023 年，为了提升超级工程研究的层次，结合国家战略发展目标，"超级工程研究"由中国工程院"一般项目"升格为中国工程院"重大项目"，项目名为"中国式现代化建设中超级工程发展战略研究"，目的是为建设中国式现代化强国提供重要的科学决策支撑。

为了完成重大的理论性、学术性和战略性研究课题，"超级工程研究"项目组，遵循"友情合作"的原则，先后组建了研究顾问团队、3 个骨干研究团队、43 个"超级工程排行榜"案例撰写团队、10 个研究报告和系列丛书撰写编辑编审团队。参与研究的跨领域、跨专业、跨学科的专家学者 751 人，其中院士 49位，参与研究的大学 19 所，企业 105 家（其中世界 500 强企业 15 家），堪称学术研究领域里的"超级研究"团队。

"超级工程研究"课题遵循"科学、权威、真实、可用"四项基本原则。一是坚持研究的科学性。对超级工程进行科学的定义、分类，依据、论据充分，数据、知识真实可靠，结果经得起考验和社会评判。二是坚持资料的权威性。资料选自权威文献，由专业机构提供和合法认可，结合现场考察，工程资料信息完整可信，经得起时间的考验。三是坚持案例的真实性。尊重合乎客观实际的工程情况，确保工程数据、人文资料真实，经得起追溯、查证。四是研究成果的可用性。将浩繁的历史资料转变成超级工程研究的工具，从研究中获得认识和启示，从实践中获得宝贵经验，升华到理论，指导超级工程建造实践。研究目的是，

"超级工程研究"为人类工程造物活动提供有价值、有意义、可借鉴的工作指南。

"超级工程研究"课题总体逻辑关系：一是定义。定性分析中国古代、近现代和世界古代、近现代超级工程的共性要素，形成中国古代、近现代和世界古代、近现代超级工程公认的定义。二是特征。挖掘各个历史时期、各个领域中国古代、近现代和世界古代、近现代超级工程普遍存在的价值，获得超级工程的共性特征。三是分类。按"时空四象限方法"分为"古、今、中、外"四大板块；依据工程属性和自然属性分为七大类，从中又分别细化二级分类。四是标准。总体研究设计"定性 + 定量化"，制定中国古代、近现代和世界古代、近现代超级工程选取评价指标，最终形成系统的评价体系，选取或筛选超级工程经典案例。

什么是超级工程？"超级工程研究"给出的定义是：特定团体（国家、政府、财阀、企业），为了人类生存和发展，实现特定的目的，运用科学与技术，投入超大规模的人力、物力、财力，有计划、有组织地利用资源，将人类的思考、发明和实践经验，通过人工和自然的选择，采用集成和交叉的方法，建造的具有超大规模的、超复杂技术的、超高风险的、超大影响力的、极具誉谤性和唯一性特征的改变事物性状的实体人造物理工程，称之为"超级工程"。

"超级工程研究"根据超级工程特性所表现的抽象结果，把超级工程的特征分为主体特征（事物的主要部分）、次主体特征和一般特征。一般来讲，特征为表象（外在）的（物质的）东西，而特性为本质（内在）的东西。超级工程的代表性特征主要有：目的性、社会性、规模性、集成性、系统性、复杂性、科学性、文化性、地域性、民族性、誉谤性和唯一性等。如果概括其特征就是"超大"。

"超级工程研究"参考"林奈的生物学分类法"，以"同规则、内相似、外差异、全覆盖、无重叠"为依据，按照工程属性和自然属性，依据功能结构、科技领域、建设性质、投资规模、投资效益、投资来源等，分为"土木工程、水利工程、能源矿业工程、制造工程、运载工程、信息通信工程和其他工程"七大类，在此分类基础上，进一步细化分类，例如"土木工程"，又分为"建筑工程、桥梁工程、公路工程、隧道工程、地铁工程、机场工程"等。

"超级工程研究"采用"定量标准和定性标准相结合的方法"选取超级工程。具体有两种方法：一是采用"比较分析法"，根据工程规模、科技成果等可量化指标，设置超级工程筛选的定量标准；二是采用"专家打分法"，对科技影响、经济影响和社会影响等不可量化的指标，设置超级工程筛选的定性标准，最终依据"工程规模、工程成果、管理创新、科技价值、经济价值、社会价值"等若干方面进行综合评价。在此基础上，进一步细化定性和定量指标，例如"工程规模"，包括"建筑面积、投资金额、设计与建设周期、资源消耗"等；又例如"社会价值"，包括"民生与就业价值效应、生态与环境价值效应、军事战略价值效应、交通辐射价值效应"等。

"超级工程研究"以历史年代时间轴划线。中国古代超级工程和中国近现代超级工程，时间跨度12000年，以公元1840年第一次鸦片战争为节点，之前为中国古代超级工程，可以追溯到新石器时期，之后为中国近现代超级工程。世界古代超级工程和世界近现代超级工程，时间跨度4300～5300年，以公元1640年英国资产阶级革命为节点，之前为世界古代超级工程，可追溯到公元前3300～前2300年之前，之后为世界近现代超级工程。

"超级工程研究"课题，技术含金量较高的是对超级工程进行"投资折算"。众所周知，发生在不同时期的超级工程，其投资不可能是一个恒定的数字。把不同时期建造的超级工程投资折算成现在的价值（投资），需采用不同的折算方法。

一是投资占GDP比重相对计算方法。主要表明古代某一超级工程在当时的相对投资规模。用某一超级工程的总投资，占该项超级工程建造期间的GDP年均值的比重来表明该超级工程对当时经济增长的贡献。

二是米价的折算方法。对于建设年代久远的古代超级工程，考虑历朝、历代的衡制和币制不同，难以通过一种货币衡量其投资额度。为了对超级工程的投资进行归一化处理，采用两千年来一直存在记录的米价，折算超级工程的投资金额。主要是针对有历史记载建造用工总量的超级工程进行折算。

三是重置成本法。对某一时期建造的有明确工程量记载的超级工程，可用同类型单位工程的现行造价进行折算，测算出该超级工程现在所需要的投资额，例如给万里长城作价。对于现代超级工程，也可用"折现法"折算为现在的造价。

投资折算的目的是更清晰地对比判断超级工程的规模。近现代部分超级工程，难以准确折算真实的超级工程投资，则保留在建时期原始投资数据供参考。古代超级工程中的部分超级工程，特别是新石器时期的超级工程，很难准确折算投资，则采用定量估算和定性描述其工程价值作为参考。

"超级工程研究"课题，特别注重超级工程案例的研究。从人类新石器时期到现代（截至2022年），在浩如烟海、数以万计的世界重大工程中，严格按照定义、标准和分类要求，共筛选出了具有代表性的643项超级工程入选超级工

程排行榜，其中 110 项具有标志性的超级工程入选《中国古代超级工程排行榜》，
299 项具有地标性的超级工程入选《中国近现代超级工程排行榜》，100 项具有
标志性的超级工程入选《世界古代超级工程排行榜》，134 项具有地标性的超级
工程入选《世界近现代超级工程排行榜》。

　　"超级工程研究"课题组在完成研究总报告、专题报告、结题报告的基础上，
进一步组织专家、学者深化研究，从理论和实践出发，研究超级工程的规律，创
新超级工程理论，指导超级工程实践，组织撰写"超级工程丛书"，陆续向社会
公开发行具有理论性、学术性和科普性的"超级工程丛书"。出版物主要包括如
下三类：第一类是理论和学术著作，包括《超级工程概论》《中国古代超级工程
概览》《中国近现代超级工程概览》《世界古代超级工程概览》《世界近现代超级
工程概览》《超级工程名录》；第二类是超级工程排行榜，包括《中国古代超级工
程排行榜》(共二册)、《中国近现代超级工程排行榜》(共六册)、《世界古代超级
工程排行榜》(共二册)、《世界近现代超级工程排行榜》(共三册)；第三类是超
级工程图册，包括《中国古代、近现代超级工程地理分布图》《世界古代、近现
代超级工程地理分布图》《中国古代、近现代超级工程历史年代时间轴图》《世界
古代、近现代超级工程历史年代时间轴图》等。

　　马克思主义者认为，决定生产力高低的要素有三个：一是劳动者；二是劳动
资料；三是劳动对象。"超级工程研究"筛选入列的人类代表性超级工程，不论
是中国古代、近现代超级工程，还是世界古代、近现代超级工程，均与当时人类
生产力发展水平和文明发展程度息息相关，与当时王朝兴衰、经济发展和技术水
平密不可分。例如，世界四大文明古国、中国三大盛世、欧洲文艺复兴时期、英
国工业革命、美国罗斯福新政、社会革命、新中国成立和改革开放、民族复兴、
世界全球化等，催生了一大批彪炳史册、可歌可泣的超级工程。

　　不论是中国古代、近现代超级工程，还是世界古代、近现代超级工程，均具
有"先进、先行、先导、先锋"四大作用；具有"文明迁徙、需求拉动、演化渐
进、经济基础(国家或王朝兴盛、物质财富、社会稳定)、科技进步、自然力影
响"六大规律；具有"决策者青睐、统治者喜好、时代大势选择、同道模仿与竞
争(超高层建造)、民间创造与积累(坎儿井)、贪大求奇"六大特点。

　　超级工程的作用、规律和特点充分体现了超级工程建造的民族文化特征、时
代印记和地域特色，成为人们认可、学习、推崇的不朽经典，成为人们永远的记
忆，虽被历史时间长河洗刷而不褪色，朝代更替而不倒，这就是超级工程的真正

价值所在。

著名冶金学家、中国工程院院士殷瑞钰说："工程是现实的生产力"。那么超级工程也是"现实的生产力"。人们常讲：将科学技术转化为现实的生产力，将知识和技术转化为现实的生产力，将实践产生的宝贵经验转化为现实的生产力，恰恰是超级工程建造最科学的结论。

超级工程集中体现了现实的生产力，体现了知识和技术，体现了宝贵的实践经验。可以说任何一项超级工程，都是知识、技术和实践经验的集大成者，都是那个时代现实生产力的集中表现，都为那个时代留下不可磨灭的痕迹和永久的记忆，都为那个时代刻上了历史的烙印。

"超级工程研究"在中国乃至世界，被誉为是填补空白的一项学术研究，具有重大的现实意义和学术价值。为此，作为超级工程研究团队成员，心情激动，浮想联翩，通过系统的超级工程研究，书写人类社会建造超级工程的辉煌历史，讴歌建造超级工程的伟大时代，歌颂劳动人民建造超级工程的丰功伟绩，赞颂工程技术人员建造超级工程的聪明才智，指导未来超级工程的科学建造。

衷心感谢"超级工程研究"团队和"超级工程丛书"撰写团队的全体专家学者！

特别感谢东北大学工业智能与系统优化国家级前沿科学中心、中国石油天然气集团有限公司、清华大学等骨干研究团队的全体专家学者！

胡文瑞

2022 年 3 月 8 日于北京丰和园第一稿

2022 年 11 月 11 日于北京六铺炕第二稿

2023 年 2 月 25 日于三亚鹿回头终稿

在人类历史浩瀚的星空中，超级工程犹如璀璨星辰，不仅照亮了技术进步的征途，更是国家强盛与文明跃迁的鲜明标志。从远古时代蜿蜒万里的长城、沟通南北的大运河，到当代横跨伶仃洋的港珠澳大桥、编织全球导航网络的北斗卫星导航系统，这些超级工程不仅重塑了地理版图，激发了经济社会的蓬勃活力，更在深层次上重塑了人类的生活图景与思维模式，引领着人类走向更加美好的未来。

本书系统梳理了自 1840 年开启中国近现代工业化进程以来，至 2022 年这一百多年间，中国超级工程的发展历程。这一时期，中国经历了从半殖民地半封建社会到社会主义新中国的建立，再到改革开放和社会主义现代化建设的新时期，每一个历史阶段都孕育出了一批具有划时代意义的超级工程。从京张铁路的修建，标志着中国人自主设计建设铁路的零的突破，到武汉长江大桥的建成，实现了"一桥飞架南北，天堑变通途"的壮举；从三峡水利工程的兴建，展现了人类与自然和谐共生的智慧，到北斗卫星导航系统的全球组网，宣告了中国在航天科技领域的领先地位。还有特高压输电、高速铁路、跨海通道等技术的突破，不仅提升了中国自身的工程实力，更为全球工程技术的发展贡献了宝贵的"中国智慧"和"中国方案"。这些超级工程不仅是中国工程技术实力的直接体现，更是国家发展战略和时代精神的深刻反映。

中国近现代超级工程在选取标准上，遵循工程的创新性、代表性、时代性以及对社会经济发展的深远影响等，从多个维度展现中国工程技术的飞跃与变迁，力求全面展现中国近现代超级工程的壮丽画卷。本书还从时间分布、地理分布、行业分布分析中国近现代超级工程的发展规律和特点，体现了中国社会的阶段性变迁，更彰显了区域性和地域性的鲜明特色。

中国近现代超级工程的发展历程，是国家经济、科技与社会进步的坚实基石，也是国家发展战略深刻变革的生动写照。本书深入分析了超级工程发展的多重动力因素，包括社会发展的要求、经济发展的需要、技术进步的推动、前沿科学的指导以及生态文明建设的引领等。这些因素相互作用，共同推动了中国超级工程的快速发展和不断创新。

同时，本书全面而深入地探讨了多个领域内的顶尖建造技术与创新方法，展示了人类在工程科技方面的卓越成就与不懈追求。从跨海通道的宏伟构想，到航站楼内部的精密安装；从城市交通的智能化改造，到超级工程的集群式建设；从能源利用的绿色转型，到农业生产的科技革新，再到建筑领域的极限挑战，内容涵盖了交通、能源、建筑、农业等多个关键领域，为我们呈现了一幅丰富多彩的工程技术发展图景。从书中可以了解到技术本身的高超与复杂，更能感受到技术背后所蕴含的创新思维、环保意识和社会责任感。每一项技术的突破，都是对人类智慧与勇气的肯定，也是对未来美好生活的向往与追求。

望未来，随着科技的持续进步和全球化的深入发展，中国超级工程的发展将面临新的机遇和挑战。本书在总结历史经验的基础上，对超级工程的未来发展趋势进行了展望，包括建造地域的拓展、行业领域的延伸、建造规模的扩大、技术方向的革新以及功能作用的提升等。同时，本书还从动力分析、行业发展、演化规律、技术进步等多个角度提出了深刻的启示和思考，为未来超级工程的建设和发展提供了宝贵的参考和借鉴。

总之，本书不仅是一部记录中国工程技术辉煌成就的历史文献，更是一部展现中华民族自强不息、勇攀高峰精神的壮丽史诗。它让我们深刻认识到超级工程在国家发展中的重要地位和作用，也激励着我们不断追求科技进步和创新发展，为实现中华民族伟大复兴的中国梦贡献力量。

目 录 C O N T E N T S

第 1 章

概　　述

　　超级工程所需的投资数额巨大，需要调动大量财政资金、人力资源以及物质资源，其建设过程极为复杂。这类工程不仅需要建设大规模的基础设施，还需要运用先进的项目管理理论与协调技能。针对超大规模工程对生态环境的多方面影响，必须进行全面系统的评估论证；同时还必须审慎评判其对经济发展的正面效应，因为一旦出现问题，其对社会各界造成的负面影响将十分显著，并关系到国计民生。因此，这类大规模复杂的工程无法依靠个人、私人企业或团队在短期内完成建设。事实证明，每一个超级工程的提出、规划、建造和实施过程中，国家政府都发挥着主导作用，这是由超级工程自身的特征所决定的。中国近现代超级工程具有规模宏大、技术含量高、国家意志明显、注重可持续发展等特征，这些超级工程得以成功建成，有赖于我国社会主义制度的明显优势，需要集中全国力量协同推进。它们不仅展现了我国强大的科技实力与工程造诣，也体现了中华民族的创造力与中国智慧。

1.1　概念

　　在总序中，给出了超级工程的定义，本书进一步给出了中国近现代超级工程的概念：中国近现代超级工程是从 1840 年鸦片战争以来，以政府为主导，社会为主体，为了实现民众需求及美好生活、社会经济发展、科技进步和国家重要战略需求，以维护国家主权、安全与发展利益为核心，运用重大科技攻关最新成果，融合政治、经济、文化、科技、生态多重效应，组织新建的超大规模投资、超复杂技术融合、超高风险的、超大影响力的、超强争议性的，在一个或多个方面达到了某一领域的最高水平或具有显著代表性的超大型实体工程。

　　历史证明，伟大的社会制度与伟大的社会变革都以超越时代、超越文明形态的超级工程为支撑，人类历史中的伟大工程创造都推动着人类生活状态与组织形式向前发展，世界强国的崛起之路无不依靠着重大科技工程的国家意志与深远影响。新中国成立以来，尤其是改革开放之后，中国大地上各种类型的工程如雨后春笋，无论是规模或水平都逐渐走向世界巅峰，以三峡水利工程、青藏铁路、大型油气田、西气东输、上海中心大厦、港珠澳大桥以及大兴国际机场等超级工程为代表，如图 1.1 所示。这些工程有力地推动了我国现代化建设与伟大中国梦的实践，是我国从站起来，到富起来，再到强起来的集中展示，是中国特色社会主义制度优越性的生动体现，是中华民族在自力更生的决心与自立于世界民族之林的自信表达。

（a）世界最长沉管隧道、跨海距离最长的
桥隧组合公路——港珠澳大桥

（b）世界海拔最高、线路最长的高原
铁路——青藏铁路

（c）世界规模最大的水电站——三峡水利工程

（d）世界最大的机场——大兴国际机场

图 1.1　中国近现代超级工程典型案例

　　从第一个五年计划开始，中国在落后的经济条件环境下，从未放弃对大型工程的建设投入。"一五"计划的 156 项工程项目奠定了中国近现代工业发展的基础。可以说，没有"一五"计划的 156 项工程就没有今天中国的工业繁荣，也没有中国"一带一路"和中国制造 2025 的宏伟蓝图。"一五"计划当中的许多工程项目从投资上、规模上、影响上已经超出了一般工程项目的界定范围。这部分超级工程属于重大工程，但又比重大工程具有更深的研究价值和历史意义。

　　党的十八大以来，习近平总书记在多个重要场合就重大科技创新成果发表系列重要论述。在国际工程科技大会上，习近平总书记表示工程科技是改变世界的重要力量，工程科技创新驱动着历史车轮飞速旋转，为人类文明进步提供了不竭的动力源泉，推动人类从蒙昧走向文明，从游牧文明走向农业文明、工业文明，走向信息化时代；在北京大学考察时，习近平总书记强调重大科技创新成果是国之重器、国之利器，必须牢牢掌握在自己手上，必须依靠自力更生、自主创新；在国家重大科技基础设施 500m 口径球面射电望远镜落成启用的贺信上，习近平总书记强调，具有我国自主知识产权、世界最大单口径、最灵敏的射电望远镜的落成启用，对我国在科学前沿实现重大原创突破、加快创新驱动发展具有重要意义。

2018 年 10 月 23 日，习近平总书记出席港珠澳大桥通车仪式并巡览大桥时强调，港珠澳大桥的建设创下多项世界之最，非常了不起，体现了一个国家逢山开路、遇水架桥的奋斗精神，体现了我国综合国力、自主创新能力，体现了勇创世界一流的民族志气；是一座圆梦桥、同心桥、自信桥、复兴桥；进一步坚定了我们对中国特色社会主义的道路自信、理论自信、制度自信、文化自信，充分说明社会主义是干出来的，新时代也是干出来的。

习近平总书记的系列重要讲话深刻指出了重大科技工程在国家科技发展与社会经济促进中的重要作用。中国工程院是中国工程科技界最高荣誉性、咨询性的学术机构，开展战略咨询研究、为国家决策提供支撑服务是中国工程院的主要职能和中心工作之一，是建设国家工程科技思想库和国家高端智库的核心。因此，研究国家重要科技工程，是中国工程学院学习贯彻落实习近平新时代中国特色社会主义思想，是中国科研院所、高等学校增强"四个服务"能力的客观必然；是中国工程领域科学家立足中国立场，讲述中国故事，传播中华文明的学者使命；是系统彰显中国人伟大创造精神与提振民族志气，增强全体国人自豪感与自信心的时代呼唤；对推动中国现代化强国建设与实施"五位一体"总体布局具有重大战略意义与时代意义。

1.2　分类

根据《超级工程概论》的分类方法，依据自然属性和单体用途两类标准可将中国近现代超级工程分为土木工程、水利工程、能源矿业工程、制造工程、运载工程、信息通信工程及其他工程。结合超级工程的自身特色、用途和功能，我们将超级工程（以中国近现代为例）按照单体用途分为以下几个种类（图 1.2）。

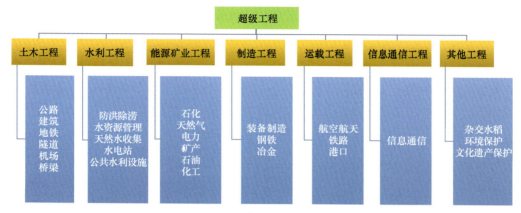

图 1.2　超级工程分类

1. 土木工程

1）建筑

建筑是人类居住和工作的场所，土木工程帮助人们设计和建造了各种各样的建筑，如住宅、商业建筑、公共建筑等，为人们提供了安全、舒适和便利的生活环境。

2）机场

机场是人们出行和物资运输的重要枢纽，土木工程帮助人们设计和建造了跑道、停机坪、航站楼等机场设施，为人们提供了快捷、便利和安全的交通环境。

3）桥梁

桥梁是连接两个地点的重要设施，土木工程帮助人们设计和建造了公路桥、铁路桥、高速公路桥等各种桥梁，为人们提供了交通的便利性和连通性。

4）地铁

地铁是城市公共交通的重要组成部分，土木工程帮助人们设计和建造了车站、隧道、车辆等设施，为人们提供了快捷、便利和环保的交通工具。

5）公路、隧道

公路、隧道是人们出行的重要通道，土木工程帮助人们设计和建造了城市隧道、山区隧道、海底隧道等，为人们提供了安全、快捷和便利的交通方式。

6）交通枢纽

交通枢纽是不同交通方式之间的连接点，土木工程帮助人们设计和建造了高速公路服务区、火车站、机场航站楼等交通枢纽，为人们提供了便利和舒适的交通服务。

土木工程在人们的生活和工作中起到了不可或缺的作用。在未来，随着科技的不断进步和社会的不断发展，土木工程将继续发挥更为重要的作用，为人们创造更加美好的生活和工作环境。

2. 水利工程

1）防洪除涝

防洪除涝是水利工程的重要组成部分，也是水利工程的基本功能之一。水利工程通过建设堤防、拦河闸、排水系统等设施，有效防止了洪水对农田、城市和人民生命财产的侵害。此外，水利工程还通过建设排涝系统、提高灌溉效率等措施，有效地解决了农田和城市的排水问题，确保了农田的正常生产和城市的正常生活。

2）水资源管理

水资源管理是水利工程的另一个重要功能。水利工程通过建设水库、引黄入淮工程、南水北调工程等措施，调节了水资源的分配和利用，促进了农业、工业和城市的可持续发展。此外，水利工程还通过建设节水灌溉系统、水资源保护区等措施，有效地保护了水资源的生态环境，为未来的经济发展提供了可持续的水资源保障。

3）水电站

水电站是水利工程的又一重要组成部分。水电站将水流的动能转化为电能，为国家提供清洁的能源，降低对化石能源的依赖，促进了经济的发展。此外，水电站还可以有效地调节水流，防止洪水和旱灾的发生，保障人民生命财产的安全。

4）公共水利设施

公共水利设施如水库、水渠、水厂等，是水利工程的又一重要组成部分。这些设施为人们提供了清洁的饮用水和便利的交通运输，提高了人民的生活质量。此外，公共水利设施还可以有效地防止洪水和旱灾的发生，保障了人民的生命财产安全。

水利工程在国民经济中起着非常重要的作用。它们不仅保障了人民的生命财产安全，还为国家的经济发展提供了可持续的保障。随着社会的发展和经济的进步，水利工程的建设和发展将会越来越重要。

3. 能源矿业工程

1）矿产

矿产是能源矿业工程的重要组成部分，包括有色金属、黑色金属、稀土等多种矿产资源。矿产资源是国家经济发展的重要支撑，它可以为国家提供原材料和能源，促进工业和农业的发展。此外，矿产资源还可以为国家提供外汇收入，促进国际贸易的发展。

2）石油和天然气

石油和天然气是能源矿业工程的重要组成部分，它们是国家经济发展的重要能源资源。石油和天然气可以为国家提供燃料和原材料，促进工业和交通运输的发展。

3）电力

电力是能源矿业工程的重要组成部分，它是国家经济发展的重要能源资源。电力可以为国家提供清洁的能源，促进工业、交通运输和居民生活的发展。此外，电力还可以为国家提供外汇收入，促进国际贸易的发展。

4）石化

石化是能源矿业工程的重要组成部分，它是国家经济发展的重要化工原料。石化可以为国家提供原材料和能源，促进工业和农业的发展。

4. 制造工程

1）装备制造

装备制造是制造工程的重要组成部分，它包括航空、航天、军工、汽车、机床等多个领域。装备制造是国家经济发展的重要支撑，它可以为国家提供先进的技术和装备，促进工业、农业和交通运输的发展。

2）钢铁

钢铁是制造工程的另一重要组成部分，它是国家经济发展的重要原材料。钢铁可以为国家提供建筑材料和机械零部件等，促进工业和交通运输的发展。此外，钢铁还可以为国家提供外汇收入，促进国际贸易的发展。

3）铝

铝是制造工程的又一重要组成部分，它是国家经济发展的重要原材料。铝可以为国家提供建筑材料和机械零部件等，促进工业和交通运输的发展。

5. 运载工程

1）铁路

铁路是运载工程的重要组成部分，它是国家经济发展的重要交通运输工具。铁路可以为国家提供快速、安全、便捷的运输方式，促进工业和农业的发展。

2）港口

港口是运载工程的另一重要组成部分，它是国家经济发展的重要交通运输枢纽。港口可以为国家提供快速、安全、便捷的海上运输方式，促进国际贸易和旅游业的发展。

3）航空航天

航空航天是运载工程的又一重要组成部分，它是国家经济发展的重要交通运输工具。航空航天可以为国家提供快速、安全、便捷的运输方式，促进工业、旅游业和国防事业的发展。

6. 信息通信工程

1）信息通信

信息通信是信息工程的重要组成部分，它是国家经济发展的重要支撑。信息通信可以为国家提供快速、安全、便捷的信息传输方式，促进了工业、农业、旅游业和国防事业的发展。

2）新兴科技

新兴科技是信息工程的又一重要组成部分，为国家提供先进的云计算、物联网、大数据存储、计算、分析、人工智能、智能制造等技术，促进了工业、农业、旅游业和国防事业的发展。

总之，信息工程在国民经济中起着非常重要的作用。它们不仅为国家提供快速、安全、便捷的信息传输方式，促进了工业、农业、旅游业和国防事业的发展，还为国家提供先进的技术和服务，促进了国际贸易的发展。随着社会的发展和经济的进步，信息工程的建设和发展将会越来越重要。

同时，超级工程还涵盖了农业、林业、道路村村通等。

1.3　特征

工程科技是改变世界的重要力量，驱动着历史的车轮飞速旋转，为人类文明进步提供了不竭的动力源泉。今天的中国，在跃居世界第二大经济体、世界制造业第一大国的同时，正在展现强大高超的工程能力，成为世所公认的工程大国。一系列震撼世界的"超级工程"向国际社会展现着中国的强大国力和勃勃生机，在当前全球经济格局深刻调整、中国经济发展进入新常态的时代背景下，成为国内外各界高度关注、广泛研究的重要现象、重大议题。

超级工程以规模宏大、技术复杂、投入巨大、影响深远为特征，集中出现在交通运输、建筑、水利、军事和能源等领域。例如，我国只用了不到 7 年的时间就建设运营了 1.9 万 km 的高速铁路（简称高铁），超过世界其他国家高铁运营里程的总和[1]；我国也是世界上少数几个掌握高铁永磁牵引系统技术的国家之一，在技术上实现了从"引进"到"引领"，自行定义高铁"4.0 时代"。再如，我国建设的三峡水利工程是当今世界上规模最大、技术最复杂、管理任务最艰巨、影响最深远的水利枢纽工程之一[2]；南水北调工程是迄今为止世界最大的跨流域调水工程，也是世界规模最宏大的水利工程[3]；尤其是近期的南沙群岛填海造陆工程，展现了中国维护国家核心利益的力量、决心与气魄，被网友叹为"大自然的鬼斧神工"。另外，京津冀协同发展战略、西部大开发战略等综合性、协调性的发展战略规划，由于包含多个实体工程、建设过程复杂、影响区域和人口范围广泛，堪称抽象的"超级工程"。超级工程在对内推动产业升级和区域经济发展、均衡资源和保护环境，对外参与调整国际政治经济格局、助力外交和巩固国防、促进中国文化传播等方面都具有重要意义。例如，三峡水利工程顺利竣工促进了我国发电、航运两大产业的发展，在缓解淡水资源匮乏、储备灌溉水源两大领域也具有突出的战略价值。南水北调中线工程建成通水，大大缓解了华北平原水资源严重短缺的局面，优化了区域发展环境，实现了良好生态和可持续发展。而"四纵四横"的高铁铁路网超越了地理区隔带来的空间分异效应，实现东中西部区域发展再平衡；作为"一带一路"国际经济合作的骨架和动脉，中国高铁向欧亚大陆的延伸对于新时代外交工作的开展、地缘政治版图的重构和世界金融秩序的重建都是有力的支撑，在国防上则提升了远程投送能力和战略机动性，有助于我国重构"新陆权"。从宏观视野看，超级工程展现了中国在世界分工体系中的角色变化。在诸多工程领域，从对世界主要国家"望尘莫及"到"望其项背"，再到"并肩而行"，直到"一马当先"，完成了从"跟跑"到"并跑"再到"领跑"的过程，实现了从技术引进到中国制造，再到中国创造的历史跨越，为中国以更积极的姿态融入世界政治经济秩序提供强劲动力。党的十八届五中全会提出创新、协调、绿色、开放、共享的新发展理念。习近平总书记深刻指出,工程科技的灵魂在于开放。工程科技国际合作是推动人类文明进步的重要动力。对于正在成长为区域乃至全球性大国的中国而言,超级工程既蕴含了深刻的历史逻辑,又带来了重大的发展机遇。未来,超级工程在中国的全球战略布局中将发挥怎样的重大作用,在中国乃至世界经济格局中将具有怎样的重要意义?要回答这些问题,急需对过往实践探索进行学术分析和理论总结。

　　中国近现代超级工程是中国在近代以来建设的一系列规模庞大、技术含量高、涉及面广的重大工程项目,这些工程项目对中国的经济和社会发展、国家安全和国际地位的提升都起到了至关重要的作用。中国近现代超级工程除具备《超级工程概论》中归纳总结的超级工程的规模大、影响大、战略性、长期性、唯一性、复杂性、誉谤性、公益性、时代性、地域性(民族性)特征外,如图 1.3 所示,还包含以下几个重要内容。

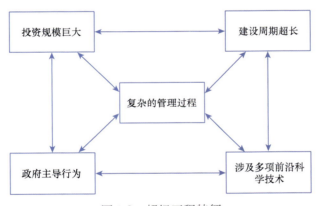

图 1.3　超级工程特征

1. 国家意志和政治意义明显

　　超级工程决策最重要的是高度,站得高才能看得久远,久远即成历史。中国近现代超级工程通常具有明显的国家意志和政治意义,超级工程的建设往往直接反映国家的战略需求和长远规划,是国家发展和国家形象的重要体现,具有重要的国际影响力。例如,中国的三峡水利工程(图 1.4)不仅仅是一项水利工程,更是中国经济发展和国家形象的重要体现,具有重要的国际影响力;中国的南水北调工程不仅仅是一项水利工程,更是中国政府加强区域发展、促进社会和谐的重要举措,增强了国家的凝聚力和向心力,同时也向世界展示了中国在水资源管理领域的卓越成就。

图1.4　长江三峡

2. 党的领导和制度优势

超级工程一般在体量、技术精度、作业难度等方面均位居世界前列，是一个国家的科技实力和综合国力的体现。

新中国成立之初，国家一穷二白，百废待兴，科技基础极为薄弱。正是在我们党的坚强领导下，才能充分发挥集中力量办大事的制度优势，集中有限财力，全国一盘棋，高效执行，有力推进。

南水北调工程是当今世界规模最大、涉及面积最广、受益人口最多的调水工程。工程占地涉及十余个省（自治区、直辖市），100多个县，为保证这个世界级超大工程顺利开工建设，进行了大规模搬迁和生产安置工作[4]。仅河南、湖北两省丹江口库区就搬迁33万人，其中河南省淅川县搬迁安置农村移民16.2万人，按要求两年内完成移民安置，搬迁强度前所未有[5]。

移民工作难，难在故土别离、亲情割舍，难在安置对接、搬迁组织。在各级党委政府的统一指挥下，数以万计的基层干部长期深入搬迁第一线开展工作，说服动员组织百姓搬迁，保证移民安置工作顺利完成。

"短短两年时间，完成如此艰巨繁重的搬迁安置工作，没有党的坚强领导和集中力量办大事的制度优势作保证，那是根本不可能完成的，这在世界移民安置史上都是个奇迹"，中央党史和文献研究院研究员黄一兵说。全党动员、全民参与，"四年任务，两年完成"，不仅是我国水库移民迁安史上的创新，也是南水北调工程建设的宝贵财富。

3. 规模宏大、技术含量高

中国近现代超级工程的规模通常都非常宏大，技术含量也非常高，需要依靠先进的技术和高超的工程能力才能完成。例如，青藏铁路（图1.5）是中国近现代超级工程中的一项重要工程。该工程始于2001年，旨在通过建设一条连接西藏和内地的铁路，促进西藏地区的经济社会发展。青藏铁路是世界上海拔最高的铁路，需要克服高原缺氧、温差大等多种困难条件，运用先进的铁路技术和工程手段来实现。青藏铁路的建设对于促进西藏地区的经济社会发展、推动中国西部地区的发展具有重要的意义。

图 1.5　青藏铁路

中国的港珠澳大桥是世界上最长的跨海大桥，总长度达到了55km，需要运用先进的桥梁技术和工程手段来实现。该工程的建设对于促进中国珠三角地区的经济社会发展，提高中国的交通运输能力具有重要的意义。

此外，中国还有许多其他的超级工程项目，例如西气东输工程、三峡水利工程、大兴国际机场等。这些工程项目的建设不仅对中国的经济社会发展具有重要的意义，同时对于中国的科技创新和工程能力提升也具有重要的推动作用。

4. 注重可持续发展和环境保护

　　中国近现代超级工程注重可持续发展和环境保护，尽可能减少对环境的影响，同时也注重对资源的合理利用和节约。例如，中国的南水北调工程在规划和建设过程中，注重对水资源的保护和合理利用，尽可能减少对生态环境的影响；中国的三峡水利工程在建设过程中，注重对生态环境的保护和修复，尽可能减少对生态环境的影响。三北防护林工程（图1.6）是中国近现代超级工程中注重可持续发展和环境保护方面的重要工程之一。该工程在我国北疆构筑起了一道抵御风沙、保持水土、护农促牧的绿色生态屏障，守卫着东北、华北、西北人民的美好家园。该工程的建设始于1978年，历时多年，已经取得了显著的成效。该工程通过大规模的植树造林，建设了一道超过4000km的绿色屏障，有效防止了三个大沙漠的扩张。同时，该工程还促进了当地的经济发展和社会进步，提高了当地人民的生活水平。

图1.6　三北防护林

　　该工程注重环境保护和可持续发展的因素，采用了多种先进的技术手段和管理模式。例如，采用了生态恢复、水土保持、防沙治沙等多种技术手段，加强了对生态环境的保护；采用了社会化管理、科学管理、多元化经营等多种管理模式，提高了工程的效益和可持续性。

5. 突出中国特色和中国智慧

　　中国近现代超级工程突出了中国特色和中国智慧，体现了中国人民的创造力和智慧。北京奥运会场馆汇集了当时国际和国内最出色的设计，引入最先进的设计理念，建筑形式新颖、结构造型复杂、科技含量高、使用要求和标准高，部分场馆规模和投资巨大，施工难度极大。如国家体育场"鸟巢"堪称世界上最大的钢结构工程[6]，最大跨度达到 343m，采用独特的大跨度交叉平面桁架钢结构和特殊的 110mm 厚 Q460 高强度钢板材料，整个结构总用钢量为 4.2 万 t，钢结构焊缝总长达 30 多万 m，其中现场焊接焊缝长达 6 万多 m；国家游泳中心"水立方"是世界上首个基于"气泡理论"建造的多面体钢架结构建筑，墙面和屋顶内外 3 层，涉及 9803 个球节点、20870 根钢质杆件安装，整体建筑由 3000 多个气枕组成，气枕大小不一、形状各异，覆盖面积达到 10 万 m^2，堪称世界之最；整个场馆群工程建设管理更是一个庞大而复杂的系统工程，参建单位多、涉及面广、管理跨度大、协调工作繁重，必须建立与之相适应的、强有力的指挥协调、监督管理和保障系统，来统筹协调推进建设的全过程。为此，政府、业主及总包单位层面从项目融资、设计方案征集、施工招标及项目实施等阶段都进行了大胆创新和有益探索，取得了较好的效果，也形成了具有奥运场馆设施建设特点的管理模式。复兴号是中国自主研制的高速动车组，被英国《每日邮报》报道称"标志着中国高铁新时代的到来"，是具有完全自主知识产权、达到世界先进水平的大国重器代表性装备，让中国成为世界上高铁商业运营速度最快的国家，创造了相对交会时速 870km 的世界新纪录。习近平总书记指出："高铁动车体现了中国装备制造业水平，是一张亮丽的名片，是一个标志性产品，在'走出去''一带一路'建设方面也是'抢手货'"，"复兴号高速列车（图 1.7）迈出从追赶到领跑的关键一步"。和谐号动车组是为满足中国铁路第六次大提速和高铁建设的需求，根据国务院提出的"引进先进技术、联合设计生产、打造中国品牌"的机车车辆装备现代化总体方针，在引进国外时速 200～300km 动车组技术的基础上进行消化、吸收、再创新形成的中国第一个高速动车组谱系，是目前世界上保有量最多、运营里程最长的高铁移动装备。

图 1.7　复兴号动车组

6. 注重国际合作和交流

　　中国近现代超级工程注重国际合作和交流，积极参与国际标准制定和国际工程项目建设，与世界各国分享中国的技术和经验。中国近现代超级工程中有很多注重国际合作和交流的工程项目，如中老铁路，这是"一带一路"倡议的重要组成部分。该工程是中国首个跨境铁路项目，也是中国在东南亚地区的重要合作项目。该项目的建设不仅促进了中国和老挝两国的经济和文化交流，也为中国和东南亚地区的互联互通做出了重要贡献。大兴国际机场是中国新建的一座现代化机场，也是国际交流和合作的重要平台。该机场的建设不仅为中国和世界各国之间的航空运输提供了便利，也为中国和世界各国之间的经济和文化交流提供了重要支撑。中国航天工程是中国在国际合作和交流方面的杰出代表之一，也是中国在科技创新方面的重要组成部分。中国航天工程的建设不仅促进了中国和世界各国之间的科技交流，也为世界航天事业的发展做出了重要贡献。中哈原油管道是中国与哈萨克斯坦之间的重要经济合作项目，也是"一带一路"倡议的重要组成部分。该倡议旨在促进共建国家之间的互联互通和经济合作，中哈原油管道的建设为该倡议的实施提供了重要支撑。该管道的建设始于 2004 年，全线总长 2835km，管道西起哈萨克斯坦里海之滨的阿特劳，东至中国阿拉山口—独山子输油管道首站。中俄原油管道是中国与俄罗斯之间的重要经济合作项目。该管道的建设始于 2009 年，起点位于俄罗斯远东原油管道斯科沃罗季诺分输站，终点位于中国大庆。管道全长近 1000km，设计年输油量 1500 万 t，最大年输量 3000 万 t，为保障国家能源安全和国民经济高质量发展做出了贡献。

这些原油管道的建设不仅为中国的能源安全提供了重要保障，也促进了中国与俄罗斯、哈萨克斯坦之间的经济合作和交流。在这些管道的建设过程中，中国和俄罗斯、哈萨克斯坦的政府、企业和专家之间进行了广泛的合作和交流，展现了国与国之间的友好关系和互利合作的精神。

7. 注重人才培养和创新能力提升

中国近现代超级工程注重人才培养和创新能力提升，通过人才培养和创新能力提升来推动工程项目的建设和发展。例如，中国的南水北调工程在建设过程中，注重人才培养和技术创新，通过培养一批高水平的水利专家和工程师，推动了工程项目的顺利实施和发展。

特别是新中国以来，从缺资金建不起、没技术造不出，到如今接连建成"超级工程"，中国人民在中国共产党的坚强领导下，用双手、用智慧、用毅力、用决心，创造出了一个个几乎从"零"开始的奇迹。中国以制度优势为保障、经济实力与科技水平作支撑、自主创新和工匠精神为牵引，托举起众多世界顶尖的"超级工程"，让百姓获得感更足、幸福感更强。

综上所述，中国近现代超级工程具有国家意志和政治意义明显、党的领导和制度优势，规模宏大、技术含量高，注重可持续发展和环境保护，突出中国特色和中国智慧，注重国际合作和交流，注重人才培养和创新能力提升等多个特征。这些特征是中国近现代超级工程得以成功建设和发展的重要原因，也是中国在国际舞台上赢得尊重和信任的重要基础。超级工程不单是指它的体量大、功能强，更是因为它背后所包含的"中国创造""中国标准"。"敬业、精益、专注、创新"，高技术领域捷报频传、超级工程建设飞速发展的背后是广大科研人员的超强自主创新能力和执着的工匠精神。

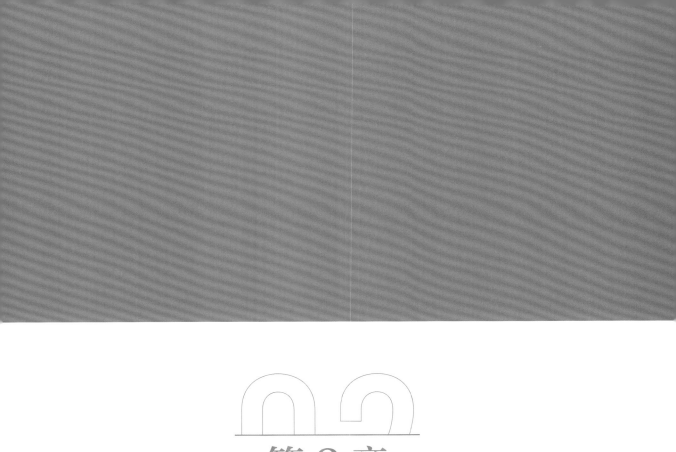

第 2 章

标准与方法

在中国的发展历程中，中国领导者凭借多年的辛勤耕耘和深邃洞察，为中国前所未有的工程建设活动铺就了坚实的政治基石。自新中国成立以来，在中国共产党的领导下，政府以实现中华民族伟大复兴和建设现代化新中国为目标，开展了一系列规模空前的社会主义建设运动。这些运动不仅满足了中国经济发展和现代化建设的重大需求，也奠定了中国成为"世界工地"和"世界工厂"的基础。从过去的"总路线"和"四个现代化"到如今的"中国梦"和"世界级科技强国"，党和国家发挥了举足轻重的作用，为各项工程建设提供了必要的政治引导和坚实支持。本书在近现代超级工程的选取和筛选中，遵循了规模大、投资大、影响大的特征，同时选取了各个行业中具有标志性、典型性、开创性和战略性的工程。这些工程不仅展示了中国的技术和实力，也推动了国家的发展与繁荣。

2.1 选取标准

在中国近现代超级工程的案例选取过程中，遵循了主体特征明显、类别覆盖全面、时间覆盖完整和选取准则清晰四个基本原则。所选案例能够展现决策者的远见卓识、体现人民的精神力量、突显科学家的进取精神、反映工程师的严谨态度。

中国近现代超级工程选取覆盖土木工程、水利工程、能源矿业工程、制造工程、运载工程、信息通信工程和其他工程，共七大类别。在各大工程类别内覆盖了该类别的各个子行业。以能源矿业工程为例，选取的案例覆盖了煤炭、石油、电力和石化等各个方面，保证了选取的案例全面覆盖各个工程类别。

中国近现代超级工程案例选取严格遵照超级工程的定义和基本特征，将此作为选取案例最低的准入门槛。超级工程特征包括：①规模大；②投资大；③影响大；④战略性；⑤长期性；⑥唯一性；⑦复杂性；⑧誉谤性；⑨公益性；⑩时代性；⑪ 地域性（民族性）。

根据中国近现代超级工程的定义和特征，在中国近现代超级工程选取标准和原则的基础上，选取案例至少要满足如下条件之一：

（1）在所属行业建设时间最早，具有标志性；

（2）工程中某项重要科学技术在所属领域排名前三，具有典型性；

（3）工程中实现了国内外所属领域的零的突破，具有开创性；

（4）工程具有重大历史意义，具有战略性；

（5）工程具有重大经济、社会、环境效益等。

根据以上选取原则，分别介绍各个行业的选取标准。

2.1.1　土木工程筛选原则和标准

1）公路

中国公路行业超级工程的筛选原则和标准应综合考虑工程规模、技术创新、社会影响、经济效益等多个方面。超级工程中选取的公路一般连接重要的经济中心或者是政治中心，其中很大一部分公路项目要么是首次建设，要么是同类项目中的第一，它们往往具有极高的施工难度和极其重大的影响力。这些标准往往包括在当时具有开创性、施工难度巨大、影响力广泛等特点。基于中国公路的四个重要历史发展阶段，考虑工程的历史性、典型性、开创性和战略性等因素，公路筛选原则和标准如下。

（1）鸦片战争至北洋政府时期（1840～1927年），中国的公路建设正处于萌芽阶段。在这一时期，城市道路的建设开始受到外来因素的影响。作为这一历史阶段中国早期公路建设的代表，西兰大道的完成不仅为中国公路网的建设奠定了坚实的基础，也为后续的公路建设项目提供了宝贵的经验和启示。

（2）南京国民党政府时期（1927～1949年），修建各省联络公路，逐渐走向统一化和正规化，初步形成公路网。在此期间主要考虑公路建造的难度，建造所在地山势陡峭险峻，建造公路的难度极大，同时也非常有影响力。比较有代表性的公路如：矮寨盘山公路，是近代湘西第一条公路；二十四拐在当时是入川进滇的必经之路，是中国抗日战争大后方唯一的陆路运输线及国际援华物资的大动脉，被誉为"抗战生命线"。

（3）新中国成立以来（1949年至今），中国公路建设加快了步伐，主要考虑的是公路建造的艰难性及公路的影响力。入选的标准主要是世界之最或者是中国之最。

2）建筑

中国近代建筑大致可以分为三个阶段，考虑工程案例的历史性、战略性、影响性三个维度，其筛选原则和标准如下。

（1）第一个阶段是西方建筑传入与融合阶段。鸦片战争后，西方建筑文化开始传入中国，与中国传统建筑文化发生碰撞与融合。国家博物馆是中国近代世界上单体建筑面积最大的博物馆，体现了西方博物馆建筑的特点与中国传统建筑的融合。上海国际饭店作为当时上海的地标性建筑，是当时亚洲最高的建筑，被称为 20 世纪 30 年代"远东第一高楼"。因此这个阶段选取的标准是"第一"，建筑面积或者高度是世界第一或者亚洲第一。

（2）第二个阶段是新中国成立初期，从战争年代走向建设年代的阶段。人民大会堂是建国十周年首都十大建筑之首，新中国建筑设计和工程施工的里程碑，是当时世界上最大的会堂建筑，人民大会堂蕴含着重要的政治意义和精神内涵。广州白云宾馆是中国第一座突破百米的高楼，是中国高层建筑的开端，其设计体现了当时中国建筑的最高水平，在推动对外贸易发展、促进国际交流合作等方面发挥了不可替代的重要作用。这个阶段的建筑既是全国或者世界第一，又具有一定的政治意义。

（3）第三个阶段是改革开放以来，中国经济快速发展，城市化进程加速，国际先进的建筑理念和技术进入我国，建筑事业步入繁荣与创新阶段。这一时期选取的工程不仅在规模和技术上领先国际，更在设计和功能上体现出强烈的创新意识和文化自信。在筛选超级工程时，我们遵循技术领先、创新性、社会影响力等因素，如东方明珠、国家大剧院、北京夏季奥运工程、广州电视塔、上海中心大厦、平安金融中心大厦、国家会展中心等，都是中国地标式的建筑，在中国乃至世界范围内都具有一定的影响力。

3）地铁

中国地铁行业起步较晚，从 20 世纪 60 年代开始建设，经历了从起步到平稳发展阶段。随着城市化进程的加快和交通需求的增长，中国地铁行业将继续保持快速发展的态势。考虑工程的历史性、开创性、标志性等维度，其地铁的筛选原则和标准如下。

（1）新中国早期的地铁建设从战备和民用角度考虑。毛泽东倡导北京要搞城市地下铁道，同时指出不仅北京要搞，很多大城市也要搞。代表性的工程即北京地铁 1 号线工程，其第一条线路于 1969 年 10 月 1 日正式开通运营，是内地第一条地铁线路，开启了中国地铁建设的先河，具有开创性和历史性意义。

（2）改革开放之后，为服务中国各大城市和大都市圈的发展建设，城市轨道交通系统蓬勃发展，我国兴建了大量地铁工程，其中最有代表性的是上海 11 号线地铁。它是中国第一条跨省地铁线路，其建设体现了中国城市轨道交通技术的快速发展和创新。

依据以上原则，地铁行业超级工程筛选出 2 个具有代表性的工程，即北京地铁1号线和上海11号线地铁。北京地铁1号线是新中国第一条地铁，具有特殊的历史意义、战略地位和时代代表性。上海11号线地铁是当时全球最长的地铁，规模宏大，代表了中国工程建设的发展速度，具有巨大的影响力和社会辐射能力，是工程领域的里程碑。

4）隧道

中国近现代隧道工程的发展经历了从初级阶段到现代化、大规模化的转变。隧道类超级工程的案例选取，考虑工程案例的复杂性、规模性、开创性、时代性四个维度，其筛选原则和标准如下。

（1）近代初期，中国开始引进和采用西方的工程技术，铁路建设初具规模。代表性的工程是刘铭传铁路隧道。该隧道是中国最早建设的铁路隧道，是我国第一座山岭铁路隧道，成为台湾第一条铁路专用隧道，也是仅有的清代铁路隧道，施工技术在当时具有开创性。

（2）进入21世纪后，中国隧道建设在技术和规模上均达到了世界先进水平。随着高铁、城市地铁等项目的快速发展，隧道建设也面临更多的挑战和机遇。如终南山隧道，是中国自行设计施工的世界最长双洞单向公路隧道。中国工程技术人员历时4年零9个多月创造的一项世界之最，使中国南北分界线秦岭天堑变通途[7]。还有翔安海底隧道，中国第一条规模宏大的跨海隧道；太行山高铁隧道，中国铁路隧道的重大工程，号称建设史上的重要里程碑，标志着石太铁路客运专线建设取得了重大进展。

5）机场

机场行业从中国机场建设的不同历史时期以及发展所经历的不同阶段中进行案例选取，考虑工程案例的历史性、规模性、社会影响性三个维度，其筛选原则和标准如下。

（1）新中国成立前（1949年前），从历史的角度考虑，选取了中国最早建设的一些机场中的典型代表，如北京南苑机场。北京南苑机场是中国第一座军用机场、第一座民用运输机场，其用途以军用为主，民用为辅。

（2）新中国成立至社会主义现代化建设新时期（1949～2012年），为服务中国各大城市间的物资空运，以及城际快速运输、远程民航运输发展而建设了大量机场。其中最有代表性的包括北京首都机场、上海浦东机场等中国四大航空港。

（3）中国特色社会主义新时代（2012年后），为高速发展大都市经济圈，充分利用高效快捷的航空运输体系，吸引临空产业的聚集，迅速形成产业链条完备、服务功能齐全、效率高、产值大的临空产业集群，兴建了以大兴国际机场为代表的超级工程建设项目。

6）桥梁

从近现代中国桥梁建设时期所经历的三个阶段进行超级工程的桥梁案例选取，考虑工程案例的历史性、战略性、影响性、复杂性、规模五个维度，其筛选原则和标准如下。

（1）萌芽阶段（1840～1949 年）。清末时期，中国开始引入西方工程技术，桥梁建设初现端倪。20 世纪初，中国加快了工业化进程，桥梁建设逐渐受到重视。代表性的工程如下：金龙桥作为近现代中国最早的桥梁之一，代表了中国桥梁建设的起步，是我国现存最早、最长、跨度最大、桥面最宽、铁链最多的古代铁链桥；钱塘江大桥由中国桥梁专家茅以升主持全部结构设计并施工，是中国第一座现代化公路铁路两用桥，标志着中国桥梁工程进入新的发展阶段。

（2）发展阶段，新中国成立后至改革开放前（1949～1978 年）。新中国成立后，中国桥梁行业进入了一个新的发展阶段。这一时期的桥梁工程开始注重结构的稳定性和耐久性，出现了许多具有划时代意义的桥梁工程，例如，武汉长江大桥，作为新中国成立后修建的第一座公铁两用的长江大桥，具有重大的政治和经济意义，被誉为"万里长江第一桥"；南京长江大桥，是中国第一座自行设计和建造的双层式铁路、公路两用桥梁，大桥全长 6772m，上层为公路桥，下层为铁路桥，代表了当时中国桥梁建设的最高水平。

（3）飞跃阶段（1978 年至今）。改革开放后，中国桥梁行业迎来了飞速发展的时期。随着经济的快速增长和交通需求的急剧增加，中国开始建设更多的大跨度、高难度的桥梁工程。例如，杨浦大桥，是当时世界上最大跨径的斜拉桥，标志着中国桥梁技术从技术引进到自主创新的转变；杭州湾跨海大桥，全长 36km，是当时世界上最长的跨海大桥；港珠澳大桥，全长 55km，是世界上最长的跨海大桥，集桥、岛、隧于一体的超大型跨海通道，被称为"现代世界七大奇迹"。这一时期选取的桥梁基本是世界最大、最高、最长的代表性工程。

2.1.2 水利工程筛选标准和原则

中国近现代水利超级工程依据水利工程的不同建造目的及作用进行案例选取，考虑工程案例的实用性、效益性和影响性等方面，其筛选原则和标准如下。

1）防洪除涝工程

防洪工程是为控制、防御洪水以减免洪灾损失所修建的工程，主要有堤、河道整治工程、分洪工程和水库等。按功能和兴建目的可分为挡、泄（排）和蓄（滞）几类。新中国成立以来，国家进行了一系列大规模的防洪工程建设，防洪减灾效益显著。这里主要选取的是中国最早或中国第一、施工难度最大、技术含量最高的代表性工程。具有代表性的工程如下：大通湖蓄洪垦殖工程，它是新中国成立后长江流域新建的第一个蓄洪垦殖工程；治黄工程，是中国历史上规模最大的治理黄河工程，它涵盖了堤防、蓄滞洪区、引黄灌溉工程、水库等多种类型的水利工程，形成了一个庞大的工程体系，覆盖黄河流域的上、中、下游，涉及多个省份，工程范围广泛，影响面巨大；治淮工程，是在百废待兴、百业待举情况下，毛泽东主席发出"一定要把淮河修好"的伟大号召[8]。以治淮工程为标志，新中国由此开始了一场兴修水利、治理江河的人民战争。

2）水资源管理工程

水资源管理工程主要服务于防洪、排水、灌溉、发电、水运、水产、工业用水、生活用水和改善环境等方面，考虑工程的时代性、战略性、标志性等特征。例如，杨树浦水厂是中国供水行业建厂最早、生产能力最强的地面水厂，它的建设不仅为上海提供了稳定的自来水供应，也标志着中国供水行业的发展起点；南水北调是新中国成立以来投资额最大、涉及面最广的具有重大战略意义的工程，工程规模庞大，涉及范围广，技术难度高，是中国最大的跨流域战略性惠民水利工程，被称为"世纪工程"；引大入秦水利工程是中国规模最大的跨双流域调水自流灌溉工程，被誉为"中国的地下运河"和"西北都江堰"。

3）天然水收集工程

天然水收集工程从所经历的三个时期进行案例选取，考虑工程案例的历史性、战略性、影响性三个维度，其筛选原则和标准如下。

（1）早期水利工程与恢复阶段（清末至新中国成立前）。这一时期，中国水利工程主要集中在对古代水利设施的修复和利用上，同时也有一些新的水利工程开始建设。例如，泾惠渠是著名水利专家李仪祉缔造"关中八惠"的第一个大型灌溉工程，对当地农业生产产生了重要影响，标志着中国水利工程开始逐步向现代化迈进；鸳鸯池水库是中国历史上第一座大型土坝蓄水工程，标志着当时水利技术的一个重大进步。

（2）水利工程的飞跃发展阶段（新中国成立至改革开放前）。新中国成立后，中国水利工程建设进入了飞速发展的阶段。政府高度重视水利工程建设，将其作为国民经济基础设施建设的重点。这一时期的代表工程包括：河套灌区工程，该工程是亚洲最大的自流引水灌区，中国设计灌溉面积最大的灌区，被列入世界灌溉工程遗产名录；丹江口水库，是亚洲第一大人工淡水湖和南水北调中线工程的重要水源地，在解决中国南北水资源分布不均衡的问题上起到了关键作用。

（3）水利工程的现代化与综合发展（改革开放至今）。改革开放后，中国水利工程建设进入了现代化与综合发展的新阶段。这一时期，水利工程建设更加注重技术的创新，同时也更加注重生态环境的保护和可持续发展。代表工程为三峡水利工程。三峡水利工程是世界上最大的水利枢纽和发电站工程，其建筑规模庞大，施工难度极高，创造了多项纪录。同时，该工程的泄洪闸、船闸及升船机均达到了世界之最的水平。

4）水电站

中国近现代水利工程领域水电站超级工程的演进过程，反映了国家从落后到崛起，从依赖外部技术到自主创新的发展历程。这一演进过程不仅体现了中国水利技术的巨大进步，也揭示了中国在能源、环保和基础设施建设方面的战略眼光和长远规划。考虑工程案例的历史性、战略性、影响性、标志性四个维度，其筛选原则和标准如下。

（1）起步阶段（1910～1949 年）。在中国现代水利工程的发展初期，国家开始探索和尝试建设水电站，以满足日益增长的电力需求。这一时期的工程项目不仅代表了技术上的突破，也标志着中国水电事业的起步和初步发展。代表性工程如：石龙坝水电站是中国第一座水电站、第一座抽水蓄能电站、第一条高电压输电电路的起点，是中国水电发展的里程碑；丰满水电站，如图 2.1 所示，是当时亚洲最大的水电站，被誉为"中国水电之母"。它的建设标志着中国水电工程进入了一个新的阶段，推动了中国水电事业的发展。

（2）自主发展阶段（1949～1978 年）。新中国成立后，国家高度重视水利工程领域的发展，加大了对水利工程建设的投入。在这一时期，中国水利工程领域取得了一系列重要成就。代表性工程如新安江水电站，如图 2.2 所示，是中国第一座自行设计、自主制造设备、自主建设的大型水力发电站。作为中国水利工程自主发展的典范，新安江水电站的建成具有划时代的意义。

图 2.1　丰满水电站

图 2.2　新安江水电站

（3）快速发展阶段（1978年至今）。改革开放以来，中国水利工程领域进入了一个快速发展的阶段。国家加大对水利工程建设的投入，同时引进国外先进技术和管理经验，推动了中国水利工程领域的快速发展。选取的都是当时世界最大、中国第一、建设难度大、规模大的工程。例如，乌江流域梯级水电站是国内第一家流域水电开发工程。乌江流域梯级水电站创新开发模式，实现流域水电站群建设，创造多项纪录：乌江渡大坝165m高，东风大坝亚太领先，洪家渡坝世界最高，大花水双曲拱坝全球之最，通航设施七项指标世界第一；葛洲坝水电站是长江上第一座大型水电站，也是世界上最大的低水头、大流量、径流式水电站。

2.1.3 能源矿业工程典型案例筛选标准和原则

1）石化、天然气

石化、天然气行业的超级工程在时间维度上主要集中在1949年之后，综合考虑工程的历史意义、战略意义和精神意义，以及是否具有"首次"等标志性意义，确定了石化、天然气行业超级工程的筛选原则和标准。

（1）具有重要历史意义的工程，可以体现时代特征的工程。玉门油田初始建设时期为1939年，克拉玛依油田为1955年，是中国近代和中国现代工程的连续与延伸，具有重要的历史意义与时代特征。抚顺石化工程是中国炼油工业的摇篮，其发展历程见证了中国石油工业从无到有的过程，具有重要的历史地位。南京永利铔厂工程是中国第一座化肥厂，亚洲最大的化工厂，不仅是中国化肥工业的奠基者，也是中国化工机械制造的奠基者。

（2）具有重要战略意义的工程，对于国家稳定、民族团结和领土完整等具有重要贡献的工程。吉林石化工程始建于1954年，满足了国防和航天工业的需要，为"两弹一星"做出了重要贡献；独山子石化工程，促进新疆由资源优势向经济优势转变，化地缘劣势为地缘优势，促进新疆经济和社会又好又快发展，维护民族团结和边疆稳定；西气东输工程将大大加快新疆地区以及中西部沿线地区的经济发展，相应增加财政收入和就业机会，带来巨大的经济效益和社会效益，这一重大工程的实施，还将促进中国能源结构和产业结构调整，带动钢铁、建材、石油化工、电力等相关行业的发展。

（3）具有时代精神意义的工程，影响了一代代中国人民的工程。其中，最典型的代表就是大庆油田工程，"大庆精神""铁人精神"内涵丰富，主要包括："为国分忧、为民族争气"的爱国主义精神；"宁可少活 20 年，拼命也要拿下大油田"的忘我拼搏精神；"有条件要上，没有条件创造条件也要上"的艰苦奋斗精神等。铁人精神无论在过去、现在还是将来都有着不朽的价值和永恒的生命力，鼓舞了一代又一代的中国人民。

（4）具有"首次"等标志性意义的工程，成功突破外国技术封锁的工程，具有世界领先水平的工程。青岛炼油工程就是国内首个单系列千万吨级炼油项目；镇海乙烯工程是中国迄今规模最大、最具有国际竞争力的炼化一体化生产基地，工程中的多项技术成功突破了国外的技术封锁，在一定程度上引领了行业的发展方向；神华煤直接液化工程，工程的核心工艺技术催化剂制备和煤直接液化均为具有我国自主知识产权的工艺技术，成套工艺技术达到世界领先水平；苏里格气田超级工程的开发、建设和运行，标志着中国在特大型非常规天然气开发方面走在了世界前列，"苏里格模式"对国内外类似气田的勘探开发也具有一定的借鉴意义。

2）电力

电力行业的工程选取原则是基于时代发展进行划分的，选取过程中，重点关注超级工程的时代性、唯一性、规模性等特性，这些特性不仅彰显了超级工程在特定历史时期的独特价值，更赋予其战略意义、广泛影响力和行业标志性地位，最终遴选出具有时代特征的标志性工程。

（1）具有重要历史性的工程，可以体现时代特征的工程。例如，杨树浦电站的前身是上海电力公司，是中国历史上第一个电厂，标志着中国电力工业的起步。

（2）具有重要战略性的工程，对于国家稳定、民族团结和领土完整等具有重要贡献的工程。如西电东送，中国"西部大开发"的标志性工程，西部大开发中工程量最大、投资额最多的重点工程，不仅为西部地区带来了经济效益，还促进了当地的基础设施建设、产业升级和就业增长。托克托发电工程，是世界最大的火力发电基地，也是实施"西电东送"战略和"西部大开发"战略的标志性工程。

（3）具有影响力的工程，在世界或国内具有显著的影响力和领先地位。如高效超（超）临界火电工程是中国超临界（及以上）燃煤机组系列工程，居世界领先水平。特高压交流输电工程是世界级特高压交流输电重大创新工程。

（4）具有"首次""最大""最多"等标志性意义的工程，成功突破外国技术封锁的具有世界领先水平的工程。例如，秦山核电站是中国自行设计、建造的第一座核电站。±1100kV 高压直流输电工程，是中国首创，世界远距离、大容量、低损耗的现代输电工程，被誉为"国际名片"。

3）矿产

煤矿行业作为中国的重要能源产业，经历了多个历史发展阶段，每个阶段都有标志性的工程代表了当时的技术水平和产业规模。以下是根据煤矿行业历史发展阶段选取的具有历史性、战略性、代表性的工程。

（1）起步阶段（近现代初期至 20 世纪中期）。在近现代初期，中国的煤矿行业处于起步阶段，主要依赖传统的手工开采方式。代表性工程如开滦煤矿，是中国第一个采用近代化机械设备的煤矿，拥有当时亚洲第一、世界第二的洗煤厂。其引进西方先进技术和设备，是中国煤矿业从传统手工开采向机械化、规模化转变的开端。

（2）机械化与规模化发展阶段（20 世纪中期至末期）。进入 20 世纪中期，随着国家工业化的加速，煤矿行业开始大规模引入机械化开采技术，煤矿的规模和产量都得到了显著提升。代表性工程如抚顺西露天煤矿，是中国近代规模最大的露天煤矿，其开采规模和机械化程度在当时处于领先地位。该矿不仅推动了东北地区的工业化进程，也为中国的煤矿露天开采技术奠定了基础。还有小恒山立井，是中国自行设计、自行施工的第一座现代化中型立井，该煤矿在技术和设备方面一直保持着先进水平，为实现"智能煤矿"建设奠定了坚实的基础。

（3）高效与安全生产阶段（20 世纪末至 21 世纪初）。随着技术的进步和安全生产意识的提高，煤矿行业开始注重高效开采和安全生产。这一时期，大型露天煤矿和高效井下煤矿相继涌现。平朔露天煤矿是中国最大的现代化露天煤矿，引进了国际先进设备和管理经验，是中国煤炭工业走向国际化和现代化的重要标志。

（4）智能化与创新发展阶段（21 世纪初至今）。进入 21 世纪，随着信息技术的飞速发展，煤矿行业开始探索智能化开采技术，以提高开采效率和安全性。代表性工程包括：布尔台煤矿，是中国较早尝试智能化开采的煤矿之一，其智能化的开采系统显著提高了生产效率；黄陵煤矿智能开采工程，是全球第一个运用全地面控制采煤的智能成套开采工程，为中国煤矿行业的智能化转型树立了标杆。

此外，世界最大的稀土矿区，被誉为"稀土之都"的白云鄂博稀土矿开发工程；世界最大的镍矿生产基地，被誉为世界"镍都"的金川镍矿；世界一矿一井产量最大的井工煤矿的补连塔矿井；中国第一个自主设计、自主建设、独立管理的最大的现代化露天煤矿黑岱沟露天矿；以及中国第一个无煤柱自成巷煤炭开采工程无煤柱自成巷开采系列工程等，也是煤矿及相关行业在不同历史阶段的代表性工程，它们在不同方面推动了煤矿和相关矿产开采技术的发展和创新。

2.1.4　制造工程典型案例筛选标准和原则

1）装备制造

装备制造业是一个国家制造业的脊梁，我国已成为世界上工程机械门类最齐全、产业链最完整的国家。装备制造从中国装备制造业发展经历的三个阶段进行案例选取，考虑工程案例的历史性、战略性、影响性三个维度，其筛选原则和标准如下。

（1）从洋务运动到新民主主义革命时期，中国装备制造业的起步与发展虽然面临着诸多困难和挑战，但仍旧涌现出了一批具有历史意义的代表性企业和工程。安庆内军械所作为这一时期最早的官办新式兵工厂，其意义不仅仅在于手工制造近代武器，更在于它标志着中国开始尝试引进西方先进技术，进行军事工业的现代化转型。江南机器制造总局是洋务派创办的第一家军事工业，也是中国近代最大的军火制造工程。马尾造船厂则是中国近代第一家专业造船厂，其规模和技术水平在当时远东地区堪称之最。马尾造船厂的建立，不仅提升了中国船舶制造的能力，也为中国海军的现代化建设提供了重要支持。此外，东清铁路机车制造厂和中国近代规模最大的兵工厂——东三省兵器制造厂等企业和工程的出现，也进一步丰富了中国装备制造业的内涵和外延。这些工程不仅推动了中国近代工业化的进程，也为中国后续的装备制造业发展奠定了基础。

（2）在社会主义革命和建设时期，中国装备制造业经历了从无到有、从小到大的历史性跨越，为国家的工业化进程奠定了坚实的基础。沈阳重型机器制造厂、长春第一汽车制造厂、第一拖拉机制造厂等一批重型机械制造和汽车、拖拉机制造企业的建立，标志着中国装备制造业开始走向自主发展的道路。在国防科技领域，中国也取得了举世瞩目的成就。596工程作为中国第一颗原子弹、第一颗氢弹的研发制造工程，不仅极大地提升了中国的国防实力，也展示了中国装备制造业在高科技领域的潜力和实力。这一工程的成功，为中国在国际舞台上赢得了更多的尊重和话语权。还有在交通运输领域，"东风号"远洋货轮作为新中国成立后第一艘自行设计建造的万吨级远洋货轮，不仅标志着中国船舶制造业的重大进步，也为中国与世界各国的经贸往来提供了更加便捷的海上通道。这一时期新中国在很多制造领域实现了从无到有的突破。

（3）在改革开放和社会主义现代化建设新时期，中国装备制造行业确实迎来了前所未有的发展机遇，并取得了举世瞩目的成就。如以"复兴号"为代表的新一代高速列车，不仅是中国自主研发、具有完全知识产权的标志性成果，更在全球范围内树立了高铁技术的新标杆。中国第一台国产盾构掘进机"先行号"的问世，标志着中国在隧道掘进技术领域的重大突破。在起重设备领域，中国更是创造了世界之最。世界起重能力最大的履带起重机SCC98000TM的研制成功，不仅为中国超大型工程建设提供了有力保障，也推动了全球起重设备技术的发展。而SWDM1280旋挖钻机的问世，更是展示了中国在旋挖钻机领域的领先地位。这款旋挖钻机以其卓越的性能和强大的施工能力被誉为"国之重器"，为中国乃至全球的基础设施建设提供了重要支持。

改革开放和社会主义现代化建设新时期是中国装备制造行业发展的黄金时期。在这一时期，中国不仅涌现出了一大批具有世界先进水平的代表性工程和产品，更在全球装备制造业的发展中发挥了重要作用。

2）钢铁

钢铁行业从中国钢铁工业所经历的四个阶段进行案例选取，考虑工程案例的历史性、战略性、影响性三个维度，其筛选原则和标准如下。

（1）第一个阶段是洋务运动，有代表性的钢铁工业是汉阳铁厂。汉阳铁厂是中国钢铁工业的雏形，是中国近代最早的官办钢铁企业，是当时中国第一家，也是最大的钢铁联合企业。

（2）第二个阶段是新中国成立初期，从战争年代走向建设年代，尤其第一个五年计划的156项工程，最有代表性的是鞍山钢铁厂（简称鞍钢）三大工程，即无缝钢管厂、大型轧钢厂和7号高炉，这三个工程是社会主义工业化建设的标志性事件，是新中国成立初期的典型工程。

（3）第三个阶段是改革开放前后，有代表性的是武汉钢铁厂（简称武钢）的一米七轧机，首次引进国外技术；以及宝山钢铁厂（简称宝钢），全面引进国外先进技术。宝钢一期工程由日本新日铁承包设计，设备制造基本上全套引进；二期工程采取合作设计、合作制造，工厂设计则由国内承担；三期工程冶炼系统由国内设计、引进部分设备，国产化率不断提高。

（4）第四个阶段是21世纪以来，首都钢铁厂（简称首钢）曹妃甸钢厂是国内自主设计、自主建设、自主运行的典型的创新型钢厂。首钢京唐钢铁厂（简称首钢京唐）工程是在新一代可循环钢铁制造流程理念和冶金流程工程学理论指导下，将钢铁冶金有关的技术创新及其各项重大单元技术成果进行系统集成的示范工程。

依据以上原则，钢铁行业超级工程筛选出 5 个具有代表性的工程，即汉阳铁厂、鞍钢三大工程、武钢一米七轧机、宝钢建设和首钢曹妃甸钢厂。汉阳铁厂是中国钢铁工业的雏形；鞍钢是新中国成立初期的典型工程；武钢一米七轧机代表了改革开放初期和中后期的典型工程；曹妃甸京唐钢厂代表了新世纪钢厂的自主设计历程。

2.1.5　运载工程典型案例筛选标准和原则

1）航空航天

航空运载工程典型案例的选择依据不同的飞行器功能和种类进行分类选取，考虑运载工程的影响性、历史性、科研性三个维度，其筛选原则如下。

（1）卫星发射工程类。具有代表性的是酒泉卫星发射中心。其于 1958 年 10 月 20 日成立，是中国创建最早、规模最大的综合型导弹、卫星发射中心，是中国科学卫星、技术试验卫星和运载火箭的发射试验基地之一。酒泉卫星发射中心近年来紧盯科技前沿开展技术攻关，航天发射能力实现新跃升。成功发射了"天宫二号""神舟十一号""墨子号""悟空""慧眼"等，所执行的 47 次航天发射任务"发发成功、次次圆满"。截至 2018 年 10 月，该中心先后执行 110 次航天发射任务，成功将 145 颗卫星、11 艘飞船、11 名航天员送入太空。

（2）卫星航天器类。具有代表性的有"东方红一号"卫星、北斗卫星和"墨子号"卫星。

"东方红一号"卫星于 1958 年提出预研计划，1965 年正式开始研制，于 1970 年 4 月 24 日在酒泉卫星发射中心成功发射。东方红一号卫星重 173kg，由长征一号运载火箭送入近地点 441km、远地点 2368km、倾角 68.44° 的椭圆轨道。东方红一号卫星工作 28 天（设计寿命 20 天），是 20 世纪 70 年代初中国发射的第一颗人造地球卫星。

北斗卫星导航系统，是中国自行研制的全球卫星导航系统，是为全球用户提供全天候、全天时、高精度的定位、导航和授时服务的国家重要空间基础设施，也是继全球定位系统（global positioning system，GPS）、GLONASS 之后第三个成熟的卫星导航系统。

"墨子号"卫星是中国科学院空间科学战略性先导科技专项首批科学实验卫星之一。2022 年 5 月，中国墨子号卫星实现 1200km 地表量子态传输新纪录。"墨子号"的成功发射将使中国在世界上首次实现卫星和地面之间的量子通信，构建天地一体化的量子保密通信与科学实验体系。它是中国研制的首颗空间量子科学实验卫星。

（3）航天载人飞船类。具有代表性的是"神舟五号"。"神舟五号"是中国载人航天工程发射的第五艘飞船，也是中国发射的第一艘载人航天飞船。"神舟五号"任务的圆满成功，标志着中国成为世界上第三个独立掌握载人航天技术的国家，实现了中华民族千年飞天的梦想，是中华民族智慧和精神的高度凝聚，是中国航天事业在 21 世纪的一座新的里程碑。

（4）航天空间站。具有代表性的有中国空间站和"天宫一号"。

中国空间站是国家级太空实验室，轨道高度为 400～450km，倾角为 42°～43°，是中国第一个、世界第三个空间站，也是正在运行的两个空间站之一。

"天宫一号"为中国载人航天工程发射的第一个目标飞行器，是中国第一个空间实验室。天宫一号的发射标志着中国迈入中国航天"三步走"战略的第二步；同时也是中国空间站的起点，标志着中国已经拥有建立初步空间站，即短期无人照料的空间站的能力。

（5）探测器和探测工程。具有代表性的有"天问一号"和"嫦娥"探月工程。

"天问一号"在火星上首次留下中国印迹，首次实现通过一次任务完成火星环绕、着陆和巡视三大目标。"天问一号"对火星的表面形貌、土壤特性、物质成分、水冰、大气、电离层、磁场等的科学探测，实现了中国在深空探测领域的技术跨越，使中国进入世界先进行列，是中国首个火星探测器。

"嫦娥"探月工程分为无人月球探测、载人登月和建立月球基地三个阶段。"嫦娥"探月工程实现了众多卓越的成就。2007 年 10 月 24 日，"嫦娥一号"发射升空，实现了中国首次绕月飞行；2013 年 12 月 15 日，作为"嫦娥三号"的巡视器，中国首辆月球车"玉兔号"驶抵月球表面，进行月球表面勘测。目前，中国已完成了探月工程的"绕、落、回"，后续还有"勘、研、建"。"嫦娥工程"是中国实施的第一个探月工程。

2）铁路

铁路工程的案例选取要考虑到首次建设、建设难度和影响性三个维度，其筛选原则和标准如下。

（1）第一个标准是该工程案例是某历史阶段或者某领域的首次修建案例。首次修建的工程项目是对未知领域进行的探索，是伟大的突破，在一定程度上对后续铁路建设的规划与发展具有积极的指导作用。具体来说，从历史阶段这一方面考虑，吴淞铁路是中国第一条营运铁路；京汉铁路是甲午战争后清政府修建的第一条铁路；陇海铁路是 20 世纪初中国修建的最早、最长的铁路；成渝铁路是新中国成立后建成的第一条铁路。

（2）从领域首创性这一方面考虑，京张铁路是中国首条自主设计和建造的铁路；秦沈客运专线是中国首条自主设计和建造的客运专线，是铁路客货分线运输的先驱者；大秦铁路是中国首条双线电气化、现代化重载铁路；拉林铁路是中国在建首条高原电气化铁路，也是川藏铁路的重要组成部分。

（3）从建设难度、挑战性这一方面考虑。例如，宝成铁路是中国首条电气化铁路，需要先后跨越秦岭、巴山和剑门山等地势险要之地，是当时施工难度最大的铁路。整个宝成铁路工程打穿上百座大山，填平数以百计的深谷，单填土石方就有 6000 万 m³。由于坡度大、隧道多，进行了电气化改造，其建成拉开了中国铁路现代化建设的序幕。成昆铁路是世界难度最大的铁路工程，被誉为 20 世纪人类征服自然的三大奇迹之一。又如，青藏铁路是世界上海拔最高、线路最长、穿越冻土里程最长的高原铁路，在整个建设过程中，除了技术难题，建设者还要面临高寒缺氧、风沙肆虐、紫外线强、自然疫源多等诸多威胁，其修建克服了世界级难题。川藏铁路是世界铁路建设史上地形地质条件最为复杂的工程，集合了山岭重丘、高原高寒、风沙荒漠、雷雨雪霜等多种极端地理环境和气候特征，跨 14 条大江大河、21 座 4000m 以上的雪山，被称为"最难建的铁路"。

（4）从影响力这一方面考虑。例如，北京铁路枢纽是新中国最大的铁路枢纽；铁路大提速是中国最具影响力的铁路工程，创造了世界铁路既有线提速的规模和速度之最；北煤南运是中国最大的北煤南运战略性铁路工程；京港高铁是世界上开通最长的高铁线路，是世界上第一条运营速度达到 350km/h 的高铁；京沪高铁是世界上一次建成线路最长、标准最高的高铁。

3）港口

港口和水道运载工程根据不同的水域位置进行典型案例选取，考虑运载工程的运力、规模、影响力三个维度。

（1）辽东半岛水域。具有代表性的是旅顺港工程。旅顺港位于辽东半岛西南端、黄海北岸，是北洋运动的产物。整个海湾分为东西两部分，港内水域广阔，不冻不淤，为浅水滩，港内隐蔽性和防风性良好。旅顺港经营时期，大扩航道，疏浚港湾、填海、筑炮台、建港池，使旅顺口成为当时世界闻名的军事要塞，并为五大军港之一。

（2）东部沿海水域。具有代表性的是舟山港通道工程，该工程位于浙江省舟山市，是中国长江三角洲和东部沿海要冲。截至 2013 年，舟山港港域南北长约 150km，东西平均宽 60km，水域面积逾 9000km^2，生产性码头泊位 317 个，其中万吨级以上泊位 47 个。2015 年，舟山港货物吞吐量达到 8.89 亿 t。截至 2021 年，宁波舟山港货物吞吐量已连续 13 年位居全球第一。

（3）上海港港区。具有代表性的是洋山深水港工程。洋山深水港位于杭州湾口外的崎岖列岛，于 2005 年 12 月 10 日开港。洋山深水港西北距上海市南汇芦潮港约 32km，南距宁波北仑港约 90km，距国际航线仅 45 海里（1 海里 ＝ 1852m），是距上海最近的深水良港。2016 年，上海洋山深水港完成货物吞吐量 7.02 亿 t，完成集装箱吞吐量 3713 万标准箱，同比增长 3.5%，自 2010 年以来连续 7 年保持世界第一，是全球最大的智能集装箱码头。2019 年 11 月 30 日，其被评为第二届优秀海洋工程。

（4）长江水域。具有代表性的有长江黄金水道改造工程和长江口深水航道整治工程。长江黄金水道改造工程是中国最大的黄金水道改造工程。长江口深水航道整治工程位于长江口南港和北槽河段，全长 92.2km、底宽 350～400m、深 12.5m，可满足第三、第四代集装箱全天候通航和第五代集装箱及 10 万吨级散货船乘潮进港的要求。该项工程于 1998 年开始建设，是 20 世纪 90 年代中国最大的一项水运工程。

2.1.6 信息通信工程典型案例筛选标准和原则

中国通信行业发展经历了有线通信技术和无线移动通信技术两个阶段，在无线移动通信技术阶段，中国通信行业得到了快速发展，通信逐渐从技术被动跟随转变为技术世界领跑的新格局。目前，中国的多种通信技术处于世界领先地位。以标志性、战略性，以及是否具有"首次""第一"等意义为筛选原则和标准，筛选出的超级工程包括：①5G 通信。该工程作为当前最新一代移动通信技术，是沿着 4G 系统的发展演进的，5G 首次实现了从一开始就制定全球统一标准。中国是世界上最早推出商用 5G 网络的国家之一，拥有目前全球规模最大的 5G 移动网络，具备最完善的终端产业链与全球领先的 5G 技术。过去 40 多年以来，中国移动通信技术的发展，从"1G 空白、2G 跟随"到"3G 突破、4G 同步"，最终迈向了"5G 引领"的新阶段。②海尔工业互联网平台。在权威机构发布的"2020 工业互联网平台企业排行榜"中，海尔位居第一，显示出其在行业中的领先地位。它基于"大规模定制"生产模式，打造了全球首个智能 +5G 大规模定制虚实融合示范试验平台，为不同行业和规模的企业提供基于场景生态的数字化转型解决方案。③贵安数据中心集群。其依托于国家大数据（贵州）综合试验区建设开展，汇聚国家部委、金融机构、大型央企、互联网头部企业等多方力量共同打造。数据中心集群的建设布局体现了极强的前瞻性，集聚强大算力，赋能千行百业，为"东数西算"工程筑牢了"数字底座"。该数据中心集群吸引了华为、网易、美的、中软国际、永中软件、中融信通、慧科教育等近 500 家携带数字基因的标杆企业齐聚这里开展数据应用服务，将助力中国形成"数据中心飞地"及数据加工处理的前店后厂模式，推动以数据大循环带动国内国际双循环，为新时代西部地区创新发展大数据产业探索了新路径、树立了新样板。同时，还有阿里云平台，它是世界上第一个对外提供 5K 云计算服务能力的平台。

2.1.7 其他工程案例筛选标准和原则

其他工程由于无法划分到特定的自然属性的工程类型中，因此在入选标准的制定中除了参考该工程的定量指标外，我们更多地从社会影响和历史意义、科技创新、环境友好、经济效益、文化价值、具有战略和政治意义几个方面进行考量。

（1）社会影响和历史意义：超级工程应具有深远的社会影响，能够解决重要的社会问题，提高人民的生活水平，促进社会的稳定和进步。例如，156 项工程和三线建设在建国初期帮助我国从农业国家向工业化国家转型，提供了大量的基础设施和工业设备，对我国的经济发展起到了重要的推动作用。

（2）科技创新：超级工程应运用先进的科学技术，推动我国的科技创新和技术进步。例如，杂交水稻的成功研发，不仅提高了我国的粮食产量，也推动了我国农业科技的进步。

（3）环境友好：超级工程应注重环境保护，防止或减轻对环境的污染和破坏。例如，三北防护林工程在防治沙漠化和保护生态环境方面做出了巨大的贡献；北京高碑店污水处理工程是当时世界最大的再生水厂、中国历史上第一座特大型污水处理厂，致力于打造低碳、智慧、美观、安全、高效的"环境友好型、资源集约型"污水处理设施。

（4）经济效益：超级工程应具有良好的经济效益，能够产生可观的收益和回报。例如，虹桥综合交通枢纽工程通过优化交通网络，提高了交通效率，带动了周边经济的发展。

（5）文化价值：超级工程应具有文化价值，能够体现我国的文化特色和价值观。例如，人类历史上最伟大的惠民系统工程，使中国广大农村历史性地实现了路通、电通、水通（包括饮用水）、网通等。

（6）具有战略和政治意义的工程：雷神山医院、火神山医院都是在特殊时期、特殊背景下兴建的特殊建筑，是中国应对新冠疫情快速建成的规模最大的方舱医院。

2.2 选取方法

1. 认可法

超级工程因为其显示度高，具有地标性和公益性等特征，会成为大众心理认知度较高的工程项目，因此，超级工程的选取方法可以采用大众认可的方法，将满足超级工程条件且在群众中认可度极高的大型工程选取出来，并进行最终的审定。

2. 推荐法

某些超级工程虽然在群众中的知名度不高，但在特定行业中是标杆性的、指标性的大型工程，具有重要的历史价值、社会价值、经济价值或者技术价值，也应该由行业专家进行推荐，选取出某领域的重要大型工程，并进行最终的审定。

3. 层次分析法

超级工程案例的选取按照超级工程不同属性进行分类整理。其中主要有五大工程，即：土木工程、水利工程、能源矿业工程、制造工程和运载工程。每个工程大类内又包含了具体的单体分类。首先通过大量的相关资料和文献查找，收集重大工程项目。以重大工程项目为基础，针对超级工程筛选所需的各项指标进行数据的收集整理。一方面根据已有数据对定量评估指标进行数学计算，另一方面向专家发放定性指标的调查问卷，从而进行评估。

根据设计的超级工程筛选标准，准则层包含工程规模、工程科技、工程管理、科技影响、经济影响、社会影响六个方面；而每个准则层下又包含对应的指标层。例如，工程规模准则层下包括建筑面积、投资金额、设计与建设周期、资源消耗等。具体的层次结构如图2.3所示。

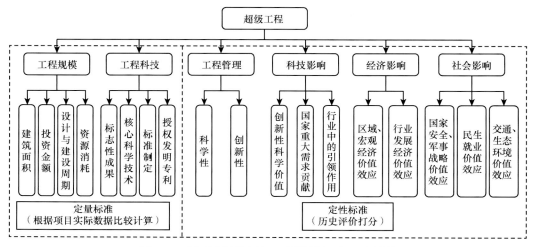

图2.3 中国近现代超级工程筛选标准层次结构

根据层次分析法（analytic hierarchy process，AHP）的分析计算流程，确认准则层的比较矩阵，即确定工程规模、工程科技、工程管理、科技影响、经济影响、社会影响这六个准则对超级工程评价的重要程度。当然，对于不同类型的超级工程，这些准则在评价中所占的重要程度不尽相同。在某些类型的工程中，工程规模的权重要大一些；而在其他类型的工程中，也许科技影响等所占的比重要更高。因此我们需要根据不同类型的超级工程确定不同的比较矩阵，如图2.4所示。

4. 论证法

世界范围内的大型工程数量是无法想象的，尤其横跨了整个人类历史发展史，因此有些工程是否属于超级工程，需要进行充分的论证，论证的方法可以采取专家咨询法或者现场调研法，一一对应工程的特征和特性，实现科学评定。

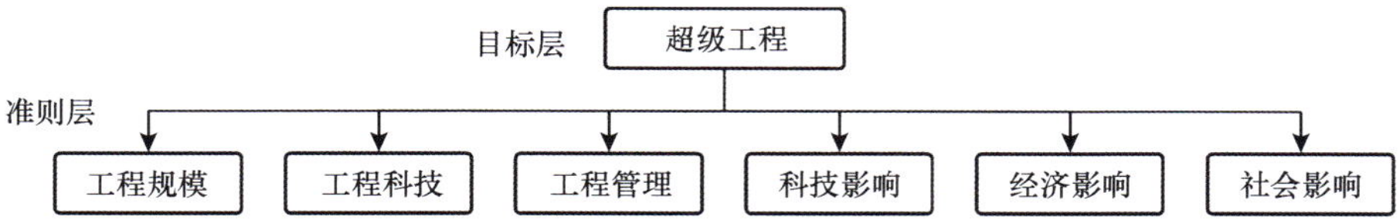

	工程规模	工程科技	工程管理	科技影响	经济影响	社会影响
工程规模	1	1/3	1/5	1/5	1/7	1/3
工程科技	3	1	1/3	1/3	1/5	2
工程管理	5	3	1	2	1/2	3
科技影响	5	3	1/2	1	3	5
经济影响	7	5	2	1/3	1	5
社会影响	3	1/2	1/3	1/5	1/5	1
CR = 0.0357						

图 2.4　准则层比较矩阵（以土木工程为例）

5. 打分法

层次分析法其实也是一种打分法，但操作过程相对复杂，因此，可以针对超级工程的重要特征，设计超级工程的选取问卷，请不同的群众或者行业专家对候选的工程进行打分，并进行选取。打分表格中的各项指标要设计得合理、科学，具有可操作性。打分表格中各项指标的设计考虑了超级工程特征的不同维度[9,10]，并赋予相应的权重，具体打分法指标及权重如表 2.1 所示。

表 2.1　打分法指标及权重

名称	工程规模	社会影响	建造难度	工程科技	经济效益	总分
指标	从建筑面积、投资、建造周期，资源消耗方面评价工程规模	评估工程对国家、社会、居民及生态环境带来的重要影响	从标准、规范、建设及管控方面评价工程管理水平	从核心科技、标志性科技成果方面评价工程的科技水平	评估工程对行业及区域的经济推动作用与贡献	
权重	0.3	0.2	0.2	0.15	0.15	

2.3　选取结果

依据上述选取标准和方法，按照土木、水利、能源矿业、制造、运载、信息通信以及其他工程项目进行分类选取，全部筛选出案例共计 299 项，选取结果见表 2.2。

表 2.2　中国近现代超级工程排行榜（按时间排序）

序号	名称	类型	建设时间	入选理由	评分
1	安庆军械制造	制造工程（装备制造）	1861 年 [11]	清政府创办最早的以手工制造近代武器的军工作坊，其中诞生了第一艘轮船"黄鹄"号	87.33
2	江南机器制造	制造工程（装备制造）	1865 年 [12]	清政府洋务派开设的中国近代最大的军火制造工程	88.88
3	金陵机器制造	制造工程（装备制造）	1865 年 [13]	中国近代最大的民族军事工业制造群	88.55
4	马尾造船	制造工程（装备制造）	1866 年 [14]	中国近代第一家专业造船厂，为当时远东地区之最，被称为"福建船政"	87.96
5	西兰大道	土木工程（公路）	1872 年 [15]	西北第一条公路，陕甘总督左宗棠征发民工 2 万多人，军民一道筑桥梁 41 座，栽植柳树 26 万多株，被称为"左公柳"	87.59
6	吴淞铁路	运载工程（铁路）	1876 年 [16]	中国第一条营运铁路	88.25
7	开滦煤矿	能源矿业工程（矿产）	1878 年 [17]	拥有当时亚洲第一、世界第二的洗煤厂	90.17
8	金龙桥	土木工程（桥梁）	1880 年 [18]	中国现存最早、最长、跨度最大、桥面最宽、铁链最多的古代铁链桥，为金沙江上第一座桥	87.66
9	旅顺港	运载工程（港口）	1880 年 [19]	中国近代第一大军港，当时世界五大军港之一	91.22
10	唐胥铁路修理厂	制造工程（装备制造）	1881 年 [20]	中国第一家铁路机车车辆工厂	86.34
11	杨树浦水厂	水利工程（水资源管理）	1881 年 [21]	中国供水行业建厂最早，生产能力最大的地面水厂	87.14
12	刘铭传铁路隧道	土木工程（隧道）	1887 年 [22]	中国最早建成的铁路隧道	87.73
13	东清铁路机车制造	制造工程（装备制造）	1889 年 [23]	中国近代最早、规模最大、技术最先进的机车工厂	87.15
14	汉阳铁厂	制造工程（钢铁）	1890 年 [24]	当时中国第一家，也是最大的钢铁联合企业，被称为"汉阳铁厂"	90.39
15	北京丰台站	运载工程（铁路）	1895 年 [25]	中国首个普速，后续建为高速双层大型现代化铁路车站	88.45

续表

序号	名称	类型	建设时间	入选理由	评分
16	南通大生纱厂	制造工程（装备制造）	1895 年[26]	清末创办的最早一家私营棉纺织企业	87.49
17	京汉铁路	运载工程（铁路）	1897 年[27]	甲午中日战争之后，中国清政府修筑的第一条铁路	89.97
18	陇海铁路	运载工程（铁路）	1904 年[28]	20 世纪初，中国修建的最早、最长的铁路	89.65
19	京张铁路	运载工程（铁路）	1905 年[29]	中国首条自主设计和建造的铁路	90.55
20	南苑机场	土木工程（机场）	1910 年[30]	中国最早修建的机场	88.68
21	石龙坝水电站	水利工程（水电站）	1910 年[31]	中国第一座水电站、第一座抽水蓄能电站、第一条高电压输电线路起点	89.25
22	杨树浦电站	能源矿业工程（电力）	1911 年[32]	中国历史上第一个电厂，标志着中国电力工业的起步	88.75
23	国家博物馆	土木工程（建筑）	1912 年[33]	中国近代世界上单体建筑面积最大的博物馆，是中华文物收藏量最丰富的博物馆之一	89.06
24	抚顺西露天煤矿	能源矿业工程（矿产）	1914 年[34]	中国近代第一座规模最大的露天煤矿	88.77
25	永利制碱制造	制造工程（装备制造）	1920 年[35]	中国第一个化工生产基地，开创了中国化学工业的先河	87.48
26	东三省兵器制造	制造工程（装备制造）	1921 年[36]	中国近代规模最大的兵工厂	89.23
27	耀华玻璃制造	制造工程（装备制造）	1922 年[37]	中国近代第一家大型玻璃制造企业	87.87
28	抚顺石化工程	能源矿业工程（石化）	1928 年[38]	中国近代石化工业的"摇篮"	88.97
29	泾惠渠	水利工程（天然水收集）	1930 年[39]	民国时期最先动工的农田水利工程	86.56
30	上海国际饭店	土木工程（建筑）	1932 年[40]	中国近代上海最早、最大的饭店，被称为20世纪30年代"远东第一高楼"	87.44
31	钱塘江大桥	土木工程（桥梁）	1934 年[41]	中国自行设计、建造的第一座双层铁路、公路两用桥	90.74
32	南京永利铔厂工程	能源矿业工程（石化）	1934 年[42]	中国第一座化肥厂，当时亚洲最大的化工厂	87.49

序号	名称	类型	建设时间	入选理由	评分
33	矮寨盘山公路	土木工程（公路）	1935 年 [43]	中国近代湘西第一条公路，是当时难度最大的盘山公路	88.12
34	二十四道拐	土木工程（公路）	1935 年 [44]	抗战期间，成为盟军中缅印战区交通大动脉，被誉为"抗战的生命线"	86.98
35	独山子石化工程	能源矿业工程（石化）	1936 年 [45]	中国最早的炼油工程	88.01
36	二九八光学仪器制造	制造工程（装备制造）	1936 年 [46]	中国近代第一个国营光学仪器厂，是中国光学工业的摇篮	88.10
37	中央机器制造	制造工程（装备制造）	1936 年 [47]	中国近代机械工业的摇篮	87.78
38	丰满水电站	水利工程（水电站）	1937 年 [48]	当时亚洲最大的水电站，被称为"中国水电之母"	89.20
39	抚顺铝冶炼	制造工程（冶金）	1937 年 [49]	中国第一家有色金属冶炼企业	87.48
40	玉门油田	能源矿业工程（石油）	1937 年 [50]	中国石油工业的摇篮	89.79
41	黄崖洞兵器制造	制造工程（装备制造）	1939 年 [51]	抗战时期华北敌后八路军创建最早、规模最大的兵工厂	88.10
42	鸳鸯池水库	水利工程（天然水收集）	1943 年 [52]	民国时期修建的国内第一座大型土坝蓄水工程	87.22
43	沂沭泗河洪水东调南下工程	水利工程（水资源管理）	1949 年 [53]	中国近代提高防洪标准的战略性骨干工程	88.63
44	河套灌区工程	水利工程（天然水收集）	1949 年 [54]	世界著名灌区，亚洲最大的自流灌区	89.88
45	白云鄂博稀土矿开发工程	能源矿业工程（矿产）	1949 年 [55]	世界最大的稀土矿山，被誉为"稀土之乡"	89.60
46	318 国道	土木工程（公路）	1950 年 [56]	当时中国最长的国道	89.78
47	大通湖蓄洪垦殖工程	水利工程（防洪除涝）	1950 年 [57]	新中国成立后长江流域建立的第一个蓄洪垦殖工程	88.14
48	治黄工程	水利工程（防洪除涝）	1950 年 [58]	中国历史上规模最大的治理黄河工程	91.97
49	治淮工程	水利工程（防洪除涝）	1950 年 [59]	中国历史上规模最大的治理淮河工程	91.01

续表

序号	名称	类型	建设时间	入选理由	评分
50	成渝铁路	运载工程（铁路）	1950 年 [60]	新中国成立后建成的第一条铁路	90.41
51	小恒山立井	能源矿业工程（矿产）	1950 年 [61]	中国自行设计、自行施工的第一对现代化中型立井	87.32
52	苏北灌溉总渠	水利工程（防洪除涝）	1951 年 [62]	新中国治淮工程中最早兴建的大型排洪通道和灌溉渠道	87.80
53	歼 -5 飞机研发工程	制造工程（装备制造）	1951 年 [63]	中国第一个生产喷气战斗机工程，标志着中国成为当时世界上能够成批生产喷气战斗机的国家之一	90.18
54	荆江分洪工程	水利工程（防洪除涝）	1952 年 [64]	新中国治理长江的第一个大型水利工程	87.81
55	宝成铁路	运载工程（铁路）	1952 年 [65]	中国第一条电气化铁路，当时难度最大的铁路工程	89.45
56	沈阳重型机器制造	制造工程（装备制造）	1953 年 [66]	中国最早建立的重型机器制造厂	88.78
57	长春第一汽车制造	制造工程（装备制造）	1953 年 [67]	中国第一个汽车制造工业基地	90.34
58	鞍山钢铁	制造工程（钢铁）	1953 年 [68]	中国第一个大型钢铁制造工程	91.92
59	大寨梯田	其他工程	1953 年 [69]	中国最具代表性的梯田建造工程，被誉为"不可移动文物"	88.26
60	北京铁路枢纽	运载工程（铁路）	1953 年 [70]	新中国最大的铁路枢纽	89.28
61	156 项重点工程	其他工程	1953 年 [71]	新中国第一个五年计划重点工程，标志着社会主义建设工程的开始，奠定了中国工业化的基础	89.82
62	北江大堤工程	水利工程（防洪除涝）	1954 年 [72]	广州市防御西江和北江洪水的重要屏障	88.08
63	兰州炼油	能源矿业工程（石化）	1954 年 [73]	新中国第一个大型炼油生产基地	89.18
64	吉林石化	能源矿业工程（石化）	1954 年 [74]	新中国第一个大型石油化工基地	89.33
65	武汉长江大桥	土木工程（桥梁）	1955 年 [75]	新中国成立后修建的第一座公路、铁路两用的长江大桥	91.06

序号	名称	类型	建设时间	入选理由	评分
66	首都国际机场	土木工程（机场）	1955 年 [76]	新中国首个民用机场，后扩建为世界超大型国际机场	90.56
67	克拉玛依油田	能源矿业工程（石油）	1955 年 [77]	新中国成立后开发建设的第一个大油田	89.34
68	胜利油田	能源矿业工程（石油）	1955 年 [78]	中国第二大油田	90.19
69	茂名石化	能源矿业工程（石化）	1955 年 [79]	中国第一个千万吨级炼油厂	88.70
70	第一拖拉机制造	制造工程（装备制造）	1955 年 [80]	中国第一个拖拉机制造厂	87.61
71	大庆油田	能源矿业工程（石油）	1955 年 [81]	中国第一超大油田，创造了中国石油工业的奇迹	93.15
72	直升机工程	制造工程（装备制造）	1956 年 [82]	中国第一个直升机制造工程	89.32
73	新安江水电站	水利工程（水电站）	1956 年 [83]	新中国自行设计、自制设备、自主建设的第一座大型水力发电站	89.63
74	三门峡水库	水利工程（天然水收集）	1957 年 [84]	黄河上的第一个大型水利枢纽工程	90.80
75	南京苯胺工程	能源矿业工程（石化）	1957 年 [85]	中国第一套 3000t/a 硝基苯加氢还原制苯胺生产装置工程	88.31
76	人民大会堂	土木工程（建筑）	1958 年 [86]	中国同类型最大建筑，面积超 17 万 m^2，十个月建成	90.44
77	丹江口水库	水利工程（天然水收集）	1958 年 [87]	当时亚洲最大水库，被誉为人工"淡水湖"	90.34
78	密云水库	水利工程（天然水收集）	1958 年 [88]	华北最大水源供应地	88.19
79	刘家峡水电站	水利工程（水电站）	1958 年 [89]	中国自行设计和建设的第一座装机容量 1000MW 以上的大型水电站	89.71
80	东风导弹	制造工程（装备制造）	1958 年 [90]	中国成系列近程、中远程和洲际弹道导弹研发与制造工程	92.03
81	强 -5 强击机	制造工程（装备制造）	1958 年 [91]	中国出口的第一种作战飞机	90.53
82	酒泉卫星发射中心	运载工程（航空航天）	1958 年 [92]	中国创建最早、规模最大的综合型导弹、卫星发射中心	91.34

续表

序号	名称	类型	建设时间	入选理由	评分
83	成昆铁路	运载工程（铁路）	1958 年 [93]	世界难度最大的铁路工程，被誉为 20 世纪人类征服自然的三大奇迹之一	91.15
84	221 厂	制造工程（装备制造）	1958 年 [94]	中国第一个核武器研制、生产、试验基地	88.90
85	万吨水压机	制造工程（装备制造）	1959 年 [95]	中国第一台 12000t 水压机，填补了中国重型机械工业空白	89.34
86	596 工程	制造工程（装备制造）	1959 年 [96]	中国第一颗原子弹、第一颗氢弹研发制造工程	90.56
87	"东风号"远洋货轮	制造工程（装备制造）	1959 年 [97]	新中国成立后第一艘自行设计建造的万吨级远洋货轮	88.99
88	南京长江大桥	土木工程（桥梁）	1960 年 [98]	中国第一座自行设计和建造的双层铁路、公路两用桥梁	91.99
89	红旗渠	水利工程（天然水收集）	1960 年 [99]	从太行山腰修建的引漳入林的工程，被称为"人工天河"	89.31
90	金川镍矿	能源矿业工程（矿产）	1960 年 [100]	世界最大的镍矿生产基地，被誉为世界"镍都"	88.86
91	大庆炼油工程	能源矿业工程（石化）	1962 年 [101]	中国当时最大的炼油厂	90.08
92	轰 -6 飞机研发工程	制造工程（装备制造）	1963 年 [102]	中国最大的轰炸机，被誉为空军轰炸力量的核心	91.17
93	歼 -8 飞机研发工程	制造工程（装备制造）	1964 年 [103]	中国首个自行研制的高空高速战斗机，被誉为中国航空工业发展史上一座重要的里程碑	90.82
94	三线建设	其他工程	1964 年 [104]	世界历史上绝无仅有的一次规模巨大的工业迁移建设工程	92.10
95	北京地铁 1 号线	土木工程（地铁）	1965 年 [105]	中国第一个地铁建设工程	91.23
96	"东方红一号"卫星	运载工程（航空航天）	1965 年 [106]	中国发射的第一颗人造地球卫星，开创中国航天史的新纪元	92.88
97	816 地下核工程	能源矿业工程（电力）	1966 年 [107]	中国第二个核原料工业基地，号称"世界第一人工洞体"，中国第一台原子能发电厂	88.55
98	燕山石化工程	能源矿业工程（石化）	1967 年 [108]	中国华北最大的炼油化工工程	88.01

序号	名称	类型	建设时间	入选理由	评分
99	H 动力潜艇	制造工程（装备制造）	1968 年 [109]	中国第一个核动力潜艇制造工程	90.93
100	乌江流域梯级水电站	水利工程（水电站）	1968 年 [110]	中国第一家流域水电开发工程	88.25
101	抽水蓄能电站工程群	水利工程（水电站）	1968 年 [111]	世界最大规模的抽水蓄能电站工程群	89.90
102	"长征一号"核潜艇	制造工程（装备制造）	1968 年 [112]	中国自行设计建造的第一艘核潜艇	91.02
103	长庆油田	能源矿业工程（石油）	1970 年 [113]	中国第一超大、低渗透油气田，创造了中国非常规油气田开发的先河	91.40
104	运 –10 飞机研发工程	制造工程（装备制造）	1970 年 [114]	中国自行设计、制造的第一架完全拥有自主知识产权的大型喷气客机	90.33
105	东北"八三工程"	能源矿业工程（石油）	1970 年 [115]	中国第一条长距离、大口径输送高凝原油管道	88.62
106	葛洲坝水电站	水利工程（水电站）	1971 年 [116]	长江上第一座大型水电站	91.23
107	杂交水稻工程	其他工程	1971 年 [117]	中国人发明的杂交水稻，大幅提高了水稻的单产量，其成果享誉世界	93.30
108	广州白云宾馆	土木工程（建筑）	1972 年 [118]	第一座突破百米的高楼	87.21
109	上海石化工程	能源矿业工程（石化）	1972 年 [119]	中国最大的炼油化工一体化综合性石油化工企业	87.46
110	郭亮挂壁公路	土木工程（公路）	1972 年 [120]	世界最险要的公路之一	86.87
111	武钢一米七轧机	制造工程（装备制造）	1975 年 [121]	中国第一台一米七轧机，开创了中国系统引进国外钢铁技术的先河，代表了当时国际钢铁制造先进水平	88.16
112	引大入秦水利工程	水利工程（水资源管理）	1976 年 [122]	中国规模最大的跨流域自流灌溉工程，被称颂为当代的"都江堰"	89.52
113	上海宝钢	制造工程（钢铁）	1978 年 [123]	中国最大、最现代化的钢铁联合企业	92.47
114	三北防护林工程	其他工程	1978 年 [124]	世界最大的人工林业生态工程	91.26

续表

序号	名称	类型	建设时间	入选理由	评分
115	山西能源重化工基地	能源矿业工程（化工）	1980 年[125]	中国当时最大的能源重化工基地	88.85
116	引滦入津	水利工程（水资源管理）	1982 年[126]	新中国第一次跨流域、跨省市大型引水工程	87.66
117	无为大堤工程	水利工程（防洪除涝）	1983 年[127]	长江流域防洪标志性工程	87.89
118	沈大高速公路	土木工程（公路）	1984 年[128]	中国最早建设的高速公路，被称为"神州第一路"	88.59
119	平朔露天煤矿	能源矿业工程（矿产）	1984 年[129]	中国最大的现代化露天煤矿	88.81
120	秦山核电站	能源矿业工程（电力）	1985 年[130]	中国自行设计、建造的第一座核电站	91.28
121	大秦铁路	运载工程（铁路）	1985 年[131]	中国首条双线电气化、现代化重载铁路	89.04
122	大柳塔煤矿	能源矿业工程（矿产）	1987 年[132]	世界第一大现代化煤矿，开创了世界高产、高效矿井建设先河	87.46
123	大亚湾核电站	能源矿业工程（电力）	1987 年[133]	中国第一座大型商用核电站	90.60
124	补连塔矿井	能源矿业工程（矿产）	1987 年[134]	世界一矿一井产量最大的井工煤矿	86.05
125	舟山港通道工程	运载工程（港口）	1987 年[135]	世界最长的连岛高速公路和最大的跨海桥梁群	88.44
126	北仑发电	能源矿业工程（电力）	1988 年[136]	中国第一座装机容量 500 万 kW 的巨型火电厂	87.78
127	福建炼油工程	能源矿业工程（石化）	1989 年[137]	中国第一个现代化炼油工程	88.43
128	塔里木油田	能源矿业工程（石油）	1989 年[138]	中国第三大油气田和西气东输主力气源地	90.38
129	北京高碑店污水处理工程	其他工程	1990 年[139]	当时世界最大的再生水厂，中国第一座特大型污水处理厂	86.80
130	黑岱沟露天矿	能源矿业工程（矿产）	1990 年[140]	中国第一个自主设计、自主建设、独立管理的最大的现代化露天煤矿	87.68

序号	名称	类型	建设时间	入选理由	评分
131	五纵七横工程	土木工程（公路）	1991 年 [141]	中国规划建设的以高速公路为主的公路网主骨架工程	90.60
132	东方明珠	土木工程（建筑）	1991 年 [142]	上海标志性工程，浦东开发的第一个重点工程	90.48
133	杨浦大桥	土木工程（桥梁）	1991 年 [143]	世界第一座叠合梁桥	88.89
134	小浪底水利工程	水利工程（水电站）	1991 年 [144]	黄河干流上一座集减淤、防洪、防凌、供水、灌溉、发电等于一体的大型综合性水利工程	90.45
135	无煤柱自成巷开采系列工程	能源矿业工程（矿产）	1991 年 [145]	中国第一个无煤柱自成巷煤炭开采工程	88.02
136	陕京天然气管道	能源矿业工程（天然气）	1992 年 [146]	中国陆上距离最长、管径最大、所经地区地质条件最为复杂、自动化程度最高的输气管道	90.95
137	高效超（超）临界火电工程	能源矿业工程（电力）	1992 年 [147]	中国超临界（及以上）燃煤机组系列工程，居世界领先水平	90.15
138	载人飞船工程	运载工程（航空航天）	1992 年 [148]	中国第一个载人航天飞船工程	93.90
139	长龙山抽水蓄能电站	水利工程（水电站）	1992 年 [149]	华东地区最大的抽水蓄能电站	88.29
140	沪蓉高速公路	土木工程（公路）	1992 年 [150]	中国工程规模最大、建设周期最长、地质最为复杂、施工最为艰难的高速公路	89.28
141	香港国际机场	土木工程（机场）	1993 年 [151]	世界最繁忙的国际机场之一	89.81
142	引汉济渭	水利工程（水资源管理）	1993 年 [152]	陕西省"南水北调"工程，是陕西省有史以来规模最大、影响最为深远的重大水利工程	89.69
143	京九铁路	运载工程（铁路）	1993 年 [153]	中国第一条一次性建成的最长双线铁路，国家"八五"计划的第一号工程	91.65
144	塔里木沙漠公路	土木工程（公路）	1993 年 [154]	世界最长的贯穿流动沙漠的等级公路，是中国最早的沙漠公路	88.43
145	三峡水利工程	水利工程（水电站）	1994 年 [155]	世界上最大水利枢纽和发电工程	94.14

续表

序号	名称	类型	建设时间	入选理由	评分
146	歼-10 飞机研发工程	制造工程（装备制造）	1994 年 [156]	中国自行研制，首款具有完备自主知识产权的第三代先进多用途战机	91.82
147	北斗卫星	运载工程（航空航天）	1994 年 [157]	中国首个自行研制的全球卫星导航系统，世界第三个成熟的卫星导航系统	94.04
148	香港昂船洲污水处理厂	其他工程	1994 年 [158]	中国第二大规模污水处理厂	86.49
149	神光 Ⅱ	制造工程（装备制造）	1994 年 [159]	当前我国规模最大的高性能高功率钕玻璃激光装置	86.82
150	托克托发电工程	能源矿业工程（电力）	1995 年 [160]	世界最大的火力发电基地，国家"西部大开发"和"西电东送"的重点工程	88.86
151	西电东送	能源矿业工程（电力）	1996 年 [161]	中国"西部大开发"的标志性工程，西部大开发中工程量最大、投资额最多的重点工程	93.12
152	浦东国际机场	土木工程（机场）	1997 年 [162]	中国华东区域第一大枢纽机场	89.48
153	铁路大提速	运载工程（铁路）	1997 年 [163]	中国铁路最具影响的铁路工程，创造了世界铁路既有线提速的规模和速度之最	91.13
154	长江口深水航道整治工程	运载工程（港口）	1998 年 [164]	20 世纪 90 年代中国最大的一项水运改造工程	88.22
155	苏里格气田	能源矿业工程（天然气）	1999 年 [165]	中国最大非常规整装天然气田，是"西气东输"和"陕气东送"主力气源	89.48
156	99A-坦克	制造工程（装备制造）	1999 年 [166]	中国自主研发的主战坦克	89.40
157	河钢家电板涂覆新材料建设工程	制造工程（钢铁）	1999 年 [167]	中国第一条两涂两烘家电涂覆卷带生产线	87.65
158	秦沈客运专线	运载工程（铁路）	1999 年 [168]	中国自主设计、施工的第一条客运专线，是铁路客货分线运输的先驱者	91.98
159	村村通工程	其他工程	1999 年 [169]	人类历史上最伟大的惠民系统工程，使中国广大农村历史性地实现了路通、电通、水通（包括饮用水）、网通等	90.05

续表

序号	名称	类型	建设时间	入选理由	评分
160	张家界百龙天梯	制造工程（装备制造）	1999 年 [170]	中国首个最高户外电梯，被载入吉尼斯世界纪录	87.90
161	上海白龙港污水处理厂	其他工程	1999 年 [171]	中国第一大污水处理厂，亚洲最大的污水处理厂	86.18
162	广州白云机场	土木工程（机场）	2000 年 [172]	中国第二大航空港，国内三大航空枢纽之一	89.24
163	长江重要堤防隐蔽工程	水利工程（防洪除涝）	2000 年 [173]	长江堤防建设施工难度最大、技术含量最高的工程	88.72
164	澜沧江流域水电开发工程	水利工程（水电站）	2000 年 [174]	世界级高坝工程群，被誉为中国高坝大水库的博览馆	90.23
165	西气东输	能源矿业工程（天然气）	2000 年 [175]	中国当时距离最长、管径最大、投资最多、输气量最大、施工条件最复杂的天然气管道工程	92.77
166	中亚天然气管道	能源矿业工程（天然气）	2000 年 [176]	中外合资修建的第一条长距离跨国天然气管道	90.13
167	东方超环	制造工程（装备制造）	2000 年 [177]	世界上第一个全超导非圆截面托卡马克核聚变实验装置	87.36
168	国家大剧院	土木工程（建筑）	2001 年 [178]	亚洲最大的剧院，中国国家表演艺术的最高殿堂	88.67
169	终南山公路隧道	土木工程（隧道）	2001 年 [179]	中国自行设计施工的世界最长双洞单向公路隧道，创造了中国高速公路隧道建设之最	89.02
170	青藏铁路	运载工程（铁路）	2001 年 [180]	世界上海拔最高、线路最长、穿越冻土里程最长、克服了世界级困难的高原铁路	94.22
171	北京夏季奥运工程	土木工程（建筑）	2002 年 [181]	第 29 届夏季奥运会的建筑群，以鸟巢、水立方为代表的世界独一无二的大型单体建筑	91.53
172	南水北调	水利工程（水资源管理）	2002 年 [182]	中国最大的跨流域战略性惠民水利工程	92.77
173	北煤南运	运载工程（铁路）	2002 年 [183]	中国最大的北煤南运战略性铁路工程	90.32
174	蛟龙号	制造工程（装备制造）	2002 年 [184]	中国第一艘深海载人潜水器	91.57

续表

序号	名称	类型	建设时间	入选理由	评分
175	赛科乙烯工程	能源矿业工程（石化）	2002 年[185]	中国最大的中外合资乙烯工程	87.64
176	陕北能源化工基地	能源矿业工程（化工）	2003 年[186]	中国唯一国家级能源化工基地	88.33
177	杭州湾跨海大桥	土木工程（桥梁）	2003 年[187]	中国当时最长的跨海大桥	89.76
178	苏通长江公路大桥	土木工程（桥梁）	2003 年[188]	中国当时建桥史上工程规模最大、综合建设条件最复杂的特大型桥梁工程	89.52
179	白马发电机组	能源矿业工程（电力）	2003 年[189]	自主研发建成的世界首台 600MW 超临界循环流化床燃煤发电机组	87.67
180	神舟五号	运载工程（航空航天）	2003 年[190]	中国载人航天工程发射的第五艘飞船，第一艘载人航天飞船	94.20
181	有机发光半导体基板工程	制造工程（装备制造）	2003 年[191]	中国最大的阴极射线显像管装备生产工程	89.59
182	兖矿国泰气化炉工程	能源矿业工程（化工）	2003 年[192]	中国首个自主研发的大型煤化工示范工程	87.85
183	三门核电站	能源矿业工程（电力）	2004 年[193]	世界最先进的第三代先进压水堆核电站	90.58
184	海南炼化工程	能源矿业工程（石化）	2004 年[194]	中国当时首个原油综合加工能力 800 万 t/a 的炼厂	88.07
185	北京正负电子对撞机	制造工程（装备制造）	2004 年[195]	中国第一台高能加速器	91.25
186	嫦娥工程	运载工程（航空航天）	2004 年[196]	中国实施的第一个探月工程	93.80
187	和谐号	制造工程（装备制造）	2004 年[197]	中国铁路全面实施自主创新战略取得的重大工程，标志着中国铁路客运装备的技术水平达到了世界先进水平	91.67
188	中央电视台总部大楼	土木工程（建筑）	2004 年[198]	中国首座独特的电视台大楼，被美国《时代周刊》杂志评选为 2007 年世界十大建筑奇迹之一	88.24
189	"先行号"盾构机	制造工程（装备制造）	2004 年[199]	中国第一台国产盾构掘进机	89.74
190	中哈原油管道	能源矿业工程（石油）	2004 年[200]	中国的第一条战略级跨国原油进口管道	90.39

续表

序号	名称	类型	建设时间	入选理由	评分
191	神华煤直接液化工程	能源矿业工程（化工）	2004 年 [201]	世界上第一个百万吨级煤炭直接液化生产清洁油品的商业化工程	89.23
192	上海光源	制造工程（装备制造）	2004 年 [202]	中国首台第三代中能同步辐射光源	87.65
193	广州电视塔	土木工程（建筑）	2005 年 [203]	世界上最高的广播电视观光塔	87.84
194	翔安海底隧道	土木工程（隧道）	2005 年 [204]	中国第一条规模宏大的跨海隧道	88.53
195	太行山高铁隧道	土木工程（隧道）	2005 年 [205]	中国铁路隧道的重大工程，号称建设史上的重要里程碑，标志着石太铁路客运专线建设取得了重大进展	88.36
196	农村饮水安全工程	水利工程（水资源管理）	2005 年 [206]	解决了 5.2 亿农村居民和 4700 多万农村学校师生的饮水安全问题	89.35
197	二滩水电站	水利工程（水电站）	2005 年 [207]	中国当时建成的最大的水电站	89.69
198	辽宁舰	制造工程（装备制造）	2005 年 [208]	中国第一艘航母	92.59
199	首钢京唐	制造工程（钢铁）	2005 年 [209]	中国第一座沿海邻港的现代化钢铁企业	88.54
200	洋山深水港	运载工程（港口）	2005 年 [210]	世界单体规模最大、全自动的现代化港口	89.38
201	布尔台煤矿	能源矿业工程（矿产）	2006 年 [211]	世界上一次设计、连续施工、单井设计生产能力最大的井工煤矿	87.75
202	虹桥综合交通枢纽工程	其他工程	2006 年 [212]	集聚轨、路、空三位一体，被称为世界上最复杂的综合交通枢纽	89.14
203	青岛炼油工程	能源矿业工程（石化）	2006 年 [213]	中国"十一五"期间建成投产的第一套现代化单系列大型炼化工程	87.68
204	特高压交流输电工程	能源矿业工程（电力）	2006 年 [214]	世界级特高压交流输电重大创新工程	90.75
205	±800kV 特高压直流输电工程群	能源矿业工程（电力）	2006 年 [215]	中国首创的远距离、大容量、低损耗的现代输电技术，是大规模能源传输的高速通道	91.53
206	柔性直流输电工程	能源矿业工程（电力）	2006 年 [216]	中国首个世界首创柔性直流输电系列工程	89.91

续表

序号	名称	类型	建设时间	入选理由	评分
207	镇海乙烯工程	能源矿业工程（石化）	2006 年 [217]	中国迄今规模最大、最具有国际竞争力的炼化一体化生产基地	89.21
208	18500t 自由锻造油压机	制造工程（装备制造）	2006 年 [218]	世界当时最大的 18500t 自由锻造油压机	87.90
209	河西"风电走廊"	能源矿业工程（电力）	2006 年 [219]	中国西部最大的风电建设工程	89.75
210	京港高铁	运载工程（铁路）	2006 年 [220]	世界开通最长的高铁线路，世界上第一条运营速度达到每小时 350km 的高速铁路	90.87
211	上海 11 号线地铁	土木工程（地铁）	2007 年 [221]	世界上最长的贯通运营的地铁线路，中国第一条跨省地铁线路	89.02
212	80000t 模锻液压机	制造工程（装备制造）	2007 年 [222]	中国自主设计研制的世界最大模锻液压机	88.06
213	运 -20 飞机研发工程	制造工程（装备制造）	2007 年 [223]	中国研究制造的新一代军用大型运输机	91.45
214	SWDW165 航道钻机	制造工程（装备制造）	2007 年 [224]	目前国际最先进的水上航道钻机	87.65
215	徐州矿区生态修复工程	其他工程	2007 年 [225]	中国超大型采煤塌陷地生态修复工程	87.58
216	川气东送	能源矿业工程（天然气）	2007 年 [226]	中国西南第一条天然气输送管道	90.08
217	钦州炼油	能源矿业工程（石化）	2008 年 [227]	中国西南地区最大的现代化炼油厂	88.82
218	上海中心大厦	土木工程（建筑）	2008 年 [228]	中国当时第一高的摩天大楼，也是世界上最高的钢结构建筑	88.98
219	117 大厦	土木工程（建筑）	2008 年 [229]	当时中国在建结构第一高楼，世界结构第二高楼	88.01
220	WK-55 型超级电铲	制造工程（装备制造）	2008 年 [230]	中国自主设计研制的世界最大级别的矿用电铲	87.22
221	1 号盾构机	制造工程（装备制造）	2008 年 [231]	中国第一台具有自主知识产权的复合式盾构机	88.26
222	海洋石油 981	制造工程（装备制造）	2008 年 [232]	中国首座自主设计、建造的最大深水半潜式钻井平台	90.32

序号	名称	类型	建设时间	入选理由	评分
223	"大鹏昊"运输船	制造工程（装备制造）	2008 年 [233]	中国自主设计与建造的第一艘 LNG 专用船	88.37
224	ZCC3200NP 履带起重机	制造工程（装备制造）	2008 年 [234]	中国起重能力最强的移动式起重机	87.68
225	黄陵煤矿智能开采工程	能源矿业工程（矿产）	2008 年 [235]	全球第一个运用全地面控制采煤的智能成套开采工程	88.39
226	京沪高铁	运载工程（铁路）	2008 年 [236]	世界上一次建成线路最长、标准最高的高速铁路	92.24
227	稳态强磁场实验装置	制造工程（装备制造）	2008 年 [237]	世界五大稳态磁场实验室之一，刷新了混合磁体产生稳态磁场强度的世界纪录	88.52
228	平安金融中心大厦	土木工程（建筑）	2009 年 [238]	中国第二高楼，深圳标志性建筑	88.08
229	港珠澳大桥	土木工程（桥梁）	2009 年 [239]	世界超大型集桥、岛、隧于一体的超大型跨海通道，被誉为现代世界七大奇迹之一	93.19
230	黄桷湾立交桥	土木工程（桥梁）	2009 年 [240]	中国最大、最高、功能最复杂的立交桥	88.48
231	中俄原油管道	能源矿业工程（石油）	2009 年 [241]	中国与俄罗斯合作修建的第一条国际原油管道	90.65
232	IGCC 电站	能源矿业工程（电力）	2009 年 [242]	中国自主研发、设计、建设、运营的技术示范工程	88.70
233	"三北"风电工程	能源矿业工程（电力）	2009 年 [243]	世界开发规模最大的陆上风力发电工程	89.95
234	中沙乙烯工程	能源矿业工程（石化）	2009 年 [244]	中外合资的第一套百万吨乙烯工程	88.51
235	HBT9050CH 超高压混凝土输送泵	制造工程（装备制造）	2009 年 [245]	世界泵送混凝土最高（620m）的输送泵	87.28
236	暖核一号	能源矿业工程（电力）	2009 年 [246]	世界最大的核能热电联产机组	89.55
237	中缅油气管道	能源矿业工程（天然气）	2010 年 [247]	中国西南第一条油气输送跨国管道	89.72
238	海上风电集群	能源矿业工程（电力）	2010 年 [248]	中国最大的沿海风电工程群	89.55

序号	名称	类型	建设时间	入选理由	评分
239	西北风光储输工程	能源矿业工程（电力）	2010 年[249]	世界规模最大的集风电、光电、储能及智能输送的新能源综合性示范工程	89.41
240	青藏超高压输变电工程	能源矿业工程（电力）	2010 年[250]	世界海拔最高、环境最复杂、建设难度最大的高原超高压输变电工程	90.75
241	C919 工程	制造工程（装备制造）	2010 年[251]	中国首款自主研制的大型干线客机	89.75
242	隧道钻爆法施工智能成套装备	制造工程（装备制造）	2010 年[252]	全球首套钻爆法智能化成套装备	88.27
243	瓯飞围垦工程	水利工程（公共水利设施）	2010 年[253]	中国单体最大的围垦工程	86.86
244	中老铁路	运载工程（铁路）	2010 年[254]	首次以中国标准建设、中老共同运营，与中国铁路网直接连通的跨国铁路工程	89.72
245	中国空间站	运载工程（航空航天）	2010 年[255]	中国第一个、世界第三个空间站，正在运行的两个空间站之一	94.50
246	北京中信大厦	土木工程（建筑）	2011 年[256]	北京最高的地标建筑	88.23
247	五代战机	制造工程（装备制造）	2011 年[257]	中国自主研制的第五代重型隐形战斗机	90.77
248	天宫一号	运载工程（航空航天）	2011 年[258]	中国第一个实验性的空间站	93.22
249	伊犁新天煤制天然气工程	能源矿业工程（天然气）	2011 年[259]	世界单系列产能最大的煤制天然气工程	88.05
250	空警 -500 工程	制造工程（装备制造）	2011 年[260]	中国自主研制的第三代预警机	88.83
251	FAST 工程	制造工程（装备制造）	2011 年[261]	世界口径最大、灵敏度最高的单口径射电望远镜	90.00
252	振华 30 号	制造工程（装备制造）	2011 年[262]	世界最大的海上起重船	88.13
253	WK-75 型矿用挖掘机	制造工程（装备制造）	2011 年[263]	当时世界最大的挖掘机	87.40

续表

序号	名称	类型	建设时间	入选理由	评分
254	墨子号	运载工程（航空航天）	2011 年 [264]	中国研制的首颗空间量子科学实验卫星	89.74
255	中国散裂中子源	制造工程（装备制造）	2011 年 [265]	中国首台散裂中子源，填补了国内脉冲中子源及应用领域的空白	87.1
256	京新高速	土木工程（公路）	2012 年 [266]	世界上穿越沙漠最长的高速公路	88.45
257	国家会展中心	土木工程（建筑）	2012 年 [267]	世界上面积第二大的建筑单体和会展综合体	88.72
258	青海光伏电站工程	能源矿业工程（电力）	2012 年 [268]	世界最大的光伏电站群	88.40
259	复兴号	制造工程（装备制造）	2012 年 [269]	中国自主研发、具有完全知识产权的新一代高速列车	93.16
260	22000t 龙门吊	制造工程（装备制造）	2012 年 [270]	中国自主研制的截至 2015 年世界上最大的龙门吊	87.14
261	石岛湾核电站	能源矿业工程（电力）	2012 年 [271]	全球首个并网发电的第四代高温气冷堆核电工程	89.05
262	DZ101 号掘进机	制造工程（装备制造）	2012 年 [272]	中国首台自主知识产权的岩石隧道掘进机	87.92
263	山东舰	制造工程（装备制造）	2013 年 [273]	中国首艘自主研制的全国产化航空母舰	90.86
264	宁夏煤炭间接液化工程	能源矿业工程（化工）	2013 年 [274]	中国最大的煤制油和煤基烯烃加工生产基地	88.39
265	南海岛礁工程	土木工程（建筑）	2013 年 [275]	中国建造的规模最大的岛礁工程	90.39
266	北盘江第一桥	土木工程（桥梁）	2013 年 [276]	世界第一高桥	89.67
267	阿里云平台	信息通信工程	2013 年 [277]	世界上第一个对外提供 5K 云计算服务能力的平台	88.90
268	白鹤滩水电站	水利工程（水电站）	2013 年 [278]	中国第二大水电站工程	89.81
269	嘉华燃煤机组超低排放改造工程	能源矿业工程（电力）	2013 年 [279]	世界上最大规模的超低排放清洁煤电改造工程	88.08

续表

序号	名称	类型	建设时间	入选理由	评分
270	小保当智慧矿山	能源矿业工程（矿产）	2013 年[280]	中国第一个大规模的智慧煤矿	87.45
271	蓝鲸 1 号	制造工程（装备制造）	2013 年[281]	世界作业水深最深、钻井深度最大、设计理念最先进的半潜式钻井平台	89.60
272	长江黄金水道改造工程	运载工程（港口）	2013 年[282]	中国规模最大的长江黄金水道改造工程	88.82
273	大兴国际机场	土木工程（机场）	2014 年[283]	世界规模单体最大、施工技术难度最大、无结构缝一体化航站楼，被评为新世界七大奇迹榜首	91.29
274	惠州石化工程	能源矿业工程（石化）	2014 年[284]	世界首座集中加工海洋高酸重质原油的炼油工程	88.40
275	川藏铁路	运载工程（铁路）	2014 年[285]	中国在建首条高原电气化铁路，世界铁路建设史上地形地质条件最为复杂的工程	92.85
276	华龙一号	制造工程（装备制造）	2015 年[286]	中国自主研制的第三代压水堆核电技术工程，被誉为"国家名片"	89.62
277	贵州国家数据中心	信息通信工程	2015 年[287]	中国首个灾备数据中心	88.49
278	海尔工业互联网平台	信息通信工程	2015 年[288]	中国具有自主知识产权、全球首家引入用户全流程参与体验的工业互联网平台	89.14
279	10.5 代液晶显示工程	制造工程（装备制造）	2015 年[289]	全球首条高世代生产线	88.11
280	±1100kV 特高压直流输电工程	能源矿业工程（电力）	2016 年[290]	中国首创，世界远距离、大容量、低损耗的现代输电工程，被誉为"国家名片"	90.45
281	雪龙 2 号	制造工程（装备制造）	2016 年[291]	中国第一艘自主建造的极地科学考察破冰船，世界第一艘采用船艏、船艉双向破冰技术的极地科考破冰船	89.62
282	天鲲号	制造工程（装备制造）	2016 年[292]	亚洲最大的重型自航绞吸挖泥船	88.61
283	天问一号	运载工程（航空航天）	2016 年[293]	中国首个火星探测器	92.43
284	深中通道	土木工程（隧道）	2016 年[294]	世界级在建的"桥、岛、隧、水下互通"集群工程	89.60

续表

序号	名称	类型	建设时间	入选理由	评分
285	5G 移动通信	信息通信工程	2016 年 [295]	世界最前沿的通信技术工程	93.13
286	冬奥场馆工程	土木工程（建筑）	2017 年 [296]	世界最大最先进的冬季奥运会绿色体育场馆群，代表性的建筑有冰立方、冰丝带和雪游龙等	89.99
287	中俄东线天然气管道	能源矿业工程（天然气）	2018 年 [297]	中国与俄罗斯合作修建的第一条国际天然气管道	89.00
288	唐钢超低排放工程	制造工程（装备制造）	2018 年 [298]	中国污染物和碳排放最低的大型长流程钢铁企业	87.97
289	湄洲湾跨海大桥	土木工程（桥梁）	2018 年 [299]	中国首座最大跨海高铁矮塔斜拉桥	89.45
290	轮探 1 井工程	能源矿业工程（石油）	2018 年 [300]	亚洲陆上第一深井	87.97
291	陵水 17-2 深水气田	能源矿业工程（天然气）	2019 年 [301]	中国最大的海洋深水天然气气田	88.76
292	SW1422 移动焊接平台	制造工程（装备制造）	2019 年 [302]	世界首台直径 1422mm 管线野外移动焊接平台	87.94
293	24000 标准箱超大型集装箱船	制造工程（装备制造）	2019 年 [303]	世界装箱量最大的集装箱船，被誉为海上"巨无霸"	88.26
294	火神山、雷神山医院	其他工程	2020 年 [304]	中国应对新冠疫情快速建成的规模最大的方舱医院	87.02
295	SCC98000TM 履带起重机	制造工程（装备制造）	2020 年 [305]	世界起重能力最大（4500t）的履带起重机，被誉为"全球第一吊"	87.51
296	W12000-450 超大型平头塔机	制造工程（装备制造）	2020 年 [306]	世界首台超万吨米级的上回转超大型塔机	86.84
297	SWDM1280 旋挖钻机	制造工程（装备制造）	2020 年 [307]	世界动力头扭矩最大、施工孔径最大、施工能力最强的旋挖钻机，被誉为"国之重器"	87.69
298	ZAT18000H 轮式起重机	制造工程（装备制造）	2020 年 [308]	中国自主研制世界最强全地面起重机	87.93
299	爱达·魔都号	制造工程（装备制造）	2020 年 [309]（下船坞）	中国自主设计建造的国产首艘大型邮轮，开创了中国建造大型邮轮的先河	89.35

第 3 章

分布与演化

在中国近现代的历史长河中,超级工程的分布与演化如同一幅波澜壮阔的画卷,展现了工程技术发展的宏大叙事。这些超级工程不仅体现了中国社会的阶段性变迁,更彰显了区域性和地域性的鲜明特色。其年代分布、地理分布和行业分布均遵循着独特的演化规律,这些规律如同时间的指针,指引我们探索中国工程技术发展的脉络。从旧民主主义革命时期到中国特色社会主义新时代,中国近现代超级工程经历了五个历史阶段的洗礼,每个阶段都孕育着具有时代特色的超级工程。这些工程不仅是当时社会背景和技术水平的反映,更是工程技术发展的历史见证。在地理分布上,超级工程遍布全国各省(自治区、直辖市),形成了各具特色的工程技术发展格局。从华东的繁华到西北的辽阔,从华中的繁荣到华南的开放,每一个地理区域都孕育着属于自己的超级工程,这些工程共同构成了中国工程技术发展的地域版图。在行业分布上,超级工程涵盖了土木工程、水利工程、能源矿业工程、制造工程、运载工程、信息通信工程等多个领域。这些工程不仅展示了中国工程技术发展的广度和深度,更体现了不同行业在工程技术发展中所扮演的重要角色和做出的贡献。通过对这些超级工程年代、地理和行业分布特征的深入研究,我们可以总结出其多维度的演进规律。这些规律不仅揭示了工程技术发展的内在动力和外部因素,更为我们预测未来工程技术的发展趋势提供了重要依据。

3.1　年代分布

中国近现代超级工程选取案例在时间范围上覆盖从 1840 年至今 ① 的各个时间段(图 3.1)。根据中国近现代历史发展的重要节点,将中国近现代划分为五个时间段,第一阶段是旧民主主义革命时期,第二阶段是新民主主义革命时期,第三阶段是社会主义革命和建设时期,第四阶段是改革开放和社会主义现代化建设新时期,第五阶段中国特色社会主义新时代。超级工程案例选取实现对五个时间阶段的全面覆盖。

---

① 限于研究时期所限,案例选取截至 2022 年。

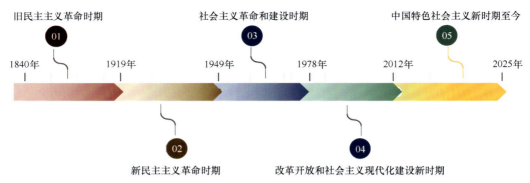

图 3.1　中国近现代超级工程年代划分

3.1.1　年代分布概况

　　中国近现代超级工程的选取结果根据以上五个阶段的划分，可以统计出各个阶段的超级工程的数量，如表 3.1 所示，其各个阶段的分布如图 3.2 所示。

表 3.1　中国近现代超级工程五个阶段的数量统计

年份	总计 / 项
1840～1919 年	24
1919～1949 年	21
1949～1978 年	69
1978～2012 年	148
2012～2022 年	37

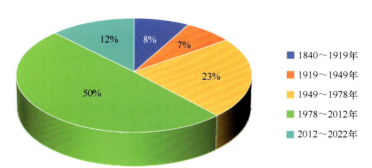

图 3.2　中国近现代超级工程各个阶段时间分布

　　从图 3.2 中可以看出，中国近现代超级工程从 1840～2022 年，其建设展现出显著的规律和特点。

　　第一阶段，旧民主主义革命时期：这一时期，由于中国的经济和科技水平相对落后，超级工程的建设数量和规模有限，仅有 24 项。主要工程包括江南机器

064

制造、西兰大道、京张铁路和陇海铁路等，这些工程的建设多依赖于外国资本和技术的支持，反映了当时中国在国家实力和技术能力上的不足。

第二阶段，新民主主义革命时期：超级工程的数量相对较少，选取了 21 项工程，其代表性工程有东三省兵器制造、抚顺石化工程、矮寨盘山公路、丰满水电站和玉门油田等。超级工程的建设逐步转向国家安全和国家建设，这些工程主要由中国自主完成，标志着中国经济和科技水平的初步提升。

第三阶段，社会主义革命和建设时期：此阶段，中国致力于国家的基础建设和工业化进程，完成了一系列重要的工程项目，选取的超级工程共计 69 项。这一时期，中国的社会主义革命和建设成为核心任务，超级工程的建设也转向经济建设和国家现代化。主要工程包括武汉长江大桥、鞍山钢铁和胜利油田等，这些工程的建设主要依赖国内资本和技术支持，反映了中国经济和科技水平的显著提升。

第四阶段，改革开放和社会主义现代化建设新时期：改革开放和社会主义现代化建设新时期，超级工程数量最多，共计 148 项。这一时期，中国经济快速发展，科技水平显著提高，推动了众多大型工程项目的建设。主要工程包括特高压交流输电工程、青藏铁路和秦山核电站等，这些工程的建设得到了国内外资本和技术的支持，展现了中国经济和科技水平的全面提高。

第五阶段，中国特色社会主义新时代：此阶段，超级工程数量较上一时期有所减少，选取了 37 项工程。这一时期，中国继续推进现代化建设，全面建设社会主义现代化国家，超级工程的建设也进入高质量发展的新阶段。代表性工程有大兴国际机场、白鹤滩水电站、华龙一号、冬奥场馆工程、5G 通信和中国空间站等。这些工程主要由国内资本和技术支持，体现了中国经济和科技水平的高速发展。

总体来看，中国近现代超级工程的建设从数量到规模、从技术引进到自主创新、从国家独立到现代化建设，都展现出了明显的提升和转变。这些变化不仅反映了中国经济和科技水平的不断提高，也体现了国家发展战略的不断调整和完善。

3.1.2　行业年代分布概况

中国近现代超级工程的行业分布与年代紧密相关，显著地体现了国家在不同历史阶段的发展特色和建设重心。随着时代的演进，各行业超级工程的数量也显著变化，其各个行业的年代分布统计见表 3.2。

表 3.2　中国近现代超级工程各个行业的年代分布

时期	土木工程	水利工程	能源矿业工程	制造工程	运载工程	信息通信工程	其他工程
1840～1919 年	5	2	3	8	6	0	0
1919～1949 年	4	5	5	7	0	0	0
1949～1978 年	8	16	15	19	6	0	5
1978～2012 年	27	12	48	36	19	0	6
2012～2022 年	6	1	8	14	3	4	1

　　1840～1919 年，制造工程最为突出，汉阳铁厂、江南机器制造和马尾造船等工程成为代表。同时，土木工程和运载工程也占有一定比例，如西兰大道、金龙桥、刘铭传铁路隧道等。信息工程和其他类型的超级工程在这一阶段还未出现。

　　1919～1949 年，制造工程依然占据主导地位，永利制碱、东三省兵器制造等工程体现了当时的工业实力。此外，能源矿业工程和水利工程也开始崭露头角，如玉门油田和丰满水电站。但值得注意的是，运载工程、信息通信工程和其他工程在这一时期并没有出现超级工程。

　　1949～1978 年，制造工程的数量逐渐增多，涉及导弹、飞机等高科技领域。水利工程和能源矿业工程的发展也较为明显，如治黄工程、治淮工程以及小恒山立井等。此外，土木工程、运载工程和其他工程也有所发展，包括著名的 156 项工程和三线建设。

　　改革开放后的 1978～2012 年，随着经济的高质量发展和科学技术的进步，能源矿业工程的占比逐渐增加，特高压交流输电工程和苏里格气田等成为代表。同时，土木工程、制造工程、水利工程和运载工程也继续发展。

　　最后，2012～2022 年，制造工程的占比开始逐渐增多，涉及航母、破冰船和核电站等领域。信息通信工程也开始兴起，如阿里云平台和 5G 通信等。与此同时，水利工程的占比开始缩小。

　　总的来说，中国近现代超级工程的行业分布和年代变化反映了国家在不同历史阶段的发展重点和科技进步。不同行业之间的超级工程分布和年代分布存在差异，这些差异为我们提供了了解国家发展历程和技术进步的重要视角。中国近现代超级工程各个行业的年代分布如图 3.3 所示。

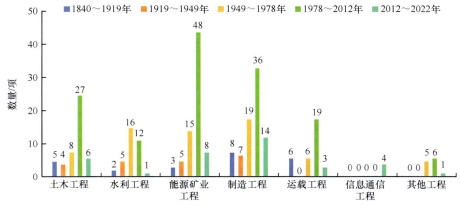

图 3.3　中国近现代超级工程各个行业的年代分布

3.2　地理分布

中国近现代超级工程主要分布在能源/资源丰富地区和东南沿海等经济发达地区，此外，还有一些其他因素也影响超级工程的地理分布，如政策支持、生态环境和社会需求等，这些工程的建设不仅促进了当地经济的发展和社会的进步，也提高了国家的综合竞争力和影响力。

中国近现代超级工程地理分布按照省份统计，数量排序最多的为北京市，这与北京作为首都和全国性政治、经济、文化中心密不可分。接下来，上海市、广东省等地也因其经济发达、基础设施完善而成为超级工程的重要建设地。甘肃省和陕西省等西部地区虽然在经济总量上不如东部沿海省份，但由于其战略地位重要，特别是在"一带一路"倡议中扮演着重要角色，因此也承接了很多超级工程项目[310]。中国近现代超级工程省份分布情况如图 3.4 所示。

图 3.4　中国近现代超级工程省份分布

3.2.1 地理区域分布概况

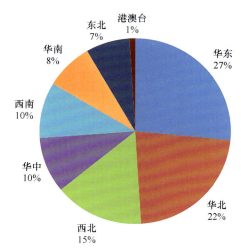

图 3.5 中国近现代超级工程区域分布

中国近现代超级工程按地理区域分布划分为华东地区、华北地区、西北地区、华中地区、华南地区、西南地区、东北地区、台港澳地区的工程。华东、华北和西北地区工程所占比例最大，分别为 27%、22% 和 15%。华中、西南地区所占比例居中，各占 10%。华南、东北和台港澳地区所占比例较低，分别为 8%、7% 和 1%，如图 3.5 所示。

华东地区凭借其得天独厚的自然环境条件、丰富的物产资源和发达的工业体系，成为中国综合技术水平最高的经济区。该地区轻工业、机械工业、电子工业在全国占据主导地位，交通运输网络四通八达，经济文化繁荣。超级工程如杭州湾跨海大桥、上海中心大厦等，不仅体现了华东地区先进的建设技术，也彰显了其强大的经济实力。上海、山东、江苏和浙江等地，因经济、技术、地理和政策优势，成为超级工程建设的热点区域。其中，杭州湾跨海大桥连接宁波与上海，成为区域交通的重要枢纽；上海中心大厦作为城市的地标，不仅提升了城市形象，也促进了周边地区的经济发展。

华北地区，特别是北京，作为中国的首都和政治、经济、文化中心，其超级工程建设与城市的地位和发展需求密切相关。例如，大兴国际机场作为国际航空枢纽，提升了北京的国际影响力；南水北调工程则解决了华北地区的水资源短缺问题，保障了区域的可持续发展。

西北地区虽然自然环境恶劣，但凭借其丰富的能源和矿产资源，成为资源开发和基础设施建设的重点区域。例如，陕北能源化工基地、长庆油田等能源开采超级工程，为区域经济发展提供了强大动力；宝成铁路、青藏铁路等交通基础设施的建设则打破了区域发展的瓶颈，促进了西北地区的对外联系和开放。

华中地区，作为中国的工农业心脏和交通中心，其超级工程建设与区域发展需求紧密相连。如三峡水利工程、南水北调工程等，不仅解决了水资源问题，也促进了区域经济的协调发展。武汉长江大桥等桥梁工程则加强了城市间的联系，推动了区域一体化进程。

华南地区凭借曲折的海岸线和丰富的水资源，成为海上交通和水利工程建设的热点区域。例如，港珠澳大桥作为连接香港、珠海、澳门的海上大桥，不仅加强了区域间的联系，也提升了华南地区的国际地位。大亚湾核电站等能源矿产工程的建设则保障了区域的能源和水资源供应，促进了经济的可持续发展。此外，华南地区的信息技术超级工程，如 5G 通信、10.5 代液晶显示工程等，加速了信息技术产业的发展，为区域经济的快速增长提供了有力支撑。

东北地区超级工程相对较少，这是多方面因素共同作用的结果，包括经济发展水平、人口状况、产业结构、政策导向、自然地理条件以及历史背景等。经济发展水平：相对于中国东部和南部沿海地区，东北地区的经济发展水平相对较低。经济实力不足直接影响了大规模基础设施项目的投资和建设能力。人口流失与老龄化：东北地区近年来面临严重的人口流失和老龄化问题，人口数量和劳动力减少，导致对新基础设施的需求下降。这使得大规模工程项目的经济效益和社会效益预期较低。产业结构单一：东北地区的产业结构相对单一，传统重工业比重较大，缺乏高新技术产业和服务业的支撑，导致经济活力不足，无法形成对超级工程的强劲需求。政策倾斜：国家在政策资源配置上更倾向于发展东部和南部沿海地区，这些地区由于地理位置优越、经济基础雄厚，更容易吸引到大型项目和基础设施投资。自然地理条件：东北地区气候寒冷，冬季严寒漫长，地理条件相对严苛，建设和维护大规模工程的难度和成本较高。历史原因：历史上，东北地区曾是中国重要的工业基地，但随着全国经济重心的转移，东北地区的工业地位逐渐衰退，缺乏新的产业增长点，影响了超级工程的规划和实施。

3.2.2 行业类型地理分布概况

1）土木工程地理分布

土木类的超级工程是指规模庞大、技术含量高、对当地交通运输和城市发展有重要影响的大型土木工程。土木工程需要充分考虑地形地貌和地质条件，如建设地区的地质结构、土壤类型、自然灾害等。例如，中国的高速公路网和铁路网建设都是根据经济发展和交通运输需求而规划和建设的，而且建设地区往往是地形平坦、交通不便的地区[311]。土木工程在北京市、上海市和广东省的分布数量最多，分别为 15 项、9 项和 6 项，如图 3.6 所示。

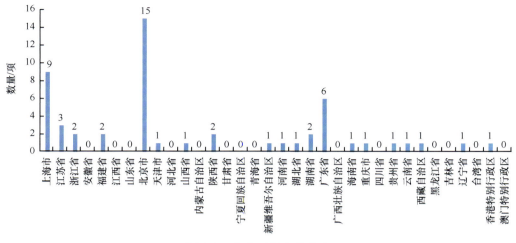

图 3.6　土木工程省份分布

　　土木工程的建设往往与当地的经济发展需求密切相关，例如，为了促进经济发展和改善人民生活条件，中国在西部地区建设了一系列大型能源矿业工程和水利工程，如西气东输、南水北调等，以满足能源和水资源的需求。

　　土木类超级工程的地理分布还受到地缘政治因素的影响，例如，为了加强国家防御和军事实力，会在边境地区建设军事工事和设施。土木工程区域分布如图 3.7 所示。

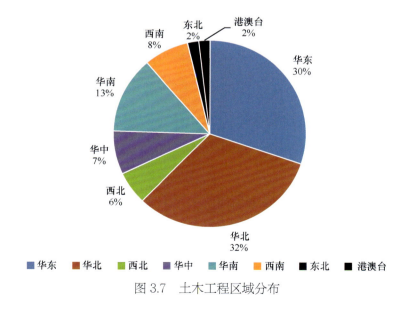

图 3.7　土木工程区域分布

　　综合以上因素，土木类超级工程的地理分布比较广泛，主要分布在全国主要经济发达地区和人口密集地区，例如，华东、华南等地区。同时，由于土木工程的复杂性和技术难度，这些超级工程的建设往往需要长期的规划和准备，也需要面对诸多环境和社会问题，如环境污染、生态保护、社会影响等。因此，在建设过程中需要进行全面的环境影响评估和社会影响评估，以确保工程建设的可持续性和对当地社会经济发展的促进作用。

2）水利工程地理分布

水利类的超级工程是指规模庞大、技术含量高、对当地水资源和环境有重要影响的大型水利工程。水利工程需要充分考虑地形地貌和水文地质条件，如水源地的地形、流量和水质情况，地表和地下水资源的分布和利用情况，河流和水库的坝型和闸门等[312]，如中国的南水北调工程、三峡水利工程等都是在长江流域建设的。水利工程在湖北省和河南省的分布数量较多，分别为 5 项和 4 项，如图 3.8 所示。

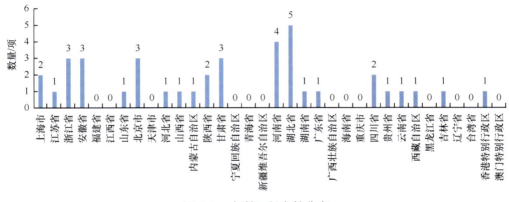

图 3.8　水利工程省份分布

水利工程的建设往往与当地的经济发展需求密切相关，例如，为了促进经济发展和改善人民生活条件，中国在黄淮海平原等干旱地区建设了一系列水利工程。

水资源是一个具有战略意义的资源，因此，水利类超级工程的地理分布还受到地缘政治因素的影响。例如，中国的南水北调工程都是为了解决水资源问题而建设的。

综合以上因素，水利类超级工程的地理分布比较广泛，主要集中在全国的主要流域和经济发达地区，如华东、华北、华中、西北等地，总占比高达 80%。同时，由于水利工程的复杂性和技术难度，这些超级工程的建设往往需要长期的规划和准备，也需要面对诸多环境和社会问题，如水资源的分配、生态保护、灾害防范等。水利工程区域分布如图 3.9 所示。

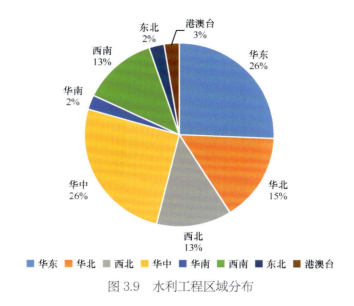

图 3.9　水利工程区域分布

3）能源矿业工程地理分布

能源矿业类超级工程是指规模庞大、技术含量高、对当地能源和矿产资源开发有重要影响的大型工程。能源和矿产资源是国家经济发展的重要支柱。能源矿业工程在新疆维吾尔自治区和内蒙古自治区的分布数量较多，分别为 10 项和 8 项，如图 3.10 所示。

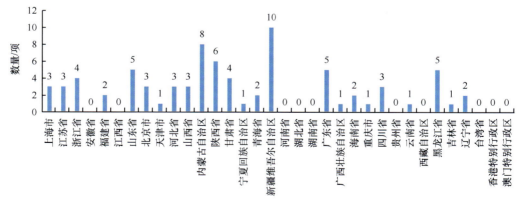

图 3.10　能源矿业工程省份分布

中国的能源矿产资源分布广泛，主要集中在华北、华东、西北等地区。因此，能源矿业类超级工程的地理分布也主要集中在这些地区。例如，西气东输是连接西北地区的天然气资源和东部沿海的天然气市场，促进了国家能源资源的均衡利用。又如，大庆油田是国内最大的陆上油田，其开发为国家能源安全和经济发展做出了巨大贡献[313]。

　　能源矿业类超级工程的建设往往与当地的经济发展和资源利用需求密切相关。例如，为了满足国内的能源需求，中国在西部地区建设了一系列水电站和煤矿，如三峡水利工程和宁夏煤炭间接液化工程等。

　　综合以上因素，中国的能源矿业类超级工程的地理分布相对较广，主要集中在国内主要的资源开发区域。同时，能源矿业类超级工程的建设往往面临着环境保护、社会稳定等多方面的挑战和问题，需要长期的规划和准备，才能够实现资源的可持续利用和经济的可持续发展[314]。能源矿业工程区域分布如图 3.11 所示。

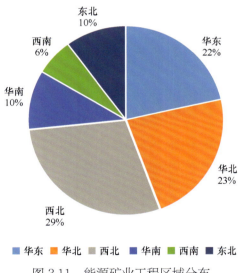

图 3.11　能源矿业工程区域分布

4）制造工程地理分布

　　制造类的超级工程是指规模庞大、技术含量高、对当地经济和产业发展有重要影响的大型工程。这些工程往往需要充分考虑地形地貌和地质条件，如交通运输的路线规划、电力供应的电网布局、核电站的选址等。其中制造工程在上海市、湖南省、辽宁省和北京市的分布数量较多，分别为 12 项、8 项、8 项和 6 项，如图 3.12 所示。

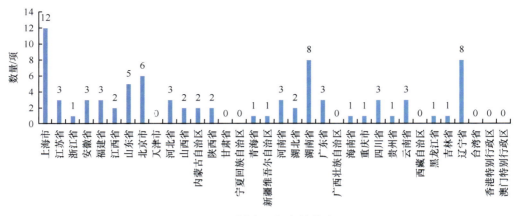

图 3.12　制造工程省份分布

中国制造业是世界上最大的制造业体系之一，涵盖了从原材料采集、加工制造到产品销售的整个产业链。为了加快制造业的升级和发展，中国在近年来推出了一系列重大制造类超级工程。这些超级工程的地理分布主要集中在上海市、辽宁省、湖南省。

除了地理分布的战略考虑外，这些超级工程的建设也需要面对一系列的环境和社会问题，如土地征用、生态保护、安全风险等。因此，其建设需要长期的规划和准备，也需要考虑与当地居民的合理沟通和利益协调[315]。

综合以上因素，中国制造类超级工程的地理分布比较广泛，主要集中在经济发达地区和重要的交通运输枢纽，如华东、华北和华中地区，总占比高达 68%。同时，由于这些超级工程的复杂性和技术难度，其建设需要长期的规划和准备，需要面对诸多的环境和社会问题，对于中国的制造业发展具有重要的推动作用。制造工程区域分布如图 3.13 所示。

5）运载工程地理分布

中国的运载类超级工程是指规模庞大、技术含量高、对国家航空航天事业、铁路事业和经济发展有重要影响的大型运载工程。这些工程包括航天器的研制、交通铁路的建设等。其中运载工程在北京市和甘肃省的分布数量较多，分别为 9项和 7 项，如图 3.14 所示。

运载类超级工程的地理分布受到多种因素的影响。首先，由于航天器的发射需要大片开阔的空地，因此这些工程的建设地点通常位于人烟稀少的较为偏远的地区。例如，中国的酒泉卫星发射中心等都位于内陆地区的高原或沙漠地带。其次，由于运载类超级工程需要较高的科技含量和技术水平，因此这些工程通常建设在经济相对发达、科技实力较强的地区[316]。

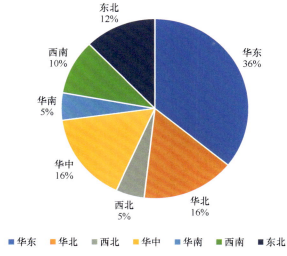

图 3.13　制造工程区域分布

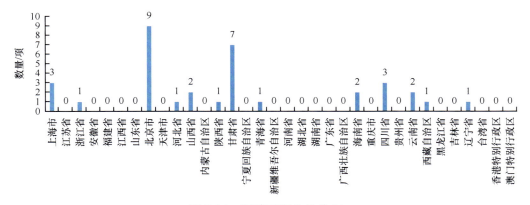

图 3.14　运载工程省份分布

综合以上因素，中国的运载类超级工程的地理分布比较分散，主要集中于中国的内陆和边境地区，如华北和西北地区，总占比高达 61%。这些工程的建设还需要面对多种环境和社会问题，如安全保障、资源调配、环境保护等，需要长期规划和准备。运载工程区域分布如图 3.15 所示。

6）信息通信工程地理分布

信息通信类的超级工程是指规模庞大、技术含量高、对当地信息通信技术和经济发展有重要影响的大型信息通信工程。这些工程需要充分考虑地理因素，如电信基础设施的分布、地形地貌、气候条件等。信息通信工程的总体数量较其他类型的超级工程要少，只在浙江省、山东省、广东省和贵州省有少量分布[317]，如图 3.16 所示。

图 3.15　运载工程区域分布

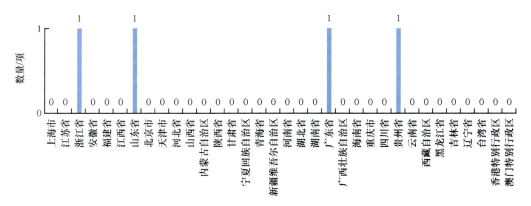

图 3.16　信息通信工程省份分布

中国的信息通信超级工程主要集中在经济发达的沿海地区和城市群，如珠三角、长三角、京津冀等地区。这些地区通常拥有良好的电信基础设施、高速宽带网络和先进的通信技术，是信息通信产业的重要发展地区。

另外，在中国西部地区，信息通信类超级工程也逐渐得到了发展。随着"一带一路"倡议的实施和数字经济的快速崛起，中国西部地区的信息通信产业也得到了快速发展。

总体而言，中国信息通信类超级工程的地理分布主要集中在经济发达地区和城市群，如华东和华南地区，占比高达 75%，但在西部地区，如西南地区也逐渐得到发展。这些工程的建设对中国信息通信产业的发展和经济的推动起到了重要作用，但也需要充分考虑环境、社会和经济的多重因素，以实现可持续发展。信息通信工程区域分布如图 3.17 所示。

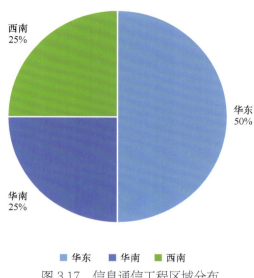

图 3.17　信息通信工程区域分布

7）其他工程地理分布

除上述六大类超级工程外，还有大寨梯田、火神山医院、雷神山医院等也都是规模庞大、技术含量高、对当地经济和环境有重要影响的超级工程。它们的地理分布情况与其所涉及的资源、经济和社会因素密切相关。由于其他工程的类型相对而言较为广泛，其省份分布较为离散，主要分布于江苏省、北京市、新疆维吾尔自治区、湖北省、湖南省、广西壮族自治区和黑龙江省，如图 3.18 所示。

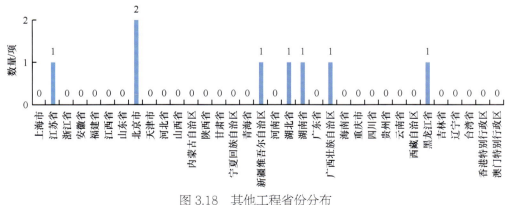

图 3.18　其他工程省份分布

大寨梯田是中国广西壮族自治区龙胜各族自治县的一项著名农业工程，建成于 20 世纪 60 年代，被誉为"人类智慧的杰作"。由于广西地形复杂，水资源分布不均，大寨梯田的建设在很大程度上解决了当地的农业生产和人民生活用水问题。大寨梯田的地理分布主要在广西的山区和丘陵地带，是广西重要的农业生产基地之一[318]。

火神山医院、雷神山医院是中国在 2020 年新冠疫情暴发期间建设的两个大型方舱医院，它们的建设是为了扩大武汉市的医疗救治能力，应对疫情，也是中国抗击疫情的标志性事件之一。

综上所述，大寨梯田、火神山医院、雷神山医院等其他类超级工程都是中国在不同领域和不同历史时期建设的一系列重大工程，其分布位置因具体类型而定，较为离散。这些超级工程在中国的现代化进程中发挥了重要作用，不仅改善了当地人民的生产和生活条件，也推动了中国经济的发展和社会进步。其他工程区域分布如图 3.19 所示。

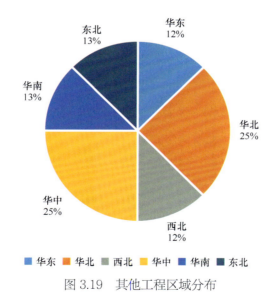

图 3.19　其他工程区域分布

3.2.3　跨省份工程地理分布概况

跨省份超级工程是指跨越不同省份或地区的规模庞大、技术含量高、对当地经济和社会发展有着重要影响的大型工程项目。这些工程通常需要充分考虑地形地貌和水文地质条件，如不同省份之间的地形高差、流量和水质情况的差异等，同时也需要考虑到不同省份之间的经济、社会和文化发展水平的差异。

中国的跨省份超级工程的地理分布情况比较广泛，主要集中在全国各大经济区域和交通枢纽地带。例如，南水北调工程跨越了中国的东、中、西部地区，涉及北京、天津、河北、山东、河南、湖北、江苏、安徽、江西等省份。西气东输天然气管道项目则连接了中国的西部油气资源和东部的城市和工业区域，跨越了陕西、甘肃、宁夏、青海、山东、山西、河北等省份。

此外，中国的高速公路、铁路和机场等交通基础设施也是跨省份超级工程的典型代表，这些工程的地理分布主要是根据各省份的经济发展需求和交通运输网络规划来确定的。例如，京沪高铁连接了北京和上海两个经济中心，途经河北、山东、江苏等多个省份；成昆铁路连接了中国的西南和西北地区，跨越四川、云南、贵州、重庆、陕西、甘肃等多个省份；大兴国际机场作为中国的第二大机场，跨越了北京、河北两个省份。

综合以上因素，中国的跨省份超级工程的地理分布主要集中在各大经济区域和交通枢纽地带，涉及多个省份和地区，与各省份的经济发展需求和交通运输网络规划密切相关。同时，由于这些工程的规模和复杂性，需要长期的规划和准备，也需要面对多种环境和社会问题，如资源的分配、生态保护、安全防范等。

3.2.4　国家重大战略相关工程地理分布概况

中国的国家重大战略涵盖了很多领域，其中包括交通、能源、通信、环境等多个方面。这些战略的实现需要大量的超级工程来支持和推动，这些工程规模巨大、技术复杂、影响深远。

例如，中国的高速公路网络是国家交通战略的重要组成部分，其地理分布密切关联着中国的经济发展和区域一体化。高速公路网络主要分布在中国的沿海地区、中部地区、长江流域和珠三角等经济发达地区。这些地区的人口密度较高，经济发展水平较高，需要大量的交通运输支持，高速公路网络的建设也相应地加速了这些地区的发展速度。

能源是国家发展战略的另一个重要方面。中国的能源需求量大，对进口的依赖程度也较高，因此建设能源基础设施和推动新能源技术的发展就显得尤为重要。中国的三峡水利工程是世界上最大的水电站之一，位于长江上游，其建设不仅解决了中国南方的能源需求，也提高了中国水电技术的水平和国际影响力。此外，中国还在西藏地区建设了一系列大型水电站和输电线路，将西藏丰富的水力资源输送到其他地区，成为支撑中国能源战略的重要组成部分。

另一个重要领域是通信技术。中国是全球最大的移动通信市场之一，也是全球 5G 技术的领跑者之一。中国的国家战略要求在全国范围内推动信息化建设，因此中国的通信基础设施建设也在不断加强。例如，北斗卫星导航系统是中国自主建设的全球卫星导航系统之一，覆盖全球范围，为中国的军事、民用和商业应用提供重要支持。同时，中国的 5G 基础设施建设也在全国范围内全面铺开，以支持中国数字经济和信息化建设的发展。

综上所述，中国的国家重大战略相关的超级工程地理分布情况与中国的国情、经济发展需求、能源资源分布、科技创新等因素密切相关。这些工程的建设需要长期的规划和准备，同时还需要面对众多的环境和社会问题，例如资源保护、生态建设、安全防范等。

3.3 行业分布

中国近现代超级工程在土木工程、水利工程、能源矿业工程、制造工程、运载工程、信息通信工程和其他工程七大行业的选取数量如表 3.3 所示。图 3.20 给出了中国近现代超级工程的行业分布图。

表 3.3 中国近现代超级工程选取结果

行业分类	工程案例	数量
土木工程	港珠澳大桥、上海中心大厦、大兴国际机场	50
水利工程	长江三峡、丰满水电站、密云水库、刘家峡水电站等	36
能源矿业工程	西电东送、苏里格气田开发、大庆油田、开滦煤矿等	79
制造工程	上海宝钢、武钢一米七轧机、耀华玻璃、抚顺铝厂等	84
运载工程	京沪高铁、京汉铁路、北斗卫星、载人航天等	34
信息通信工程	阿里云平台、国家数据中心、5G 通信等	4
其他工程	三北防护林、杂交水稻工程、大寨梯田等	12

其中，制造工程、能源矿业工程和土木工程所占比例最大，分别为 28%、27% 和 17%。这三个行业是中国经济发展的重要支柱，也是中国近现代超级工程建设的主要领域。能源矿业工程包括煤炭、石油、天然气等能源资源的开采和加工；制造工程包括机械、电子等制造业的发展；土木工程则包括桥梁、隧道、高速公路、城市轨道交通等基础设施建设。

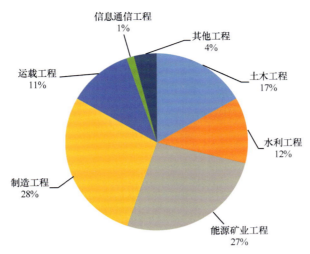

图 3.20　中国近现代超级工程行业分布图

水利工程和运载工程所占比例居中，分别为 12% 和 11%。水利工程包括水库、水电站、灌溉系统等水资源的开发和利用；运载工程则包括铁路、航空航天等交通运输领域的发展。这两个行业的发展对于中国的经济社会发展也具有重要的推动作用。

其他工程和信息通信工程分别占 4% 和 1%。其他工程包括环境保护、城市规划、文化遗产保护等领域的工程项目；信息通信工程则包括通信网络、卫星导航等信息技术领域的发展。虽然这两个行业所占比例较小，但是它们的发展对于中国的经济社会发展也有着重要的意义。

总的来说，中国近现代超级工程的建设涉及多个领域，这些工程项目的建设不仅仅是为了满足人们的生产和生活需要，更是为了推动中国的经济社会发展，提高国家的综合实力。在未来的发展中，中国将继续加强超级工程建设，推动各个行业的发展，为实现中华民族的伟大复兴而不懈努力。

中国近现代超级工程是中国经济发展的重要标志之一，也是中国在世界舞台上展示自己实力的重要方式之一。这些工程项目的建设不仅仅是为了满足人们的生产和生活需要，更是为了推动中国的经济社会发展，提高国家的综合实力。

在土木工程领域，中国建设了一系列世界级的工程项目，如南京长江大桥、国家大剧院、北京夏季奥运工程等。这些工程项目的建设不仅提高了中国的基础设施水平，也为中国经济发展提供了坚实的支持。

在水利工程领域，中国建设了一系列重要的水利工程项目，如三峡水利工程、南水北调工程、治黄工程、治淮工程等。这些工程项目的建设不仅解决了中国的水资源短缺问题，也为中国的农业生产和城市发展提供了重要的支撑。

在能源矿业工程领域，中国建设了一系列重要的能源工程项目，如西气东输工程、特高压输电工程、"三北"风电工程、苏里格气田等。这些工程项目的建设不仅提高了中国的能源供应能力，也为中国经济的繁荣提供了重要的保障。

在制造工程领域，中国建设了一系列重要的制造业项目，如武钢一米七轧机、运-20飞机研发工程、FAST工程、雪龙2号等。这些工程项目的建设不仅提高了中国的制造业水平，也是中国经济发展的强大后盾。

在运载工程领域，中国建设了一系列重要的交通运输项目，如载人航天工程神舟五号、京汉铁路、大秦铁路等。这些工程项目的建设不仅提高了中国的交通运输水平，也为中国经济的持续发展提供了稳固的支撑点。

在信息通信工程领域，中国建设了一系列重要的信息技术项目，如5G工程、阿里云平台、贵州国家数据中心、海尔工业互联网平台。这些工程项目的建设不仅提高了中国的信息技术水平，也为中国经济发展提供了不可或缺的动力。

在其他工程领域，中国建设了一系列重要的环保、文化遗产保护等项目，如杂交水稻工程等。这些工程项目的建设不仅提高了中国的环保和文化保护水平，也为中国经济的未来发展奠定了坚实的基础。

总的来说，中国近现代超级工程的建设不仅提高了中国的基础设施水平，也为中国经济的稳步增长提供了坚实的基石。在未来的发展中，中国将继续加强超级工程建设，推动各个行业的发展，为实现中华民族的伟大复兴而不懈努力。

本节将详细介绍中国近现代超级工程的行业特征，分别从土木工程、水利工程、能源矿业工程、制造工程、运载工程、信息通信工程和其他工程七大类进行具体讲述。

3.3.1　土木工程

土木工程是中国近现代超级工程建设的重要组成部分，其建设涵盖了地铁、公路、机场、建筑、桥梁、隧道等领域。这些工程的建设不仅提高了交通运输的效率，也为城市化进程提供了重要的支撑，土木工程分布如图3.21所示。

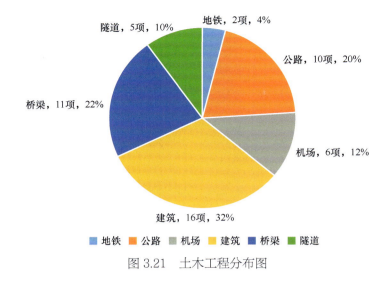

图 3.21 土木工程分布图

（1）地铁是中国城市交通建设的重要组成部分。自 20 世纪 70 年代开始，中国就开始了地铁建设，目前已经建成了包括北京、上海、广州、深圳等在内的多个城市的地铁系统。其中，北京地铁是中国最早的地铁系统之一，也是世界上最大的地铁系统之一，截至 2024 年底，拥有 23 条地铁线路和 475 个车站。上海地铁则是世界上最长的地铁系统之一，截至 2024 年底，拥有 18 条地铁线路和 508 个车站。地铁的建设不仅提高了城市交通的效率，也为城市化进程提供了重要的支撑。

（2）公路和桥梁是中国交通建设的重要组成部分。中国的公路建设始于 20 世纪 50 年代，目前已经建成了包括京新高速公路、沪蓉高速公路、五纵七横工程等在内的多条高速公路。桥梁的建设也是中国交通建设的重要组成部分，包括世界上最长的跨海大桥——港珠澳大桥，以及世界第一高桥——北盘江第一桥等。

（3）机场是中国交通建设的重要组成部分。中国的机场建设始于 20 世纪 50 年代，目前已经建成了包括北京首都国际机场、上海浦东国际机场、广州白云国际机场等在内的多个国际机场。其中，北京首都国际机场是中国最繁忙的机场之一，也是世界上最繁忙的机场之一，2024 年，其年旅客吞吐量超过 6000 万人次。

（4）建筑是中国城市化进程的重要组成部分。中国的城市化进程始于 20 世纪 50 年代，目前已经建成了包括上海中心大厦、117 大厦、国家会展中心等在内的多个标志性建筑。其中，上海中心大厦是中国最高的建筑之一，高度 632m，也是世界第三高的摩天大楼。

（5）隧道是中国交通建设的重要组成部分。中国的隧道建设始于 20 世纪 50 年代，目前已经建成了包括深中通道、太行山高铁隧道等在内的多个大型隧道。其中，深中通道是世界级在建的桥、岛、隧、地下互通集群工程。

3.3.2　水利工程

中国近现代的超级工程建设在水利工程方面涵盖了多个领域，包括防洪除涝工程、水电站、水资源管理工程和天然水收集工程等。这些工程的建设不仅提高了水资源的利用效率，也为农业生产和工业发展提供了重要的保障。

防洪除涝工程是中国水利工程建设的重要组成部分。中国地域广阔，洪涝灾害频繁，因此防洪除涝工程的建设对于保障人民生命财产安全至关重要。中国的防洪除涝工程包括堤防、水库、泵站、排涝沟渠等多种形式，这些工程的建设有效地减少了洪涝灾害的损失。

水电站是中国水利工程建设的重要组成部分。中国拥有丰富的水力资源，水电站的建设不仅可以满足国内的能源需求，也可以为国际能源市场提供动力。中国的水电站建设已经取得了重大进展，如葛洲坝水电站、澜沧江流域水电开发工程等，这些工程的建设不仅提高了中国的能源供应能力，也为中国的经济发展提供了动力。

水资源管理工程是中国水利工程建设的另一个重要领域。中国的水资源分布不均，水资源管理工程的建设可以有效地调节水资源的分配，保障水资源的合理利用。中国的水资源管理工程包括水利枢纽、水文监测、水资源评估等多个方面，这些工程的建设为中国的水资源管理提供了有力支持。

天然水收集工程是中国水利工程建设的新兴领域。随着人们对健康饮水的需求不断增加，天然水收集工程的建设成为了中国水利工程建设的重要方向。中国的天然水收集工程包括山泉水收集、雨水收集、地下水收集等多个方面，这些工程的建设为中国的饮用水安全提供了保障。

中国水利工程建设的工程占比差距较小，分布较为平均。这表明中国的水利工程建设在各个领域都取得了重要进展，为中国的经济社会发展提供了有力支撑。未来，中国将继续加强水利工程建设，推动各个领域的发展，为实现中华民族的伟大复兴做出贡献。水利工程分布如图 3.22 所示。

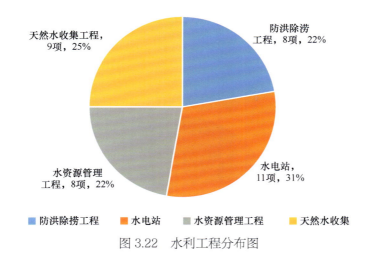

图 3.22　水利工程分布图

3.3.3　能源矿业工程

中国能源矿业领域超级工程的建设是中国经济发展的重要组成部分，也是的重要成果。这些工程的建设涵盖了电力、化工、矿产、石化、石油和天然气等领域，对于提高能源资源的开采效率和保障国家能源安全具有重要意义。

首先，在这些工程中，电力工程占比最高，有 24 项工程。这些工程包括特高压交流输电工程等。特高压交流输电工程是中国电力工程领域的又一重要成果，其建设实现了世界级特高压交流输电重大创新，为中国的电力供应提供了重要的支持。

其次是石化工程，有 19 项。这些石化工程的建设不仅提高了中国的石油产量，也为中国的石化工业发展提供了重要的支持。

再次是矿产、石油和天然气，分别有 13 项、10 项和 9 项。这些工程包括铁矿石、煤炭、铜、铝、锌等矿产资源的开采，以及石油和天然气的勘探和开采。这些工程的建设不仅提高了中国的矿产资源开采效率，也为中国的经济发展提供了重要的支持。其中，铁矿石、煤炭等矿产资源的开采对中国的工业发展具有重要的意义，石油和天然气的勘探和开采对中国的能源安全具有重要的意义。

最后是化工领域工程，有 4 项。这些工程包括煤化工、化肥等领域的工程建设。这些工程的建设不仅提高了中国的化工产业发展水平，也为中国的经济发展提供了重要的支持。其中，煤化工工程的建设对中国的能源转型和环境保护具有重要的意义，化肥工程的建设对中国的工业发展具有重要的意义。

总之，中国近现代超级工程的建设涵盖了电力、化工、矿产、石化、石油和天然气等领域，对于提高能源资源的开采效率和保障国家能源安全具有重要意义。这些工程的建设不仅为中国的经济发展提供了重要的支持，也为中国的工业发展、能源转型和环境保护提供了重要的支持。能源矿业工程分布如图 3.23 所示。

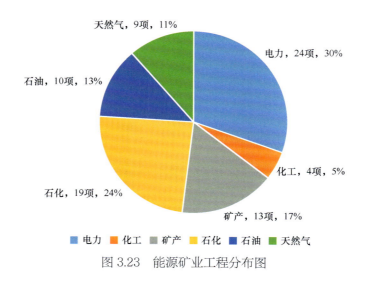

图 3.23　能源矿业工程分布图

3.3.4　制造工程

中国近现代超级工程的建设是中国经济发展的重要组成部分，其中制造工程方面的建设包括钢铁制造、冶金和装备制造领域。这些工程的建设不仅提高了制造业的技术水平，也为国家的工业发展提供了重要的支撑。

首先，在这些工程中，装备制造领域是最为重要的，多达 77 项工程。这些工程包括高铁、飞机、航母等领域的装备制造。高铁是中国制造业的重要成果之一，其建设不仅提高了中国的交通运输效率，也为中国的出口贸易提供了重要的支持。飞机、航母等领域的装备制造也为中国的国防建设提供了重要的支持。

其次，钢铁制造领域有 5 项工程。这些工程包括了宝钢、首钢京唐、鞍钢等钢铁企业的建设。这些钢铁企业的建设不仅提高了中国的钢铁产量，更为国家工业发展奠定了坚实基础。宝钢是中国最大的钢铁企业之一，其建设对中国的钢铁产业发展起到了关键的支撑作用。首钢京唐是中国第一座沿海临港的现代化钢铁企业，其建设为中国的钢铁产业发展提供了有力的支持。鞍钢是中国第一个大型钢铁制造工程，其建设对中国的钢铁产业发展起到了重要的推动作用。

最后，冶金领域只有 1 项工程，即抚顺铝冶炼工程。抚顺铝冶炼工程是中国第一家有色金属冶炼企业，这个工程的建设不仅提高了中国的铝产量，也为中国的工业发展提供了重要的支持。

　　总之，中国近现代超级工程的建设涵盖了钢铁制造、冶金和装备制造等领域，对于提高制造业的技术水平和保障国家的工业发展具有重要意义。这些工程的建设不仅为中国的经济发展提供了重要的支持，也为中国的出口贸易、能源转型和国防建设提供了重要的支持。在未来，中国将继续加强超级工程的建设，推动中国经济的持续发展。制造工程分布如图 3.24 所示。

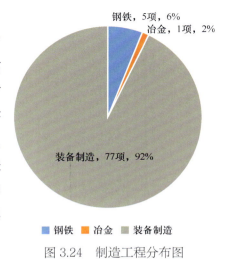

图 3.24　制造工程分布图

3.3.5　运载工程

　　运载工程方面的建设涵盖了铁路、港口、航空航天等领域，不仅提高了运载能力，也为国家的科技创新提供了重要的支撑。其中，铁路工程占比最高，有 19 项工程；其次是航空航天工程，为 10 项；最后是港口，为 5 项。

　　在铁路工程方面，中国建设了一系列世界级的高铁，如京沪高铁、京港高铁等，这些高铁的建设，不仅提高了中国的运输能力，也为中国的城市化进程提供了重要的支撑。此外，中国还建设了一系列重要的铁路工程，如青藏铁路、京九铁路、宝成铁路等，这些工程的建设，不仅加强了中国各区域之间的联系，也为中国的经济发展提供了重要的支撑。

　　在航空航天工程方面，中国建设了一系列世界级的航空航天工程，如载人飞船工程、天宫一号、嫦娥工程等。这些工程的建设，不仅提高了中国的航空航天技术水平，也为中国的国防建设提供了重要的支持。

　　这些运载工程的建设，不仅提高了中国的运载能力，也为中国的科技创新提供了重要的支撑。例如，在铁路工程方面，中国不仅建设了高铁，还推动了铁路技术的创新和发展。在航空航天工程方面，中国的长征系列运载火箭已经成为世界上最可靠的运载工具之一，中国的载人航天计划也取得了重要的进展。在港口工程方面，中国的港口建设不仅提高了中国的海运能力，还推动了港口技术的创新和发展，中国的港口技术已经成为世界上最先进的技术之一。运载工程分布如图 3.25 所示。

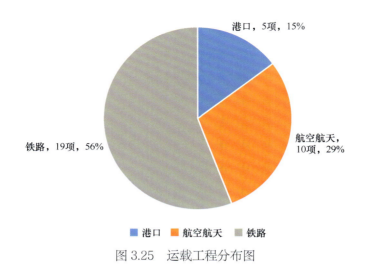

图 3.25　运载工程分布图

3.3.6　信息通信工程

　　信息通信工程是现代社会发展的重要基础，它的建设对于国家的信息化进程具有重要的支撑作用。在中国近现代的超级工程建设中，贵州国家数据中心、海尔工业互联网平台、阿里云平台和 5G 通信等工程是其中的代表性项目。这些工程的建设不仅提高了信息通信的速度和质量，也为国家的信息化进程提供了重要的支撑。

　　首先，贵州国家数据中心是中国信息化建设的重要组成部分。它是国家级大数据中心，集成了大数据存储、计算、分析和应用等多种功能，为政府、企业和社会提供了全方位的数据服务。贵州国家数据中心的建设不仅提高了数据的处理效率和安全性，也为国家的信息化建设提供了重要的支撑。

　　其次，海尔工业互联网平台是中国制造业转型升级的重要举措。它是一个基于物联网技术的智能制造平台，可以实现生产过程的数字化、网络化和智能化。海尔工业互联网平台的建设，不仅提高了制造业的生产效率和产品质量，也为中国制造业的转型升级提供了重要的支撑。

　　再次，阿里云平台是中国云计算领域的领军企业。它提供了云计算、大数据、人工智能等多种服务，为政府、企业和个人提供了全方位的云端解决方案。阿里云平台的建设，不仅提高了信息通信的速度和质量，也为中国的数字经济发展提供了重要的支撑。

　　最后，5G 通信是中国信息通信领域的重要突破。它是第五代移动通信技术，可以实现更快的数据传输速度、更低的延迟和更广的覆盖范围。5G 通信的建设，不仅提高了信息通信的速度和质量，也为中国的数字经济、智能制造、智慧城市等领域的发展提供了重要的支撑。

综上所述，贵州国家数据中心、海尔工业互联网平台、阿里云平台和 5G 通信等工程的建设，不仅提高了信息通信的速度和质量，也为国家的信息化进程提供了重要的支撑。这些工程的建设，是中国信息通信领域的重要突破，也是中国数字经济、智能制造、智慧城市等领域发展的重要支撑。

3.3.7 其他工程

其他工程，中国近现代的超级工程建设还包括杂交水稻、环境保护、文化遗产保护等领域。这些工程的建设不仅提高了城市环境的质量，也为国家的文化保护和环境保护提供了重要的支撑。

首先，杂交水稻是中国农业领域的重要突破。它是通过杂交育种技术培育出来的高产、高效、高品质的水稻品种。杂交水稻的种植不仅提高了农业生产的效率和质量，也为中国的粮食安全提供了重要的支撑。

其次，环境保护是中国社会发展的重要任务。中国近现代的超级工程包括大气污染治理、水污染治理、垃圾分类处理等多个领域的工程。这些工程的建设不仅提高了城市环境的质量，也为国家的环境保护提供了重要的支撑。

最后，文化遗产保护是中国文化事业的重要任务。中国近现代的超级工程包括故宫文化遗产保护、长城文化遗产保护等多个领域的工程。这些工程的建设不仅保护了中国的文化遗产，也为国家的文化事业提供了重要的支撑。

综上所述，杂交水稻、环境保护、文化遗产保护等领域的工程建设，不仅提高了农业生产的效率和质量，也为城市环境的质量提供了重要的支撑。同时，这些工程的建设也为国家的文化保护和环境保护提供了重要的支撑。这些工程的建设，是中国社会发展的重要成果，也是中国近现代超级工程建设的重要组成部分。

总之，中国近现代的超级工程建设是中国经济社会发展的重要组成部分。这些工程涵盖了各个行业。这些工程的建设不仅提高了中国的基础设施水平，也为中国的经济发展提供了强有力的支撑。例如，中国的高速公路网络已经成为世界上最大的高速公路网络之一，为中国的经济发展提供了便利。中国的水利工程也在改善农业生产和灾害防治方面发挥了重要作用。同时，中国的能源矿业工程也在满足国内能源需求的同时，为中国的经济发展提供了动力。未来，中国将继续加强超级工程建设，推动各个行业的发展。例如，中国正在推进"一带一路"倡议，加强与共建国家的合作，共同推进基础设施建设。此外，中国还在积极推进新能源、智能制造等领域的发展，为中国的经济转型升级提供支持。中国的超级工程建设不仅是经济发展的重要支撑，也是实现中华民族伟大复兴的重要举措。中国将不懈努力，为实现中华民族的伟大复兴做出贡献。同时，中国也将继续加强与世界各国的合作，共同推进全球经济的发展。

3.4 演进与规律

中国近现代超级工程的工程规模宏大、结构关联紧密、建设环境复杂、施工难度大、技术要求高、资源投入多、知识涉及面广、参建单位多，对社会发展具有重大持续性影响。超级工程项目在中国社会经济建设进程中发挥了巨大的作用，如西气东输、西电东送、南水北调等宏大的社会经济工程，武汉长江大桥、京九铁路、青藏铁路、小浪底水利工程、三峡水利工程等基础设施建设工程，以及两弹一星、航天、探月等高科技工程等。随着对超级工程的投入越来越多，中国的超级工程已经形成了一个复杂的系统，众多不同领域的超级工程项目在时间与空间上相互紧密联系、相互影响、相互制约。随着超级工程项目数量及规模的增大，以及相互关系复杂性的急剧增加，如何描述各工程之间、各组织参与方之间、不同工程与组织参与方之间的相互作用关系，如何在复杂的关系分析中对超级工程项目所构成的大型复杂系统进行有效的分析，如何在各种不确定条件下从数量众多且关系繁杂的超级工程项目系统中甄别出关键要素以进行重点管理，进而为优化项目资源配置、提高管理效率提供科学的管理和决策依据，成为超级工程项目管理亟须探讨和解决的问题。

从系统的视角出发，以定性定量相结合的综合集成方法论为指导，系统分析整个超级工程系统内，各工程项目与所涉及的地域环境之间，以及各工程项目之间会存在的资源交换、技术转移、信息传递、知识共享等相互影响、相互依赖的共生关系，从而形成知识流、资源流以及信息流等，而这些流的渠道是否通畅，以及周转速度如何，都会直接影响整体系统的行为。这些复杂的相互关系，形成了网络型的资源共享和协同配合关系体系。以网络化形式呈现的超级工程系统的有序运转，依靠其内部的信息流与物质流，这也是各个超级工程项目节点之间联系的纽带。在节点之间传送的知识，可以是相关工程建设的理论方法、工程实践经验、专利技术、管理理念等知识流；在节点之间传送的资源，可以是人员、原材料、设备、资金等资源流；传送的信息可以是法律合同、商业信用、商机、指令等信息流。超级工程网络的系统的动力就是这些流，各项目主体之间从事的活动是交互作用的，可以说它们是超级工程网络体系的生命。流的传递与交互是非线性的，使得超级工程网络系统呈现出复杂性特征。流是各实体超级工程项目间以及工程项目与环境之间连接的桥梁，各工程项目之间及工程项目与环境间的物质流、信息流、资金流等将独立的工程项目实体连接成网络，组建知识、技术和信息交流的平台，提供信息沟通和资源共享的通道。超级工程网络体系中实体工程项目间传递的流是多样的、并行的，所有这些流，经过工程项目之间所形成的非线性作用，呈现出乘数效应和再循环效应；流的传递，对工程项目间的连接形式和强度有重大影响，工程项目间的关联随宏观管理、市场导向等社会、经济需要而动态变化。信息、物质、能量的交换存在于整个超级工程系统内部，还与各工程所处的环境有着密切的关系。各工程项目之间不断地进行交换，使得各个工程项目的知识、资源与信息储备逐步提高，因此网络化的超级工程系统形成了一个开放的、动态的自组织系统。

3.4.1 网络拓扑模型

超级工程系统是由若干元素组成的，这些工程项目相互作用、互相依赖，网络不但是超级工程这一复杂系统的结构形态，还可作为系统拓扑特性的模型。复杂网络理论方法描述网络结构的工具是数学中的图论，在该领域的表示与描述方法框架下，任何一个网络都可以看作是由一些节点按照某种方式连接在一起而构成的一个系统。网络的抽象图表示，就是用抽象的点表示具体网络中的节点，并用节点之间的连边来表示具体网络中节点之间的连接关系，在有些网络中，甚至可以给节点之间的连边赋予权值与方向。近年来，随着网络科学的蓬勃发展，不仅可以用数学上图论的语言、符号和理论来精确而简洁地描述网络，还可以以现代数学理论以及统计物理等诸多现代科学作为理论研究的基础。因此，一方面，网络建模能够为超级工程项目网络提供描述语言和平台，将复杂的工程项目实体与相互关系以简化与直观的方式展现，并且网络研究中的许多研究成果、结论和方法都可应用到超级工程网络建模中来；另一方面，复杂网络理论经过发展，已经提炼出了许多成熟的网络结构测度指标，因此可以通过网络指标的计算来测度网络中节点的个体属性以及整体网络的拓扑结构属性，如图 3.26 和

图 3.27 所示图中，k 为核密度。

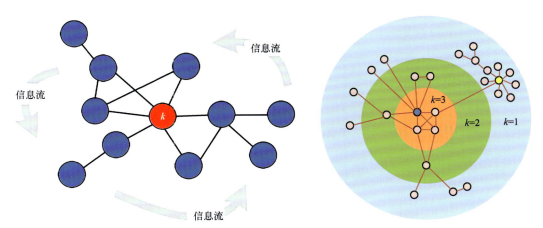

图 3.26　超级工程网络化系统结构　　　　图 3.27　超级工程核度计算示意图

　　通过深入调研与细致分析，不仅可以利用复杂网络方法简单、直观地描述超级工程项目网络，而且可以通过网络指标的计算来分析网络的拓扑结构属性，有助于更好地理解超级工程项目的系统复杂性，并加强对于超级工程项目复杂系统的管理。于是，通过对超级工程项目系统进行调研分析，探索其体现出的网络化特征，能够运用复杂网络理论的方法对超级工程项目建立网络模型。在网络模型中，超级工程系统的结构可以抽象为网络，研究对象抽象为网络节点、各种相互作用抽象为节点之间的连边，如图 3.28 所示。

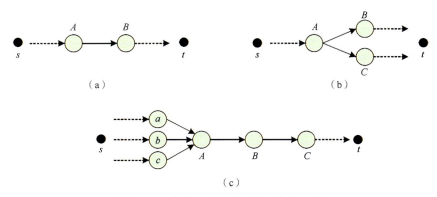

图 3.28　超级工程网络连边关系示例

　　以工程项目关联网络为例，该网络是超级工程项目系统的一种功能子系统的抽象，是用来描述各个超级工程项目之间关联的系统。由于在现实生活中所建设的各工程项目之间是存在交互联系的，以能源矿业工程和土木工程为例，前者保证后者正常运行的能量供应，后者可以为前者的基础设施建设提供保障。任何一类工程的功能失效都会影响另一类项目功能的正常发挥，并产生级联效应。此外，大量基础设施建设工程，如天然气传输、交通网络、燃料和发电工程都存在相互作用和影响。以各工程项目为节点，以工程项目之间的相互依赖关系为边，可构建工程项目关联网络。这样就可以运用图论和网络分析的理论、方法和工具进行系统结构的拓扑特性研究，如图 3.29 所示。

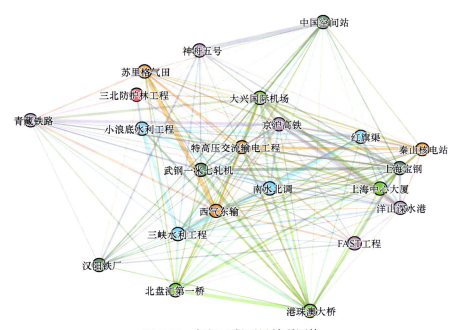

图 3.29　超级工程项目关联网络

借鉴相关的网络建模理论与方法，可以从系统、整体的角度辨识和分析对超级工程项目系统具有重要影响的关键工程项目与组织节点等。为分析超级工程项目网络拓扑结构中关键路径的影响，通过深入调研，可分析所获得的关于超级工程网络的结构数据，探索超级工程项目网络的节点关键性指标测度方法，调研对比网络节点的入度、出度、介数、流度等网络指标与超级工程项目网络关键路径的相关性，如图 3.30 所示。

在超级工程网络中，包含多种特征参数，如中心性、密度、距离、聚合系数等。其中，

项目名称	入度	出度	介数	流度	…
项目A	0	1	0.000	1.000	
项目B	1	3	0.034	1.000	
项目C	1	1	0.020	0.333	
项目D	3	3	0.146	1.000	
项目E	1	3	0.024	0.333	
项目F	1	1	0.007	0.111	
⋮					
项目X	5	3	0.238	1.000	

图 3.30　超级工程网络参数统计指标

中心性分析可以有效揭示超级工程网络中的关键项目节点。中心势测量的是网络整体的紧密程度，即网络的中心度。常用的中心性测度有度数中心性、中间中心性、接近中心性。通过网络测度指标的计算与分析对网络中节点的重要性进行排序，能够找到超级工程网络中具有重要作用的核心节点。依据网络拓扑结构和系统的相互作用关系，刻画核心超级工程项目在整体超级工程网络的物质、能量、信息、社会效益传输及保持弹性方面发挥的关键作用，为宏观项目管理者进行关键节点管理提供决策辅助。

3.4.2　关联网络图谱

在超级工程项目系统中，可以利用相互作用网络刻画不同类型超级工程构成的子系统之间的联系，形成不同领域工程之间的关联图谱。超级工程网络是由若干工程项目节点通过网络连接方式构成的有机组织系统，在信息流的驱动和协调机制的保证下，网络组织得以正常运作。为了适应不断变化的环境，网络系统内部的节点可调整、重组，各个项目通过交流与协作实现优化资源配置、协同创新、相互辅助的系统建设目标。超级工程网络化系统的研究不仅要分析各项目的知识、资源、信息流动对于该项目本身的影响，而且还要研究各个项目与其环境的相互关系。事实上，超级工程网络系统的动态演化是内在动力与外在环境共同作用的结果。超级工程网络体系是一个开放的复杂系统，是在内部工程项目节点间相互合作及与外部经济、社会环境的不断作用中演化发展的，节点项目在建设过程中通过不断学习、调整以适应新的历史环境，才使整个超级工程系统充满生机。

因此，要对相互依赖、相互作用的不同系统进行网络建模和分析，进一步正确认识复杂系统的动力学过程和本质规律，把超级工程项目中的各要素集成起来，综合考虑工程项目与组织之间的相互作用关系，如图3.31所示。

超级工程网络中的项目，根据各自在资源交换、技术转移、信息传递、知识共享、能量供应、管理控制等方面的关联性，对各个统计量进行加权计量，按照层次划分进行等级评价，可以评定各项目之间的关联度，利用网络邻接矩阵来定义相互关系，其中任意一个元素代表两个项目之间的关联度的大小。通过计算邻接矩阵的最大特征值、项目层级连接数构成的对角矩阵等，对超级工程网络进行划分。

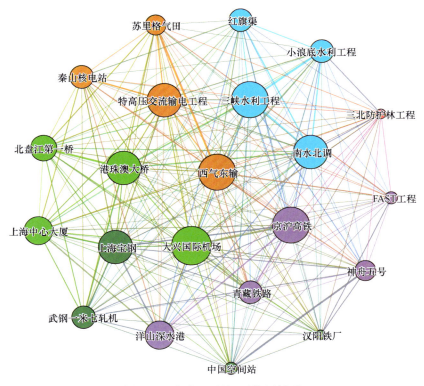

图 3.31　超级工程相互作用关系

针对中国近现代超级工程，通过层次划分，将复杂的超级工程网络关联关系聚类为由几个联系更为密切的项目团簇所形成的网络超图。在技术、知识、资源、能源、管理方面有更多联系的项目划分在一个子网中，如图 3.31 所示，由相同颜色刻画的项目之间有着更多的技术迁移、信息交换、能源供应等密切联系，而不同颜色的团簇中的项目间的相互关系则稍弱。这种对于超级工程项目的划分，与各项目所属的工程类别具有较好的对应关系。例如，大兴国际机场、上海中心大厦、港珠澳大桥、北盘江大桥同属土木工程；三峡水利工程、南水北调工程、小浪底水利工程同属水利工程；西气东输、特高压、苏里格气田、秦山核电站同属能源矿业工程等。

利用网络科学理论中的各种指标，进一步对超级工程项目组织和工程任务节点的重要性进行综合衡量和动态评价。其中，西气东输、南水北调、特高压等全国大范围能源调配项目，由于其在众多项目建设过程中所发挥的能源保障、资源输送、技术支持等重要功效，在超级工程网络中处于不可或缺的关键核心位置。此外，新时代所建设的港珠澳大桥、大兴国际机场等建设项目，由于充分吸收借鉴了此前众多超级工程项目的技术、知识和管理经验，在超级工程关联网络中也处于较为中心的连接位置，如图3.31所示。

3.4.3　演进和规律

本节以中国近现代土木工程、水利工程、能源矿业工程、制造工程、运载工程、信息通信工程6个领域中，技术含量较高、发展周期较为突出的行业为例，对其超级工程演进过程进行梳理，并进一步明晰其发展规律。

1. 桥梁工程演进：联通四方，彰显国家实力

桥梁工程的发展历程是一部波澜壮阔的史诗，而中国近现代的超级桥梁工程更是其中的璀璨明珠，它见证了人类文明的进步、工程技术的创新和设计理念的变革。从古代的简单木桥、石桥，到近代的铁链桥、双层铁路和公路两用桥，至现代的叠合梁桥、跨海大桥及功能最复杂的立交桥，超级桥梁工程不断突破技术极限，实现跨越式发展。下面将从古代至近代桥梁的初步发展、近代桥梁工程的突破与变革、现代桥梁工程的快速发展与技术创新、桥梁建设演进规律和特点总结等方面，详细阐述中国近现代超级桥梁工程的演进过程。

1）古代至近代桥梁的初步发展

在古代，无论是国内还是国外，造桥多以石头和木材作为原材料，这两种材料以其独特的优势在桥梁建设中发挥着不可或缺的作用。

中国古代的桥梁建筑技术尤为出色。早在秦朝时期，木拱桥便已在亚洲大地上崭露头角，渭河桥和灞河桥等木桥的建设不仅为当时的交通提供了便利，更展现了中国在木桥建设方面的非凡技艺和卓越智慧。清朝嘉庆七年，浙江云和梅漶木拱桥的修建更是将中国古代木桥技艺推向了新的高峰，其跨度达到了惊人的33.4m，充分展示了中国在桥梁建设方面的强大实力与创新能力。

不仅如此，中国古代石桥的建设同样令人叹为观止。隋朝时期，赵州桥堪称中国古代桥梁建筑的典范。这座桥以其净跨37.02m的雄伟身姿，历经1300多年的风雨洗礼，仍然屹立不倒，成为中国桥梁建筑史上的不朽传奇（图3.32）。赵州桥不仅在设计上独具匠心，更在材料选择、结构布局以及施工工艺等方面展现了中国古代桥梁建设的卓越成就。

赵州桥的独特之处在于其采用了单孔敞肩拱的形式，这种设计不仅使得桥身更加稳固，而且大大增强了桥梁的承重能力。同时，桥面的铺设也十分讲究，采

用了防滑耐磨的石材，确保了行人的安全。此外，赵州桥的两侧还雕刻有精美的图案和纹饰，既增添了桥梁的艺术美感，也体现了中国古代工匠的精湛技艺和深厚的文化底蕴。赵州桥不仅是一座具有实用价值的交通建筑，更是一座承载着丰富历史文化和民族精神的宝贵遗产。它见证了中国古代桥梁建设的辉煌历程，也为我们今天继承和发扬传统建筑文化提供了宝贵的借鉴和启示。

图 3.32　赵州桥

古代的桥梁建设体现出人们在材料选择、结构设计以及施工技术等方面的智慧与才能。中国的桥梁建筑，以其独特的技艺和强大的实力，为世界桥梁建设史留下了浓墨重彩的一笔。

2）近代桥梁工程的突破与变革

在桥梁建设的历程中，建桥材料和建桥类型的演变是技术进步和社会需求变化的直接体现。从中世纪至近代，随着铁路的兴起，传统的木桥、石桥和铁桥已难以满足新的需求。然而，随着现代钢材在欧洲的崛起，桥梁建设实现了飞跃式发展。这一变革不仅带来了桥梁结构形式和规模的突破，也催生了一系列标志性的桥梁建筑。

在欧洲，19 世纪 40 年代，英国在不列颠箱管式锻铁梁桥的建设中采用了锻铁材料，并通过结构试验的方法成功解决了大跨铁路桥的建造难题。这一创新不仅满足了海军对桥下净空的需求，也展示了锻铁桥在桥梁建设中的巨大潜力。随后，钢材料逐渐取代了传统的铸铁材料，钢桥的建设在欧洲和美国等地蓬勃发展。英国的福斯湾铁路桥和美国的布鲁克林桥都是这一时期的代表作，它们以雄伟的身姿和卓越的性能展现了钢桥在桥梁建设中的卓越地位。

同时期中国的桥梁建设同样展现出了强大的实力和特色。随着铁路的引入和钢材的应用，中国的桥梁建设也迎来了新的发展机遇。中国当时最长的铁路大桥——滦河大桥和金龙桥的建设，就是中国桥梁强大实力的生动体现。在中国桥梁建设的辉煌历程中，金龙桥无疑是一座闪耀的明珠，它以雄伟的身姿和卓越的性能，彰显了中国桥梁建设的强大实力，如图 3.33 所示。

图 3.33　金龙桥

金龙桥是目前长江上唯一幸存的铁链桥，是中国现存最早、最长、跨度最大、桥面最宽、铁链最多的古代铁链桥，距今已有 140 多年历史，有"金沙江上第一桥"之誉。它的建设不仅解决了铁路交通的瓶颈问题，更为中国桥梁建设史书写了浓墨重彩的一笔。

在金龙桥的建设过程中，中国桥梁工程师们充分发挥了智慧和创造力。他们深入研究地质条件、水流特性等，精心设计了桥梁的结构和施工方案。同时，他们还积极引进和消化国际先进技术，结合国内实际情况进行创新，使金龙桥在设计和施工上都达到了国际先进水平。金龙桥的桥身坚固耐用，能够承受各种自然灾害的考验。它的桥面平整宽敞，行车舒适安全，为铁路运输提供了有力的保障。此外，金龙桥的外观也极具美感，它与周围的自然环境和谐相融，成为一道亮丽的风景线。金龙桥的建设不仅展示了中国桥梁工程师的精湛技艺和卓越能力，也体现了中国桥梁建设的强大实力。它证明了中国桥梁建设在继承传统的基础上，能够不断创新和发展，达到国际先进水平。

中国桥梁在继承传统技艺的基础上，不断吸收和借鉴国际先进经验和技术，形成了独具特色的桥梁建设体系。如今，中国已经成为全球桥梁建设的重要力量，一系列世界级的桥梁工程不断涌现，彰显了中国桥梁的强大实力和卓越品质。

3）现代桥梁工程的快速发展与技术创新

自 1900 年前后起，钢筋混凝土作为一种新兴建筑材料开始逐渐引起桥梁界的关注，并逐渐被应用于拱桥和梁式桥的建设中。随着其应用的深入，钢筋混凝土拱桥的跨度纪录不断被刷新，从最初的 100m 跨度逐渐演化为 1943 年建成的 264m 跨度的瑞典斯特罗姆桑德桥。到了 20 世纪中叶至 20 世纪末，随着预应力混凝土的成功研制，桥梁建设进入了预应力混凝土桥梁结构的时代，结构开始向大跨度结构发展：20 世纪 50 年代斜拉桥结构得以初现光芒并很快影响世界桥梁工程界。近 10 年，中国建成了代表当今世界桥梁最高发展水平的一大批斜拉桥。进入 21 世纪之后，随着科学技术和工程技术的飞速发展，复合轻型结构桥成为新的桥梁形式。在这一波澜壮阔的时代背景下，港珠澳大桥以其世界级的规模、复杂度和创新技术，成为中国桥梁建设史上的璀璨明珠，凸显了中国的强大实力与智慧，如图 3.34 所示。

港珠澳大桥，这座连接香港、珠海和澳门的超级工程，不仅是一座桥梁，更是一条跨越伶仃洋的壮丽通道。它集路、桥、隧、岛于一体，展现了人类工程技术的卓越成就。在建设过程中，港珠澳大桥不断突破各种限制条件，无论是跨度、载重，还是水深、基础、桥墩、地理、地质等方面，都实现了一次又一次的跨越。值得一提的是，港珠澳大桥的建设还注重环保和可持续发展。在工程建设过程中，中国工程师采用了多项环保措施，确保大桥的建设对周围环境的影响最小化。同时，大桥的设计也充分考虑了未来的交通需求和发展趋势，为未来的交通事业奠定了坚实的基础。

图 3.34　港珠澳大桥

如今，港珠澳大桥已经成为中国乃至世界交通业最具挑战性的超级工程项目之一。它不仅是中国桥梁建设史上的里程碑，也是人类文明史上的伟大奇迹。这座大桥的建成，不仅让人们对中国的桥梁建设技术刮目相看，也让世界对中国的强大实力和智慧有了更深刻的认识。

从钢筋混凝土桥梁的广泛应用，到预应力混凝土桥梁结构的发展，再到新技术在桥梁工程领域的渗透，中国桥梁建设不断取得新的突破和成就。这些成就不仅凸显了中国桥梁的强大实力，也为世界桥梁建设贡献了中国智慧和力量。

4）桥梁工程演进规律和特点

通过对中国近现代代表性超级桥梁工程的探析，可以总结出桥梁建设的演进规律和特点。

（1）技术不断创新是桥梁建设发展的关键。从古代的木石结构到近代的钢筋混凝土结构，再到现代的复合材料和高科技应用，桥梁建设的技术不断创新和进步，推动了桥梁工程的发展。

（2）桥梁建设与经济社会发展密切相关。随着经济社会的发展，人们对交通的需求不断增加，对桥梁建设的要求也不断提高。桥梁建设不仅为人们提供了便捷的交通条件，也促进了经济社会的繁荣和发展。

（3）桥梁建设具有文化传承和民族特色。桥梁作为人类文明的象征之一，承载着丰富的文化内涵和民族特色。在桥梁建设的过程中，设计师将传统文化元素与现代设计理念相结合，创造出具有独特风格的桥梁作品，展示了各自文化的魅力。

（4）桥梁建设需要注重环保和可持续发展。在桥梁建设过程中，应充分考虑环保因素，采用环保材料和技术手段减少对环境的破坏和污染。同时，还应注重桥梁的耐久性和维护性，确保桥梁能够长期安全稳定地运行。

2. 轨道交通工程演进：绿色出行，引领城市发展

铁路是国民经济的基础性、战略性、先导性、关键性产业，是国民经济的大动脉，在经济社会发展中居于重要地位。铁路交通一来加快了资源开发和交换，有利于对外贸易和边境贸易，促进了对外开放与经济发展；二来便捷人民出行，巩固了民族团结和社会稳定；三来对国防有着重要意义。铁路建设的发展，一方面是要扩展铁路对地域和功能的覆盖范围，另一方面是速度技术的持续性创新。轨道交通的演进就是围绕这些方面展开的。下面将从轨道交通建设对地理环境的适应性发展、铁路运输功能的多元化发展、轨道交通的历史技术发展、轨道交通工程演进规律和特点总结等方面，详细阐述中国近现代超级轨道交通工程的演进过程。

1）轨道交通建设对地理环境的适应性发展

轨道交通的密度和走向很大程度上受到地形、地质、气候等自然环境的影响，例如，我国西部地区地形复杂、气候高寒，相对于地形平坦、人口密集的东部中原地区，该区域的交通线路就相对稀疏。总的来说，铁路交通涉及区域的地形复杂多变，有雄伟的高原、起伏的山岭、广阔的平原、低缓的丘陵，还有四周被群山环抱、中间低平的大小盆地。不同的地形有着不同的技术需求。这就为铁路交通的建设带来了或大或小的难度。

1952 年建成的宝成铁路，是连接中国西北地区和西南地区的交通动脉。"蜀道之难，难于上青天"。地势险要为宝成铁路的建设带来了巨大的困难。该铁路大段位于山区，线路应尽量沿等高线修筑，尽量避开地形复杂地区，在陡坡上修成"之"字形弯曲或者开凿隧道。在线路建成后，由于坡度大、隧道多，宝成铁路又进行了电气化改造，其建成拉开了中国铁路现代化建设的序幕。青藏铁路建设中，专家攻克了浅埋冻土隧道进洞、冰岩光爆、冻土防水隔热等 20 多项世界性高原冻土施工难题。

轨道交通需要兼顾水利建设、区域均衡发展等人文环境。

101

为了衔接宝成铁路，打通中国南部对外的通道，中国政府开始研究成都至昆明一带的铁路。1953年建设初期，专家为该铁路设计了西线、中线和东线的三大走向方案。其中西线的建设难度最大，但政治和经济意义最大。该方案线路里程最长，虽然地质条件复杂、地势险峻、人烟稀少，但西线途经地区的待开发矿产及其他自然资源丰富，且途经众多少数民族地区，能借机发展少数民族地区的经济。

轨道交通的建设需要在最大程度上尊重生命，遵循绿色原则，尊重自然，保护生态环境；遵守以人为本的准则，保障建设者和乘坐者的安全。

青藏铁路途经多个自然保护区，铁路线路遵循"能避绕就避绕"的原则，为了最大程度保障野生动物的正常生活、迁徙和繁衍，建设期间不仅吸纳专家、环保部门的建议，还征求了当地牧民的意见，最终全线建立了33个野生动物通道。为了战胜高寒缺氧的难题，在沿线配置了25个高压氧舱，保障建设者的身体健康。此外，因为青藏高原是我国现今地壳运动最为剧烈的地区，沿线有100多条地震断裂带，其中23条为深大活动断裂带，地震烈度为7～9级，是世界上最复杂的地震带。线路走向充分考虑了活动断层和地震可能形成的危害，并将影响减到了最小。

2）铁路运输功能的多元化发展

当今的中国，是世界上高铁最发达的国家，拥有世界上最先进的高铁技术。截至2021年，全国铁路营业里程已高达15万km，比其他所有国家的总和还多。中国历史上第一条铁路就是上海的吴淞铁路，是英国于1876年不顾清朝反对强行修建的。这条原本能成为让中国快速认识进步科技，实现民族意识觉醒的铁路只运营了三个多月。从1881年李鸿章发动洋务运动开始，由于蒸汽动力的机器需要大量的煤矿，因此修铁路的想法应运而生，中国第一条自己修建的铁路——唐胥铁路通车了。然而在铁路运营的早期，铁路运输功能大多还是货运，客运的功能较弱。唐胥铁路的建成主要也是为了开平矿务局的原煤运输。吴淞铁路作为中国的第一条铁路，全线仅设旅客乘降处三处，分别是上海站、吴淞站和江湾站。

随着中国经济的快速发展，铁路的运输越来越不只拘泥于货物运输，旅客运输功能也飞速发展起来。1978年，中国迎来了改革开放的时代，铁路的客运和货运的需求都开始激增，蒸汽机的牵引力已经跟不上需求，内燃机车应运而生，此时，铁路客运比重也在悄悄增长。1985年，大秦铁路建成通车，这是中国首条双线电气化、现代化重载铁路。1993 年，京九铁路建成，这是中国第一条一次性建成的最长双线铁路，国家"八五"计划的第一号工程。随着客运和货运的持续发展，客运专线铁路诞生：1999 年，中国自主设计、施工的第一条客运专线秦沈客运专线，是铁路客货分线运输的先驱者。2004 年，和谐号诞生，这是中国铁路全面实施自主创新战略取得的重大成就，标志着中国铁路客运装备的技术水平达到了世界先进水平。

2007 年，中国进行了第六次铁路大提速，意味着中国进入了高铁时代。如今每年的旅客吞吐量超过 10 亿人次，铁路运输的重心不再仅仅是货物运输，甚至旅客运输也占据了很大的比重。2006 年，中国仅春运发送量就达到了 1.44 亿人次。2008 年，全国铁路旅客发送量就达到了 14.5 亿人次，而 2019 年，全年旅客发送量达到了 35.79 亿人次。客运形式和规模的增加，标志着中国对铁路的需求，中国如今已被认定为全世界最大的高铁市场，随着 2018 年上档时速 400km 的复兴号 CR400 系列的投入运营，中国高铁客运时代又向前迈出了一大步。

除了国内的货运客运外，随着对外开放政策的发展，轨道交通的国际运输功能也发展起来。至 2020 年底，中国铁路已经与 40 余个国家和地区合作开展铁路规划、设计和建造，技术装备输出遍布全球 100 多个国家和地区。其中，中国已经通过铁路、公路深度连接了"一带一路"共建国家，蒙内铁路、亚吉铁路、中泰铁路、匈塞铁路、雅万高铁等一条条互联互通的繁荣之路不断崛起。

截至 2021 年 9 月，我国与共建国家货物贸易额累计达到 10.4 万亿美元，与"一带一路"共建国家的进出口总额增长 23% 以上，中欧班列开行数量和运量均超 2020 年全年总量。

2021 年 12 月 3 日，全长 1035km，采用中国标准的中老两国互利合作的旗舰项目、高质量共建"一带一路"的标志性工程——中老铁路通车。

中国的国际化之路伴随着铁路运输功能的发展，正在高速迈向新的纪元。

3）轨道交通的历史技术发展

中国的铁路技术历史悠久且发展迅速，是中国目前十分引以为豪的产业。1876~1983 年是中国铁路的开创时期。在 1840 年鸦片战争之后铁路信息初传入中国时，爱国人士林则徐等已经对铁路产生了浓厚的兴趣。中国的铁路在 1840 年之后也开始有了初步的修建工作。1897 年的京汉铁路、1904 年的陇海铁路、1905 年的京张铁路，都代表着铁路技术已经逐渐被国人所接受和运用。

20 世纪 50 年代初，中国政府决定填补西部地区的铁路空白，建设了成渝铁路，1950 年开工建设，1952 年通车，这是新中国成立后修建的第一条铁路。

1990～2004 年，中国对主要干线铁路实施了大规模的技术改造，包括轨道结构、信号设备、运输组织和编组方式等都有重大突破。在历史的新起点上，中国铁路正在努力开创高质量发展的新局面。铁路的装备现代化程度显著提高，实施了六次提速，铁路的复线率、电气化率显著上升，铁路运输管理信息系统投入使用，客车车辆更加舒适多样，货车车辆向大吨位、快速方向发展。2017 年，高速列车最高运行速度排行如图 3.35 所示。

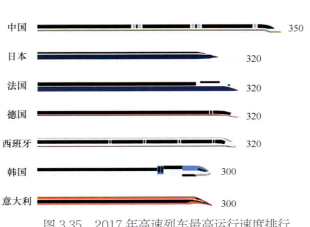

图 3.35　2017 年高速列车最高运行速度排行

近 10 年来，中国的铁路技术更是取得了显著的成就，"十一五"重大技术装备研究研制和重大技术开发推动了高铁和轨道交通的国产化进程。中国研制了拥有完全自主知识产权且具有世界先进水平的复兴号中国标准动车组，形成了涵盖时速 160～350km 不同时速等级的完整系列化产品。另外，尽管资金成本高，但是中国在磁悬浮技术上已经取得了成功，这也是轨道交通的一项重大进展。

从追随他人到自主研发，技术引进到技术研发，中国的高铁真正实现了从无到有、从落后到世界领先的华丽转变。

4）轨道交通工程演进规律和特点

通过对中国近现代代表性超级轨道交通工程的探析，可以总结出轨道交通工程建设的演进规律和特点。

（1）技术进步与自主创新是发展的关键。从最初的引进、模仿到自主设计、建造，中国铁路行业不断推动技术进步和自主创新，逐步形成了具有自主知识产权的技术体系。

（2）进入了现代化与高速化发展阶段。随着国家经济的发展和人民生活水平的提高，中国铁路行业逐渐实现现代化和高速化，为人们的出行提供了更加便捷、高效的服务。

（3）与国家战略与区域发展紧密相连。中国铁路建设始终与国家战略和区域发展紧密相连，通过铁路建设促进地区经济的繁荣和发展。

（4）推进国际化与互联互通。随着全球化的深入发展，中国铁路行业逐渐实现国际化，通过跨国铁路工程加强与其他国家的互联互通。

（5）注重绿色发展与可持续发展。在追求速度和效率的同时，中国铁路行业也注重绿色发展和可持续发展，推动铁路建设与生态环境的和谐共生。

3. 石油工程演进：能源新篇，驱动未来发展

石油超级工程是能源发展的重要标志，它们的发展历程也是人类科技进步和能源需求不断增长的历史。下面将从关键要素、地理变迁、时间尺度、科学技术、造物关联、石油工程演进规律和特点总结等方面，详细阐述中国近现代石油超级工程的演进过程。

1）关键要素：石油储量和开采难度

在石油工业中，关键要素包括石油储量、勘探、开采、加工和运输等。这些要素在石油工业的发展中起着至关重要的作用。2006 年以来中国原油产量及产量增速如图 3.36 所示。

图 3.36 2006～2022 年中国原油产量及产量增速

图片来源：https://baijiahao.baidu.com/s?id=1752334946735293364&wfr=spider&for=pc

石油储量是决定一个油田是否具有开发价值的关键因素。随着全球工业化和城市化进程的加速，石油需求量不断增加，石油储量的重要性愈发凸显。大庆油田、长庆油田、北海油田等，均拥有丰富的石油储量，为我国能源供应提供了重要保障。

玉门油田的勘探和开采技术的突破，使得玉门油田成为我国最早的油田之一，为我国的经济发展提供了重要的能源保障。随着技术的不断发展，克拉玛依油田、胜利油田、大庆油田和长庆油田等油田的开发使得我国成为世界上重要的石油生产国之一。在石油加工方面，我国不断引进和自主研发新技术、新设备和新材料，提高了石油加工的效率和质量。在管道运输方面，我国建设了东北"八三工程"、中哈原油管道和中俄原油管道等大型石油管道，使得石油能够更加高效地输送到目的地。

2）地理变迁：油田位置和环境的影响

油田所处的地理位置和环境对其开发也具有重要影响。随着时间的推移，一些油田可能会因为地理环境的变化而面临开采难度增加或资源枯竭等问题。例如，大庆油田和长庆油田位于中国的东北和西部地区，地理环境差异显著，开采技术和管理方式需要根据当地情况进行调整。此外，随着全球气候变化的影响，一些油田也可能会受到影响。例如，极端天气、海平面上升等气候变化因素可能会对一些深海油田的开发造成威胁。因此，石油工程需要在应对地理变迁方面进行持续的技术创新和管理优化。

中国石油超级工程在地理变迁方面呈现出明显的扩展趋势。从玉门油田（图 3.37）开始，中国的石油工业逐渐向全国范围内拓展，经历了从东部到西部、从国内到跨国的变迁过程。

玉门油田位于甘肃省玉门市境内，是中国石油工业的摇篮。随着时间的推移，石油勘探和开采的重点逐渐向西部地区转移。塔里木油田是我国西部地区最大的油田之一，位于新疆维吾尔自治区塔里木盆地境内。在地理变迁过程中，我国还加强了与周边国家的合作与交流。中哈原油管道是中国与哈萨克斯坦合作建设的跨国原油管道，中俄原油管道是中国与俄罗斯合作建设的跨国原油管道，旨在将哈萨克斯坦和俄罗斯的石油输送到中国。这些跨国石油工程的建设不仅促进了中国与周边国家的经贸合作，还加强了互利共赢的局面。

图 3.37　玉门油田

3）时间尺度：石油工程的演进和发展

中国石油超级工程的发展是一个长期的过程，经历了从传统技术到现代技术的演进。玉门油田的开发始于 20 世纪 30 年代，是我国最早的油田。随着时间的推移，我国相继开发了克拉玛依油田、胜利油田、大庆油田和长庆油田等一批重要油田。同时，我国也建设了东北"八三工程"、塔里木油田等大型石油工程。这些工程的开发建设经历了数十年甚至更长的时间，为我国石油工业的发展奠定了基础。

4）科学技术：石油工程的核心竞争力

中国石油超级工程的发展离不开科学技术的进步。在勘探、开采、加工和运输等环节中，我国不断引进和自主研发新技术、新设备和新材料，提高了石油工业的科技含量和竞争力。随着技术的不断发展，我国相继开发了注水技术、数字化技术等新技术，提高了采油效率和石油质量。在管道运输方面，我国研发了防腐技术和智能监控技术等新技术，提高了管道运输的安全性和可靠性。同时，我国还加强了与国际石油公司的合作与交流，引进了一些国际先进的技术和设备。

5）造物关联：从经济崛起到国际能源合作

中国石油超级工程的建设和发展不仅是为了满足国内外的能源需求，同时也促进了相关产业的发展和技术的进步。在油田的开发过程中，我国不但引进了当时较为先进的钻井技术和采油技术，同时，也对"卡脖子"技术进行自主研发，这些技术的应用促进了我国石油工业的发展和技术的进步。同时，玉门油田的开发也带动了当地经济的发展和就业机会的增加。在管道运输方面，东北"八三工程"的建设促进了我国管道运输技术的发展和进步，同时也带动了相关产业的发展和就业机会的增加。在中哈原油管道和中俄原油管道的建设过程中，我国加强了与哈萨克斯坦和俄罗斯等国家的合作与交流，促进了国际能源合作的发展和互利共赢的局面。同时，这些管道的建设也促进了我国与周边国家的经贸合作和友好关系的发展。

综上所述，中国石油超级工程的演进过程是一段充满挑战和奋斗的历史。在这个过程中，"中国力量、中国精神、中国创造"得到了充分体现。这些工程不仅是中国石油工业发展的重要里程碑，也是人类工程史上的杰作。它们为人类社会提供了宝贵的能源资源，推动了经济的发展和社会的进步。

6）石油工程演进规律和特点

通过对中国近现代代表性超级石油工程的探析，可以总结出石油工程建设的演进规律和特点。

（1）储量驱动与技术突破相结合。石油工程建设的演进始终与石油储量紧密相关。丰富的石油储量是工程建设的基础，而技术突破则是实现高效开采和利用的关键。从玉门油田的初步开发到后来的大庆、长庆等油田的规模化开发，无不体现了储量驱动与技术突破相结合的特点。

（2）技术创新推动产业升级。技术创新是推动石油工程建设不断升级的关键。从传统的勘探、开采技术到现代化的数字化、智能化技术，每一次技术突破都推动了石油产业的升级和发展。

（3）石油工程综合性强、技术密集。石油工程建设涉及勘探、开采、加工、运输等多个环节，需要综合运用地质学、工程学、化学等多个学科的知识，对技术的要求非常高，特别是在勘探、开采和加工等关键环节，需要采用先进的技术和设备。

（4）安全性要求高、环保压力大。石油工程建设涉及易燃易爆的石油和天然气等危险物质，对安全性要求非常高，在工程建设和运营过程中，需要采取严格的安全措施，确保人员和设备的安全。随着环保意识的提高和环保法规的完善，石油工程建设面临着越来越大的环保压力，在工程建设和运营过程中，需要采用环保技术和措施，减少对环境的影响和破坏。

（5）国际合作广泛。石油是全球性的战略资源，石油工程建设需要广泛开展国际合作。中国在与国外石油公司、金融机构等开展合作的同时，也积极参与国际石油市场的竞争与合作，共同推动全球石油资源的开发和利用。

4. 钢铁工程演进：创新驱动，引领产业升级

钢铁冶金工程作为现代工业发展的基石，其演进与科技进步以及社会经济发展息息相关。下面从关键要素的演进、建造位置的变迁、时间尺度的分析、建造科技的演进、社会经济影响、演进规律和特点等方面，详细阐述中国近现代钢铁超级工程的演进过程。

1）关键要素的演进

（1）原材料与能源利用。汉阳铁厂作为中国最早的钢铁企业，其原料主要依赖于当地的铁矿石和煤炭资源。随着技术的进步和开采能力的提升，钢铁企业开始利用更广泛的原料资源，如进口铁矿石和废钢等。在能源利用方面，早期主要依赖煤炭，后逐渐转向电力和天然气等清洁能源，以降低能耗和减少污染。

（2）生产规模与产能。从汉阳铁厂的小规模生产到首钢京唐的千万吨级产能，中国钢铁冶金工程的生产规模和产能经历了巨大的变化。随着技术的进步和市场需求的增长，钢铁企业的生产规模不断扩大，产能也得到了显著提升。

（3）产品结构与技术水平。早期钢铁企业主要生产普通钢材，产品种类单一、技术含量低。随着技术的不断进步和市场需求的多样化，钢铁企业开始生产高品质、高性能的特种钢材，如不锈钢、合金钢等。同时，技术水平也得到了显著提升，采用了先进的冶炼、轧制等工艺和设备。

2）建造位置的变迁

（1）从内陆到沿海。早期钢铁企业主要集中在内陆地区，如汉阳铁厂位于湖北武汉。随着工业化进程的加速和海运交通的发展，钢铁企业逐渐向沿海地区转移。上海宝钢（图 3.38）、首钢京唐等钢铁企业均位于沿海地区，便于利用海运资源、降低物流成本。

图 3.38　上海宝钢宝山总厂

（2）从分散到集群。随着钢铁产业的快速发展，钢铁企业开始形成产业集群。在同一地区或相近地区，多个钢铁企业相互协作、共同发展，形成了具有区域特色的钢铁产业集群。这种集群效应有助于提升整个产业的竞争力。

3）时间尺度的分析

（1）历史背景与发展阶段。从汉阳铁厂的成立到首钢京唐的建成投产，中国钢铁冶金工程的发展经历了不同的历史阶段。每个阶段都有其特定的历史背景和发展特点。如汉阳铁厂代表了中国近代钢铁工业的起步；鞍山钢铁是新中国成立后钢铁工业快速发展的标志；上海宝钢则是中国改革开放后引进外资和技术的重要成果。

（2）时间尺度上的技术进步。随着时间的推移，钢铁冶金工程在技术进步方面取得了显著成就。从早期的手工操作到现代化的自动化生产；从简单的冶炼工艺到复杂的连续铸造、热轧等工艺；从低品质钢材到高品质特种钢材的生产等。这些技术进步不仅提高了生产效率和质量，也推动了整个钢铁产业的升级和发展。

4）建造科技的演进

（1）冶炼技术的演进。从汉阳铁厂的简易冶炼设备到首钢京唐的先进冶炼工艺和设备，中国钢铁冶金工程在冶炼技术方面取得了显著进步。采用了转炉、电炉等高效冶炼设备以及先进的精炼技术和连铸技术等，这些技术的应用不仅提高了钢材的质量和性能，也降低了生产成本和能耗。

（2）轧制技术的演进。轧制技术是钢铁冶金工程中的关键技术之一。从汉阳铁厂的手工轧制到首钢京唐的自动化轧制生产线，轧制技术在不断进步和发展：采用了先进的轧制设备和工艺；实现了高精度、高效率的轧制生产；开发了多种特种钢材的轧制技术等。这些技术的应用不仅提高了钢材的精度和性能，也拓展了钢材的应用领域。

5）社会经济影响

（1）推动经济增长。钢铁产业是国民经济的重要支柱产业之一。中国钢铁冶金工程的发展不仅促进了钢铁产业的快速增长，也推动了相关产业的发展和经济增长。同时，钢铁产业的发展还带动了就业和税收的增加，为地方经济的发展做出了重要贡献。

（2）促进技术进步和产业升级。钢铁冶金工程的发展推动了技术的进步和产业升级。通过引进国外先进技术和设备、消化吸收和再创新等方式，中国钢铁企业不断提高了自身的技术水平和竞争力。同时，钢铁产业的发展也促进了相关技术的创新和进步，如环保技术、节能技术等。

（3）影响社会生活和环保。钢铁产业的发展对社会生活和环保产生了深远的影响。一方面，钢铁产品的广泛应用提高了人们的生活质量；另一方面，钢铁产业的发展也带来了环境污染和能源消耗等问题。因此，在推动钢铁产业发展的同时，也需要注重环保和节能问题的解决。

6）钢铁工程演进规律和特点

通过对中国近现代代表性超级钢铁工程的探析，可以总结出钢铁工程建设的演进规律和特点。

（1）技术进步与产业升级。中国钢铁行业的演进过程体现了技术进步与产业升级的必然趋势。从汉阳铁厂的手工生产到鞍山钢铁的机械化生产，再到上海宝钢、河北钢铁集团有限公司（简称河钢）和首钢京唐的现代化、智能化生产，中国钢铁工业不断向高端化、智能化、绿色化方向发展。

（2）政策引导与市场驱动。中国钢铁行业的发展受到政策引导和市场驱动的双重影响。政府的产业政策和规划为中国钢铁行业的发展提供了方向和支持，而市场需求则推动了中国钢铁行业的快速发展。

（3）国际化与全球竞争。随着全球化的深入发展，中国钢铁行业面临越来越激烈的国际竞争。中国钢铁企业开始注重国际化发展，通过引进先进技术和管理经验、加强国际合作等方式提升国际竞争力。

（4）可持续发展与绿色转型。随着环保意识的提高和全球气候变化的挑战，中国钢铁行业开始注重可持续发展和绿色转型。通过采用先进的环保技术和设备、推动循环经济发展等方式，降低钢铁生产对环境的影响，实现可持续发展。

第 4 章

发展动力分析

中国近现代超级工程的发展历程表明社会需求是超级工程发展的牵引力，国民经济实力是超级工程发展的基础，技术的发展与突破推动着新的超级工程诞生，前沿科学指导超级工程的建设，使超级工程与生态文明相互依存。从旧民主主义时期到当前的中国特色社会主义新时代，随着社会需求不断放大，超级工程从满足钢铁、水利、电力等基本需求，不断向跨省的大区域社会需求的大规模方向发展。近现代超级工程的建设与经济发展时期密切相关，新中国成立初期，超级工程主要是国民经济发展急需的基础设施工程；改革开放前主要建设重要交通设施等超级工程；改革开放后随着经济的快速发展建成了多项世界级的超级工程。超级工程的建设离不开技术的支撑，技术的发展与突破推动着新的超级工程诞生。绝缘和换流一直是特高压直流输电的核心技术，中国对换流变压器绝缘材质、换流阀工艺平整度的技术创新，使得特高压直流输电技术实现突破，促成了西电东送工程的成功建设。中国近现代每一个超级工程的产生都离不开前沿科学的指导，力学作为建设超级工程的基石，一直是超级工程发展的原动力，而本质上超级工程是经济社会发展需求的产物，同时熵的引入促进了超级工程在组织和管理方面的发展。生态文明建设是中国特色社会主义事业的重要内容，关系人民福祉，关乎民族未来，事关"两个一百年"奋斗目标和中华民族伟大复兴中国梦的实现，超级工程的建设是生态文明理念下的资源节约工程建设、低度污染工程建设、维护生态平衡的工程建设。同时超级工程也是促进生态文明的重要保障，是可持续发展的重大战略。

4.1 社会发展要求

4.1.1 旧民主主义革命时期

旧民主主义革命时期是指从 1840 年鸦片战争爆发到 1919 年五四运动爆发这一段时期的历史。其间曾有三次革命高潮：太平天国运动、戊戌变法和义和团运动、辛亥革命。洋务运动促进了中国的早期工业和民族资本主义发展，带来了新知识，打开了人们的眼界。

洋务运动开始后，清政府创办了一系列实体工业企业，催生了国内对钢铁产品的需求，发展中国近代钢铁工业迫在眉睫。汉阳铁厂是中国近代最早的官办钢铁企业，是中国乃至远东地区的第一个钢铁企业，也是当时亚洲最大的钢铁联合企业，规模仅次于世界第一的德国费尔克林根钢铁厂，居世界第二位，当时被称为"亚洲第一雄厂"。1890 年创办的汉阳铁厂，这是中国近代工业化的先声，寄托着清政府的复兴梦想，后发展为 20 世纪的工业命脉。汉阳铁厂开创了中国冶金业的新纪元，培养了一大批冶金技术人才，为中国近代工业、军工、铁路发展提供了关键材料支撑，推动了资源型城镇化崛起与近代经济的转型，在客观上为辛亥革命爆发准备了社会经济条件。为进一步适应市场发展，汉阳铁厂与大冶铁矿、萍乡煤矿合并组成汉冶萍煤铁厂矿股份有限公司。汉阳铁厂是近代中国第一次追求钢铁强国梦的典型代表，体现了国人对实业强国的理想追求和曲折探索。

晚清时期，张家口作为京师西北门户，是内地通往西北边塞的必经之路，也是兵家必争之地。同时，张家口也是清朝对外贸易的重要通道和物资集散地，是当时中国国际贸易的重要陆路通道。因此，修建一条京师通往张家口的铁路，是军事活动和商业贸易的双重需求。义和团运动失败后，民族危机日益严重，中国人民纷纷要求保卫路权，自修铁路。清政府决定自己修筑第一条重要的铁路——京张铁路。京张铁路是中国人自行设计和施工的第一条铁路干线，是中国工程技术界和中国人民的光荣。京张铁路是中国崛起的萌芽，它的修建成功打破了中国人不能修铁路的传言，唤醒了中国渴望独立的内心，重新燃起了拯救国家于危亡之中的决心。京张铁路为中国的工业发展做了大量有利的舆论和现实铺垫，让人们充分认识到工业发展对一个国家的重要性，加速了中国的工业发展。京张铁路的建成通车，其价值大大超过铁路事业本身，在扫除由于国势积弱而形成的民族自卑心理和振奋民族自尊心、提高民族自信力方面，也产生了不可低估的作用。通过修建京张铁路，詹天佑成功地将西方先进技术和管理体制引入中国，创造了一套适合我国国情的技术标准和技术规范；培养了大批我国急需的铁路人才。京张铁路建设经费完全由中国国内自筹，有效遏制了外国利用资金投入控制路权的野心。铁路作为西方先进技术，进入中国时带有明显的入侵性质[319]。中国要建设并利用铁路，只有摆脱外国控制，自己独立修建才可以实现。因此京张铁路不仅是我国"自主"修建的首条铁路，更是中国向西方列强展示自己能力的证据。从此中国人开始信心百倍地走向工业化。

这一时期是中国电力工业初创期，电力设备大多来自国外，处于"洋机"时代，国人救亡图存的情绪高涨，各地中国的官绅阶层更希望通过引进西方先进的生产技术来发展中国的经济。加之当时西方各国掀起了瓜分中国的狂潮，为防止利权外溢，清政府也日益积极地支持民族产业的发展。

北京地区用电量日益增长，前门西城根电厂的发电能力已渐渐不能满足用电需求，电厂的扩建提上了日程。1919 年，京师华商电灯公司选定了京城西郊的广宁坟村，购得荒丘 60 余亩（1 亩≈666.67m²）新建石景山发电分厂。石景山电厂是北京最早的公用发电厂，是北京公用电力事业发展的起点。它标志着电气化正式从清朝皇室和外国人居住区扩展到商业和市民社会。其百年发展历程深刻体现出民族工业的发展离不开繁荣稳定的国家作为支持。在清末外商咄咄逼人的情势下，由中国人自筹资金创办民族实业，为发展我国的民族电业、培养电力人才做出了卓越的贡献，为北京的电力事业发展奠定了基础。

1885 年中法战争以后的 20 世纪初，法国侵略势力进入云南并大肆扩张，企图更快捷地掠夺云南的资源，并企图染指云南水电资源，激起了云南各界爱国人士的强烈愤慨和反对。他们断然拒绝了法国人修建石龙坝水电站的要求，并酝酿自办电站。他们采用民间集资、招标采购、引进人才、股份制经营等方式，终于将西方的技术成就成功地移植到自己的土地上。石龙坝水电站的建成，推进了云南的工业化进程，促进了云南电源建设和中国水电建设的迅猛发展。如今中国已经成为世界第一水电大国。1996 年 12 月 12 日，电力工业部副部长汪恕诚视察石龙坝时题词：当中国成为世界第一水电大国的时候，人们不会忘记，中国的水电建设是从这里起步的！石龙坝水电站是集水电博物馆、国家工业遗产、红色文化教育、科学普及教育、国家工业遗产旅游基地和研学实践教育于一体的综合性电站，是一部珍贵的教科书，对中小型水电站建设和对未来超级工程的规划、设计、实施、运行可以起到良好的借鉴作用。

杨树浦电厂的前身是上海电光公司，象征着中国电力工业的起步。该电厂的建成时间仅比全球率先使用弧光灯的法国巴黎火车站电厂晚了 7 年，而比日本东京电灯公司早了 5 年。清光绪三十四年（1908 年），上海公共租界工部局电气处经营的新中央电站已无扩展余地，工部局决定筹建江边电站。1958 年，江边电站首次安装了国产 6000kW 机组，结束了"洋机"一统天下 47 年的局面，有"中国电力工业摇篮"之称。江边电站于 1954 年改名为杨树浦发电厂，在此后的 40 年里，该厂先后为全国 24 个省（自治区、直辖市）的 256 个单位培养、输送了 3224 名发电技术和管理人才，因而被电力同行誉为育人育才的"老母鸡"。杨树浦电厂是中国半殖民地半封建社会的典型产物，同时也是中国电气化的开端，把中国从农耕时代带进了现代文明，所采用的技术几乎与西方世界同步，带动了上海乃至全国的电力发展和经济发展[320]。杨树浦电厂经历了世界发电技术的进步，见证了中国电力建设的发展。但是其所有的技术、设备，甚至设计都依靠进口，世界形势的变化（第一次世界大战、第二次世界大战）给电厂的建设和运行带来巨大风险。可以看出，只有自己掌握先进的技术，同时取得电厂的控制权才能保证电力安全，推动经济社会稳定发展。

4.1.2 新民主主义革命时期

1919 年爆发的五四运动是中国从旧民主主义革命走向新民主主义革命的转折点；1949 年，新中国的成立标志着中国新民主主义革命的基本胜利。新中国成立后，中国面临着从封建专制向人民民主专政转变的巨大转型。这一时期的中国长期处于半殖民地半封建社会，经济基础十分薄弱，工业化水平低，经济主要依靠农业。为了实现国家现代化，党和政府确立了社会主义工业化的发展目标，重点发展重工业，以期迅速提升国家的工业化水平，为经济的发展奠定基础。

抗日战争期间，东北地区因其丰富的自然资源和发达的重工业基础，被日军侵占为重要的工业基地。东北沦陷时期，日军在东北修建了大量的工业设施，包括矿山、钢铁厂和电力设施等。战争结束后，这些设施虽然遭到不同程度的破坏，但仍保留一部分，为新中国建设提供了重要的物质基础。1949 年，新中国成立后，国家百废待兴。战争造成的破坏和长期的经济积弊使得新生的共和国面临着严峻的经济恢复任务。东北地区由于相对完整的工业基础和丰富的自然资源，被确定为优先恢复和发展的地区之一。丰满水电站的建设正是在这一背景下被提上议事日程的。丰满水电站位于吉林省吉林市丰满区松花江干流上，是中国最早的大型水电站之一，其选址不仅考虑了地理条件和水文特征，还充分利用了松花江的水能资源。丰满水电站由日本设计建造，新中国成立后，由苏联协助修复和扩建，借鉴了苏联在水电建设方面的先进经验，体现了当时中苏友好的国际关系。丰满水电站采用了当时世界先进的技术，包括大容量水轮发电机组、自动控制系统等，为中国后续的水电设施建设提供了宝贵的经验。

东三省兵工厂的建设是中国近代工业史上的重要篇章，它不仅反映了中国近代军事工业的发展，也展示了在特定历史背景下国家对于现代化和自强自立的追求。东北地区因其丰富的自然资源和重要的地理位置，历来是兵家必争之地。1931 年，日本发动九一八事变，占领了东北三省。在此期间，日本在东北大力发展军事工业，以支持其侵略战争。这一时期，东北地区建成了一批现代化的兵工厂，成为日本重要的军事基地。抗日战争胜利后，这些设施部分被摧毁，部分被接收，成为中国重建军事工业的基础。新中国成立之初，国际形势复杂多变，冷战格局下，周边的军事威胁和国内的不稳定因素使得国家安全面临巨大挑战。为了应对这些威胁，国家必须迅速建立起一支强大的现代化军队，而这离不开强大的军事工业基础。东三省兵工厂的建设正是出于这一紧迫需求。东三省兵工厂主要分布在沈阳、长春和哈尔滨等地。这些地区拥有丰富的自然资源，包括煤炭、铁矿石、有色金属等，这些资源为军事工业提供了充足的原材料保障。同时，东北地区拥有较为发达的交通运输网络，尤其是铁路运输系统，为大规模工业生产和产品运输提供了便利条件[321]。东三省兵工厂的建设过程中，大量引进了苏联的先进设备和技术，同时也对原有的日本侵占时期的设备进行了改造和升级。中国也因此迅速建立起一批现代化的军事装备生产线，通过引进先进设备和技术，中国逐步掌握了现代工业生产的核心技术，为国家的工业化进程提供了宝贵的经验和技术储备。不仅提高了生产效率和产品质量，还为中国培养了一批技术骨干和管理人才，为未来的军事工业发展奠定了基础。

19世纪末20世纪初，中国的化工工业非常落后，主要依赖传统手工业生产，缺乏现代化的工业体系。化工产品，如碱、肥料、炸药等，极大程度依赖进口，价格昂贵且供应不稳定。随着列强对中国的侵略和控制，外国资本逐渐垄断了中国的化工市场。特别是碱工业，主要被英国、德国等国的企业所控制。这种垄断不仅导致产品价格高，还严重制约了中国农业和工业的发展，对中国的经济主权构成了威胁。在这种背景下，民族资本家和有识之士意识到必须发展自己的化工工业，以摆脱对外国的依赖，实现经济独立。永利制碱厂的创建者范旭东是中国近代著名的实业家。永利制碱厂创办之初面临着技术和设备上的巨大挑战。为了克服这些困难，陈调甫、李国钦、侯德榜等先后引进国外先进制碱技术，同时结合中国的实际情况，进行了一系列技术创新，显著降低了生产成本，为永利制碱厂的成功奠定了基础。同时，永利制碱厂的成功也离不开政府的支持和良好的政策环境。民国政府在一定程度上认识到发展民族工业的重要性，采取了一些保护和扶持措施，如减免税收、提供贷款等，鼓励民族资本投资于现代工业。永利制碱厂的成功运营，打破了外国资本对中国化工市场的垄断，推动了中国化工工业的发展，是近代以来我国实体工业突破国外技术封锁的成功案例，谱写了一部中国制碱工业在外忧内患中艰难发展、挣扎前进的奋斗史。

随着中国经济的快速发展，对能源的需求不断增加。20世纪末到21世纪初，中国石油和天然气的消费量也迅速增长，而国内的石油供应能力难以满足需求，导致对进口石油的依赖程度不断上升。在这样的背景下，中国政府提出了"走出去"战略，鼓励国内企业在海外投资开发石油资源，同时也大力推进国内石化产业的升级和扩展。独山子石化工程位于新疆维吾尔自治区克拉玛依市独山子区，是中国石油天然气股份有限公司（简称中石油）旗下的一项大型石化项目。克拉玛依地区是中国重要的油气田之一，石油资源丰富，这为独山子石化工程的建设提供了充足的原料供应。同时，独山子地处天山北麓，交通便利，具有良好的区位优势，有利于工程建设和产品运输。独山子石化工程的建成投产，显著提升了中国石化产业的整体水平，增强了国内石化产品的市场竞争力。同时，该工程引进和消化吸收国际先进技术，推动了国内石化产业的技术进步和产业升级。独山子石化工程的建设影响深远，具有里程碑意义：对保障国家石油安全，维持中哈原油管道畅通，实施西部大开发战略和促进新疆地区经济发展、社会和谐具有十分重要的作用。千万吨炼油和百万吨乙烯工程入选新中国成立 60 周年"百项经典暨精品工程"，获得"国家优质工程金质奖"[322]。

4.1.3　社会主义革命和建设时期

中华人民共和国的成立开启了中国历史发展的新纪元，中国人民从此站立起来了。中国共产党团结带领全国各族人民，自力更生，艰苦奋斗，万众一心，奋发图强，建立了社会主义的基本制度，初步建立了独立的完整的工业体系和国民经济体系，取得了社会主义革命和建设的一系列伟大成就，为当代中国的一切发展进步奠定了根本政治前提和制度基础。在这个时代背景下，中国共产党领导新中国各方面建设，取得了很多突出成就。

20 世纪 60 年代，国际局势复杂多变，冷战格局加剧。1962 年的古巴导弹危机使世界局势极度紧张，美苏对抗进入白热化状态。在亚洲，越南战争持续升级，给周边国家带来巨大压力。而在中国周边，1962 年的中印边境自卫反击战和 1969 年的中苏边界冲突使中国面临的外部军事威胁显著增加。建国初期，中国的工业基础非常薄弱，经济水平落后。虽然经过第一个五年计划时期的建设，工业体系初具规模，但大部分工业基础设施集中在东部沿海地区，经济发展极不平衡，工业布局存在明显的战略安全隐患。一旦发生战争，这些集中在沿海和大城市的工业设施很容易成为敌方的打击目标。在国内外形势严峻的背景下，中国领导人认识到加强国防和工业基础的重要性，党中央作出了进行三线建设这一重大的国家战略性工程的决定。三线建设是中华民族工业建设史上一段气壮山河的光辉历程，其核心目的是出于战略安全考虑。在敌对势力可能发动进攻的情况下，将工业和军事设施分散到内陆偏远地区（建设重点在西南、西北），可以有效减少敌方空袭和破坏的影响程度。在贯穿三个五年计划的 17 年（1964～1980年）中，国家在属于三线地区的十三个省和自治区投入了 2052.68 亿元巨资，约占全国同期基本建设总投资的 40%。在"备战备荒为人民""好人好马上三线"的时代号召下，投入人力高峰时达 400 多万，安排了 1100 个建设项目。三线建设实现了生产力布局向西推进，对国民经济结构和布局产生了深远的影响，为西部发展做出了积极的贡献。同时，这场上千万人参与、四百万人迁徙、几辈人无私奉献的英雄业绩，也铸就了"艰苦创业、无私奉献、团结协作、勇于创新"的三线精神。

20 世纪中期，中国经济开始快速发展，工业化进程不断加快，随之而来的是对电力需求的迅猛增长。彼时，中国的电力供应严重不足，电力短缺成为制约经济发展的重要瓶颈。建设大型水电站以满足日益增长的电力需求，成为国家能源战略的重要组成部分。长江是中国最长的河流，水资源丰富。开发长江的水资源，尤其是利用其丰富的水力资源发电，是解决中国能源问题的重要途径。长江流域的水电开发，是一项集清洁能源供应与多功能效益于一体的宏伟工程。建设水电站，不仅有效利用了丰富的水力资源，为区域经济发展注入了强劲的绿色动力，还在防洪减灾方面发挥了关键作用，降低了洪水对沿岸居民和农田的威胁。同时，水库的调节功能保障了农业灌溉的稳定水源，促进了粮食生产的持续增长。此外，水电开发改善了航道条件，提升了航运能力，加强了区域间的物资交流与经济合作，为长江经济带的发展奠定了坚实基础。

随着国民经济调整和改革开放的推进，国家更加重视基础设施建设，特别是水电工程建设，葛洲坝水电站正是在这种背景下被提上了议事日程。葛洲坝水电站选址在湖北省宜昌市以西的长江干流上，是三峡水利工程的重要组成部分。选址综合考虑了地质、水文、环境等多方面因素，确保工程的安全性和经济效益。到 20 世纪 70 年代，中国在水利工程技术方面已经积累了一定的经验，具备了建设大型水电工程的技术和人力资源储备。葛洲坝水电站工程于 1970 年正式开工，1988 年全部建成投产。葛洲坝水电站的建设不仅是对已有技术和经验的检验，也是对未来更大规模水电工程（如三峡水利工程）的一次重要实践。工程建设包括大坝、发电厂房、船闸等主体工程和相关配套设施。施工过程中，克服了诸多技术难题，创造了多个国内外水电工程建设的纪录。

葛洲坝水电站的建成，极大地提高了华中、华东地区的电力供应能力，缓解了电力短缺问题，为这些地区的经济发展提供了有力的能源保障。通过调节长江水流量，有效减少了长江中下游地区的洪涝灾害，保障了农业灌溉用水，改善了长江航运条件，促进了区域经济的全面发展。葛洲坝水电站作为中国水利水电工程史上的一座丰碑，其成功经验和教训，对于中国乃至全球的水利工程建设都具有重要的借鉴意义。未来，随着科技进步和管理水平的提高，中国将继续在水利水电工程领域取得更大的成就，为经济社会的可持续发展做出更大的贡献。

刘家峡水电站是中国 20 世纪建成的一项重要水利工程，位于甘肃省永靖县，是黄河干流上第一座大型水电站。20 世纪中期，中国的电力供应严重不足，特别是西北地区，电力短缺成为制约经济发展的重要瓶颈。黄河是中国的第二长河，流域内水资源丰富，但水旱灾害频发，影响了农业生产和人民生活。黄河流域的水资源开发不仅能够提供大量的清洁能源，还可以实现防洪、灌溉和航运等多种效益。刘家峡水电站的建设正是黄河水资源综合开发利用的重要步骤之一，它可以显著缓解西北地区的电力紧张状况，通过调节黄河水流量，有效减少了黄河中下游地区的洪涝灾害，保障了农业灌溉用水，改善了黄河航运条件，促进了区域经济的全面发展。

816 核工程是中国在 20 世纪 70 年代秘密启动的一项核工业项目，位于重庆市涪陵区白涛镇（现白涛街道）。该工程建设了"世界上最大的人工洞体"，旨在增强国家核工业能力和核武器研发能力。尽管最终未能全面投入使用，816 核工程仍然在中国核工业史上占据重要地位。20 世纪 60～70 年代，国际形势极其紧张，冷战加剧，美苏核军备竞赛达到高峰。在亚洲，越南战争、朝鲜半岛局势动荡、中苏关系恶化，使中国面临严峻的安全挑战。1969 年的珍宝岛自卫反击战进一步加剧了中国的安全担忧。面对外部强敌的核威胁，中国迫切需要增强自身的核威慑能力，以保障国家安全。为了应对可能的核战争，中国政府决定加快核工业的发展，建设更多的核设施，以提高核武器生产和核能利用的能力。816 核工程选址于重庆市涪陵区的地下洞体中，选址考虑了地质条件、隐蔽性、防护性等多方面因素，地下设施相对于地面设施，能够更好地抵御核打击和常规武器的攻击，确保在战争情况下的生存和继续运作能力。在工程建设过程中，中国积累了大量的核技术和工程管理经验，为后续的核工业发展奠定了技术基础。同时，工程也为核材料和核燃料的生产提供了必要的设施。2002 年 4 月，国防科学技术工业委员会下达解密令，816 地下巨型核军工洞得以见于世人。

成昆铁路的建设背景可以追溯到 20 世纪 50 年代末和 60 年代初。当时，西南地区（特别是四川和云南两省）的经济发展相对落后。交通不便成为制约这些地区发展的主要瓶颈。作为内陆地区，四川和云南与外界的联系主要依靠长江水道和少数几条公路，交通状况极为不便。此外，西南地区地处边疆，战略地位重要，国防需求也促使中央政府考虑修建成昆铁路以加强边防。1954 年和 1964 年的大洪水，暴露了长江水道运输的风险。成昆铁路建设也被提上日程，以替代和补充依赖于长江水道的运输体系。同时，西南地区的自然资源丰富，但由于运输不便，这些资源难以开发和外运，铁路建设显得尤为迫切。成昆铁路的建设难度极大，全线途经横断山脉和云贵高原，地形复杂多变，地质灾害频发，工程建设中遇到了悬崖峭壁、高山深谷、断层滑坡等诸多挑战。为了保障成昆铁路建设的顺利进行，从全国各地调集了大量的人力、物力和财力，成千上万的技术人员、工人和解放军官兵参与其中，大家发扬了不怕苦、不怕累的精神。成昆铁路的建成是世界铁路建设史上的一大奇迹[323]。成昆铁路贯通后，大量的自然资源得以开发和外运，沿线地区的工业、农业和旅游业都得到了显著发展，带动了地方经济的全面繁荣，改善了人民的生活条件，促进了民族团结和国家统一，维护了边疆稳定。

乌江流域梯级水电站是中国 20 世纪后期和 21 世纪初建设的一系列大型水利工程。乌江位于贵州省，是长江上游的重要支流，流域内水资源丰富。开发乌江的水力资源，能够带动当地经济发展，增加就业机会，提高人民生活水平，是国家区域经济协调发展战略的重要组成部分。乌江流域梯级水电站于 1970 年 4 月开始兴建，在发电方面，圆满完成了"西电东送"任务，极大地推动了贵州省和珠江三角洲的经济发展；在防洪方面，提高了乌江两岸的防洪能力，配合长江流域防洪调度，提升了长江中下游抵御洪水的能力，特别是 2014 年经受住了乌江百年一遇洪水的考验，乌江下游城镇得到有效保护；在航运方面，淹没了乌江河道的险滩，在提升航运通道等级的同时，增加了乌江航运里程，有力促进贵州省水运发展，融入长江经济带，实现了沿岸人民群众通江达海的梦想；在科技创新方面，工程建设积极推广科研成果和新技术、新材料、新工艺、新设备的研究应用，在水电工程枢纽布置、施工导流、筑坝技术、泄洪消能技术、岩溶地区的防渗漏技术、岩溶地区大型地下洞室施工技术，以及建筑材料研究和应用等方面取得重大突破，填补了国内多项空白，推动了我国水电建设整体技术水平的不断提高。

4.1.4　改革开放和社会主义现代化建设新时期

改革开放之初，国家面临着经济落后、科技水平低下的严峻局面。为了尽快改变这一状况，国家决定将工作重心转移到经济建设上来，并大力实施"科教兴国"战略。国家开始加大对科技研发的投入，推动科技创新和产业升级，大力发展航天事业，并基于此不断优化我国制造业的整体产业结构，提升国防现代化建设，同时调整能源、资源结构配置，加强基础设施建设开发新材料、新技术的应用等。这一时期先后启动了一系列超级工程，这些工程不仅象征着国家实力的提升，也反映了中国在全球竞争中不断增强的影响力。

在改革开放和社会主义现代化建设新时期的背景下，中国的航天事业得到了前所未有的发展，成为国家综合国力的重要体现。这不仅展示了国家在高科技领域的强大实力，也体现了中国在军事和战略上的先进水平。探索宇宙和其他星球，为人类发现和寻找地球以外的新资源、新能源提供了无限可能，为人类社会的可持续发展开辟了新的前景。

邓小平同志说过："如果（20世纪）60年代以来中国没有原子弹、氢弹，没有发射卫星，中国就不能叫有重要影响的大国，就没有现在这样的国际地位。这些东西反映一个民族的能力，也是一个民族、一个国家兴旺发达的标志。"习近平总书记高度重视我国航天事业的发展，他多次强调要建设航天强国，实现航天梦。他指出："探索浩瀚宇宙，发展航天事业，建设航天强国，是我们不懈追求的航天梦。"因此，对于中国而言，发展航天事业具有多重重要意义。1970年，东方红一号发射成功，开创了中国航天史的新纪元，使中国成为继苏联、美国、法国、日本之后世界上第五个独立研制并发射人造地球卫星的国家。1992年9月21日，中央政治局常委会批准了中国载人航天工程（即921工程）按"三步走"发展战略实施：第一步，发射载人飞船，建成初步配套的试验性载人飞船工程，开展空间应用实验；第二步，突破航天员出舱活动技术、空间飞行器的交会对接技术，发射空间实验室，解决有一定规模的、短期有人照料的空间应用问题；第三步，建造空间站，解决有较大规模的、长期有人照料的空间应用问题。这一战略不仅体现了中国在航天技术上的长远规划和稳步推进，也激发了全体国民的自豪感和凝聚力，使中华民族以崭新面貌屹立于世界民族之林。

冷战结束后近30年的时间里，中国逐渐成为亚洲最重要的经济增长极。在这一背景下，中国提出了"一带一路"倡议，旨在推进地区一体化、夯实地区安全基础，深化双边互利合作，提升亚洲国家在全球事务中的话语权。北斗卫星导航系统作为中国独立发展、自主运行的全球卫星导航系统，能够为"一带一路"共建国家提供高精度、高可靠的定位、导航、授时和短报文等服务，促进"一带一路"倡议的实施。这不仅是中国科技实力的象征，也为区域合作和全球发展提供了技术支持。中国探月工程的实施对于维护中国的月球权益、为人类开发利用月球资源做准备、促进中国深空探测活动的发展具有深远的意义。通过"嫦娥"工程，中国成功实现了从环绕探测到着陆探测，再到月壤采样返回的多次技术突破。这不仅展示了中国在探月技术上的巨大进步，也为人类未来在月球上的活动奠定了基础。

当前全球经济日益依赖于信息和信息处理，随着各国的经济从以工业化为主导向以信息为主导的转变，信息的快速获取、集成、传输成为财富生成的源泉。经济信息化、社会信息化已日益明显，以通信卫星为主干的航天通信系统作为人类获取传输信息的重要手段，可实现全球高频段、高速率、小延迟、大容量、宽带段、低成本的无缝隙通信，形成名副其实的空间信息高速公路，以最大限度地满足经济发展对信息获取和传输的需求，得到了广泛的青睐。结合中国的情况看，其制造业发展目前正处于一个十分关键的历史时期，产业结构的升级和调整已成为内涵式增长的重要前提和基础。随着我国人口老龄化进程的加速，依靠"人口红利"发展低附加值的加工制造业模式面临着日益严峻的挑战。在此背景下，我国近年来连续出台了一系列旨在转变经济增长方式和优化产业结构的政策措施，其主要目的也在于通过大力发展技术密集型、高附加值的新兴制造业，不断提升我国制造业的技术内涵，进而改变主要依靠低成本优势发展加工制造业的单一模式。2012 年 7 月，国务院印发的《"十二五"国家战略性新兴产业发展规划》明确指出，在当前全球主要国家纷纷调整发展战略，大力培育新兴产业，抢占未来经济科技竞争制高点的背景下，中国也应当大力培育和发展以节能环保、新一代信息技术、生物技术、高端装备制造、新能源、新材料以及新能源汽车等七大产业为代表的战略性新兴产业，在此基础上优化升级产业结构，提高经济发展质量和效益[324]。该规划明确提出了"到 2020 年，力争使战略性新兴产业成为国民经济和社会发展的重要推动力量，增加值占国内生产总值的比重达到 15%"。航天产业是典型的新兴高科技产业，涉及的下游产业众多，完全有可能带动一大批产业的发展，从而优化中国制造业的整体产业结构。

另外，随着军用航天器的迅速发展，各种军用卫星、载人航天器、弹道导弹与反弹道导弹等空间新式武器已经形成了一体化的太空战场军事系统，并将在联合战役中发挥重要作用。如各种侦察卫星（包括成像、电子、导弹预警、海洋监视卫星等）可用来侦察监视陆战场、海战场、空战场的情况变化，起着探测、跟踪、定位、识别敌方各种目标和军事行动以及预警，导航卫星则是陆战场人员和装备、海战场舰艇、空战场飞机确定自身和敌军目标方位的重要工具；气象卫星能够提供准确的地面、海洋和空中气象资料；通信卫星则可把作战命令、信息传递给战场上的每个指挥员和士兵。在未来高技术条件下的联合战役中，太空战场军事系统对陆、海、空战场战役行动所提供的支援和保障将越来越重要。此外，太空由于其得"天"独厚的地理位置，在夺取信息权，建立战场信息系统，保持信息优势方面具有其他手段所无法企及的优势[325]。由于其他设施只能配置在本国领土上，而滞留在轨道上的航天器则根据国际外层空间法享有超越国界的权利，因此利用天基系统可以最有效地对全球备战情况进行不间断的监视，能及时发现敌方发动的导弹和空间袭击，并能确保及时发出警报和对部队实施指挥，而其他设施则只能望"天"兴叹。鉴于航天工业在上述领域的巨大作用，中国非常有必要对其加大投入。作为亚洲的航天强国、航天大国，中国宇航工业的发展不仅有利于自身综合国力的不断提升，更有利于世界天缘政治格局的进一步优化[326]。

中国国土面积广阔，资源丰富，但是存在时空分布不均，供给侧与需求侧在地域上距离较远的问题。为解决我国资源、能源时空分布不均的问题，我国开展了多项系统性的资源、能源配置工程，其中典型的超级工程包含南水北调工程、西气东输工程和西电东送。这些超级工程解决了中国水资源、天然气资源、电力资源分配不均的问题，促进能源结构和产业结构调整，加强了地区之间的经济联系，增强了沿线区域人民协调发展的思想以及洁净能源、环境保护等和谐发展的观念，促进了工程沿线的经济发展，对保证国家稳定有重要的意义。

改革开放以前，我国各方面处于落后时期，桥梁工程的建设也没有太多的进展。从1978年改革开放开始，我国现代化建设的特点是：开始了从以阶级斗争为中心到以经济建设为中心的转变。交通运输行业得到迅猛的发展，桥梁作为其重要的组成部分，也得到相应的发展。

港珠澳大桥，作为连接香港、广东珠海和澳门的重要桥梁工程，自其规划之初就备受瞩目。自20世纪80年代以来，香港、澳门与内地之间的交通联系逐渐加强，但香港与珠江三角洲西岸地区的交通联系因伶仃洋的阻隔而相对薄弱。这种交通瓶颈不仅限制了区域经济的发展，也影响了三地间的文化交流与人员往来。建设港珠澳大桥，既可以极大地缩短三地间的距离，降低运输成本，提高物流效率，更有利于加强粤港澳大湾区的经济联系，推动区域协调发展，充分体现了"一国两制"下粤港澳三地的紧密合作，极大地增强了国家凝聚力和向心力[327]。

在这个时期我国经济水平发展十分迅速，新材料的应用极大程度地提升了道路桥梁结构的强度和安全性，而且从外形上来看更能满足人们的审美需求。港珠澳大桥，这座被誉为"现代世界七大奇迹"之一的桥梁工程，不仅体现了中国在桥梁建设领域的卓越技术实力，更在新材料使用和施工技术上实现了诸多创新。例如，新型高分子塑料模板、高性能混凝土、空气泡隔音板等新材料、海洋环境下钢管桩"三次渐进式"精确定位技术、墩台整体预制技术、悬索桥吊塔自升技术等，保证了桥梁的质量和稳定性，也提高了施工效率和环保性能。

4.1.5　中国特色社会主义新时代

2012～2022 年是中国经济和社会发展进程中极为重要的 10 年。新时期，我国国家经济实力和科技水平显著提升，政府在基础设施领域建设的雄心壮志高涨，将其视为推动经济增长、改善民生、增强国家竞争力的重要抓手。"京津冀一体化""西部大开发"等一系列战略目标的规划，使这一时期的中国在全面提升高速动车组设计、枢纽机场、枢纽港群和区域快速交通系统等重大区域性基础设施领域取得了诸多科技突破。

北京首都国际机场作为中国最繁忙的机场之一，多年来一直处于高负荷运行状态，航班延误、空域拥堵等问题严重制约了北京及其周边地区的航空运输能力。根据民航局的数据，首都机场 2018 年的旅客吞吐量已经超过 1 亿人次，远超其设计承载能力。为解决这一瓶颈问题，北京需要一个新的机场来分担流量，提升航空服务能力。大兴国际机场成为"京津冀一体化"以交通一体化为先导、优化区域资源配置的战略目标的重要组成部分。通过与京津冀地区的高铁、高速公路等交通网络的无缝衔接，机场大大缩短了北京、天津和河北之间的时空距离，推动了区域内的经济交流与合作。特别是河北省的雄安新区，作为国家级新区，得益于大兴国际机场的辐射效应，进一步提升了其吸引力和发展潜力。

大兴国际机场采用了世界领先的创新设计理念和施工技术。其航站楼由著名建筑师扎哈·哈迪德设计，独特的五指廊结构不仅极大地提升了美观性，还提高了机场的运行效率。航站楼内部采用无柱大空间设计，最大限度地提高了空间利用率和旅客的舒适度。大兴国际机场建设过程中，应用了大量的先进技术，包括建筑信息模型（building information modeling，BIM）技术、物联网、大数据等。这些技术的应用，不仅提升了施工效率和工程质量，还实现了施工过程的智能化管理。同时，机场还配备了先进的机场运行控制中心（airplane operation control center，AOCC），通过实时数据分析和智能调度，实现了对机场运行的全方位管理和控制，提高了机场的运营效率和安全性。另外，其充分贯彻了绿色环保理念。机场采用了多种节能环保技术，如自然采光、自然通风、雨水收集系统等。航站楼的屋顶装有大量光伏发电设备，能够满足部分机场用电需求，减少了对传统能源的依赖。大兴国际机场的设计旅客吞吐量达到 1 亿人次，货邮吞吐量 400 万 t，为北京成为世界级航空枢纽奠定了坚实基础。大兴国际机场的建设和运营，是中国现代化基础设施建设的重要里程碑。它有效解决了北京及其周边地区的航空运力瓶颈问题，也为提升中国在全球航空市场中的竞争力提供了强有力的支撑。

川藏铁路是中国在 21 世纪最具挑战性和战略意义的基础设施项目之一，连接四川省成都市和西藏自治区拉萨市。自西部大开发战略实施以来，中国政府一直致力于缩小东中西部地区的经济差距，四川省和西藏自治区地处中国西部，经济发展相对滞后，修建铁路不仅有助于国家统一和民族团结，加强国家对边疆地区的有效治理和开发，还可以促进区域经济发展，提高人民生活水平。

川藏铁路全长约 1629km，穿越青藏高原，高原缺氧是川藏铁路建设面临的首要难题。在海拔超过 4000m 的地区，空气稀薄，施工人员的身体健康和施工机械的正常运行都受到严重影响，并且川藏铁路穿越的地带地质条件极其复杂，包括多条断裂带、滑坡、泥石流、冻土等不稳定的地质现象，川藏铁路沿线还需要建设大量的隧道和桥梁，隧道施工面临着高地应力、突水突泥、高温等一系列技术难题，许多隧道的长度和施工难度在全国乃至全球都是少见的。这些给铁路的勘探、设计和施工带来了巨大的困难。面对上述技术瓶颈和难题，川藏铁路的建设者通过多种创新技术和工程措施，逐步攻克了这些难关[328]。例如，施工过程中采用高压氧舱，开发能够适应高原环境的混凝土配合比，广泛应用地质灾害监测和预警系统，对灾害发生实时监测并及时采取防治措施、采用全断面隧道掘进机（tunnel boring machine，TBM）、大跨度悬索桥设计等多项先进的掘进、支护和高空架设等技术，极大地缩短了川藏铁路建设周期。面对诸多技术瓶颈和难题，建设者通过不断创新和攻坚克难，成功突破了一个个难关，为最终的建成运营奠定了坚实基础。川藏铁路的建成，不仅将带来显著的经济和社会效益，也将进一步提升中国在全球基础设施建设领域的影响力和竞争力。

4.2 经济发展需要

4.2.1 新中国成立后的超级工程及其建设背景

新中国成立之初，我国经济基础极为薄弱，工业体系残缺不全，农业生产水平低下，交通运输严重滞后，面临着"一穷二白"的艰难局面。为迅速改变国家落后面貌，党中央立足当时经济发展的迫切需求，果断决策集中有限的人力、物力和财力，优先建设了一批对国民经济发展具有战略意义的超级工程。这些工程的首要目标，就是解决制约国民经济恢复与发展的关键瓶颈问题。这些战略性的超级工程奠定了我国经济发展的基础，迅速填补了国民经济的短板，为新中国工业化体系的初步形成奠定了坚实基础。

在能源领域，石油严重短缺制约工业发展，大庆油田的勘探开发刻不容缓。大庆油田是世界上为数不多的特大型陆相砂岩油田之一，创造了中国石油乃至整个工业战线的"三个第一"：原油产量第一、上缴利税第一、原油采收率第一，创造了世界同类油田开发史上的奇迹。大庆油田不仅为国家创造了巨大的物质财富，摘掉了我国"贫油"的帽子，而且形成了一整套非均质大型砂岩油田地质开发理论及工程技术系列，油田勘探开发等重大成果载入了中国科技发展史册；培育了以"爱国、创业、求实、奉献"为主要内容的大庆精神、铁人精神，以及"三老四严"等优良传统，形成了独具特色的企业文化，创出了享誉中外的大庆品牌；涌现出以铁人王进喜、新时期铁人王启民为代表的英雄群体，成为我国工业战线上的一面旗帜；建成了功能配套、环境优美的新型矿区，促进了大庆地区物质文明、政治文明、精神文明、社会文明的共同进步、协调发展。

在重工业方面，钢铁产能不足直接影响机械制造和国防建设，鞍钢等钢铁基地的扩建势在必行。鞍钢是新中国第一个恢复建设的大型钢铁联合企业和最早建成的钢铁生产基地，被誉为"中国钢铁工业的摇篮""共和国钢铁工业的长子"。在恢复生产和建设发展中，鞍钢为我国钢铁工业的发展和经济建设做出了巨大贡献，创造了巨大的物质财富，并向全国冶金行业输送技术管理人才 5 万余人。

在交通运输上，长江天堑阻碍了南北经济联系，武汉长江大桥的建成成为贯通全国交通网的迫切需求。武汉长江大桥位于湖北省武汉市武昌区蛇山和汉阳龟山之间，是万里长江上的第一座大桥，也是新中国成立后在长江上修建的第一座公铁两用桥，被称为"万里长江第一桥"。武汉长江大桥的建设得到了当时苏联政府的帮助，苏联专家为大桥的设计与建造提供了大量指导。武汉长江大桥全长约1670m，上层为公路桥（107国道），下层为双线铁路桥（京广铁路），桥身共有8墩9孔，每孔跨度为128m，桥下可通万吨巨轮，8个桥墩除第7墩外，其他都采用"大型管柱钻孔法"建造，这是由中国首创的新型施工方法。武汉长江大桥将武汉三镇连为一体，极大地促进了武汉的经济社会发展。同时，大桥将被长江分隔的京汉铁路和粤汉铁路连为一体，形成了完整的京广铁路，对促进中国南北经济的发展起到了重要的作用。

4.2.2 突破经济困局：改革开放前超级工程的建设使命

改革开放前，为破解经济发展面临的重大瓶颈，我国集中力量建设了一批关键性超级工程。面对工业基础薄弱、能源短缺、交通闭塞等制约因素，这些工程成为推动国民经济发展的战略支点："两弹一星"工程不仅增强了国防实力，更带动了相关产业链发展，为经济建设提供了重要保障。南京长江大桥、宝成铁路等交通设施打通了区域经济动脉；红旗渠等水利工程解决了农业生产的关键难题。这些工程的建设，有效缓解了当时制约经济发展的突出矛盾，为后续经济腾飞奠定了坚实基础。尽管建设条件艰苦，但通过国家集中投入和建设者的艰苦奋斗，这些工程不仅满足了当时的迫切需求，更为改革开放后的快速发展创造了必要条件。

20世纪50～60年代是极不寻常的时期，当时面对严峻的国际形势，为抵制帝国主义的武力威胁和核讹诈，50年代中期，以毛泽东同志为核心的第一代党中央领导集体根据当时的国际形势，为了保卫国家安全、维护世界和平，高瞻远瞩，果断地作出了独立自主研制"两弹一星"的战略决策。对中国而言，两弹一星是在非常艰苦、没有外援的环境下开发出来的成果。"两弹一星"的研制属于技术复杂、工程庞大的项目，参与单位和人员众多，如此庞大的工程若无良好的管理机制势必陷入混乱，难以高效运转。而且，导弹、核弹和卫星这样的"大科学"涉及面广、消耗巨大，无论是其进行过程还是最终结果，甚至可能影响一国的政治、经济、军事、科技、教育和文化等方面，因此，涵盖工程管理的决策在

"大科学"中的重要地位更加突出。

南京长江大桥位于南京市鼓楼区下关和浦口区桥北之间，是长江上第一座由中国自行设计和建造的双层式铁路、公路两用桥梁，在中国桥梁史和世界桥梁史上具有重要意义，是中国经济建设的重要成就、中国桥梁建设的重要里程碑，具有极大的经济意义、政治意义和战略意义，有"争气桥"之称。它不仅是新中国技术成就与现代化的象征，更承载了中国几代人的特殊情感与记忆。南京长江大桥建设 8 年，耗资达 2.8758 亿元，使用 38.41 万 m³ 混凝土、6.65 万 t 钢材。1960 年，其以"世界最长的公铁两用桥"之名被载入《吉尼斯世界纪录大全》，2014 年 7 月入选不可移动文物，2016 年 9 月入选首批中国 20 世纪建筑遗产名录。

宝成铁路位于陕西省、甘肃省和四川省境内，北起陕西省宝鸡市，向南穿越秦岭到达四川省成都市，全长 668.198km，国家 I 级客货干线铁路，宝鸡至阳平关段受地形限制为单线铁路，阳平关至成都段为复线铁路，是中国第一条电气化铁路[329]。1952 年 7 月动工修建，1956 年 7 月建成通车，1958 年 1 月 1 日正式运营。1958 年 6 月开始进行电气化改造，1975 年在全国铁路中首先实现电气化。宝成铁路是一条连接中国西北地区和西南地区的交通动脉，是中国第一条电气化铁路，也是新中国修建的一条工程艰巨的铁路。这条铁路的建成，改变了"蜀道难"的局面，为发展西南地区经济建设创造了重要条件。

红旗渠，是一条人工修建的灌渠，位于河南省林州市，林州市处于河南省、山西省、河北省交界处，历史上严重干旱缺水。红旗渠工程于 1960 年 2 月动工，至 1969 年 7 月支渠配套工程全面完成，历时近十年。该工程共削平了 1250 座山头，架设 151 座渡槽，开凿 211 个隧洞，修建各种建筑物 12408 座，挖砌土石达 2225 万 m³，红旗渠总干渠全长 70.6km（山西石城镇—河南任村镇），干渠支渠分布全市乡镇。据计算，如把这些土石垒筑成高 2m，宽 3m 的墙，可纵贯祖国南北，绕行北京，把广州与哈尔滨连接起来。

4.2.3　经济腾飞新引擎：改革开放后超级工程的战略布局

改革开放以来，随着经济快速发展和综合国力显著提升，为满足现代化建设需求、推动区域协调发展，我国启动了一系列具有战略意义的超级工程。为缓解能源供需矛盾，建设了三峡水利工程、西气东输等重大能源项目；为突破交通瓶颈，建成了港珠澳大桥、青藏铁路等基础设施；为促进区域均衡发展，打造了覆盖全国的高铁网络。这些工程不仅规模空前，而且建设周期大幅缩短，充分体现了我国日益增强的经济实力和工程能力。这些超级工程的实施，有效解决了制约经济发展的关键问题，成为推动经济增长的重要引擎，为提升国家竞争力奠定了坚实基础。

三峡水利工程，这座矗立于湖北宜昌夷陵区三斗坪镇的宏伟工程，不仅是改革开放以来中国现代化建设的标志性成就，更承载着国家发展、民生改善与生态治理的多重使命。1992年4月3日，第七届全国人民代表大会第五次会议通过了《关于兴建长江三峡工程的决议》，标志着这一世纪工程正式获得国家层面的批准。1994年12月14日，三峡水利工程正式动工兴建。这一工程不仅是技术的挑战，更是对国家综合实力的全面考验。在建设过程中，中国克服了诸多世界级难题，如大规模移民安置、复杂地质条件下的施工技术、生态环境保护等。工程的建设凝聚了无数科技工作者、工程建设者和移民群众的智慧与汗水，展现了中国人民团结奋斗、攻坚克难的精神风貌。2003年6月1日，三峡水利工程实现初期蓄水发电。2009年，三峡水利工程全面完工，成为世界上最大的水利枢纽工程，极大地缓解了华中、华东地区的电力紧张局面，有效控制了长江上游的洪水，改善了长江航运条件，推动了长江经济带的发展，成为连接中国东中西部的重要纽带。

港珠澳大桥，原称伶仃洋大桥，投资超过1000亿元，是连接香港、珠海、澳门的超大型跨海通道，全长55km，其中主体工程"海中桥隧"长35.578km，海底隧道长约6.75km，建成后成为世界最长的跨海大桥。同时，港珠澳大桥是国家高速公路网中G94（珠三角环线高速）的部分路段。港珠澳大桥从施工到建成验收历时9年，被英国《卫报》称为"现代世界七大奇迹"，是集桥、岛、隧为一体的超大型跨海通道，设计使用寿命120年。

西气东输工程西起塔里木盆地的轮南，东至上海，供气范围覆盖中原、华东、长江三角洲地区。西气东输工程是我国距离最长、投资最多、输气量最大、施工条件最复杂的天然气管道，是继三峡水利工程之后的又一项世界级特大工程，也是中国有史以来最为浩大的能源工程。

2007年以前，中国还没有一条真正意义上的高铁，而截至2024年，中国高铁的运营总里程已达到4.5万km，稳居世界第一。中国高铁形成了以"八横八纵"为主干的高铁网，成为中国科技与工程实力的象征。在短短的几年里，中国高铁能取得如此显赫甚至令人惊异的成绩，是后来居上、弯道超车、跨越发展的结果。

青藏铁路是实施西部大开发战略的标志性工程，是中国新世纪四大工程之一。青藏铁路东起青海西宁，途经格尔木、昆仑山口、沱沱河沿，翻越唐古拉山口，进入西藏安多、那曲、当雄、羊八井，止于拉萨，全长 1956km。总投资逾 330 亿元人民币。全线路共完成路基土石方 7853 万 m^3，桥梁 675 座，近 16 万延长米；涵洞 2050 座，37662 横延长米；隧道 7 座，9074 延长米。青藏铁路于 2006 年 7 月 1 日 9:00 全线通车，成为沿线基本实现"无人化"管理的世界一流高原铁路。

超级工程的建造与社会生产力、社会主要矛盾等政治经济因素密切相关。当前，我国的工程科技水平在部分行业和领域已经达到了国际先进水平，能够支撑超级工程的技术不断增加。如图 4.1 所示，改革开放 40 年来，在中国共产党的领导下，我国经济发展取得了举世瞩目的成就，已经成为世界第二大经济体，这为新时代超级工程的建造奠定了经济基础。当前，我国社会主要矛盾已经转化为人民日益增长的美好生活需要和不平衡不充分的发展之间的矛盾。因此，未来的超级工程，必将更关注于人民对美好生活的需求，以及社会经济的平衡发展。

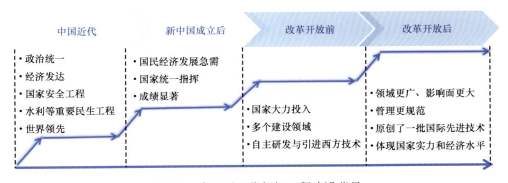

图 4.1　中国近现代超级工程建设背景

4.3　技术进步推动

从中国近现代不同类型超级工程的发展历程可以看出，在我国超级工程的发展过程中，科学技术的进步起了巨大的推动作用。从追赶者到引领者，技术迭代始终是超级工程从蓝图化为现实的核心驱动力。港珠澳大桥飞架沧海、中国空间站巡游寰宇、白鹤滩水电站点亮山河——这些奇迹背后，是无数技术难关的攻克与颠覆性创新的支撑。

4.3.1 民国时期：科技萌芽与建筑新变

民国时期，随着西方科技的传入和我国科技生产力的初步进步，工业化开始起步，建筑领域出现新变化。1934年建成的上海国际饭店采用钢框架结构，在当时是较为先进的技术，这一结构使建筑能达到更高高度。上海国际饭店23层、高达86米，成为当时我国最高建筑。钢框架结构不仅提高了建筑的稳定性和承载能力，还为建筑内部空间的灵活布局提供了可能。

4.3.2 新中国成立后：科技蓬勃发展与超级工程涌现

新中国成立后，在新的社会政治经济条件下，我国科学技术水平蓬勃发展。特别是1978年邓小平同志提出"科学技术是第一生产力"，我国科学技术事业进入快速发展时期，为建筑领域超级工程的发展提供了强大推动力。

在能源领域，我国建设了葛洲坝水电站、秦山核电站等一系列大型水电站和核电站。这些工程建设涉及复杂地质条件、大跨度建筑结构和先进发电技术，对工程技术水平要求极高。通过引进、消化、吸收和再创新，我国在水电和核电领域取得重大突破，成功建设了这些超级工程。

在交通基础设施领域，南京长江大桥的建成通车是我国桥梁建设史上的重要里程碑。该桥采用先进桥梁结构和施工技术，克服了长江水流湍急、地质条件复杂等困难，实现铁路和公路两用，大大提高了我国南北交通的运输能力。

4.3.3 新世纪：科技飞跃与超级工程创新

进入新世纪，我国在科学技术发展上取得众多举世瞩目的成就，新型科学技术极大地推动了建筑超级工程的创新和发展。

在新材料方面，建材行业快速发展使钢铁等许多建筑用新材料实现国产化，并实现新钢种和钢材质量的突破。例如，高强度钢材的应用使建筑结构能承受更大荷载，同时减轻结构自重，提高了建筑的抗震性能。

在新技术方面，新型设计软件为超级工程的设计提供了强大支持。2008北京奥运会中使用的国家体育场"鸟巢"，在设计过程中新型设计软件CATIA及其高精度模型发挥了不可替代的作用。该软件能够实现复杂结构的精确建模和分析，帮助设计师优化设计方案，提高设计效率和质量。辅助设计软件的革新也成为我国高技术建筑超级工程未来的发展趋势。

4.3.4 典型超级工程：科技进步的集中体现

东方红一号卫星不仅是中国航天历史上的一个重要里程碑，更是中国科技自立自强的一次壮举。1970 年 4 月 24 日，这颗卫星的成功发射，标志着中国成为继美国、苏联和法国之后，世界上第四个拥有自主发射卫星能力的国家。这一成就不仅提升了中国的国际地位，也极大地推动了国内科技及相关工业的发展。从技术角度看，东方红一号的研发和发射过程中蕴含了多项关键技术的突破和创新。首先，卫星的设计和制造需要精确的工程技术和材料科学。东方红一号的成功，证明了中国在这些领域的技术积累和创新能力。其使用的半导体技术，推动了国内电子工业的快速发展，为后续的信息技术革命奠定了基础。其次，发射东方红一号所依赖的长征一号运载火箭技术，标志着中国在大型推进系统和航天动力学领域的重大突破。这不仅增强了中国在国际上的战略自主性，更为中国后续的航天计划，包括载人航天和深空探测任务，提供了技术储备。在卫星的追踪与控制方面，东方红一号的发射也带动了地面站和遥测技术的发展。建立和完善这些系统，不仅提高了中国在遥感、通信和气象观测等领域的能力，也促进了大数据处理技术和网络技术的进步。东方红一号卫星的研发和发射不仅是一次技术上的巨大成功，它的深远影响还体现在促进国内科技环境的整体进步和提升中国在全球科技舞台上的竞争力上。这一创举是中国科技自立的象征，也是国家从科技跟随者向领跑者转变的重要步骤。通过这样的超级工程，中国展现了向世界科技前沿迈进的决心与能力。

中国空间站，作为我国航天事业的重大工程，是一项集科学、技术与国家综合实力于一体的杰出成就。其从构想到实现，展现了我国在航空航天技术上的飞速进步，以及对科技创新和自主研发的坚定信念。空间站项目涉及大量前沿科技的突破和应用，如航天器设计与制造、轨道控制、空间对接、生命保障系统等。每一个技术领域的进步都需要大量的科研投入和技术创新[330]。例如，为了确保空间站长期稳定运行，我国自主研发了多种新型材料和器件，解决了高辐射、极端温度等复杂空间环境下的技术难题。这些技术不仅应用于航天领域，还推动了相关产业的发展，提升了我国在高端制造业和新材料领域的国际竞争力。中国空间站作为重要的科学实验平台搭载了众多科学实验设备和研究设施，涵盖了基础科学、应用科学和技术研究等多个领域。通过在微重力环境下进行实验，科学家可以研究在地球上难以实现的科学现象和技术过程。同时，材料科学实验可以在微重力环境下研究新材料的特性和制造工艺，推动新材料科学的进步[331]。此外，中国空间站的国际合作和交流，提升了我国在国际科技界的影响力和话语权。空间站项目不仅是我国自主研发的重大科技工程，也是一个开放的国际合作平台。通过与其他国家和国际组织的合作交流，我国在空间科学、技术创新等方面取得了丰富的成果，推动了国际科技合作的深入发展。

辽宁舰，作为中国第一艘航空母舰，是我国海军建设的里程碑，更是我国科技自主创新的重要象征。它的成功研发和服役不仅提升了我国的海军作战能力，还在多个技术领域带来了深远的影响，对我国科技进步与发展做出了重要贡献。作为一艘现代化的航空母舰，辽宁舰涉及众多先进技术的应用和集成，包括舰体设计与制造、动力系统、航空设备和电子信息系统等。为了满足这些复杂的技术需求，我国在舰体材料、结构设计和制造工艺等方面取得了重大突破。例如，辽宁舰采用了高强度钢材和新型复合材料，极大地提高了舰体的强度和耐久性。同时，先进的焊接和加工技术保证了高精度的制造质量。这些技术不仅应用于航空母舰的建造，还推动了我国造船工业的整体水平提升，对其他大型舰船和海洋工程装备的研发具有重要的借鉴意义。航空母舰作为海军最复杂的作战平台之一，其核心之一就是舰载航空系统。为了适应航空母舰的作战需求，我国在舰载机设计、航空控制系统、起降设备等方面进行了大量的自主研发和技术攻关。这些技术不仅提升了我国海军航空兵的作战能力，也为民用航空和其他航空领域的技术创新提供了宝贵的经验。现代航空母舰的作战能力离不开先进的电子信息系统的支持，包括雷达、通信、导航、电子战和指挥控制系统等。为了满足航母作战的需求，我国在雷达探测、电子对抗、数据链通信和信息融合等方面进行了深入的研究和创新。同时，综合电子战系统提高了舰艇的自我防护能力。通过辽宁舰的研发，我国在电子信息技术领域取得了重大突破，这些技术不仅增强了我国海军的信息化作战能力，还推动了信息产业的发展，提升了我国在全球信息技术领域的竞争力。辽宁舰的研发和服役，不仅是我国海军建设的重大成就，更是我国科技自主创新的重要里程碑。

超级工程的建设离不开技术的支撑，技术的进步与发展推动着新的超级工程诞生。技术进步始终是推动超级工程发展的核心动力。每一项超级工程的诞生都植根于关键技术的突破与创新。这些工程不仅是中国科技实力的集中体现，更是技术积累到一定阶段的必然产物。在航天领域，火箭推进、轨道控制、空间对接等技术的持续突破，使中国空间站从构想变为现实；在海洋工程领域，新材料应用、舰船设计、电子信息系统等技术的集成创新，成就了辽宁舰这一海上巨无霸；这些超级工程的诞生，无一不是科技力量深度赋能的结果。这些超级工程在建设过程中，不断催生新技术、新方法，形成了"技术突破—工程实践—再创新"的良性循环。在这一循环的推动下，中国在航天、海洋工程等多个科技领域实现了从跟跑、并跑到领跑的历史性跨越，彰显了科技对超级工程的强大推动作用，也向世界展示了中国科技自立自强的坚定决心与卓越能力。

4.4 前沿科学指导

4.4.1 前沿力学在超级工程中的指导

1. 建筑工程中物理力学

建筑工程中涉及的物理力学知识众多，主要是研究物质宏观运动规律及其应用，建筑工程对物理力学的实际应用提出了更高的要求，物理力学的最新研究成果可以为建筑工程提供一些设计思路。

人类对力学的一些基本原理的认识，可以追溯到史前时代。早在古希腊和中国古代著作中就已经提及力学这一概念。力学是所有建筑、土木、结构、桥梁道路的基础，也是航天航空、机械、材料、能源动力的基础。建筑力学是力学中的一个重要组成部分，它在人们的日常生活中也有普遍的运用，例如斜拉桥利用了三角形所构成的力学结构最稳定这一原理；拱形桥利用了半圆形结构最坚固的原理；鸟巢建筑利用了圆形结构受力最强这一原理；另外，我们经常使用的电梯中的滑轮结构也运用了力学原理。

土木工程力学初步形成于 20 世纪初期，并且在 40 年代以后获得了迅速的发展。在这一发展过程中，太沙基的作用不可忽视。19 世纪到 20 世纪前叶，对建筑物梁的刚度和强度、变形和力、稳定性、弹性模量的研究反映出了这时候力学知识研究对象的全面性，更倾向于从宏观的角度，将实验与理论相结合，就物体的各种性质展开深入的研究。正是因为有了 20 世纪前叶物理学的快速发展，并以现代数学为基础，理性力学这门新的学科出现了。随着结构工程技术的不断进步，建筑工程学家连同数学家和力学家对工程力学的发展做出了突出的贡献。固体力学包含材料、结构、弹性、塑形、复合材料等方面，其中，材料力学、结构力学和弹性力学在建筑工程上的应用非常广泛，于是很多人把这三个门类统称为建筑力学，这也充分表明了，这是一门主要应用物理力学中的一般原理来对其自身作用在各种建筑物上的影响进行研究的学问。

物理力学在建筑工程技术方面的应用促使各种工程力学或者应用分支出现。建筑力学是一门基础性科学，又是一门应用型科学，在工程中的应用是极其广泛的，其与社会各行业的结合十分密切。与力学相关的基础学科很多，主要包括数学、化学、物理、天文、自然科学等，与力学相关的工程学科有土木、机械、交通、能源、化工等。伴随着社会各行业的发展，我国国民经济水平不断提高，科学技术也取得了较大的进步，使得力学在其中的作用越来越突出，甚至有的时候会起到关键性的作用。

2. 基础力学观点

材料力学研究杆件与简单静定杆件结构，分静定结构与超静定结构，属弹性范围内的研究。拉压弯剪扭及基本假定为结构力学的基础。静定结构的弯矩图是基本。超静定力法、位移法注重定性分析，给定结构就能判断关键点弯矩的情况。

弹性力学主要研究板在弹性范围内的力学行为，其核心内容包括平面应力问题和平面应变问题。力的平衡条件（通常转换为应力形式）与位移协调条件之间的联系，通过应力应变本构关系建立，具体表现为由胡克定律推导出的弹性本构关系。塑性力学则主要研究塑性变形，重点关注塑性变形后的应力应变本构关系。

3. 基础力学观点在建筑工程中的应用

1）材料力学的应用

首先我们必须要明确材料力学的含义，研究材料力学的应用就是探讨作用力对物体形状的改变，研究杠杆的拉伸、压弯、扭曲、变形的特点，然后对物体在变化过程中的强度和刚度及稳定性进行分析和计算。因此我们研究材料力学在建筑工程中的应用主要就是为了获得材料在外力作用下形成的一般规律，能够支撑分析和计算的各种理论条件，最后基于对建筑结构设计的安全性和可靠性问题的解决得出结果，以调和建筑结构设计安全性与其获得的经济效益的矛盾。

材料力学的主要研究对象为杠杆，杠杆就是指建筑物中的各种梁、柱、杆等。杠杆受力会有各种情况，因此其变形式就有许多种，主要有拉伸或压缩、剪切、扭转、弯曲四种形式，在实际建筑工程中的杠件，本质上可以看出是上述四种基本变形的组合形态，那么我们就要重点研究组合变形在建筑工程中的应用。首要问题是把握有关组合变形强度的计算方法。具体方法主要是将影响物体变形的各种外力分解或者简化为符合基本变形外力作用条件的效力系；根据基本变形确定横截面的内力、位置和分量；对危险点的应力状态进行分析，选择合适的理论提供强度条件，然后开始计算。

在材料力学的应用实践中，压杆稳定是必须要提高重视的问题。当建筑物中细长的受压杆承受超出其承受能力的压力时，会因为突然的弯曲而被破坏，称作失稳现象，这也是施工过程中经常出现的问题，会导致非常严重的后果，甚至使整个建筑物倒塌。在很多建筑工程意外事故中，有相当一部分是压杆失稳导致的，那么就要考虑如何提高压杆的稳定性，可以通过合理选用截面形状、缩小压杆长度、改变压杆两端约束、合理选择压杆材料来实现。

2）结构力学的应用

建筑结构是在工程中由各种建筑材料做成的，用于承受、支撑各种负荷或作用的受力体系，因为所使用的建筑材料不同，建筑结构又可以分为钢结构、混凝土结构、砌体结构、轻型钢结构、木结构和组合结构等。

一个真正安全、美观，又能够实现经济效益的建筑结构必然需要同时满足安全性和稳定性的要求。研究结构力学在建筑工程中的应用，其主要目的是探索确保所有杆系结构能够满足刚度、强度、稳定性要求的具体方法和原理。首先，在刚度问题上，先要明白刚度的含义，建筑结构的刚度是反映结构在正常使用的情况下能够承受的极限变形状态的一种性质。在荷载不变的情况下，结构刚度越大，结构变形就要越小，反之，结构的变形越大，那么结构的刚度就越小。要保证建筑物最后的安全和稳定，就要使其在前期设计中，在施加了各种预期设计会产生的作用力后，尽可能地降低发生破坏和变形的概率。一旦建筑物的结构刚度很小，就会超出其正常使用情况下的极限状态，结构就会失去其本来的使用功能。在房屋建筑物中，既要满足强度的要求，又不至于产生破坏，就要把控梁的变形，对其刚度作一定限制，避免过度变形，超出规定范围，影响正常使用。其次，在强度问题上，当建筑物结构达到最大承载力，或是因为长时间使用承载过度，就意味着该结构已经到了承载极限状态。当结构出现了倾覆、滑移、塑形过度时，即被认定丧失了承载能力。当建筑物出现上述情况时，就必须要重新考虑建筑物的强度要求。对于稳定问题，在建筑物的中心受压杆上，一旦压力超负荷，受压杆就会出现弯曲，由原来的直线形状变为曲线形状，受压杆原本的工作性质被破坏，如房屋的柱子太细、太长，就会失稳，导致建筑物倒塌。在建筑工程中，不乏因为结构失稳而导致的许多意外事故，历史上已有诸多实例。随着现代工程技术的不断发展，城市建筑物中的高层建筑越来越多，对建筑物材料的要求也越来越高，建筑结构也会更加复杂，这也就加剧了建筑物结构部件失稳的可能性。因此，应用结构力学知识最主要的目的是保证建筑物强度和刚度的合理性，保证建筑物有足够的稳定性，这是现代化工程建筑的必然要求。

3）弹性力学的应用

弹性力学又称弹性理论，主要研究的是物体在外力作用或者是温度变化等客观因素的影响下，产生的应力、变化和位移，弹性力学的应用主要是为建筑物结构或设计中对刚度和强度要求的问题作补充。在研究对象上，弹性力学不同于结构力学和材料力学，三者之间有自身各自的分工。简言之，材料力学只研究杆状构件，结构力学是在材料力学的基础上，对杆状构件所组成的结构进行研究，就是对杆件系统进行研究，而弹性力学就是包含对所有结构、部件在内的各种弹性体的研究，因此，它是物理力学在建筑工程应用中各个类别的交叉点。

对于物体的弹性变形，应当从建筑材料内部作用的角度进行分析。固体材料之所以能够在内部结构上保持稳定，主要是因为使用的固体材料的内部原子之间可以相互平衡，原子之间既密切联系，又可以保持一定的距离，形成平衡关系。当受到外力作用时，这种平衡关系被打破，为了再次恢复这种平衡关系，材料内部原子之间便需要进行移动和调整，重新取得各个作用力之间的平衡。如果能够得出原子之间作用力的一般规律，就可以得出物体受到弹性作用力的反应。建筑工程包括多个专业方面，不同专业对于弹性力学的应用和要求是不同的。岩土、地下工程显然对弹性力学有着较高要求，建工方向对弹性力学的要求相对较低。弹性力学在建筑工程中的应用能够使建筑物有效避免各种不可抗力的影响，保证建筑物能够在合理的范围内保持晃动频率，特别是在地震等地质灾害中可以减少房屋破坏或倒塌的现象。在水坝建筑结构中，弹性力学同样也有着很大的应用空间，水坝建筑物具有曲线性，能够承受内部和外部压力。弹性力学在建筑工程上有大量应用实例。

材料力学和结构力学的研究对象是杆状构件，如常见的梁结构，在承重的主梁上经常会涉及弹性力学。建筑物主梁长期受到自上而下的压力，逐渐会向下弯曲，产生变形，单纯采用材料力学的知识解释梁作用的问题是不可行的，必须要结合弹性力学的方法。例如，对于混凝土梁来讲，必须要分析内部结构的作用力，才可以顺利展开接下来的设计。如果单独按照材料力学或者结构力学的方法对混凝土梁进行力学分析，那么就会得出梁截面很大的结论，这不仅会浪费建筑材料，更难以达到预期的结构效果。在高层建筑物中，最上面的建筑物一般较小，下面的建筑物空间较大，这两种建筑结构之间会出现一个过渡层，这个过渡层采用的结构一般是框支梁，而该梁的高度较高，框支梁的受力会更加复杂，必须要用精细的弹性力学进行分析。在岩土工程上，很多时候还是要按照弹性力学来考虑，才能满足复杂工程的需求。

4）力学与建筑力学

建筑力学必然涉及如何将工程实际问题上升到理论层次上进行研究，在理论分析时又如何考虑实际问题的情况等。例如，如何将实际的结构连同其所受的荷载和支撑等简化为可供计算的"力学模型"；在分析和计算时要考虑存在的主要因素以及实际建造上的方便性和经济性等。需要多多注意观察工程上常遇到的一些结构，尝试用力学方法去分析问题。

力学是一门研究物体受力和运动规律的科学，涵盖自然科学中的数学、天文学、物理学、地理学和生物学等多个领域，其研究范围极为广泛。人类对力学的探索最初源于对自然现象的观察和对劳动经验的总结。从新石器时代人类改变巢居、穴居的居住方式，到 17 世纪土木工程时代的兴起，力学逐渐奠定了发展的基础。在古希腊时期，阿基米德通过研究杠杆平衡和浮力现象，揭示了物体在水中浮力作用下的中心位置变化规律，并利用科学原理验证了自己的研究成果。随着社会的进步，力学知识被广泛应用于建筑领域，许多古代建筑因此得以建立，成为人类建筑文明的重要组成部分。

5）建筑力学动力发展

建筑力学是以物理和高等数学为基础的，主要研究对象是杆件和杆件结构，它虽有应用的背景，但不涉及具体的工程或产品。它是建筑工程技术专业后续的建筑结构、地基与基础、建筑施工等课程的必备的理论基础。因为它还涉及应用背景，所以在具体的工程或产品中可以解决一些实际的力学问题。

总之，物理力学知识对建筑学而言极其重要，只有合理地运用力学方法，才能建筑出节约成本、令人们满意的建筑结构。

4.4.2 工程演化论驱动的超级工程创新

工程活动始终与中国历史进程紧密相伴，近现代以来，我国涌现出众多规模不等、类型多样的超级工程，其发展是一个持续演变、逐步进化的动态过程。在这一进程中，工程演化论作为研究工程活动历史进程、机理与规律的重要理论，成为核心驱动力，深刻影响着超级工程的创新与发展。工程演化论强调工程活动的历史性、动态性和演化性，揭示了超级工程在不同历史阶段，如何因社会需求、技术进步和资源条件的变化而不断创新突破，这种演进不仅体现在规模扩大与类型丰富上，更在于技术、功能和影响力的全面提升，为超级工程创新发展提供了理论支撑与实践指导。以桥梁超级工程为例，从其发展历程能清晰看到，在不同历史阶段，桥梁超级工程因应社会需求变化，在工程演化论视角下不断实现创新演进。

我国幅员辽阔，地理环境复杂多样，从南到北跨越多个气候带，从东到西横贯平原、山区、高原，江河湖泊众多，山脉纵横交错。这种独特的地理条件，使得桥梁建设成为加强国内不同区域联系、保障国家领土完整、促进人民生产生活水平提高的关键需求，成为推动桥梁超级工程演化的原始动力。

1）晚清与民国时期：被动适应与初步演化

晚清至民国时期，中国深陷半殖民地半封建社会的泥沼，政府腐朽，生产力落后，西方列强的侵略更使国家在经济、政治、文化等方面全面落后于西方。彼时的中国，作为积贫积弱的农业国家，工业基础薄弱，经济水平低下，社会对桥梁的需求主要集中在较窄区域跨越河流，以满足地方发展的基本需求。这一时期，金龙桥、杭州钱塘江大桥等桥梁工程相继出现。这些桥梁的技术、规模和功能都相对有限，处于工程演化的初级阶段。然而，它们也为后续我国桥梁超级工程的发展积累了一定的经验和技术基础，是工程演化过程中的必要探索。

2）新中国成立初期：自主创新与重要跨越

新中国成立后，百废待兴。我国充分发挥社会主义制度的优越性，通过实施多个五年规划，推动各行各业取得显著成就，全国经济社会进入快速发展轨道。此时，跨越大江大河成为新的经济社会发展需求，桥梁超级工程迎来新的演化契机。1955年武汉长江大桥的建设，标志着我国桥梁超级工程发展迈出重要一步。这座大桥的建设，不仅在工程技术上实现了重大突破，更体现了我国自主建设大型桥梁工程的能力和决心。紧接着，1968年南京长江大桥建成通车，作为长江上第一座由中国自行设计和建造的双层式铁路、公路两用桥梁，在中国桥梁史和世界桥梁史上都具有里程碑意义。南京长江大桥的建设，是我国桥梁建设从依赖外部技术向自主创新转变的重要标志，工程演化进入新的阶段，在技术创新、工程管理和人才培养等方面都取得了显著进步。

3）改革开放时期：多元创新与蓬勃发展

改革开放的春风，为我国桥梁超级工程的发展注入了新的生机与活力。国民经济迅速发展，社会需求显著提升，有力推动了桥梁超级工程迈入创新高峰期。在这一时期，斜拉桥、预应力混凝土连续钢构桥等新型桥梁超级工程不断涌现，展现了我国桥梁建设在技术创新方面的多元探索。从20世纪90年代起，我国桥梁建设持续发力，技术不断取得新突破。1993年建成的上海杨浦大桥，作为当时世界斜拉桥跨度最大的桥梁，更是我国桥梁建设技术实力的集中体现。杨浦大桥采用了先进的斜拉索技术，斜拉索采用高强度钢丝束，通过特殊的锚具和防护措施，确保了斜拉索的耐久性和安全性。这一时期，桥梁超级工程在规模、技术、功能等方面都实现了全面升级。新型桥梁结构形式不断涌现，施工技术不断创新，桥梁的跨越能力、承载能力和耐久性都得到了显著提高。工程演化进入快速创新、蓬勃发展的阶段，为我国桥梁建设事业的持续发展奠定了坚实基础。

4）当代：跨海突破与引领发展

当前，随着我国国民经济的快速发展，为了实现更大区域的经济融合和协同发展，我国针对桥梁的社会需求已经开始从跨越大江大河向跨越海洋的方向发展。在新材料和新工艺的支撑下，近年来我国建设了一些跨海桥梁超级工程。例如，2003年奠基建设的杭州湾跨海大桥，改变了杭州周边区域的交通网络布局，促进了区域交通运输一体化和物流网络完善，为区域经济快速发展提供了有力支撑；2017年全线贯通的港珠澳大桥，以其超大的建筑规模、空前的施工难度和顶尖的建造技术闻名世界，体现了中国综合国力、自主创新能力以及勇创世界一流的民族志气。这些跨海桥梁超级工程的建设，不仅是工程技术上的重大突破，更是工程演化在当代的新高度。它们在区域经济协同发展和国家战略布局中发挥了关键作用，引领着我国桥梁超级工程向着更高水平、更广阔领域发展。

我国桥梁超级工程的发展历程，生动诠释了工程演化与创新驱动的内在规律。在不同历史阶段，工程演化理论始终引领着桥梁技术的突破性发展。从晚清民国时期的技术引进与被动适应，到新中国成立后的体系重建与自主创新；从改革开放时期的技术融合与多元探索，到新时代的智能引领与跨海突破，每一次重大进步都体现了工程演化中"需求牵引—技术突破—系统升级"的螺旋上升过程。特别是近年来，数字化、智能化等创新要素的持续注入，使桥梁工程实现了从传统建造到智能建造的范式转变。展望未来，随着工程演化理论的深化应用和创新要素的不断集聚，我国桥梁超级工程必将突破更多技术瓶颈，在超大跨度、深海环境、智能运维等领域实现新的跨越，持续引领世界桥梁工程的发展方向。

4.4.3 热力学熵在超级工程中的应用与演变

熵的概念最初由德国物理学家鲁道夫·克劳修斯于 1865 年提出，它是根据热力学第二定律引出的一个反映自发过程不可逆性的物理状态参量，是用来描述"能量退化"的物质状态参数之一。熵的本质是一个系统"内在的混乱程度"。我国物理学家胡刚复教授于 1923 年根据热温商之意首次把它译为"熵"。现在对熵的概念可以这样理解：每当能量从一种状态转化到另一种状态时，就会得到一定的惩罚，这个惩罚就是损失了能在将来用于做某种功的一定能量。熵的增加意味着有效能量在减少，随着熵值增大，物质和能量的集中程度降低而出现混乱度增大。所以混乱度越大，熵值越大。熵在控制论、概率论、数论、天体物理、生命科学等领域都有重要应用，在不同的学科中也引申出更为具体的定义，按照数理思维，从本质上说，这些具体的引申定义都是相互统一的，熵在这些领域都是十分重要的参量。

熵增原理即在孤立的系统中，体系与环境没有能量交换，体系总是自发地向混乱度增大的方向变化，使整个系统的熵值增大，这也是根据大量观察结果总结出来的热力学第二定律。摩擦使一部分机械能不可逆地转变为热量，使熵增加，所以整个宇宙可以看作一个孤立系统，自然界一切自发进行的过程都是向着熵增大的方向进行，都是向更无序的方向发展。要使系统恢复原本有序的状态是不可能的，除非外界对它做功。系统越混乱，熵值越大；反之越小。孤立系统的熵值永远是增加的。以下将围绕热力学熵的视角，对中国近现代超级工程发展历程进行深度解析。

1）基于热力学熵的近现代超级工程组织分析

中国近现代可以分为三个阶段：清朝、民国、新中国，清朝及民国两个时期，由于中国由封建社会过渡到半殖民地半封建社会，在此背景下，超级工程在组织方面呈现从有序向无序发展的状态；新中国成立以后，我国逐渐走出自己的发展道路，超级工程在组织方面从无序状态向有序状态发展。

清道光二十四年（公元 1844 年），清政府在新疆地区大举开垦荒地，修建水利，此项举措垦复良田十余万亩，可谓当时的超级工程。从组织上来说，工程的资金大多数来源于官员捐赠，劳动人员既有屯边的士兵，也有当地的民众，包括回族人民，呈现多元化的特点。例如林则徐认捐阿奇乌苏垦地，主动捐资承修阿奇乌苏大渠龙口首段，组织当地民众参与工程修建。

1907 年，由清政府主导修建的北京至沈阳的"京奉铁路"被正式定名。这条全长 862km 的铁路，在原唐胥铁路的基础上扩展而成，历时 30 余年，先后经历六个阶段，且部分线路在日俄战争期间由日本修建。无论是修建该铁路的主导方、工程师、轨距、工程标准还是劳动人员，都是不停变换的，很好地体现了近代中国的时代特征和社会特征。

1953 年，新中国开始了第一个五年计划的建设，其中最重要的便是"156 项工程"，这是苏联政府援建中国的标志性事件，也同样是一项超级工程。"156 项工程"的主导方是中国，建设资金既有中国政府的拨款，也有中国以贷款的形式从苏联获得的资金，该项工程有大量的苏联专家和工程师参与指导，由中国工程师与劳动人员参与实际建设，在该项工程用于建设的机器设备中约 70% 由苏联供应。

2020 年，雅西高速通过竣工验收，作为京昆高速最险路段，该路段全长 239.84km，总投资 163.66 亿元。路段沿线地质构造复杂，高达 55% 的桥隧比，途经 12 条地震带，个别路段公路每向前延伸 1km，海拔升高 7.5m，这些难题无疑让修建此路变得困难重重。该项工程的资金来源既有政府财政拨款，也有银行贷款，施工单位由国内多家建设公司构成，工程师与技术人员大多来自国内，且建造设备也主要来自国内。

基于热力学熵的角度分析具有代表性的上述中国近现代超级工程的组织结构，不难发现它具有很强的时代特点。修建超级工程的组织从最初的官吏与封建政府主导，到封建政府与外国组织，再到人民政府；主要技术施工人员由最初的屯边兵民，到国内外技术人员，再到国内工程师；工程的资金来源由官吏捐赠，到封建政府与多个外国组织，再到人民政府与银行，从热力学熵的角度来说，以上过程体现了从熵增到熵减的过程。

2）基于热力学熵的近现代超级工程制度分析

清朝时期，在中央集权的大背景下，近代超级工程在制度方面受官吏影响较大；民国时期，国内学习西方先进文化，在工程制造领域也逐渐创建了相关制度，使得国家层面的工程有规可循，但由于一些制度是照搬自他国，所以实际并不适用于当时的国情；新中国成立以后，人民政府根据国情来不断调整制度建设，使得其运行更为高效。

　　中国近代清政府统治时期，中央政府虽然设置了负责工程制造的部门，即工部，但该部门只负责皇家工程的修建，不负责地方的事务。国家层面的大型工程修建一般由统治者作出决定，政府内要员或地方主管官员负责施工的事宜，该名人员的权力较大，统揽各项事宜，整个施工过程的中高级管理由专人担任，较低一级的事宜才由相关组织主管，具有很高的集权性。一个具有代表性的例子便是北洋官办铁路局的设立，由李鸿章受命，筑路事务则由他的助手周兰亭、李树棠主持，再具体的工程修建由工程师担任，只有在每个路段的修建，才设有工程局负责。工程的监管与验收同样缺少正式组织来担任，多由该项工程的高级负责人担任，且没有完整的评价体系与评价标准，故具有一定的主观性。

　　民国时期，南京国民政府设置了功能完备的部门主管各项事务，此时的部门与清政府时期有很大区别，它是服务于国家层面的，不再只服务于统治者。1938年，用于战备的滇缅公路在"滇缅公路总工程处"的主持下开始修建，历时9个月的施工建设，公路基本能够通车，但因各路段质量不统一，后又移交至交通部，进行公路改善，以及推动商业运输工作。这一时期，超级工程的修建已初步具备完整的体系，如主管部门、施工单位，且包含了大量技术人员，如工程师、勘测专家、会计员、公务员等，在工程评价上虽然参考了许多国外的标准，但已具备系统性。

　　新中国成立以后，中央政府的机构设置逐渐完善，且不断进行政府机构改革，使政府的机构设置适应社会主义市场经济体制建设的需要。在超级工程方面，以大兴国际机场的建设为例：2003年，国家发展和改革委员会向中国民用航空总局、北京市作出了"建设第二机场"的指示，经中国民用航空总局的反复论证，确定了选址；2008年，就选址方案进行专家评审；2010年，北京新机场建设指挥部成立；2014年，国务院会议通过新机场可行性研究报告，之后，中共中央政治局常委会审议通过上述报告，批复同意建设该项目，同年12月，该机场正式开工建设。可以看出，新中国成立以后，建设超级工程的制度越发完善，各机构职权更加细化。

　　以上三个例子从不同时期展示了建设超级工程的制度变化过程，从最初的集权和主观，到如今的各司其职与循规蹈矩，这便是一个热力学熵减的过程。

　　综上所述，不同的学科有不同的专业概念。作为一个被移植过来的概念，熵在超级工程的研究领域有较强的适用性。本节论述熵的起源及与之相关基本概念都是为了更好地界定熵在超级工程管理学领域的应用范围，希望从反向的角度促进其发展。

4.5 生态文明建设

随着中国经济的快速发展，环境污染和生态破坏问题日益突出，生态文明建设已成为中国发展的重要方向之一。中国近现代超级工程在生态文明建设方面的需求和贡献具有重要的意义。随着工业化和城市化的推进，我国的生态环境面临严峻挑战。空气污染、水污染、土壤污染等问题频发，资源消耗和环境承载力达到极限，注重保护生态环境，实现经济、社会、环境的协调发展，不仅是实现可持续发展的需要，也是提升人民生活质量、实现社会和谐稳定的重要保障。

4.5.1 水资源的调节和利用

中国是一个水资源相对匮乏的国家，水资源的调节和利用是中国近现代超级工程在生态文明建设方面的重要需求。三峡水利工程和南水北调工程等水利工程可以有效地调节水资源的分配和利用，保障国家的生态安全和可持续发展。三峡水利工程是中国近现代超级工程中的一项重要工程，也是世界上最大的水电站之一。三峡水利工程的建设，可以有效地调节长江水流，保障国家的水资源安全。同时，三峡水利工程还可以有效地发电，为国家的经济发展做出了重要的贡献。南水北调工程是中国近现代超级工程中的另一项重要工程，也是世界上最大的水利工程之一。南水北调工程的建设可以有效地调节南方水资源的利用程度，保障北方地区的水资源安全。同时，南水北调工程还可以有效地调节南北地区的经济发展，促进国家的可持续发展。干流治理工程是中国近现代超级工程中的另一项重要工程，也是中国水利工程建设的重要组成部分。干流治理工程的建设可以有效地调节河流水位，保障国家的水资源安全。同时，干流治理工程还可以有效地防治洪水灾害，保护国家的生态环境。水利枢纽工程是中国近现代超级工程中的另一项重要工程，也是中国水利工程建设的重要组成部分。水利枢纽工程的建设可以有效地调节水资源的分配和利用，保障国家的水资源安全[332]。同时，水利枢纽工程还可以有效地发电，为国家的经济发展做出了重要的贡献，主要体现在多元化利用、节约利用和保护利用三个方面。首先，通过超级工程的支持，中国能够有效地开发和利用水资源，推动水产养殖业、旅游业等产业的发展，从而促进国家的经济增长。其次，这些工程还大大提高了水资源的节约利用水平，支持水资源的循环利用和节约活用，确保国家的水资源安全。最后，超级工程在水资源和生态环境的保护和修复方面也发挥了重要作用。

4.5.2 新能源的开发和利用

随着全球能源危机的日益加剧，新能源的开发和利用已成为全球发展的重要方向之一。中国近现代超级工程在生态文明建设方面的另一个需求是新能源的开发和利用。太阳能、风能等新能源的开发和利用也需要依靠超级工程的支持和推动[333]。随着全球气候变化和能源危机的日益严重，新能源的开发和利用已成为全球的热点问题。中国近现代超级工程在新能源的开发和利用方面取得了重大的成就，为推动国家的经济发展和环境保护做出了重要的贡献。风电工程是中国近现代超级工程中的一项重要工程，也是中国新能源开发的重要组成部分。中国近年来大力发展风电产业，建设了一批大型风电场，成为全球最大的风电市场之一。包括建设了中国西部最大的风电建设工程河西风电走廊，世界开发规模最大的陆上风力发电工程"三北"风电工程。中国最大的沿海风电工程群海上风电集群，世界规模最大的集风电、光电、储能及智能输送的新能源综合性示范工程西北地区风光水火储多能互补示范工程，截至 2025 年 3 月底，中国风电装机容量已经达到了 5.36 亿 kW，约占全球总装机容量的 60%。太阳能工程是中国近现代超级工程中的另一项重要工程，也是中国新能源开发的重要组成部分。中国近年来大力发展太阳能产业，建设了一批大型太阳能电站，成为全球最大的太阳能市场之一。世界最大的光伏电站群是青海光伏电站工程。水电工程是中国近现代超级工程中的另一项重要工程，也是中国新能源开发的重要组成部分。中国近年来大力发展水电产业，建设了一批大型水电站，例如，中国第一座水电站、第一座抽水蓄能电站、第一条高电压输电电路起点石龙坝水电站；新中国自行设计、自制设备、自主建设的第一座大型水力发电站新安江水电站；中国自行设计和建设的第一座装机容量 1000MW 以上的大型水电站刘家峡水电站；中国第一家流域水电开发工程乌江流域梯级水电站；长江上第一座大型水电站葛洲坝水电站；华东地区最大的抽水蓄能电站长龙山抽水蓄能电站；世界级高坝工程群，被誉为中国高坝大水库的博览馆澜沧江流域水电开发工程、中国 20 世纪建成的最大的水电站二滩水电站等。

通过超级工程的建设，中国可以有效地开发新能源，促进新能源产业的发展；同时，中国近现代超级工程在新能源利用方面也取得了重要的成就，促进了国家的经济发展和生态文明建设。

4.5.3　城市化和工业化的发展

随着中国城市化进程的不断加快，城市化工业的发展成为了中国经济发展的重要支柱。然而，在城市化过程中，环境污染、资源浪费等问题也越来越突出，这对中国生态文明建设提出了严峻的挑战。在这样的背景下，中国近现代超级工程在城市化工业发展中的作用愈发凸显。通过基础设施建设、城市环保工程和节能减排三大领域的推进，实现了城市的现代化发展和环境的可持续保护。

首先，中国的城市化和工业化进程一直以来面临诸多挑战，其中，如何有效解决城市间的通勤问题、促进区域经济一体化和发展、增强城市吸引力和竞争力等问题尤为突出。中国大力发展城市基础设施，不仅极大地改善了城市的交通状况，还显著提升了通信、供水、供电等基础设施的水平，为城市化工业的发展提供了坚实的保障。例如，超级工程高铁网络的建设有效解决了城市间的交通瓶颈，打破了区域间经济发展不平衡的制约，有效促进了区域经济的一体化和发展，增强了城市的吸引力和竞争力。

其次，城市环保工程在城市化工业发展中同样扮演了重要角色。超级工程的支持使中国能够大规模发展城市环保设施，显著提高了城市的环保水平，减少了工业化带来的环境污染。中国建设了世界上最大的再生水厂，以及历史上第一座特大型污水处理厂——北京高碑店污水处理工程。其是在中国快速城市化和工业化进程中，为应对城市水资源短缺和水污染问题而开工建设的。20 世纪末和 21 世纪初，北京作为中国的政治、经济、文化中心，城市化速度迅猛，人口不断膨胀，对水资源的需求急剧增加。然而，北京地处北方，水资源本就匮乏，再加上城市化和工业化带来的高强度用水需求，使得水资源短缺问题愈发严峻。同时，随着城市规模的扩大和工业活动的增多，污水排放量迅速增加，城市的污水处理能力远不能满足实际需要，导致大量未处理或处理不达标的污水直接排入河流和地下水系统，严重威胁了水体环境和生态安全。随着《中华人民共和国环境保护法》等一系列环保法律法规的颁布和实施，污水处理已成为各级政府和企业必须履行的责任。北京作为首都，对环境质量要求更为严格，因此，建设高标准的污水处理设施迫在眉睫。高碑店污水处理工程不仅是对国家政策的响应，也是北京市实现环境保护目标的重要举措之一。21 世纪末以来，污水处理技术逐步成熟，特别是高效的生物处理技术、膜处理技术的应用，为高碑店污水处理工程的建设提供了技术支撑，其设计规模和处理标准都达到了国际领先水平，成为中国污水处理行业的一座里程碑。

20世纪末至21世纪初，香港作为全球重要的金融中心和国际贸易枢纽，经历了快速的城市化和工业化进程，人口密度和经济活动急剧增加。香港的地理位置使其天然水资源有限，再加上高密度的城市建设，水污染问题尤为突出。维多利亚港作为香港的"心脏"，是城市发展的核心区域，但由于大量未经处理的生活污水和工业废水直接排放入海，港湾的水质严重恶化，臭气熏天、鱼类死亡现象屡见不鲜，严重威胁了生态环境和居民健康。经济发展对环境基础设施的需求也是一个重要因素。随着香港经济的持续快速发展，尤其是服务业和高新技术产业的繁荣，人们对城市环境质量提出了更高的要求。优良的环境质量不仅是城市竞争力的重要组成部分，也是吸引人才和投资的关键因素。昂船洲污水处理厂的建设应运而生，其采用了国际领先的污水处理技术，包括生物处理、化学处理和物理处理的综合应用，确保污水处理的高效性和环保性，提升香港的环境质量的同时，也为香港经济持续健康发展提供良好的生态基础。

节能减排是超级工程在生态文明建设中的另一重要贡献。通过大力发展节能减排工程，中国在多个领域实现了显著的环保成就。建设节能型建筑、推广新能源、提高能源利用效率等措施，有效减少了能源消耗和二氧化碳排放。这些工程通过减少工业排放、改善环境质量，为城市居民创造了更加健康宜居的生活环境。在此过程中，环境教育的推广也起到了重要作用，提高了公众的环保意识，推动了社会各界共同参与生态保护。

唐山钢铁厂（简称唐钢）超低排放工程是在中国城市化和工业化快速推进、环境保护压力日益增大的背景下开工建设的。20世纪末至21世纪初，中国的经济腾飞带来了显著的城市化和工业化进程，尤其是钢铁等重工业迅速扩张，成为国家经济发展的重要支柱。然而，这一过程也带来了严峻的环境问题，尤其是工业排放对大气和水体的污染日益严重。唐山作为中国重要的工业城市，钢铁生产能力位居全国前列，然而唐山市的空气质量一度在全国排名靠后，$PM_{2.5}$、二氧化硫、氮氧化物等污染物的浓度较高，对区域大气环境造成了巨大压力。唐钢作为唐山最大的钢铁企业，其排放的污染物是主要污染源之一。因此，唐钢超低排放工程不仅是企业自身发展的需要，也是地方政府和社会各界的共同期盼。随着《中华人民共和国环境保护法》《大气污染防治行动计划》等法律法规和政策文件相继出台，明确了污染物排放标准，推动工业企业实施技术改造和环保升级。近年来，钢铁行业环保技术不断进步，脱硫、脱硝、除尘等环保技术日趋成熟，为超低排放目标的实现提供了技术支撑。作为国有大型企业，唐钢在追求经济效益的同时，也承担着重要的社会责任。唐钢在工程建设中，引进和自主研发了一系列先进环保技术，通过技术改造和工艺优化，大幅降低了污染物排放量。工程的实施不仅符合国家环保政策的要求，也体现了科技创新在环保领域的重要作用。通过实施超低排放工程，唐钢不仅可以有效减少污染物排放，改善周边环境，还能够树立企业良好的社会形象，赢得社会的认可和支持。可持续发展的理念要求企业在生产过程中注重资源的高效利用和环境保护，唐钢超低排放工程正是这一理念的具体实践。

此外，城市基础设施和环保工程的建设不仅有助于城市化工业的发展，还对生态文明建设起到了积极推动作用。总之，中国近现代超级工程在城市化工业发展和生态文明建设中取得了重要成就，为国家的经济发展和生态保护做出了重大贡献。通过这些工程，中国不仅大力发展了城市基础设施，提升了交通、通信、供水、供电等各方面的水平，还通过环保工程的实施，显著改善了城市环境，减少了污染。同时，节能减排工程的推进有效减少了能源消耗和碳排放，保护了生态环境。这些成就不仅促进了城市化工业的发展，也为生态文明建设奠定了坚实基础。未来，中国将继续依托超级工程的建设，不断提升城市的基础设施水平，推进环保工程的实施，开展节能减排项目，为实现经济的可持续发展和生态文明建设的目标而不懈努力。通过这些举措，中国将进一步巩固在全球城市化工业发展和生态保护领域的领先地位，成为世界可持续发展的典范。

4.5.4　生态环境的保护和修复

中国近现代超级工程在生态文明建设方面的贡献尤为显著，涵盖了生态环境的保护和修复等多个领域。长江三角洲地区的生态修复工程，通过植树造林和湿地恢复等措施有效地改善了当地的生态环境，保护了生态系统。具体来说，以下几个代表性的工程项目突显了中国在生态文明建设中的努力和成就。

（1）三北防护林工程是中国近现代超级工程中最具代表性的生态工程之一。该工程始于 1978 年，旨在通过大规模植树造林，修复和保护中国北方的生态环境。至今，该工程已经完成了总面积超过 100 万 km^2 的植树造林任务，成功遏制了沙漠化和水土流失等生态问题，为中国北方的生态环境保护和修复做出了重要贡献。三北防护林不仅改善了当地的生态环境，还提高了土壤肥力和农业生产力，对区域经济发展产生了积极影响。

（2）三峡水利工程是中国近现代超级工程中最大的水利工程之一。始于1994 年的长江三峡水利工程，旨在通过大规模的水利工程建设调节长江的水流，减少水灾和干旱等自然灾害，并为中国的电力供应提供可靠的支持。这一工程对保护和修复长江流域的生态环境具有重要意义。通过调节水流，三峡水利工程有效减少了水灾和干旱等自然灾害，保护了长江流域的生态环境，为中国的生态文明建设做出了重要贡献。同时，该工程还通过水库的生态调度，改善了水质，维护了水生生物的栖息环境。

（3）治淮工程是新中国水利建设事业的第一个重大工程，旨在全面治理淮河流域。治淮工程自实施以来，累计建成了佛子岭、出山店等 6300 余座水库，兴建和加固了 6.3 万 km 的堤防，修建了 27 处行蓄洪区，以及 2.2 万座水闸，并建成了临淮岗和入海水道等控制性枢纽工程。这些基础设施的建设不仅构建了淮河流域防洪减灾除涝体系，也逐步形成了水资源综合利用体系和水生态环境保护体系，显著提升了区域的水安全保障能力。通过持续 70 余年的系统治理，治淮工程促进了人与自然的和谐共处，推动了水资源的可持续利用和水生态系统的有效保护，为流域经济社会发展提供了重要保障。

（4）治黄工程作为中国近现代超级工程中的一项重要工程，旨在治理黄河流域的水土流失和沙漠化问题，保护和修复黄河流域的生态环境。该工程通过大规模的水土保持工程建设，包括植树造林、草地恢复、黄河岸线整治等措施，成功防止了水土流失，保护了黄河流域的生态环境。通过实施绿化工程、固沙工程和沙漠化土地治理，治黄工程有效遏制了沙漠化的扩展，保护了黄河流域的生态环境。同时，治黄工程通过建立自然保护区和生态移民等措施，保护了珍稀物种，促进了生态文明建设。大规模的生态修复工程包括水环境治理和生态修复，显著改善了黄河流域的生态环境，提高了生态环境质量。

（5）长江三角洲的生态修复工程也取得了显著成效，植树造林和湿地恢复有效改善了当地的生态环境，增强了生态系统的稳定性和生物多样性。此外，诸如南水北调工程、西气东输工程等超级工程也在生态环境保护和修复方面发挥了积极作用，这些工程通过跨区域的资源调配，不仅满足了经济发展的需求，也有效促进了生态环境的保护。

总之，中国近现代超级工程在生态文明建设方面取得了巨大成就，通过大规模的生态工程和水利工程，成功保护和修复了生态环境，推动了生态文明建设。超级工程在促进生态文明建设的同时，也为国家的生态安全和可持续发展提供了有力保障。这些工程不仅改善了环境质量，提升了公众的环保意识，还增强了资源的可持续利用，促进了全社会共同参与生态保护的行动力。未来，中国将继续依托超级工程的建设，不断提升生态环境保护和修复的能力，为实现经济的可持续发展和生态文明建设的目标而不懈努力。通过这些举措，中国不仅巩固了在全球生态文明建设中的领先地位，也为全球可持续发展贡献了宝贵经验和智慧，成为世界生态保护和可持续发展的典范。

第 5 章

建造技术与独特方法

中国近现代超级工程在规划、设计和建设过程中，创造了许多具有中国特色的建造技术与独特方法。这些"独门绝技"为超级工程的成功建设起到了重要的支撑作用。其中，包括三个方面的内容：国家整体层面的政策性规划、精神层面的绝技以及国际领先的科学技术绝技。与西方国家不同，中国的超级工程大多是国家层面的规划建设，因此更加具有目的性和合理性。随着中国自主创新能力的提高，越来越多国际领先技术，如特高压输电等被应用到超级工程之中。本章将总结中国近现代超级工程中的建造技术与独特方法，以便读者对中国超级工程的建造技术与独特方法产生更深的了解。

5.1 超大型多功能航站楼机电工程综合安装技术和方法

1. 技术介绍

超大型多功能航站楼机电工程综合安装技术包括规划、设计、施工和监控航站楼中所有机械、电气和管道系统的安装。这些系统包括空调和通风、照明、电力供应、安全系统、通信和信息系统等。这一技术的核心是确保所有的机电设施都被精确和高效地安装，以支持航站楼的高效运作和乘客的舒适体验。以下是机电工程综合安装技术的主要技术特点。

1) 模块化与预制技术

利用预制组件和模块化的安装方法，可以在工厂环境中预先组装各个系统的部分，如高压交流电模块（high voltage alternating current module，HVAC）和电气配电板，然后在现场进行快速组装，减少施工时间并提高质量控制。

2) 三维建模和 BIM 技术

使用建筑信息模型（BIM）技术进行设计和规划，可在施工前通过三维模型预测和解决冲突，优化系统布局，确保施工精确性和系统整合。BIM 还支持施工管理、成本控制和维护计划。

3) 绿色能源和可持续性技术

在机电系统中集成可再生能源技术，如太阳能发电和地热能系统，以减少环境的影响并降低能源成本。设计高效能系统，如使用高效的空调系统和发光二极管（light emitting diode，LED）照明，以优化能源消耗。

4）高效供电和应急系统

设计具有高度可靠性的供电系统，包括主供电、备用发电机和不间断电源（uninterruptible power supply，UPS），确保关键区域和服务在电力中断时继续运作。

5）安全与监控系统

集成高级安全系统，包括视频监控、入侵检测和防火系统，增强航站楼的安全性。使用先进的通信系统，如光纤网络和无线技术，确保信息传输的速度和安全。

超大型多功能航站楼的机电工程综合安装技术关注系统的高效集成和优化，确保航站楼在功能、安全、舒适和环保方面的高标准。这些技术的应用能够有效地支持机场的日常运营和长期可持续发展。

2. 应用案例

大兴国际机场是一个典型例子，展示了超大型多功能航站楼的机电工程综合安装技术如何应用于现代机场设计中（图 5.1）。在大兴国际机场的设计与建设过程中，采用了 BIM 技术以应对超大型航站楼面临的复杂建筑和机电工程的挑战。

图 5.1 超大型多功能航站楼机电工程综合安装技术——大兴国际机场

这项技术帮助项目团队有效管理航站楼的超大平面、超大空间结构、层间隔震设计以及复杂的出入口系统（三进两出）。同时，也确保了航站楼在绿色低碳、温馨舒适和智能便捷等功能需求上的高标准实现。以下是大兴国际机场在机电工程综合安装技术方面的具体实践。

1) 超大平面复杂屋盖雨排水

在大兴国际机场的设计中，超大平面复杂屋盖的雨水排水系统面临着诸多挑战。机场核心区的屋面东西宽达 568m，南北长 455m，最高点高达 50.9m，高低落差为 20m，屋面总投影面积大约 18 万 m^2。屋面通过条形天窗自然采光顶被划分为 6 个独立单元，其中北区的两片屋面呈东西向对称，南区的四片屋面则围绕中心点环向对称[334]。

为应对大面积汇水、不规则流向、湍急水流以及强风的影响，采用了全面的排水策略。这包括整体规划、分区组织、有序导流、划片汇集和虹吸排放等技术。结合屋面的具体特征，系统安装了天沟导流片、溢流围堰、挡雪设施和融雪线缆等配套设施。这些措施不仅优化了水流的引导和汇集，还考虑到了屋面荷载的安全以及管道安装与屋面钢网架的整合，从而在确保安全的同时，也兼顾了建筑美观。

通过这种综合性的设计和技术实施，大兴国际机场成功创建了一套完整的超大平面复杂屋盖排水和融雪系统，有效地解决了由于屋面巨大面积和复杂结构带来的排水难题。这种系统的设计和实现是现代机场建设中技术与美学有机结合的典范。

2) 层间隔震机电管线位移补偿

在大兴国际机场的建设中，层间隔震技术对于机电工程的稳定性至关重要，尤其是在工程规模巨大、系统复杂的情况下。该项目包括 108 个独立的机电系统，其中大多数机房设在具有隔震功能的 B1 层。隔震支座的设计目的是将地下与地上的混凝土结构彻底隔离，以应对最大层间水平位移量达到 600mm 的极端情况。

由于国内缺乏针对此类高位移隔震的技术标准和典型案例，工程团队创新性地提出了"隔震补偿单元"的概念。这一概念结合了市场上现有的补偿产品和相关的发明专利，通过深入的技术组合、模拟计算以及第三方检测试验，实现了机电管线通过隔震层和跨越隔震缝的大位移补偿。这项技术的成功应用不仅保证了机电系统在预定的防震位移量下能够正常运行，也填补了国内在大位移隔震补偿构造方面的技术空白。

这种层间隔震补偿技术的实施为机场的机电系统提供了必要的安全保障，确保在发生地震等自然灾害时，关键的设施和服务能够不间断运行，极大地增强了机场整体的抗震能力和运营稳定性。

3）模块化装配式机电安装

在大兴国际机场的建设项目中，为了积极响应国家政策推广模块化预制及装配式施工，提升机电工程的安装精度与施工效率，项目团队进行了一系列创新研发。特别在临建用房和航站楼水暖机房中，采用了高度集成的模块化技术。

在临建空调和热水供应方面，项目利用空气源热泵、循环水泵、配电箱柜及控制装置等，开发了一个高效节能的新能源模块箱。这个模块箱以满足末端使用的负荷为需求进行设计，不仅安装和拆卸方便，而且高效节能，可以重复使用。在施工高峰期，该系统支持了超过8000人的办公和生活能源需求，直接节约了约1700万元的电能成本。

对于航站楼水暖机房的建设，项目团队采用了三维深化、4D模拟、点云扫描及物联网技术等先进方法，对测绘放样、远程管控及误差处理进行了深入研究。这些技术不仅提高了施工的精确度，还确保了过程的可控性和效率。基于这些研究，形成了一套完整的模块化装配式机电安装施工标准流程，进一步研究和优化了模块集成原则和模块装配误差处理方法。

此外，团队还成功开发了一系列与模块化装配相关的专利技术，包括新能源集成模块箱、模块框架水泵限位器以及一种预制管道运输装置。这些创新不仅优化了机电系统的安装过程，还为整个建筑行业提供了可借鉴的模块化技术解决方案。

4）超大空间环境机电安装和调试

在大兴国际机场的核心区，一个由大平面和多元高差构成的大空间环境承载了进港、值机、安检、离港、行李提取等多项关键的功能。这些区域的人员密度随时间、进出港流程和航班调配动态变化，对机电系统提出了高度复杂和多样化的需求。为应对这一挑战，项目团队采取了一系列科研和技术措施来优化建筑的机电系统。

照明系统的创新开发方面，通过深入调研和模拟，开发了适应超大空间和不同使用功能需求的照明配光和控制技术。结合自然采光和吊顶漫反射技术，调整照明系统以适应航班动态需求，最大限度地实现绿色照明，优化能源使用。针对不同区域和功能的具体需求，精心设计了灯光的安装位置和类型，通过高效的调试过程确保照明系统的最佳性能。

HVAC 系统的技术革新方面，利用先进的模拟技术，详细分析了大空间内的温湿度分布，基于这些数据设计了空调系统的布局。优化了内外区空调系统的配置，确保了温度和湿度的均匀分布，满足不同区域的舒适需求。开发了大截面新风输送系统，以及高效的大温差空调水和空调风输送技术，有效提升了空气品质和系统效率。末端设备的安装、控制和调试技术也被精细化处理，以实现更精准的环境控制和更低的能耗。

这些技术创新不仅响应了国家对建筑能效和环保的要求，也提升了机场运营的效率和旅客的舒适体验。通过科学的方法和精确的技术应用，大兴国际机场的机电工程在保障建筑功能的同时，也实现了环境可持续发展的目标。

通过这些先进的机电工程综合安装技术，大兴国际机场不仅能够有效地服务于数百万旅客，还确保了运营效率和安全性，同时将对环境的影响降至最低。这些集成系统的应用是大型现代机场设计的典范，显示了如何通过高科技实现高效、可持续的机场运营。

5.2 地铁路分离式立交桥建造技术和方法

1. 建造技术特点

地铁路分离式立交桥主要是为了实现不同交通模式之间的有效分流而建造的。这种设计通常涉及至少两层结构：上层为地面交通，如汽车、公交车等；下层则为地铁或其他轨道交通。此种设计的主要目的是减少或消除交通交叉点，提高交通安全性和流通能力。其具有如下建造技术特点。

1）多层次结构设计

地铁路分离式立交桥涉及复杂的结构工程设计，包括支撑多层交通流的桥梁和隧道。设计需确保结构稳定性和长期耐用性。

2）地震与振动控制

由于地铁运行产生振动，立交桥的设计必须包括减震措施，防止振动对桥梁结构和地面交通产生负面影响。使用隔震支座和减震器等技术，以确保结构安全和乘客舒适。

3）交通流分析

在设计阶段，需要进行详细的交通流量和路径分析，以优化设计方案和交通管理。这通常涉及高级模拟软件，以预测不同设计方案的交通流动效果。

4）环境影响最小化

施工期间和之后，立交桥的设计和建造需要考虑对周围环境的影响，包括噪声、空气污染和对附近居民生活的影响。通常会采用噪声屏障、粉尘控制和施工期间的交通疏导等措施。

5）集成信息系统

立交桥的设计还会考虑集成先进的交通管理和信息系统，例如，安装智能交通系统（ITS）以实时监控交通状态并调整交通信号，提高通行效率。

6）施工技术

采用先进的施工技术，如预制构件和现场浇筑结合的方法，加快建造速度，减少施工对现有交通的影响。

地铁路分离式立交桥的建设是一项技术和资源密集的工程，需要跨多个学科的专业知识和密切的协调合作。这种立交桥不仅提高了交通效率，还是城市交通发展和城市规划的重要组成部分。

2. 技术创新与成就

上地桥是京新高速公路北京段的一项关键工程，其设计和建设涉及复杂的技术挑战和创新解决方案（图 5.2），尤其是在保障铁路与地铁安全、应对狭窄施工场地以及限制性征地拆迁的条件下。这座桥梁的建设不仅体现了高度的工程技术，还展示了出色的项目管理和环保考虑。

京新高速公路连接北京与新疆乌鲁木齐，全长约 2540km，是世界上穿越沙漠最长的高速公路，途经库布齐沙漠、乌兰布和沙漠以及巴丹吉林沙漠。其中，位于北京市海淀区上地三街东口的上地桥是京新高速北京段的关键工程节点。这座桥梁是一座五跨连续的独塔单索面预应力钢筋混凝土斜拉桥，总长 510m，宽 35.5m，塔高 99m，具体跨度为 46m+46m+230m+98m+90m。它的设计需要跨越京包铁路和城铁十三号线，而且公路与铁路、城铁的交角仅为 19° [335]。

在建设过程中，项目面临多项挑战：首先，需要在不影响京包铁路与城铁十三号线的安全与正常运营的前提下进行施工；其次，施工场地受征地拆迁限制非常狭窄，还紧邻居民区与城铁站，这对施工安全和对周边环境的保护提出了高要求。为了克服这些困难，中铁集团开展了针对性的课题研究，采用了多项创新科技和工艺，其中不少技术在国内外都具有创新性和领先地位。这些技术和创新方法不仅确保了工程的顺利完成，还大大提升了建设质量和效率，使上地桥成为京新高速公路上的一座标志性工程。

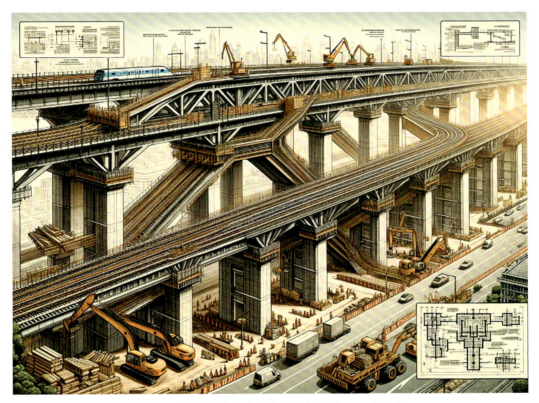

图 5.2　地铁路分离式立交桥建造技术——上地桥
图片来源：ChatGPT 生成

　　面临施工场地狭窄、紧邻居民区及城铁站等复杂环境因素的挑战，中铁集团的科研团队针对上地桥项目创造性地设计并实施了"水滴形独塔，复杂曲线单点顶推法施工"的方案。此方案以其结构的创新性和受力的合理性成功克服了城市环境中跨越繁忙铁路与城铁的技术难题，同时确保了工程美观与周围自然及人文环境的和谐统一。此方案有以下技术创新与成就。

1）单点顶推法应用

　　上地桥项目采用了单点顶推法施工曲线混凝土斜拉桥，这在全球尚属首次。顶推段梁长达 212m，顶推距离 213m，单点顶推重量高达 25000t，刷新了世界纪录。此外，悬臂长度 63m 的顶推梁也打破了国内曲线混凝土箱梁顶推的纪录。

2）施工技术创新

为适应该设计方案，团队发明并应用了多项新技术与设备，包括混凝土梁底啮合圆曲线顶推轨迹和两点限位纠偏的综合施工技术。这些技术满足了顶推梁段在复杂线型和保障铁路及城铁运营安全方面的要求。

3）动态纠偏与精确定位

开发了中心偏位自动显示仪和顶推梁横向限位器，这些设备帮助实现了大吨位曲线混凝土梁顶推的动态纠偏和精确就位，其中部分设备已获得国家实用新型专利。

4）创新设备开发

发明了新型整束退锚器，解决了 212m 超长预应力临时束的安全快速退锚难题。此外，研发的变曲率、变宽度的全钢液压爬模系统解决了变截面曲线实心塔施工的挑战。

由于这些创新和技术的突破，上地桥项目不仅获得了"北京市科学技术奖"二等奖，还被评为"中国首届最美景观桥"，成为中国土木工程领域的一项标杆工程。这些成就展示了中铁集团在应对复杂城市基础设施项目中的创新能力和技术实力，为全球桥梁建设领域提供了宝贵的经验和技术积累。

上地桥项目除了采用创新的单点顶推法施工技术外，在其他工程技术领域也展现了显著的创新和突破。中铁集团的科研团队开发了多项新技术，成功应对了复杂的施工挑战，这些创新不仅促进了工程的顺利完成，还极大地提升了施工效率和安全性，详情如下。

（1）1500 吨级 4 点同步张拉技术。

团队开发并成功应用了 1500 吨级千斤顶塔外 4 点同步张拉技术。这项技术允许在实心塔外部进行同步张拉，是国内首次实施此类高吨位的张拉工作。通过这种方法，可以精确控制拉索索力，确保斜拉桥的稳定性和安全性。

（2）大规格斜拉索安装技术。

为适应特殊的施工条件，科研团队突破了传统的挂索安装方法，研发了一种新型的适用于斜拉桥缆索施工的多功能平台技术。这项技术使得大规格斜拉索能够在无塔吊的条件下与主塔同步施工，大大提高了施工的灵活性和效率。

（3）斜拉索灯具套筒式安装装置。

针对大跨度斜拉桥亮化灯具在风中易产生振动的问题，团队发明了斜拉索灯具套筒式安装装置。这种装置有效解决了风振问题，保证了灯具的稳定性和使用寿命，同时也提升了桥梁的美观性。

技术创新不仅证明了中铁集团在解决复杂基建项目时的高技术能力，也为整个建筑行业提供了宝贵的技术参考。上地桥工程因应用这些前沿技术和创新方法，不仅成功竣工，还因技术创新和卓越的工程质量获得了中国土木工程詹天佑奖。此奖项是对团队在桥梁建设技术创新方面的高度认可，标志着京新高速公路上地桥项目在工程设计与实施方面达到了国际先进水平。

上地桥的成功建设展示了现代城市中交通枢纽设计的复杂性和多功能性。通过其高效的交通分离设计和先进的工程技术，上地桥不仅提高了交通效率，还增强了区域连接性，成为京新高速公路系统中的一个关键节点。这座桥梁的设计和建造体现了对城市交通需求和环境影响的深入考虑，是城市基础设施建设中的一个典范。

5.3 桥、岛、隧、水下互通的超级跨海集群工程

桥、岛、隧、水下互通的超级跨海集群工程是一种复杂的跨海交通工程设计，通过综合利用桥梁、人工岛、海底隧道和水下互通技术，实现多样化的交通方式并克服自然条件的限制。这种工程不仅能够连接广阔的海域，还能显著提升地区的交通效率和经济发展。以下是此类工程的基本概念及其建造技术的主要特点。

1. 桥、岛、隧、水下互通工程的结构

桥、岛、隧、水下互通工程集成了以下几种结构。

1）桥梁

连接两个地点或多个地点，跨越水域或其他地形障碍。

2）人工岛

在海中建造的人工结构，可用作桥梁的支点、隧道的接入点或独立的功能区。

3）海底隧道

通常埋设在海床下方，用于连接两个地点，能够抵抗恶劣天气和海上交通的影响。

4）水下互通立交

结合桥梁和隧道的交通节点，允许不同方向的交通流线无缝对接。

2. 建造技术特点

1）高级工程材料

这种工程需要使用耐腐蚀、高强度的材料，如特种混凝土和耐候钢，以确保长期的结构安全和耐用性。

2）复杂的设计和建造过程

设计必须考虑自然条件，如地质、潮汐和极端天气；工程设计通常涉及先进的建模软件和仿真技术，确保设计的可行性和安全性。

3）环境影响最小

施工过程中采取多种措施减少对海洋生态的影响，如选择合适的施工时间以避开生态敏感期，使用环保材料和技术；工程完成后，人工岛和桥基等结构可能成为海洋生物的栖息地。

4）技术创新和集成

采用自动化和机器人技术进行海底施工，提高施工安全性和效率；结合地理信息系统（geographical information system，GIS）、全球定位系统（GPS）和其他传感技术进行精确的施工管理和监测。

5）多功能利用

人工岛和桥梁不仅用于交通，还可以开发为商业、娱乐或居住区，提高经济效益；设计中可集成可再生能源设施，如风力和太阳能发电设施，推动可持续发展。

总体而言，这类超级跨海集群工程代表了现代土木工程中的一项巨大挑战，涉及高度复杂的工程设计和施工技术。这些工程不仅改善了区域连接性，促进了经济发展，还展示了在恶劣环境条件下实施大规模基础设施项目的能力。

深中通道项目是世界级的桥、岛、隧、水下互通于一体的超级跨海集群工程（图5.3），是国家"十三五"重大工程和《珠三角地区改革发展规划纲要》确定建设的重大交通基础设施项目，是连接广东自贸试验区三大片区、沟通珠三角"深莞惠"与"珠中江"两大功能组团的重要交通纽带，是粤东通往粤西乃至大西南的便捷通道。

技术难点和工程特性方面，深中通道的建设具有以下五大技术难点：超宽、变宽、深埋、回淤量大、采沙坑区域地层稳定性差，这些特点使得该工程在规模和技术难度上前所未有。工程涉及的沉管标准管节长度达 165m，排水量约 8 万 t；共 32 个管节，每个管节平均用钢量约 1 万 t；单个管节包含 2500 多个独立仓格，规格多样，对工艺参数控制及施工组织的要求极高[336]。

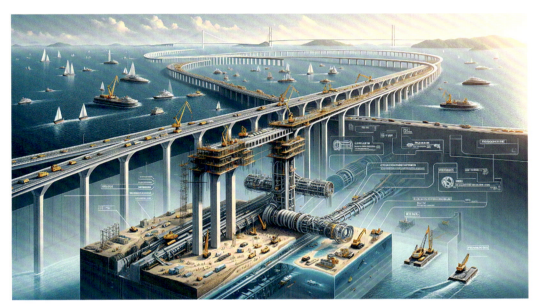

图 5.3 桥、岛、隧、水下互通的超级跨海集群工程——深中通道项目

图片来源：ChatGPT 生成

3. 科研成果和创新

科研成果和创新方面，据不完全统计，基于深中通道项目，已获批的各类基金项目超过 700 项，可查询的技术资源超过 27000 项，其中包括研究性论文 3700 余篇，学位论文 4000 余篇，会议论文 360 余篇，科技成果 1050 余项，出版专著 90 余部，标准 3 项，专利 1150 余项，技术报告 5400 余项，法律法规、案例分析及信息咨询文档近 7000 项。这些研究和技术成果标志着该项目在技术和科学研究方面取得了显著进展。

在技术突破方面，深中通道项目在多个技术领域取得了突破，包括人工岛对接端现浇隧道及止水关键技术，沉管对接的二次止水技术，大体积混凝土控裂技术，以及高大模板及支架的设计等（表 5.1）。这些技术突破不仅解决了施工中的难题，还填补了国内在相应设计标准、建设技术及经验方面的空白。深中通道具有如下工程亮点与技术创新。

表 5.1　深中通道关键创新性技术

序号	技术名称
1	人工岛对接端现浇隧道及止水关键技术
2	大体积混凝土控裂技术
3	超大跨海中悬索桥抗风技术
4	扶壁式岛壁结构施工技术
5	沉管隧道工程技术
6	沉管对接二次止水技术
7	基于性能需求的长联多跨连续梁桥各向异性减隔震体系
8	跨海集群工程耐久性保障关键技术
9	跨海集群工程智能建造技术
10	基于 BIM + 移动互联网的智慧工地

1）海底沉管隧道

通道包括约 6.8km 的海底隧道，沉管段长约 5km，采用国内首次、国际首次大规模应用的钢壳混凝土组合结构形式。这种结构设计创新，由 32 节管节和 1 个最终接头组成，创建了世界上最宽的海底沉管隧道标准。

2）伶仃洋大桥[337]

作为通道的一部分，伶仃洋大桥是一座主跨 1666m 的全漂浮三跨吊悬索桥，主塔高达 270m，拥有 213 个钢箱梁节段。这座桥不仅是世界通航净空最高的海中大桥，而且桥面至海面的高度约 91m，相当于 30 层楼高，位于珠江口开阔水域、强台风频发区。

3）技术难题的攻克

项目团队攻克了包括人工岛对接端现浇隧道及止水关键技术、沉管对接二次止水、大体积混凝土控裂、高大模板及支架设计等多项技术难关，填补了国内在相关设计标准和建设技术上的空白。

4）智能化施工设备

深中通道采用了承载力 850t 的智能化缆载吊机进行钢箱梁吊装，该设备可通过中央自动控制系统进行可视化远程操控及自动跟踪高差、同步控制移位行走、吊装等全部作业，显著提升了施工的安全性和效率。

5）智能制造

在钢箱梁的生产制造方面，深中通道实施了智能制造"四线一系统"，涵盖板单元制造、拼装和涂装等环节，实现了生产的智能化、高质量和高效率。利用智能机器人和单元件制造智能设备，生产效率提高了超过 30%。

深中通道的建设不仅是一个交通工程项目，它还代表了中国在复杂工程建设领域的技术进步和创新能力，预计将极大地促进珠江三角洲地区的经济一体化和区域发展。

5.4 综合性大型水利工程建造技术和方法

综合性大型水利工程的建造不仅是工程技术的挑战，还是项目管理和环境保护的复杂任务。这些工程通常涉及大坝、水库、泵站、发电站和水处理设施等多种设施的建设。以下是这类工程建设的技术特点。

（1）多功能设计。综合性水利工程通常需要满足多种功能，如供水、发电、防洪、灌溉、生态保护和游憩等。这要求工程设计必须兼顾多方面需求，进行优化以达到各种功能的最佳平衡。

（2）地质与地形适应性。大型水利工程常常位于地质条件复杂的区域，如山区、河流交汇处等。工程设计和建造必须基于详细的地质和水文调查，确保结构的稳定性和安全性。施工中常用的技术如钻孔爆破、土石方挖填、深基坑支护等都需要根据具体的地质条件灵活应用。

（3）高强度材料的使用。为确保工程的耐久性和安全性，综合性水利工程通常使用高性能的建筑材料，包括高强度混凝土、特种钢材等。这些材料能够承受高压力、极端天气和长期水流的冲刷。

（4）环境保护与生态考虑。现代水利工程的建设越来越重视对环境的影响和生态保护。设计中需采取多种措施，如建设鱼道、保护水源地、恢复生态湿地等，以减少工程对周围环境的负面影响。

（5）高级自动化与监控系统。大型水利工程通常装备有先进的自动化系统和监控设备，以实时监控工程运行状态、水质和环境变化。这些系统包括远程控制系统、视频监控系统、自动调度系统等，可以有效提高工程管理效率和应急反应速度。

（6）施工技术。大型水利工程的施工技术包括混凝土浇筑技术、土石方施工、防渗和防腐技术等。例如，在大坝建设中，常使用滚动压实混凝土（roller compacted concrete，RCC）技术以提高施工速度和降低成本。同时，采用高效的渗漏控制技术和表面处理技术，确保长期的稳定性和耐久性。

（7）项目管理。由于涉及多个子项目和复杂的利益相关方，综合性水利工程的项目管理要求非常高。需要通过严格的项目管理方法，如项目生命周期管理、成本控制和时间管理，确保工程按预算、按时程推进。

综合性大型水利工程的建设融合了高端工程技术、环境科学和管理学，是现代工程技术与自然科学交叉融合的典范。

黄河小浪底水利枢纽工程是中国综合性大型水利工程（图5.4）的典范之一[338]，是国家"八五"重点建设项目，是黄河治理开发的关键控制性工程，其任务以防洪（包括防凌）、减淤为主，兼顾供水、灌溉和发电，蓄清排浑，综合利用，除害兴利。该工程采用了多项先进的建造技术和管理方法，其技术特点代表了现代水利工程建设的较高水平。下面详细介绍黄河小浪底工程中使用的关键建造技术。

图5.4　综合性大型水利工程建造技术——黄河小浪底水利枢纽工程

1. 技术创新与挑战

小浪底工程面临的地质和水沙条件极其复杂，被誉为世界上最复杂的水利工程之一。为了应对这些挑战，工程团队进行了 400 多项科学试验和研究，采用了多项创新技术（表 5.2 和表 5.3）。

表 5.2　黄河小浪底水利枢纽工程规划和布置新理念

序号	规划和布置理念
1	"合理拦排、综合兴利"的规划理念
2	隧洞泄洪为主、进水口集中布置的枢纽布置方案
3	采用天然淤积铺盖作为大坝辅助防渗体系
4	采用多级孔板消能技术成功改建泄洪洞
5	金属结构技术难题

表 5.3　黄河小浪底水利枢纽工程国际领先施工技术

序号	施工技术
1	采用机械化联合流水作业建造了国内第一高壤土斜心墙堆石坝
2	采用横向接头孔填充塑性混凝土保护下的平板接头形式，建造了国内当时最深、强度最高的混凝土防渗墙
3	在国内首次采用双圈缠绕后张无黏结预应力混凝土隧洞衬砌技术
4	在砂页岩地层中设计建造了国内最大的地下厂房
5	建造了世界坝工史上绝无仅有的进水塔群和大型综合消能水垫塘
6	首次在国内大规模地采用了双层保护预应力锚索和钢纤维喷射混凝土技术，成功地处理了地质条件极为复杂的进出口高边坡岩石开挖
7	70MPa 高强硅粉混凝土等新材料的研究及应用
8	首次在国内成功地采用了灌浆强度值（grouting intensity number，GIN）帷幕灌浆技术

1）水库水沙调控

制定了水库特征水位指标和水沙调控指标体系，优化水资源和泥沙管理。

2）枢纽布置方案

创新性地采用隧洞泄洪和集中式进水口布置，有效提升了枢纽的安全性和功能效率。

3）防渗技术

采用天然淤积铺盖和带内铺盖的斜心墙堆石坝设计，形成了高效的辅助防渗体系。

4）多级孔板消能技术

首次在世界坝工中采用多级孔板消能技术，成功改建泄洪洞，提升了泄洪的安全性和经济性。

2. 精神文化与国际合作

小浪底工程不仅是一项技术工程，也是一种精神和文化的体现。工程开工后，小浪底工地成为一个"地球村"，吸纳了全世界的现代文化，促进了中外建设者之间的融合。

1）精神文化

工程团队展现了顽强拼搏和艰苦奋斗的精神，这种精神成为克服技术难题、推动工程进展的重要动力。

2）国际合作

小浪底工程的成功实施得益于国际合作，多国工程技术人员和专家的共同努力，体现了开放包容、互利共赢的和谐文化。

3. 经济效益与生态效益

小浪底水利枢纽的建设不仅提高了黄河流域的防洪能力，还支持了地区的供水、发电和航运，带动了经济发展。

1）生态保护

工程设计考虑了生态保护，通过科学放水策略保持下游生态系统的健康。

2）经济推动

通过发电和改善水资源管理，工程为当地社会经济发展提供了重要支撑。

小浪底水利枢纽工程的建设不仅是技术的集大成，更是一种跨文化合作和精神传承的象征，展示了中国在复杂条件下实施大型工程的能力。这些成就不仅提升了国家的基础设施，也增强了社会的凝聚力和国际形象。这些经验为全球类似的大型水利工程提供了宝贵的参考。

5.5 特高压交流输电技术和方法

特高压交流（ultra-high voltage alternating current，UHVAC）输电技术是一种用于大规模电力输送的先进技术。特高压交流输电技术能够在极大距离上输送大量电能，有效减少在传输过程中的能量损失，提高电力系统的整体效率和稳定性。这种技术在连接远离负荷中心的大型发电站（如水电站、海上风电场和太阳能发电站）与主要消费区时尤为重要。

1. 特点和优势

1）高电压长距离输送

特高压交流输电技术通常涉及的电压等级在 345kV 以上，常见的有 500kV、800kV，甚至更高。这种高电压等级使得电能可以在减少能量损失的情况下，跨越数千千米进行输送。

2）减少线路损耗

电力传输过程中的能量损失与传输电流的平方成正比。通过使用更高的电压和相对较低的电流进行输电，可以显著降低线路损耗，提高传输效率。

3）节省用地资源

相比较于低电压级的输电线路，特高压输电允许更大的跨度和更少的输电塔，从而减少土地占用和环境影响。

4）优化电网管理

特高压输电可以提高电网调控的灵活性，使电网运营更加稳定，能够有效应对大规模电网中的负荷变化和故障。

5）经济效益

虽然特高压输电线路的初期建设成本较高，但长远来看，由于其高效率和低运维成本，总体经济效益是显著的。

2. 技术挑战

1）绝缘和安全问题

随着电压等级的提高，绝缘问题变得更加复杂和具有挑战性。需要开发和使用更高性能的绝缘材料和技术，以确保线路的安全稳定运行。

2）电磁影响

特高压输电线路会产生较大的电磁场，可能对周围环境（如通信设备、生物环境）造成影响。因此，需要采取相应的措施来降低这些影响。

3）公众接受度和环境影响

特高压输电线路的建设常常面临公众对健康和环境影响的担忧。有效的沟通和环境保护措施是获得公众支持的关键。

中国是特高压输电技术的先驱和领导者，中国的特高压交流输电技术

（图5.5）是国家能源战略的关键组成部分，尤其是在实现"西电东送"战略方面发挥了核心作用。这一战略不仅对于平衡国内的能源分布具有重要意义，还关系到经济的持续发展和环境保护。

图5.5　特高压变电站

中国西部地区富含煤炭、水电和新能源（风能、光伏）资源，而东部和中部地区则是国家的经济重心，人口密集且工业发达。由于能源资源与消费市场之间的地理分布不均，加之东部地区土地资源紧张、环境容量有限，因此，通过远距离、大容量的输电技术将西部的能源输送到东部消费地，成为解决这一不平衡的有效途径。

3. 应用案例

1000kV特高压交流输电技术是目前世界上电压等级最高、技术水平最先进的交流输电方式，其主要优势如下。

（1）大容量输电：特高压输电技术可以实现更大的输电容量，满足东部大规模的能源需求。

（2）长距离输送：能够有效输送电力距离达 800～3000km，覆盖广泛的区域。

（3）低输电损耗：较低的输电损耗保证了输电效率，降低了能源浪费。

（4）联网能力强：提升了电网的联网运行能力，增强了系统的整体稳定性。

（5）节约土地资源：由于使用更少的输电塔及更长的跨距，减少了土地占用，降低了对环境的影响。

自 1986 年开始研究特高压输电技术后，中国在 2005 年全面启动了特高压输电的前期论证和关键技术研究。2009 年，中国投运了首个具有完全自主知识产权的 1000kV 特高压交流输电工程。截至 2020 年，中国已建成了覆盖 13 个省（自治区、直辖市）的特高压交流输电工程群，总长达 12000km，涵盖 31 座变电站，总投资达到 1865 亿元。

这一广泛的特高压网络不仅提高了区域电网的电力交换能力和安全水平，还极大地支撑了"西电东送"战略的实施，满足了东部地区不断增长的电力需求。此外，特高压交流输电技术的应用还促进了能源资源的优化配置，提高了土地资源的使用效率，并有助于减少环境污染，为中国的可持续发展提供了坚强的能源保障。

自 2004 年以来，国家电网有限公司在特高压交流输电技术的研究与应用方面取得了显著的全面创新突破。这项技术不仅增强了中国的电力输送能力，还推动了"中国创造"到"中国引领"的转变，使中国在国际高压输电领域处于领先地位。

1）技术创新与突破

（1）理论与技术创新：国家电网有限公司开展了全面的特高压理论研究，包括高压输电的基础研究、设备研制及其优化配置；实现了在无功电压控制、潜供电流抑制、过电压与绝缘配合等关键技术领域的突破。

（2）标准与设备自主化：成功研制并国产化了代表世界最高水平的全套特高压交流设备，国产化率达到 90% 以上；建立了由 7 大类 79 项国家标准和行业标准组成的特高压交流输电技术标准体系，为全球首创。

（3）专利与国际领导：获得了 279 项专利授权，其中包括 96 项发明专利。国际大电网委员会（International Council on Large Electric systems，CIGRE）和国际电气电子工程师协会（Institute of Electrical and Electronics Engineers，IEEE）均设立了由中国主导的特高压工作组[339]。

2）工程实践与全球影响

（1）试验示范工程：基于试验示范工程实践，中国建立了世界一流的特高压试验研究体系，全面掌握了特高压交流输电核心技术。

（2）工程建设与国际输出：自 2009 年首个特高压交流输电工程投运以来，中国已累计建成由 28 个单项工程组成的特高压交流输电工程群，覆盖了 268 万 km^2 国土面积。该技术和设备已经开始输出到国外，实现了国际技术转移与合作。

（3）创新管理模式：采用了"用户主导的创新管理"新模式，以工程需求为导向，组织全面科研攻关，实现了在较短时间内完成世界级重大创新工程建设。

3）荣誉与认可

特高压交流输电技术的创新成果获得了国内外的高度评价和充分肯定，包括"国家科学技术进步奖特等奖"和"国家优质工程金质奖"等多项重要奖项，被国际权威组织认为是"世界电力工业发展史上的重要里程碑"，标志着中国在全球高压输电技术研究、设备制造和工程应用领域的领先地位。

通过这些全面的创新与实践，特高压交流输电技术不仅在国内外电力系统中扮演着重要角色，也显著提升了中国在全球能源和电力领域的影响力。这些成就展示了国家电网有限公司在高端技术开发与应用方面的全球领导能力。

5.6　海上风电集群建造技术和方法

海上风电集群是指在海洋中安装的一组风力发电机，它们通过一套集成的输电系统将电力传输回陆地。这种集群的建设利用了海上的高风速和相对一致的风向，可以大幅提高风能发电的效率和可靠性。下面是海上风电集群建造技术的特点。

（1）基础设计与安装：海上风电的基础设计比陆上复杂，主要有单桩基础、重力基座和浮动基础等类型。每种基础的选择取决于水深、海床地质和经济考虑。浮动基础是较新的技术，适用于深水区域，可扩大海上风电的适用范围。

（2）远程位置和极端环境：海上风电场通常处于较远的海域，这增加了材料运输和人员到达的难度。因此，项目的物流管理尤为重要。海上风电需要承受海洋环境的挑战，包括强风、波浪、盐雾腐蚀等，这要求使用更耐用的材料和更高标准的工程设计。

（3）安装与维护：安装过程需要特殊的船只和设备，如起重船和安装平台。这些设备必须能在复杂的海况下稳定作业。海上风电的维护成本较高，难度较大，需要训练有素的技术人员。

（4）电网连接：海上风电集群需要通过海底电缆与陆上电网连接。设计和安装海底电缆系统要考虑到电缆的保护、敷设深度和路径选择，避免海底地形和其他海洋活动的干扰。

（5）环境影响评估和管理：在建造前，需要进行全面的环境影响评估，评估对海洋生态系统的潜在影响，如鱼群迁徙、海底生态等。实施时需采取措施减少施工对海洋环境的影响，如限制施工期间的噪声和避免对海床的过度干扰。

海上风电集群的建设是一个高技术、高投入的工程项目，但随着技术的成熟和规模的扩大，其成本正在逐渐降低，成为全球可再生能源领域中一个越来越重要的部分。

中国海上风电集群（图 5.6）的建设与创新已成为全球海上风电行业的重要组成部分，尤其在技术特点、设计创新及施工能力方面展现出显著的特点。以下是中国海上风电集群建造的概况、技术特点与创新的详细介绍。

图 5.6　海上风电集群

1. 建造概况

中国海上风电的发展始于 2009 年的东海大桥风电场项目，这标志着中国从零开始至逐步领跑全球海上风电技术。截至 2020 年，中国沿海八省份的海上风电并网容量达到 751 万 kW，已超过"十三五"规划目标的 150%。在碳达峰碳中和的背景下，海上风电作为绿色能源的一个重要组成部分，对优化能源结构和促进节能减排具有重要意义。

2. 技术特点与创新

1）大兆瓦级风电机组的开发与应用

中国在大兆瓦级抗台风海上风电机组方面取得了显著成就。例如，东方风电开发的 10MW 级风电机组在全球范围内获得认可，其永磁直驱传动系统和碳纤维混合材料叶片均达到世界先进水平。

2）海上风电基础的多样化与创新

中国根据不同的海洋和地质条件开发了多种基础设计，从单桩式到复杂的桩-桶复合基础，适应从浅水区到深水区的不同需求。如东八仙角风电场采用的多场耦合作用下的全工况动态性能分析和结构设计，显著减轻了结构重量和成本。

3）漂浮式风电技术的进展

中国正在积极推动漂浮式风电技术的研发，这将使得中国能在更深的水域开发风电。

3. 海上施工建设能力的提升

随着海上风电项目规模的增加，中国已拥有强大的海上风电施工能力，拥有 20 艘以上的基础施工起重船和安装船，足以支持每年 500 万～650 万 kW 的装机容量。2020 年，中国投入使用首艘 1300t 级自升自航式风电安装船，提高了安装效率和安全性，能同时满足多套大型风机组件的运输与安装需求[340]。

这些进展不仅体现了中国在技术创新和产业规模化方面的快速发展，也展示了中国在推动全球绿色能源转型和实现碳中和目标上的重要作用。随着技术的持续进步和经验的积累，中国海上风电未来的发展前景广阔。

5.7 煤直接液化技术和方法

煤直接液化技术是将固体煤转化为液体燃料的一种过程，这种技术在资源利用和能源转换领域具有重要意义。其基本原理是在高温、高压的环境下，通过催化剂的作用，将煤中的大分子有机化合物分解成小分子的液态烃。

这项技术主要分为两个步骤。

（1）溶解阶段：将煤粉与溶剂混合，并在一定温度和压力下加热，使煤中的大分子化合物分解，并形成溶于溶剂的低分子化合物。

（2）升华阶段：通过加热和催化剂的作用，进一步将这些低分子化合物转化为更小的分子，通常是液态烃。

煤直接液化的优点是能够将煤炭这种丰富的固体燃料转化为更易于运输和使用的液体燃料，如合成石油，从而在某种程度上减少对天然石油资源的依赖。然而，这种技术也面临着成本高、能耗大、环境污染问题等挑战。例如，液化过程中会产生大量的二氧化碳和其他温室气体，这对环境保护构成了挑战。

神华煤直接液化项目位于内蒙古鄂尔多斯市伊金霍洛旗，是世界上第一个年生产油品 500 万 t 规模的煤直接液化工程。该项目由中国神华能源股份有限公司（简称神华公司）负责建设，于 2004 年 8 月开工，并在 2012 年 3 月成功投入运行 [341]。神华煤直接液化项目的技术创新是其成功的关键因素，涵盖了催化剂开发、反应器设计以及系统整体的优化。这些技术的开发和应用不仅提高了煤直接液化的效率，也降低了生产成本，提升了环保性能。以下是项目中几项重要技术创新的详细介绍。

1）"863"高效煤直接液化催化剂

"863"催化剂是专门为煤直接液化反应而设计的，其主要优势在于提高煤的转化率和产物的液体收率。这种催化剂通过特定的化学和物理过程优化，有效地防止了催化过程中的纳米微粒二次聚合，这是提高反应效率的关键。此外，这种催化剂的制备方法简单，易于工业规模生产，并且具有很好的重复使用性。神华公司不仅在国内中试装置中验证了该催化剂的效果，还成功地将其应用于百万吨级的生产线，大幅提升了产品质量和生产效率。

2）串联式悬浮床反应器

串联式悬浮床反应器是煤直接液化过程中的核心设备。该设计特别考虑了反应过程中的物料流动和热力学条件，以最大化反应效率并防止反应器内部结焦。

在这两台反应器中，沿径向均匀分布的温度计套管和轴向的测温点确保了温度的精确控制，从而实现了优化的反应条件。这种设计的成功，防止了大面积结焦现象，保证了反应器长时间稳定运行。

3）高温高压差减压阀的国产化

反应后的产品需要通过高温高压差减压阀进行压力调节以进入后续处理阶段。由于介质中含有固体颗粒（如未反应的煤粉、催化剂和灰分），以及高温和高压力的工作环境，传统的减压阀容易损坏。为了解决这一问题，神华公司与国内制造商合作，开发了新型材料和制造技术，制造出适用于煤直接液化工况的减压阀。这些减压阀采用人造金刚石和碳化钨材料，具有更高的耐磨损和耐高温性能，显著提高了设备的可靠性和经济效益。

4）加氢稳定装置催化剂的国产化

在煤直接液化过程中，加氢稳定装置是关键的支持系统，为整个工艺提供必要的氢气。初始使用的进口催化剂未能完全满足工艺要求，因此神华公司与国内研究机构合作，成功开发了 FFT-1B 高效加氢催化剂。这种催化剂不仅提高了氢气的效率，还优化了热稳定性和反应动力学性能，从而提高了整体的生产效率和经济效益。

这些技术创新在神华煤直接液化项目中的成功应用，展示了中国在煤化工领域的技术进步和创新能力，为全球煤直接液化技术的发展提供了重要的参考和借鉴。

5.8 智慧矿山建造技术和方法

1. 技术介绍

智慧矿山是采用现代信息技术和智能化装备，实现矿山开采的自动化、数字化和智能化。这种新型矿山模式主要依靠物联网、大数据、人工智能、机器人技术等，以提高资源利用效率，降低开采成本，增强安全性，并减少对环境的影响。在资源开采日益困难和环保要求日益严格的今天，智慧矿山在全球范围内越来越受到重视。智慧矿山具有如下建造技术特点。

1）自动化设备与机器人技术

自动化采矿设备，如无人驾驶卡车、自动装载机和钻探机械，在智慧矿山中广泛应用。这些设备通过先进的传感器和导航系统实现精确操作，可以在无人监督的情况下进行土石方作业和矿石运输。机器人技术用于矿井巡检、设备维护和危险环境作业，提高作业的安全性和效率。

2）信息技术与数据管理

物联网技术用于连接各种采矿设备和传感器，实时收集关于矿山作业的数据（如地质数据、设备状态和环境监测数据），这些数据通过高级分析提供作业决策支持。云计算和大数据技术用于处理和存储大量从矿场收集的数据，支持复杂的数据分析和机器学习算法，以优化矿山运营和资源管理。

3）可视化和控制系统

高级可视化工具（如三维地图和虚拟现实）用于模拟矿山操作和训练，帮助工程师和操作员理解复杂的地质和设备信息。中央控制室使用集成的控制系统监控所有的采矿活动，实时调整和优化矿山作业。

4）安全与环保技术

智慧矿山采用先进的安全监控和预警系统，例如地下通信系统、空气质量监测系统和视频监控系统，以预防事故并保护工人的安全。环保技术包括水资源管理、尾矿处理技术和土地复垦技术，以最小化采矿对环境的影响。

5）能源管理与优化

通过智能能源管理系统，智慧矿山能够优化能源消耗，降低操作成本。例如，通过自动调整能源使用和监控设备效率，确保能源的最优使用。

智慧矿山通过这些技术整合，不仅提升了采矿效率和安全性，也大大减少了环境污染和资源浪费。这种矿山模式的发展预示着未来矿业向更加可持续和环境友好的方向转变。

2. 应用案例

小保当矿井位于陕北黄土高原北端，小保当智慧矿山的建造技术创新主要体现在智能化和自动化的高度整合，利用先进的信息技术和机器人技术极大地提升了矿山的安全性、效率和环保水平。以下是小保当智慧矿山的一些关键技术创新点。

1）高级智能化综采工作面

小保当矿山采用了千万吨级智能化综采工作面，这一系统集成了高能积比配套模式、宽中心距液压支架和集中一体式过煤方式等多种技术。通过自动化故障诊断、智能补架技术、支护质量评价模型及自适应控制系统，实现了超长工作面在采、支、运等环节的高效协同。这些技术的应用大大提高了矿山的生产效率和安全性，同时也降低了人力成本和操作难度。

2）云计算和物联网的集成应用

基于华为混合云平台的技术，小保当矿山建立了一个高标准、模块化的云数据中心，采用万兆视频、万兆控制和千兆安全三级冗余体系，确保数据通信的高速与安全。云计算和物联网技术的应用使得矿山可以实时监控设备运行状态和环境变化，提升了矿山管理的智能化水平。

3）5G+ 智慧矿山应用场景

小保当矿山利用"切片 +MEC[①]+ 虚拟无线专网"的 5G 网络，实现了井上下全覆盖的高速网络连接。这使得 5G+ 无人驾驶、5G+ 智能工作面实时控制系统和井下智能视频分析系统等应用成为可能。5G 技术的引入不仅提升了数据传输效率，还增强了远程控制和自动化操作的能力。

4）护盾式智能掘进机器人系统[342]

该系统通过创新的护盾式机体结构克服了履带式掘进装备在复杂煤岩条件下的适应性难题。系统集成了钻锚和锚网运输机器人的并行协同控制方法，提高了截割的自适应性、稳定性和高效性。此外，通过数字孪生（digital twin）驱动的远程虚拟测控系统，实现了掘进机器人系统的自动截割、自主导航和多机协同操作。

5）环境及安全监控

通过云数据平台和物联网，小保当矿山实现了实时安全生产数据的监控和分析，构建了生产调度协同管控中心和生产决策分析中心。这些系统通过实时数据分析和预警机制，极大地增强了矿山的安全生产能力。

小保当智慧矿山的这些技术创新不仅提高了矿山的生产效率和安全标准，还对环保和资源利用效率产生了积极影响，是未来矿业发展的典范。

5.9 高速动车组建造技术和方法

高速动车组是专为高铁运输设计的一种列车，可以提供快速、高效、舒适的旅行服务。这些列车通常由多节车厢组成，每节车厢都装备有自己的动力系统，

---

① MEC：移动边缘运算（mobile edge computing）。

使得整个列车能够以高速运行。高速动车组的设计允许其在高铁上运行，速度通常在 250～350km/h，某些列车甚至能够达到更高速度。

1. 技术介绍

高速动车组与传统的火车不同，它不依赖单一的机车牵引，而是通过分散的动力系统提供动力，这种设计可以提高加速性能，减少运行噪声和振动，同时也提高了能效。高速动车组通常具备高级的乘客服务设施，如宽敞舒适的座位、网络连接、电源插座和高级娱乐系统等。高速动车组具有如下建造技术特点。

1）轻量化材料

高速动车组广泛使用铝合金、高强度钢材和复合材料等轻量化材料制造车体，这些材料能降低整体重量，提高能效和加速性能。

2）空气动力学设计

列车头部和车身设计考虑空气动力学，以减少空气阻力，提高运行速度并降低能耗。流线型的车头设计有助于减少在高速运行时产生的噪声和震动。

3）先进的动力和牵引系统

使用高效的电动机和先进的牵引控制技术，如直流或交流牵引电机，以及绝缘栅双极晶体管（insulate-gate bipolar transistor，IGBT）或门极可关断晶闸管（gate turn-off thyristor，GTO）逆变器，提供更高的运行效率和更好的加速性能。

4）制动系统

配备先进的电气制动系统，如再生制动技术，可以在减速时回收能量，提高能效。

5）安全与舒适性

内部装饰采用阻燃材料，配置有紧急通信系统、高级自动控制系统，包括自动驾驶和碰撞检测系统，确保旅客安全。设计注重乘客舒适性，包括调节座椅、静音车厢和自动空气调节系统。

6）通信与信息系统

装备有现代化的信息显示系统和乘客服务系统，提供实时旅行信息、Wi-Fi服务和其他数字媒体服务。

7）模块化和标准化设计

高速动车组的生产过程中，模块化和标准化设计使得维修和升级更为方便快捷，有助于降低维护成本和提高运营效率。

总的来说，高速动车组的设计和建造集中体现了现代铁路技术的高端应用，包括工程材料、动力学设计、电子工程和安全科技的集成。这些技术的应用使高速动车组成为现代交通工具中的佼佼者，能够提供安全、高效、舒适的旅行体验。

2. 应用案例

复兴号动车组是中国高铁技术发展的一个里程碑，代表了中国在高铁技术领域从追赶到领先的转变。复兴号动车组不仅体现了中国高速动车组设计和制造的最高水平，也展示了中国在全球高铁技术竞争中的领导地位。以下是复兴号动车组的几个关键技术特点和创新。

1）自主知识产权和专利创新

复兴号动车组拥有 1400 余项专利授权，其中 600 余项为发明专利。这些专利涵盖从车头设计到转向架的各个方面，如获得中国专利奖的高速轨道车辆转向架。

2）高性能设计

复兴号动车组采用了全新的低阻力流线型头型，这种设计显著减少了空气阻力，使得列车在 350km/h 的高速运行时，每千米能耗约为 17.3kW·h。列车结构和内部设计优化提高了旅客的舒适性，如增加了座位间距，改善了空调系统，减少了隧道或交会时的压力波影响。

3）环境适应性

设计考虑了中国复杂的地理和气候条件，适应温度范围为 −40～+40℃，满足长距离和高强度的运行需求。

4）智能化和监测系统

复兴号动车组装备了先进的智能化感知系统，车内安装了 2500 余个监测点，收集 1500 余项车辆状态信息[343]。这些数据支持对关键零部件进行故障预测和健康管理，显著提高了维护效率和安全性。

5）国际标准与规范

复兴号动车组在技术标准和试验验证方面也取得了重大突破，制订了 300 余项国家及行业标准和 40 余项国际标准，其中中国标准占据了 254 项重要标准的 84%。这为复兴号动车组的国际推广和运营打下了坚实的基础。

6）品质提升

列车的品质在多个方面得到提升，包括降低运行阻力和车内噪声，改善照明系统以适应旅客需求，同时车厢内实现了 Wi-Fi 网络全覆盖，极大提升了旅客的出行体验。

复兴号动车组不仅是中国高速动车组技术的集大成者，也是中国制造业水平的一张亮丽名片。它的成功运营不仅提升了中国铁路的国际形象，也促进了中国高铁技术的"走出去"策略，特别是在"一带一路"倡议中，复兴号成为中国对外合作和技术出口的重要资产。通过不断的技术创新和标准制定，复兴号动车组正引领全球高铁的发展方向，展示了中国在全球高铁技术竞争中的领导地位。

5.10 杂交水稻技术和方法

杂交水稻技术是中国在现代农业科技领域的一项重大创新，被国际誉为中国继四大发明之后的"第五大发明"。这项技术不仅极大提高了水稻的产量，还有效推动了全球农业的现代化，尤其是在提升粮食安全和增加农业产出方面发挥了重要作用。

1. 杂交水稻技术的发展历程和重大成就

1）技术创新的早期发展

1973 年，中国科学家成功研发了籼型三系配套杂交水稻技术，这标志着杂交水稻在中国的首次商业化应用。此技术通过优化父母本的组合，实现了显著的产量提升。

1976 年，杂交水稻的示范推广面积达到 208 万亩，实现了平均 20% 以上的增产效果。

2）杂交水稻的技术突破与国际认可

1989 年，中国成功培育出更高效的"两系"杂交水稻。这一新技术降低了生产成本，同时提高了水稻的产量和品质，被誉为"水稻皇冠上的第三颗明珠"。

该技术及其相关的科研成果获得了多项国内外大奖，包括中国国家最高科学技术奖、国家技术发明特等奖、联合国粮食及农业组织的粮食安全保障奖，以及美国的世界粮食奖等。

3）超级杂交水稻的研究与实施

1996 年，袁隆平院士提出了中国超级稻的研究设想。2000 年，超级杂交稻的示范区亩均产量超过 700kg，最高达到 870kg，使中国在国际水稻生产中取得了领导地位[344]。

2005 年提出的绿色超级稻概念进一步推动了水稻种植的环境友好和资源节约。该研究于 2008 年启动，培育出了多个高产优质的新品种。

2. 技术创新与应用的主要特点

1）高产性

杂交水稻技术显著提高了单产，尤其是在粮食需求增长迅速的国家和地区，解决了大面积种植的高产需求。

2）高适应性

该技术能适应广泛的气候和土壤条件，可在中国广大区域种植。

3）可持续性

绿色超级稻的开发致力于提升环境友好性和资源效率，如减少化肥和农药的使用，减轻对环境的压力。

4）科技引领

杂交水稻技术的开发和完善展示了中国在农业科技方面，特别是在种子技术和种植技术的研发上的全球领导力。

杂交水稻技术的成功不仅提升了中国在全球农业科技领域的地位，也为全球粮食生产和安全做出了巨大贡献，有效推动了全球农业技术的进步和农业生产方式的现代化。

5.11 超高层混凝土泵送施工技术和方法

1. 技术介绍

超高层混凝土泵送施工是指通过专门的泵送设备和技术，将混凝土输送到超高层建筑的施工部位。一般来说，高度超过 100m 的建筑施工就被称为超高层建筑施工。由于建筑高度的增加，传统的混凝土运输方式（如塔吊）变得不再适用，混凝土泵送技术成为了主要的运输手段。超高层混凝土泵送施工具有如下技术特点。

1）高扬程与高压泵送

高扬程：超高层建筑需要将混凝土泵送到几百米的高度，这需要高压、大排量的混凝土泵送设备。

高压泵送：为了克服重力和管道内的阻力，泵送设备需要提供足够的压力，通常需要使用高压泵送设备。

2）混凝土材料性能要求高

配合比设计：混凝土的配合比需要严格控制，以保证其泵送性能。混凝土的坍落度、黏度、凝结时间等指标都需要进行优化。

外加剂使用：使用高效减水剂、泵送剂等外加剂来改善混凝土的流动性和稳定性，防止泵送过程中发生分层和堵管。

3）泵送系统的合理布局

管道布置：泵送管道的布局需要科学规划，尽量减少弯头和接头，减小管道阻力，避免堵管。

设备选型：根据泵送高度和流量选择合适的泵送设备，确保泵送系统的稳定性和可靠性。

4）温控措施

混凝土在泵送过程中需要进行温度控制，以防止因温度变化引起的泵送困难。夏季施工时可能需要对混凝土进行降温处理，冬季施工时则需要加热混凝土。

5）实时监测与智能控制

监测系统：施工过程中需要实时监测泵送压力、混凝土流速、温度等参数，及时调整泵送参数，确保泵送过程的顺利进行。

智能控制：应用智能控制系统和传感技术，提升泵送施工的自动化水平和施工质量。

6）施工安全与质量控制

安全措施：泵送施工需要采取严格的安全措施，防止管道爆裂、高空坠物等意外发生。

质量检测：对每一批次的混凝土进行检测，确保其性能符合设计要求。

7）多阶段泵送

对于特别高的建筑，可以采用分段泵送的方式，中途设置泵站，通过多级泵送逐步将混凝土送至高处。

8）应急措施

制订详细的应急预案，防止在泵送过程中发生堵管、设备故障等突发情况，确保施工顺利进行。

超高层混凝土泵送施工需要综合考虑多种因素，从混凝土配合比设计到泵送设备选型，从管道布置到施工现场管理，以确保超高层建筑混凝土泵送施工的顺利进行和最终质量。

2. 应用案例

上海中心大厦是中国第一高楼，位于上海市陆家嘴金融贸易区，建筑高度为632m，其混凝土泵送施工面临极高的技术要求，涉及超高扬程、超高压泵送、复杂的材料性能控制和先进的施工技术。超高层混凝土泵送施工具有如下应用。

该工程需要将混凝土泵送到620m的高度。采用三一重工自主研制的HBT9050CH超高压泵，其最高输送压力达到50MPa，最大输送排量为90m³/h。这种设备能够克服极高扬程下的混凝土输送阻力。上海中心大厦使用的混凝土最高强度等级为C80[345]。

上海中心大厦采用了多项创新技术：

（1）双泵合流技术：采用双泵合流技术，利用两台297kW发动机，总功率达到594kW，以提高泵送压力和排量。

（2）超高压耐磨技术：开发高耐磨性管道和接头，能够承受高压和长时间泵送，确保系统的耐久性和可靠性。

（3）动密封技术：使用高效动密封技术，确保在高压下的密封性能，防止漏浆和爆管。

（4）超高压水洗技术：创新性地使用超高压水洗技术，使管道内剩余混凝土全部泵送至浇注点，节约混凝土，减少资源浪费。

上海中心大厦（图5.7）的施工标志着我国在超高层混凝土泵送技术上的重大突破，成功将C100混凝土泵送至620m高度，创下世界纪录。上海中心大厦632m超高层混凝土泵送施工不仅克服了高扬程和高压泵送的技术难题，还通过创新技术和严格的施工管理，实现了高效、绿色、安全的施工过程。这一技术的成功应用，不仅为未来超高层建筑施工提供了宝贵经验，也标志着我国在超高层建筑施工领域达到了世界领先水平。

图 5.7   上海中心大厦

5.12   总结

在本章中，我们深入探讨了中国近现代在超级工程领域的多个突破和技术创新。从超大型多功能航站楼的机电综合安装技术到地铁与路网的复杂立交桥建造，再到挑战重重的超级跨海集群工程，这些项目不仅展示了中国工程技术的精湛，也反映了中国解决复杂工程问题的系统方法。

在这些超级工程中，每一个项目都融合了独特的文化精神和技术创新。例如，北京奥运主场馆不仅体现了北京奥运精神和中华艺术价值，而且在建筑设计与施工技术上均达到了世界领先水平。特高压交流输电技术和海上风电集群建造技术则展示了在能源传输和可再生能源利用方面的前沿科技，强调了中国在绿色能源工程方面的重大进步。

此外，智慧矿山和杂交水稻技术代表了中国在传统行业中引入现代科技的能力，不仅提升了效率和产出，还促进了这些行业的可持续发展。智慧矿山技术通过引入自动化和大数据分析，极大提高了矿产资源的开采效率和安全性；而杂交水稻技术则成功地解决了粮食安全的关键问题，使中国在全球粮食生产中保持领先地位。

在这些工程的实现过程中，还体现了"大庆精神"和"抗洪精神"等价值观，这些精神激励着工程团队克服种种困难，完成了看似不可能的任务。从"抗洪精神"体现的人民团结到"大庆精神"体现的自力更生和艰苦奋斗，这些文化精神成为推动技术创新和工程完成的强大动力。

这些超级工程不仅是技术和工程的展示，也深刻地体现了中国的文化价值和社会目标。通过这些工程，可以看到中国如何将高端技术与深厚的文化遗产结合起来，创造出令世界瞩目的建筑与技术奇迹。

第 6 章

建造管理理论与实践

中国近现代超级工程规模大、复杂度高、工期长，通常涉及多个部门、多个专业领域的合作，管理非常复杂，因此需要对工程进行全程规划、协调和控制，以求在总投资额约束下完成项目的建设，并满足工程建设的要求。超级工程的工期一般都比较长，新的施工方式对工期影响较大，因此在这样的背景下进行进度管理，难度较大。超级工程的影响力大、辐射面广、建成后运行时间长，因此对工程质量要求非常高。超级工程中使用了很多新技术，这些技术在施工上没有安全规范，因此对安全管理也提出很大挑战。

由于超级工程的特殊性，现有的工程管理理论并不完全适合超级工程，但为超级工程建立一套新的理论的时机还不够成熟，因此只能在原有理论的基础上，把管理理论与超级工程的实践相结合，指导超级工程的建设。管理内容主要分为投资管理、进度管理、质量管理、安全管理、运维管理及复杂性问题管理六个方面，如图 6.1 所示。

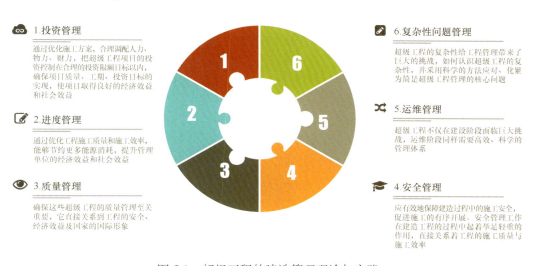

图 6.1　超级工程的建造管理理论与实践

6.1　投资管理

中国近现代超级工程往往需要巨额的投资，超级工程的投资管理一直受到国家的高度重视，以确保资源的合理利用、成本的控制及项目的顺利实施。投资管理是针对超级工程项目的投资主体建立工程建设的各项制度，完善投资管理与控制体系，充分调动参建各方的主动性、积极性，在项目建设全过程的各个阶段，通过优化建设方案、设计方案、资源规划方案及施工方案，合理调配人力、物力、财力，把超级工程项目的投资控制在合理的投资限额目标以内，确保项目质量、工期、投资目标的实现，使项目取得良好的经济效益和社会效益的动态过程。近现代的超级工程的投资管理具有动态性，其投资管理是一个多目标、多主体、多因素影响的动态系统工程。超级工程中的技术挑战，组织、政治和社会因素，以及工程师的专业素养和能力等都会导致其投资超过，甚至远超过当初的预算。

6.1.1 超级工程的投资管理概况与理论方法

中国超级工程项目一般由国家注入资本金，投资管理主体关系比较复杂，包括国家、项目法人、监理和承包商等。从工程的全生命周期角度来看待投资管理，在不同阶段，投资管理的内容、方法不同，影响程度也不同。超级工程项目的投资管理具有层次性，投资具体内容涵盖设计、施工、材料供应、设备供货等，这些要素的投资管理分别与各层次的业主、监理等发生联系，从而构成了各种复杂的交叉层次。在保证项目功能的前提下，需要合理制定投资决策方案，在保证质量、进度、安全的前提下，优化项目内部投资结构，控制投资数额，实现项目投资管理的目标。

中国近现代部分投资超过千亿元的超级工程见图 6.2。这些超级工程涵盖了交通、水利、能源等多个领域，总投资额巨大，显示了国家对于基础设施建设的重视和投入。京沪高铁，这条连接中国两大重要城市的高铁，总投资额高达2200 亿元，极大地缩短了城市之间的距离，提升了人们的出行效率。三峡水利工程作为世界上规模最大的水利工程之一，总投资额达到了 2500 亿元，它不仅为中国的能源供应提供了重要保障，还在防洪、航运等方面发挥了巨大作用。南

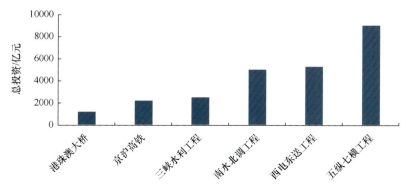

图 6.2 中国近现代部分投资超千亿元的超级工程

根据公开数据整理

水北调工程，总投资额超过 5000 亿元，这一宏伟的调水工程有效缓解了北方地区的水资源短缺问题，为区域发展提供了有力支撑。西电东送工程是一项旨在优化中国能源布局的跨地区电力传输工程，总投资额高达 5265 亿元，它通过输送西部地区的丰富电力资源到东部经济发达地区，实现了能源的优化配置和高效利用。五纵七横工程则是中国高速公路网的重要组成部分，总投资额超过 9000 亿元，这一庞大的路网建设极大地提升了中国交通的便捷性和通达性。

通过对中国近现代部分投资超千亿元超级工程的分析，超级工程投资管理要点主要包含以下内容。

1）庞大的投资规模

超级工程的投资额度从数十亿元到千亿元不等，这种巨大的投资规模使得保证项目按预算交付成为一个巨大的难题。有研究表明，超级工程项目中有 90% 会超过原始预算。庞大的资金规模要求投资管理必须高度专业化和精细化，确保资金的合理使用和有效回报[346]。

2）复杂性超高的投资管理

超级工程项目的复杂性超高，涉及多个利益相关方的合作，包括政府、企业、金融机构等。这使得项目的投资管理变得极为复杂，需要综合考虑各种因素及其不确定性，如政策、经济、技术、环境等。投资管理需要通过博弈，协调各方利益，确保项目的顺利进行。

3）高风险管理

由于超级工程面临的不确定因素较多，巨额投资意味着高风险，风险管理成为投资管理的重要组成部分。通过建立完善的风险评估和管理控制机制，能够对项目的各种潜在风险进行预测、评估和控制，及时发现和应对各种风险，降低风险带来的投资损失。

4）科学投资决策方法

超级工程的投资决策需要依据科学的分析和预测，强调基于科学方法和数据分析进行投资决策。通过利用数学模型、统计分析和机器学习方法，可以更全面地了解市场和资产，并对超级工程作出有效的投资决策。

5）可持续发展

随着环境保护和可持续发展的重要性日益凸显，超级工程投资管理也越来越注重环保和可持续发展。投资管理需要在保证超级工程项目质量和进度的同时，充分考虑环境保护、不可再生资源节约以及再生资源的充分利用等。

6）社会效益和经济效益的平衡

超级工程往往具有显著的社会效益，如政治、思想文化、生态环境等效益，以及经济效益，投资管理需要在保证社会效益的前提下，追求经济效益的最大化，协调二者之间的矛盾，实现社会效益和经济效益的双赢。

7）兼顾国际合作与竞争

超级工程可能涉及国际合作与竞争，如中哈原油管道和中俄原油管道等。投资管理需要具有国际视野、战略眼光，积极参与国际竞争和合作，提升超级工程项目的国际影响力和竞争力，同时提升跨国投资管理的水平。

针对超级工程的投资管理要点，需要重点研究投资管理方法中的风险管理和项目概算超支管理。超级工程项目中存在多种复杂的风险，采用机器学习或者统计随机仿真方法对其投资风险进行定量分析，基于项目的风险分析结果，进行带反馈的动态风险管理，即在开展项目的过程中，利用信息更新，实施连续的反馈控制，建立风险管理和投资管理控制集成的系统模型，实现超级工程项目风险的有效管控和响应，从而将投资风险控制在合理范围。

针对超级工程项目普遍存在的概算超支问题，设计静、动态结合的投资管理方法。静态投资管理是指将影响超级工程投资变化的设计风险、工程建设组织管理风险划归为静态投资变化内容，将固定的价格水平确定量化为静态投资的额度，由项目法人通过优化设计，提高组织管理水平，包括实施招投标制、合同管理制、工程监理制等手段，在静态投资总量控制的前提下，通过编制执行概算进行合理调整。动态投资管理是指将影响工程投资变化的物价风险、利息和汇率等政策风险划归为动态投资管理内容，由国家按实际或市场价格核定，建立起国家宏观调控与市场化建设超级工程项目的新管理体制。把静态投资、物价上涨、融资成本、政策性调整等区分开来，避免传统投资管理方法不断调整概算的弊端，建立起责任清晰、风险分担、科学合理的投资管理体系。

6.1.2 超级工程中的投资管理实践

三峡水利工程建设投资管理模式是以"静态总额控制，合理调整使用；价格筹措因素，全程动态管理；投入联系产出，定期风险分析"为原则，实践证明其投资管理是卓有成效的。以三峡水利工程为例，介绍超级工程的投资管理方法与实践。三峡水利工程的投资资金由三部分组成。

（1）三峡建设基金。国家从全国销售电量每度电征收人民币 4～7 厘建立三峡建设基金，作为国家对三峡水利工程建设投入的资本金，约占工程总投资的40%。

（2）发电收益的投入。中国长江三峡集团有限公司自身发电收益，包括已经建成的葛洲坝电站及三峡电站自 2003～2009 年建设期的发电收益，用于投入三峡水利工程建设的部分，约占工程总投资的 20%。

（3）银行贷款。由国家开发银行的长期贷款、国有商业银行的短期贷款、发行企业债券以及利用进口设备的出口信贷等组成，约占总投资需求的 40%。

为了管好三峡水利工程建设资金，减轻利息负担，降低融资成本，三峡总公司经国家批准成立了财务公司，负责筹资融资。为了控制资金使用，除投资控制外的各项经常性费用，三峡总公司实行全面财务预算管理。

国家批准的三峡水利工程投资概算为 900.9 亿元（按 1993 年 5 月末的价格水平），其中三峡枢纽工程投资 500.9 亿元，三峡水库移民费用 400 亿元。三峡水利工程建设工期长达 17 年，外部和内部都发生了不同程度的变化，采取了如下投资管理控制措施。

1）实行项目投资的"静态控制、动态管理"

静态投资概算是国家批准的 900.9 亿元，17 年工期中每年物价指数都是变化的，要按照当年的物价指数与 1993 年的价格相比进行价差调整。建设资金中有近 40% 的资金来自银行贷款、发行企业债券等，17 年建设期的利率也是浮动的，每年应支付利息和到期本金。这 3 部分之和为动态投资。每年需要预测未来的资金需求，实行动态管理。用静态概算控制工程的投资，优化工程管理，降低成本和移民的各种费用；用动态的价差支付和多种融资措施降低融资成本，形成了"静态控制、动态管理"的模式。1994 年预测到 2009 年工程竣工时总投资为 2039 亿元，通过 10 余年的工程实践，2004 年预测到 2009 年全部竣工时，工程总投资可控制在 1800 亿元以内。截至 2009 年 8 月底，三峡水利工程累计完成投资为 1514.68 亿元，工程投资控制在国家批准的初设概算内，投资控制良好。

2）投资风险责任明确

在三峡水利工程管理上分清项目法人（责任单位）与国家主管部门所承担的风险和责任。具体来说，在初步设计范围内的风险由项目法人全部承担，物价等因素造成的风险由国家主管部门承担。这种投资风险责任划分与国际通用做法是一致的。

3）实行价差管理

三峡水利工程的主体工程合同周期较长，大部分合同实行价差调整，每年给承包商补偿，合理地解决了承包商不必要的亏损。由三峡总公司委托中介机构对全国建材、器材、各类商品、人工费等价格进行分析，提出影响三峡水利工程的环比和基比价差率，提出书面报告，报请国务院三峡工程建设委员会、国家发展和改革委员会和中介机构的专家评审核定。每年核定上一年的价差比率，三峡总公司按承包商投标及合同当年的报价补偿其差额。

4）实行分项目设"笼子"管理控制概算

在国家批准的初步设计概算的总量控制的基础上，通过技术设计的调整编制业主执行概算。根据分项招标合同价，编制分项合同的实施控制价，只有在发生重大设计变更时才动用概算中的基本预备费。每年都要进行概算执行和控制分析，做到分项和整体的概算控制。

三峡水利工程的投资管理模式充分体现了政府的主导作用，这种模式使得政府能够根据国家利益和整体经济发展情况来决定风险的承担和控制范围，确保了项目的稳定推进和高效管理。三峡水利工程投资管理体系分为决策层、管理层和实施层三个层次。这种多层次的管理体系使得投资管理更加精细化和专业化，每个层次都有其明确的职责和权限，提高了管理效率。在三峡水利工程的投资管理中，积极采用信息化技术、大数据技术等，提高了投资管理的科技含量和智能化水平，提升了管理效率和质量，降低了超级工程的投资风险。

6.2 进度管理

进度管理是项目管理的核心之一，能够提升整体项目的管理效率，中国近现代超级工程通常是复杂度高、耗时较长的重大项目，如桥梁、隧道、高速公路、大型建筑等，必须确保施工工期规划和成本控制更加科学合理，保障施工质量。通过优化工程施工质量和施工效率，能够节约更多能源消耗，提升管理单位的经济效益和社会效益。超级工程进度管理不仅是确保项目顺利进行的关键，也是项目成功的重要保障。通过科学合理地运用管理方法和工具，可以有效应对各种挑战，最大限度地实现项目目标。

6.2.1 超级工程进度管理理论

据不完全统计，所有大型项目中有 20%～35% 的完成时间落后于预定计划。这一比例显示出项目建设延迟并不少见，但通过有效的管理和调整，许多工程仍能按时完工并发挥预期效益。为何超级项目难以按时完成，如何应对超级工程的进度管理，通过对超级工程项目进度管理工作的系统梳理与深入分析，我们总结出了几个重要的方法。

1）关键路径法

关键路径法（critical path method，CPM）是一种通过确定项目中的关键路径来规划和管理项目进度的技术。关键路径是指在没有延误的情况下，项目完成所需的最短时间路径。CPM 帮助项目管理者识别关键任务，以便集中资源和注意力来确保这些任务按时完成。CPM 能够帮助项目管理者确定项目中的关键路径，即影响项目完成时间的最长路径。关键路径上的任务决定了整个项目的最短完成时间，因此对于项目进度的控制至关重要。通过关键路径分析，可以确定哪些任务对项目进度影响最大，从而合理分配资源和时间，优化资源利用率。这有助于避免资源短缺和任务延误的问题。CPM 提供了对项目进度的清晰视图和时间线，使项目管理者能够及时识别并解决可能导致项目延误的问题。通过监控关键路径上的任务进展，可以更有效地管理项目的整体进度。通过分析关键路径和非关键路径任务的时间浮动，可以识别和管理项目中的风险。关键路径上的任务延误可能会对整个项目的时间表产生重大影响，因此可以重点关注这些风险并采取相应措施。CPM 提供了基于数据和分析的决策支持，帮助项目管理者作出合理的决策，以最大限度地缩短项目的完成时间并降低成本。

2）组织、政治和社会协调

超级工程的管理需要考虑组织、政治和社会因素等关系的影响，这涵盖了资源调配、进度控制、风险管理等方面，需要有高效的组织结构和团队协作。由于其复杂性，超级工程可能涉及多个技术领域和子系统，需要优秀的技术人员和管理者来协调和整合各方面的工作。超级工程通常需要政府的大力支持和政策保障，包括投资支持、法律法规的支持、土地征用和环境影响评估等。因此政府决策层面的支持和决策速度对项目进展至关重要，政府审批流程的顺畅与否会直接影响工程项目的实施进度。此外，社会因素也是影响超级工程建设的重要因素之一，超级工程常常会对周边社会和环境产生重大影响，因此公众的舆论和社会的接受度是推动项目顺利进行的重要因素，必须实行充分的社会影响评估和公众参与，以减少负面影响并争取广泛的支持。

3）资源平衡法

资源平衡法是指在项目管理过程中分析和调整项目进度计划中的资源需求，使资源在不同时间段内得到均衡利用，同时确保项目能够按时完成的方法。其核心在于平衡资源的供给与需求，避免资源短缺或浪费，提高资源的利用效率。首先需要识别资源需求，在项目计划阶段，详细列出项目所需的所有资源类型（如人员、设备、物料等）、数量和使用时间。这需要对项目任务进行细致的分析和拆解，以确定每个任务所需的具体资源。其次进行资源的评估和分配，根据项目作业的复杂性和持续时间，评估完成任务所需的具体资源数量，并根据任务的紧急程度和重要性及资源的可用性进行初步的资源分配。分配时应遵循公平、优先和灵活的原则，确保关键任务得到优先保障。再次通过调整资源分配来解决资源过载或闲置的问题。这包括重新安排任务的开始时间和持续时间，以及在必要时重新分配资源，以确保资源的均衡使用。最后在资源分配和级别化的基础上，进一步运用各种策略提升资源利用效率。这可能包括引入更高效的工具、改进工作流程、提高团队协作效率等。

4）里程碑进度计划

里程碑进度计划，又称为"关键事件进度计划"或"主进度计划"，是以项目中某些重要事件完成或开始的时间为基准所形成的计划。它旨在明确项目进展的关键节点，为项目团队提供一个清晰的进度框架，以便监控和控制项目的整体进度。首先，需要确定主要里程碑，里程碑是项目中的重要时点或事件，标志着上一个阶段结束、下一个阶段开始。在制定里程碑进度计划时，需要明确哪些事件或成果对项目至关重要，并将其设定为里程碑。其次，需要设定完成和开始的时间，为每个里程碑设定明确的完成或开始时间，有助于项目团队了解何时需要达到特定的项目阶段或成果。时间点的设定应基于项目的实际需求和可行性，同时考虑外部因素和依赖关系。再次，需要明确责任与资源，为每个里程碑分配具体的责任人和团队，确保有人负责跟进和执行。确定实现里程碑所需的资源（如人力、物力、财力等），并提前进行规划和调配。最后，制定实现路径，描述从当前状态到达每个里程碑所需的步骤、活动和任务，并制定详细的实施计划，包括时间节点、工作范围、质量标准等，以确保里程碑能够顺利实现。此外，在项目执行过程中，定期监控里程碑的进展情况，并与计划进行比较，如发现偏差或问题，及时采取措施进行调整，以确保项目能够按计划顺利进行。

6.2.2 超级工程进度管理实践

超级工程的建设往往需要耗费大量的资金和资源，因此，在进度管理领域，精确的规划和有效的控制是至关重要的。超级工程管理人员需要对设计规划和工程建设的实际情况进行全面分析，充分利用自身的专业能力和工作经验，制定出合理的施工方案，严格落实工程进度规划和资源配置，力争在合同规定的时间内完成工程建设、验收和交付工作。

1）大兴国际机场的进度管理实践

为了应对复杂的技术和工程的挑战，使用优化方法进行项目进度管理的重大工程主要通过现代项目管理技术、信息化工具和科学的管理方法来提升项目效率和控制项目进度。大兴国际机场实施的是"建设与运营筹备一体化"，这为进度管控工作带来了更多复杂性。采用整合设计与施工，BIM 技术在大兴国际机场的项目管理中发挥了重要作用，通过整合设计、施工和运营阶段的各类信息，实现了数据共享和协同工作。项目团队利用大数据和云计算技术对施工现场进行实时监控，通过收集和分析现场数据，及时发现并解决进度问题。基于大数据分析的结果，了解详细的进度和资源使用情况，支持动态调整进度计划，优化资源配置，提高施工效率。在进度管理方面，将关键路径法（CPM）与计划评审技术（program evaluation and review technique，PERT）结合，利用 CPM 技术识别项目的关键路径，重点管理关键工序和节点，确保项目按计划推进，结合PERT 技术，通过对关键任务的评审和调整，优化项目进度，缩短工期。从 3 万余项工作中梳理出 16 条关键线，提取了"366+8"个关键性控制节点，随后不断优化。民航局在北京新机场航站楼建设工地召开北京新机场建设与运营筹备攻坚动员会，发布《北京新机场建设及运营筹备总进度综合管控计划》。应机场建设指挥部要求，同济大学团队编制了《工程建设与运营筹备总进度计划》，共包含关键节点 247 个（其中建设 112 个、运营筹备 135 个），详细作业 5547 项（其中建设 2831 项、运营筹备 2716 项），关键问题与对策 7 类，移交接收一览表113 项，进度跟踪问题 73 项，每月出具一期《北京大兴国际机场建设与运筹进度管控报告》，不仅客观、真实地反映了 22 个部门、19 个专业公司的当月关键节点完成情况、建设与运筹工作计划完成情况，还对下月关键节点及建设与运筹工作计划进行提前部署，特别指出了进度风险跟踪进展情况、近期工作重点难点问题，并提出了建议 [347]。

虚拟现实（virtual reality，VR）和增强现实（augmented reality，AR）技术也助力工程的进度管理，利用 VR 和 AR 技术进行施工模拟和员工培训，提高施工人员的操作熟练度和安全意识，减少施工过程中的错误和返工。通过 AR 技术将设计图纸与现场实际结合，进行直观的进度展示，帮助管理团队和施工人员更好地理解和执行施工计划。通过这些优化技术和方法，同济大学在大兴国际机场的建设中显著提高了进度管理的科学性和高效性，确保了项目按时、高质量完成。

此外，上海中心大厦在施工过程中也使用了 BIM 技术和优化的施工管理方法。通过精细化的施工计划和实时监控，项目团队能够有效应对复杂的工程挑战，确保了项目的顺利推进。在三峡水利工程的建设过程中，使用了 PERT 和 CPM 等进度优化工具。这些工具帮助项目团队科学规划和控制施工进度，确保了工程按时完成。华龙一号核电项目作为中国自主研发的三代核电技术，在建设过程中使用 BIM 技术和先进的项目管理系统进行进度优化。深中通道的黄茅海跨海通道项目通过物联网技术、BIM 展现、人工智能（artificial intelligence，AI）识别、移动互联网等手段，实现了预制梁场生产有序、高效率、低成本的全过程智慧管控，也为项目的进度管理提供了现代化手段。

2）三峡水利工程进度管理实践

国家为了应对组织、政治和社会因素为超级工程的建设带来的巨大挑战，从国家层面成立了专门负责协调工作的委员会，负责整体协调和管理，并负责监督项目的进展、资源分配、风险管理以及与各利益相关方的沟通。例如，由于港珠澳大桥工程规模宏大、覆盖面广、地理位置特殊，其建设管理工作面临可借鉴经验缺乏、三地司法执法体制与建设运营程序存在差异等挑战。为此，三方进行了积极探索，创造性地提出港珠澳大桥主体工程由三地共建共管，采用"专责小组-三地联合工作委员会-项目法人"三个层次的组织架构和协调模式。港珠澳大桥三级管理架构和共建共管模式既体现了一国的属性，也给了三地充分的自主空间，在组织架构上确保三地能够充分协商沟通，共同推进。三峡水利工程是世界上最大的水利枢纽工程之一，涉及大量的资源调配、技术应用和协调工作，单靠一个部门或机构难以全面管理和推动，需要一个专门的建设委员会来统筹。1992 年 4 月 3 日，在第七届全国人民代表大会第五次会议上通过了《关于兴建长江三峡工程的决议》，1993 年 1 月，国务院三峡工程建设委员会成立，作为三峡水利工程高层次的决策机构，全面组织和协调各方面关系，并对三峡水利工程建设中的方针、政策和重大问题作出决策。委员会由时任国务院总理李鹏任主任，副总理邹家华、国务委员陈俊生及郭树言、肖秧、李伯宁任副主任，全国政协副主席钱正英任顾问。后来，因人事变动及工作需要，委员会领导和成员曾多次调整。由于超级工程建设周期长，后期运营维护也非常重要。1993～2013 年，国务院三峡工程建设委员会共召开了 18 次全体会议。此外这些委员会通过官方网站、社交媒体、新闻发布会等途径，及时、透明地发布项目进展、重大节点和施工计划，针对公众关心的问题和疑虑，及时进行回应，提供详细的解释和解决方案，可以有效应对社会舆情的影响，保持与公众的良好互动和信任关系，确保项目顺利推进。多级协调机制也是应对组织对超级工程影响的重要方法之一，超级工程管理中的总承包模式 [即设计、采购、施工（EPC）] 是一种高效、综合的项目管理方法，特别适用于规模大、复杂度高的工程项目。总承包商作为项目的唯一责任主体，承担从设计到施工的全部责任。这种模式可以减少业主在项目各阶段中需要面对的合同方数量，简化管理。这种模式是对大型复杂工程总承包管理的实践积淀，以对工程特征与总承包模式的理解，结合超级工程的个体特征，从特定管理理念出发，以一体化管理思想为指导，进而逐步形成超级工程的总承包管理的工作系统和方法。与一般的复杂工程相比，超级工程更加注重服务理念和围绕着总体的一体化运作系统。例如上海中心大厦，采用总承包模式，管理理念为服务业主，以项目利益为重，为业主提供全方位增值服务，在工程建造和总承包管理过程中，总承包项目部换位思考，相互理解，考虑问题顾全大局，具体表现为参与业主方工程前期策划工作，参与业主方工程管理、组织和之后工作，同业主方一起加强设计和协调工作，强化所有专业分包单位的管理服务和监控，解决影响业主投资控制的关键技术难题。工程总承包管理的前期策划也非常重要，因为所有的超级工程在建造过程中都是"兵马未动，粮草先行"。此外，一些著名的采用了总承包模式的超级工程还包含三峡水利工程、大兴国际机场、杭州湾跨海大桥、港珠澳大桥等。总承包模式在超级工程中应用广泛，其能够有效地控制项目风险、成本和进度，确保工程按时、按质、按预算完成。对业主而言，这种模式提供了更大的便利和保障，同时也对总承包商的管理能力提出了更高的要求。

此外，超级工程进度管理需要建立项目整体控制机制，不断跟踪施工进度变化，及时采取补救措施，确保项目不偏离计划轨道。进度管理的过程中，需要注重信息共享和沟通交流，及时反馈工程进展情况，发现并解决问题，提高全员参与意识。同时，应制定合理的激励机制，鼓励并奖励表现出色的进度管理团队和工程人员，激发他们的积极性和创造力，以确保项目按时按质完成。超级工程的进度管理工作需要在整个工程建设过程中进行有效的规划、控制和调整。应采取合理的管理机制和有效措施，在整个工程建设过程中保证工期的合理规划和有效控制，确保施工质量，提高项目管理单位的经济效益和社会效益，从而实现企业的长远发展目标。超级工程的进度管理是项目成功的关键因素之一，需要在工程建设全过程中进行有效的规划和控制。只有采用科学的进度管理，才能确保施工工期的紧凑性、项目质量的高标准、成本控制的有效性、项目经济效益的最大化，达到企业自身以及社会各方面的期望。

6.3 质量管理

近现代以来，随着中国经济的飞速发展，超级工程项目如高速公路、大型水利设施、跨海大桥以及核电站等，已经成为国民经济增长的强劲引擎。这些宏伟的项目不仅体现了中国在全球工程技术领域的领先地位，更是国家软实力的重要展示。因此，确保这些超级工程的质量管理至关重要，它直接关系到工程的安全、经济效益及国家的国际形象。

6.3.1 质量管理理念

在超级工程管理中，质量、进度和成本被视为三大核心要素。虽然这三者同等重要，但质量往往被视为最为关键的因素。没有质量保证，就无法实现投资效益，也难以保证工程进度和社会信誉。因此，在平衡这三要素时，"质量为本"是一个基本而核心的理念。以港珠澳大桥为例，作为世界最长的跨海大桥，其设计寿命达到 120 年，这就要求在材料选择、施工技术以及后期养护上都采取最高标准，例如，采用高性能环氧涂层钢筋和防腐涂装技术，确保大桥在复杂多变的海洋环境中保持稳定与安全。这意味着质量管理不仅仅局限于施工阶段，而是贯穿工程的规划、设计、施工、运营和维护的全过程。然而，在超级工程的实践中，这种平衡不是静态的，而是一个动态过程。需要建立一个动态平衡模型，在不同阶段、不同情况下灵活调整这三者的权重，通过创新管理模式和技术手段，实现三者的协同提升。

超级工程的质量管理已经超越了传统工程管理的范畴，成为展现国家综合实力的重要窗口。质量管理的战略高度要求超越传统思维，构建一个全方位、多维度的管理理念体系。首先，跨界融合理念的确立至关重要，它打破学科壁垒，将工程学、材料学、环境科学、信息技术等多领域的前沿成果有机整合，以应对超级工程的复杂性挑战。其次，前瞻性思维是质量管理的核心理念，它要求具备远见卓识，能够预判和应对未来几十年乃至上百年可能出现的各种变数。这种前瞻性促使知识储备不断更新，对新技术、新材料、新方法保持高度敏感。与此同时，智能化理念正在重塑质量管理的未来。借助人工智能、大数据、物联网等新兴技术，质量管理正在迈入新纪元。数字孪生、AI 辅助决策等创新应用不仅提升了管理效率和精准度，更为决策者提供了全方位、实时的信息支持。更进一步，生态质量理念的树立至关重要。这种"生态质量"的思维模式体现了对可持续发展的深刻洞察，是超级工程实现长远效益的根本保障。最后，随着中国在超级工程领域的地位日益凸显，推动全球质量管理标准的革新成为可能和必然。通过国际合作，不仅可以汲取全球智慧，更能输出中国标准，提升国家软实力。这种"标准引领"理念实则是国家影响力的延伸，彰显了中国积极参与全球治理的决心和能力。

6.3.2　质量管理实践

超级工程的质量管理实践是一项宏大而复杂的系统工程，其体系构建与实施直接关乎工程的成败。这种质量管理体系不仅体现了全生命周期的管理思想，还融合了国际顶尖标准和突破性管理方法，构建了一个全方位、多层次、高效能的质量保障网络，堪称当代工程管理的巅峰之作。

首先，全生命周期管理思想贯穿超级工程的始终。从初始的概念构想，到精密的设计规划，再到大规模的施工建设，乃至长期的运营维护，直至最终的退役处理，每个阶段都被纳入严格的质量管理范畴。这种前瞻性和系统性的方法确保了质量不仅是阶段性目标，更是贯穿百年工程的永恒追求。例如，在设计阶段引入的风险管理思维和计划（plan）、执行（do）、检查（check）和行动（act）（PDCA）循环方法，如图 6.3 所示。该方法不仅能够预见和防范潜在的工程风险，还为后续阶段的质量控制奠定了坚实的基础。其次，国际顶尖标准的融合使得质量管理体系更具前瞻性和权威性。超级工程不仅基于 ISO9001 标准构建全过程质量管理体系，还整合了 ISO14001 环境管理体系标准、ISO45001 职业健康安全管理体系标准等国际领先标准。更进一步，还可能引入如美国陆军工程师团的工程施工质量管理体系等专业标准，形成了多维度、高水平的质量标准体系。这种多标准融合的方法不仅全面提升了质量管理水平，还提高了超级工程在全球范围内的影响力，增强了其示范作用。

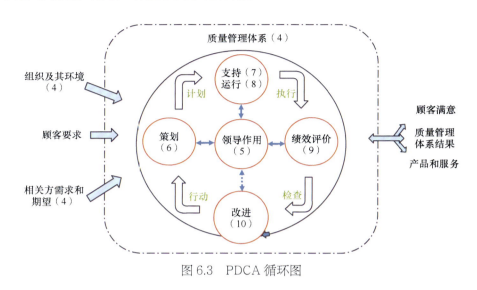

图 6.3 PDCA 循环图

创新管理方法的应用是超级工程质量管理体系的另一大特色。例如，引入"金字塔式"多级监理结构，由总监理工程师统领，各专业监理工程师分工负责，形成了全方位、无死角的质量监督网络。同时，建立第三方技术咨询委员会，汇聚全球顶尖专家，为工程质量把关。"首席质量官"制度的实施则是责任管理的创新，它将最高质量责任具体化、个人化，有效提升了全员质量意识。此外，将健康（health）、安全（safety）、环境（environment）与质量（quality）（HSEQ）管理整合是对传统质量管理概念的突破性创新。这种整合反映了超级工程质量管理的整体性思维，不仅关注工程本身的质量，还重视其对环境和社会的深远影响，体现了可持续发展的理念。HSEQ 管理体系的建立和实施，确保了超级工程在追求卓越质量的同时，也能满足最严格的环境保护标准和社会责任要求。为进一步提升质量管理的效能，超级工程大规模应用了前沿的数字化和智能化技术。例如，利用超大规模 BIM 技术进行全维度质量模拟和控制（图 6.4），运用 AI 增强的大数据分析识别微小的质量偏差和潜在问题，应用传感器网络进行实时、精确的质量监测和预警。这些先进技术的应用不仅能提高质量管理的精确度和效率，还能为决策提供更可靠的数据支持。

图 6.4 BIM 技术示意图

总之，这种融合全生命周期管理思想、国际先进标准和创新管理方法的质量
管理体系，为项目质量的持续改进和卓越表现提供了强有力的支撑。它不仅确保
了项目的高质量交付，还为行业质量管理实践树立了新的标杆。

6.3.3　质量管理的发展建议

在我国近现代超级工程发展过程中，虽然对建设工程质量的认识主要集中于
结构的安全性或可靠性，并依靠竣工后的评估数据（如合格率）来衡量，但这种
方法尚未能全面反映超级工程的多维质量需求。目前的质量控制体系缺乏系统的
评估指标和可靠的数据来源，这直接影响了工程项目的按期交付和预期效益的实
现。尽管国家已经制定多部相关法律法规，并且建设行政管理部门加强了监管，
但仍然缺乏科学有效的控制措施，使得超级工程项目的质量形势依然严峻[348]。

改善我国超级工程质量管理现状的首要任务是建立全面、客观、科学的评估
系统。这个系统应当涵盖工程全生命周期，包括设计、施工、运营等各个阶段，
并融入环境影响和社会效益等多维度指标。评估方法应当结合定量和定性分析，
使用先进的数据采集和分析技术，如大数据和人工智能，以提供更精准的质量状
况描述。同时，应当从全质量管理的高度研究质量评价的作用与机制。这意味着
要超越单纯的评价方法研究，转而关注如何提高社会质量意识、建立市场质量
机制、明确产品质量责任。我国应当结合国情，构建独特的超级工程建设质量评
估机制，以加强监管和控制。这个机制应当充分考虑我国的法律环境、市场特征

和社会文化，确保其实用性和有效性。在未来的质量评估过程中，还需要依靠现代项目管理理论，吸收国外先进经验。应当建立一套面向超级工程项目全生命周期、突出关键控制因素，以数字化指标为主的动态评估指标体系。这个体系应当能够实时反映工程质量状况，预测潜在风险，并为决策提供科学依据。此外，质量管理的创新也至关重要。正如特高压输电技术的成功经验所示，以 1000kV 特高压交流输电为例，中国从最初跟随西方发达国家的被动局面，通过持续的自主创新，到现在不仅掌握了世界最先进的输电技术，还实现了"中国创造"和"中国引领"。不仅能在技术层面取得进展，还能推动相关产业的全面升级，提升国际话语权和影响力。因此，鼓励在质量管理领域进行创新，包括管理模式创新、技术创新和制度创新，可以通过产学研合作、国际交流、人才培养等多种方式实现。

此外，智能化质量管理将是未来发展的关键方向。充分利用物联网、人工智能、大数据等新兴技术，发展智能化质量管理系统（如数字孪生技术）进行质量模拟和预测，使用 AI 辅助决策系统优化质量控制方案，这将显著提高质量管理的效率和精度，为超级工程的全周期质量控制提供坚实的技术支持。

6.4　安全管理

积极开展超级工程的安全管理工作，可以有效地保障建造过程中的施工安全，促进施工的有序开展。安全管理工作在建造工程的过程中起着举足轻重的作用，直接关系着工程的施工质量与施工效率。疏于安全管理定会对工期造成不利影响，严重的情况下会导致项目停工，影响工程的整体施工效果。对于我国近现代超级工程来说，除了卓越的建筑施工能力以外，其自身的管理，尤其是安全管理水平的高低也十分关键，其不仅影响施工进展，还会对国家的经济水平产生限制影响。因此，加强对管理工作的重视，寻求可靠的安全管理与控制策略，可以为超级工程的安全建造保驾护航。

6.4.1　超级工程安全管理的理论

1）系统安全理论

系统安全理论（system safety theory）强调通过系统工程的方法识别和控

制潜在的危险源。超级工程涉及多个子系统和组件，需要从整体系统的角度进行管理，确保各个子系统的安全性和协调性。

2）风险管理理论

风险管理理论在超级工程中占有重要地位。它包括识别、评估和控制风险的过程，采用定量和定性的方法，如失效模式与影响分析（failure mode and effect analysis，FMEA）、故障树分析（failure tree analysis，FTA）等，系统地评估和管理风险。

3）复杂性科学

超级工程的复杂性科学包括动态系统的非线性行为、多重反馈机制和自组织特性。这些理论帮助理解和管理超级工程中的复杂互动和潜在风险。

6.4.2 超级工程安全管理的实践

1. 技术手段的应用

大数据与物联网：广泛应用大数据与物联网技术进行实时监控和管理。例如，安装智能传感器实时监测结构健康，使用无人机和机器人进行安全检查。

建筑信息模型（BIM）：通过 BIM 技术进行施工过程模拟和风险预测，确保施工方案的合理性和安全性。

数字孪生技术：创建虚拟模型，与实际工程同步，实时监控和优化工程运行。

2. 管理体系的建立

系统化、标准化的管理体系：包括安全管理手册、安全操作规程和应急预案。强调全员参与和多层次监督机制。

多层次的安全监督机制：通过内部监督、第三方审计和政府监管，确保安全管理措施的落实。

3. 人员培训与管理

高频次安全培训：定期进行安全演练和培训，确保所有参与人员熟悉安全规程和应急预案。

跨学科团队协作：强调团队协作和跨学科的专业技能，提高整体安全管理水平。

6.4.3 超级工程安全管理的具体措施

1. 港珠澳大桥案例分析

港珠澳大桥，作为连接中国香港特别行政区、广东省珠海市与澳门特别行政区的宏伟工程，不仅是世界上最长的跨海大桥之一，更是人类工程史上的璀璨明珠，其建设过程中面临着前所未有的技术难题与环境挑战。为了确保这一世界级项目能够安全、高效地完成并长期稳定运行，安全管理被提升至前所未有的高度，采取了一系列创新且高效的管理措施。

在安全管理方面，BIM 技术的应用尤为关键。通过 BIM 技术，项目团队能够构建出高度精细的三维数字模型，这一模型不仅详尽记录了施工过程中的每一个环节，包括人员配置、设备布局、施工进度等关键信息，还允许项目领导者以全局视角进行实时监控与指挥。这种"虚拟预演"的方式使项目团队能够提前识别并评估潜在的安全风险，从而优化施工方案，有效预防安全事故的发生。此外，BIM 技术还融入了建筑材料与设备使用损耗的评估功能，实现了施工资源的精准配置与高效利用，进一步减少了因资源分配不当而引发的安全隐患。BIM 技术还可以利用标准作业程序（standard operating procedure，SOPS）平台发现潜在的安全风险，并制定出相应的安全预防方案，直到消除对项目和人员造成的安全隐患[349]。

同时，实时监控系统也是港珠澳大桥安全管理的重要组成部分。该系统遍布桥梁各个关键部位，通过智能传感器实时监测桥梁结构的健康状况，收集并分析海量数据，为桥梁的安全运营提供科学依据。一旦发现任何异常或潜在风险，系统能立即发出警报，并启动应急响应机制，确保问题得到及时解决。

此外，无人机巡检技术的引入，更是为港珠澳大桥的安全管理增添了新的翅膀。无人机以其灵活机动、视野开阔的特点，能够轻松完成高空、复杂环境下的作业检查任务，大大降低了人工巡检的风险与成本，同时显著提高了检查效率与精度。通过无人机拍摄的高清影像与数据，管理人员可以迅速掌握桥梁各部位的实际情况，及时发现并处理潜在的安全隐患。

综上所述，港珠澳大桥通过综合运用 BIM 技术、实时监控系统与无人机巡检等先进的安全管理措施，不仅显著提升了施工过程中的安全性与效率，更为港珠澳大桥的长期安全运营提供了坚实保障。这些创新举措的成功实施，不仅是对复杂技术与环境挑战的有力回应，更是中国乃至全球桥梁工程安全管理水平的一次重要提升。

2. 大兴国际机场案例分析

大兴国际机场拥有世界上最大的单体机场航站楼，具有极高的设计和建造难度。航站楼核心区工程已先后荣获"全国工人先锋号""中国工程建设安全质量标准化先进单位""全国建筑业安全标准化工地""全国建筑业创新技术应用示范工程""中国钢结构金奖年度工程杰出大奖""北京市绿色安全样板工地"等 105 项荣誉。

大兴国际机场通过应用数字孪生技术，在安全管理方面取得了显著的成效。数字孪生技术作为一种先进的数字化手段，将实体机场的各个环节以数字化的方式进行建模，并通过物联网、大数据、云计算等技术手段实时采集和分析机场运营数据，从而实现对机场运营状态的精准把控和智能化决策。以下是大兴国际机场如何利用数字孪生技术保证安全管理的具体体现。

1）实时监控与数据分析

实时监控：通过数字孪生技术，大兴国际机场管理层能够实时监控机场的各个环节，包括安检、出入境检查、飞机维修等关键环节，确保安全隐患的及时发现和处理。

数据分析：结合大数据分析，机场可以对采集到的运营数据进行深度挖掘，识别潜在的安全风险，并提前制定应对措施，从而有效预防安全事故的发生。

2）应急预案制定与演练

模拟突发情况：数字孪生技术能够模拟各种突发情况，如恶劣天气、设备故障等，帮助机场管理人员了解这些情况下机场的运营状态和安全风险。

制定应急预案：基于模拟结果，机场可以制定更加科学合理的应急预案，确保在突发事件发生时能够迅速、有效地应对。

应急演练：通过数字孪生平台，机场还可以进行应急演练，提升全体员工的应急响应能力和协同作战能力。

3）运营状态精准把控

航班起降监控：数字孪生技术能够实时展示航班的起降情况，帮助机场管理层掌握航班动态，及时调整资源分配，确保航班安全有序运行。

客流量与行李流动情况监控：通过对客流量和行李流动情况的实时监控，机场可以优化旅客服务流程，提高行李处理效率，同时减少安全隐患。

4）智能化决策支持

决策支持系统：基于数字孪生平台构建的决策支持系统，能够为机场管理层提供全面的数据支持和决策依据，帮助管理层在复杂多变的环境中作出科学合理的决策。

优化资源配置：通过数据分析，机场可以更加精准地了解各项资源的使用情况，从而优化资源配置，提高资源利用效率，降低运营成本。

同时，大兴国际机场采用绿色节能智能化集成建筑管理系统（integrated building management system，IBMS）建立智能化机场管理系统，实时监控客流、航班动态和安检状况。以 BIM 数据为基础，实时采集电力监控、电梯监控、智能照明、设备监控、能效管控、机场信息集成、消防、安防等十大重要系统数据并集成，实现各系统与运营、安全业务、交通业务、机场信息集成等核心数据库联动，可以实现登机桥、候机区、旅客大厅等大范围节能策略管理，实现自动或远程启停设备的功能，实现最大监控点数不小于 10 万，系统实时数据传送时间不多于 2s，系统控制命令传送时间不多于 3s，系统联动命令传送时间不多于 3s，实现航站楼设备运营的安全、最佳、高效、有效节能，提升航站楼运营管理水平，为航站楼运营提供数据支持及专家解决方案，实现航站楼的三维可视化动态管理，智慧化运行。

大兴国际机场通过应用数字孪生技术和 IBMS，在安全管理方面实现了实时监控、数据分析、应急预案制定与演练、运营状态精准把控以及智能化决策支持等多方面的提升。这些措施不仅提高了机场的安全管理水平，也为旅客提供了更加安全、便捷、高效的出行体验。

3. 京沪高铁案例分析

京沪高铁作为中国高铁网络的标志性工程，其运维管理不仅追求高效与便捷，更将安全视为首要任务。为了实现这一目标，京沪高铁创新性地构建了基于 BIM 与 GIS 技术的综合运维平台[350]，深度融合了铁路北斗应用服务平台、高铁自然灾害监测系统以及地震预警系统，构建起一套全方位、立体化的安全管理网络。

该平台通过 BIM 技术实现了对高铁沿线所有设备设施的三维可视化建模，精确还原了从轨道、桥梁、隧道到车站、信号系统等每一处细节的精确位置与状态信息；而 GIS 技术的应用则进一步扩展了空间分析能力，将地理位置信息与设备状态数据紧密结合，实现了对高铁运营环境的全面感知与监控。

尤为重要的是，平台深度融合了铁路北斗应用服务平台，利用北斗卫星导航系统的精准定位与授时功能，为高铁列车提供了高精度、高可靠性的位置服务，有效提升了列车的运行安全与效率。同时，结合高铁自然灾害监测系统，该平台能够实时监测并预警台风、暴雨、滑坡、泥石流等自然灾害对高铁线路的影响，为应急响应与预防性维护提供了科学依据。

地震预警系统的接入更是为京沪高铁的安全管理筑起了一道坚实的防线。通过实时监测地震波的传播情况，系统能在地震波到达高铁线路前几秒至几十秒发出预警，为列车紧急制动、乘客疏散等应急措施争取宝贵时间，最大限度地减少地震灾害对高铁运营的影响。

在此基础上，平台将空地一体化系统监测数据实时注入"数字孪生"体中，即一个与真实世界高度同步的虚拟高铁系统。这一创新技术使得管理人员能够在虚拟环境中对高铁运营进行模拟、预测与优化，不仅提升了设备设施基本信息管理的精度与效率，还实现了对设备设施运行状态的实时监控与动车故障的早期预警。

在维修管理方面，平台通过大数据分析，能够精准预测设备故障发生的概率与时机，自动生成维修计划与任务单，指导维修人员进行精准维修，减少非计划性停机时间，提高维修效率与质量。同时，平台还具备灾害预警与生产管控功能，能够在灾害发生时迅速启动应急预案，调整生产计划，确保高铁运营的安全与顺畅。

最后，智能调度分析功能是该平台的另一大亮点。它利用先进的人工智能算法，对高铁列车的运行数据进行深度挖掘与分析，优化列车运行图，提高列车运行的准时性与舒适性，为旅客提供更加优质的出行体验。

综上所述，京沪高铁基于 BIM 与 GIS 技术的综合运维平台，通过深度融合铁路北斗应用服务平台、高铁自然灾害监测系统和地震预警系统，并借助"数字孪生"技术，实现了对高铁运营安全的全方位、智能化管理，为京沪高铁的持续稳定运营提供了坚实保障。

超级工程在安全管理方面的理论和实践明显区别于重大工程，主要体现在系统性、复杂性、技术应用和管理体系等方面。超级工程的安全管理不仅需要在理论上突破传统的工程管理框架，更需要在实践中结合先进技术进行系统化、智能化的管理。通过这些措施，超级工程能够有效地控制风险，保障工程的顺利实施和安全运行。这不仅提升了工程管理水平，也为未来的工程项目提供了宝贵的经验和借鉴。

总之，超级工程的安全管理是一项复杂而系统的任务，需要综合运用多种理论和技术手段，建立完善的管理体系，确保工程的顺利推进和安全运行。通过这些努力，超级工程不仅为社会和经济发展做出了重要贡献，也为安全管理领域提供了宝贵的经验和启示。

6.5 运维管理

超级工程具有社会经济影响重大、技术复杂、投资巨大、建设周期长等特点，超级工程不仅在建设阶段面临巨大挑战，运维阶段同样需要高效、科学的管理体系。本节将结合港珠澳大桥、特高压交流输电和大庆油田等超级工程，详细阐述其运维阶段的管理理论与实践。

6.5.1 超级工程运维管理的核心理念

1）全生命周期管理

全生命周期管理（life cycle management，LCM）是指对工程项目从设计、建设、运营到报废的全过程进行系统管理。这种管理模式强调在每一个阶段都进行科学规划和严格控制，以最大化工程的经济和社会效益，延长其使用寿命，提高整体运营效率。

在运营阶段，全生命周期管理的重点是持续监控和定期维护。通过先进的监测技术，实时获取工程的运行数据，及时发现并处理潜在的问题。例如，大庆油田利用实时监控系统，监测油井的压力、温度和流量，确保生产的连续性和安全性。通过定期的预防性维护，可以减少突发故障的发生，延长设备的使用寿命，保持工程的高效运行。

2）预防性维护

预防性维护（preventive maintenance，PM）是一种在设备发生故障之前进行维护的策略。对于超级工程而言，预防性维护可以有效减少突发故障，降低维护成本，提高设备的可靠性和可用性。预防性维护的实施包括定期检查、预防性维修和预测性维护三个主要方面。

（1）定期检查。通过制定详细的检查计划，确保对设备和设施进行全面且定期的检查。以港珠澳大桥为例，定期的结构检测是确保港珠澳大桥长期安全运行的关键，通过检测桥梁的应力和变形，及时发现和预防结构性损伤。对于关键设备，专业检测更是不可或缺，例如特高压输电线路的红外检测，通过温度分布检测，可以预防过热引发的线路故障。

（2）预防性维修。根据设备的使用寿命和运行状态，提前更换易损件，防止因零部件老化导致的设备故障。例如，大庆油田的油井关键部件定期更换，可以确保生产的连续性，避免因为突发故障导致的停产。此外，系统升级也是预防性维护的重要组成部分，通过对监控系统和操作系统的定期升级，可以保持设备的先进性和运行稳定性。

（3）预测性维护。通过数据分析，预测设备的故障趋势，从而提前进行维护。特高压输电工程利用大数据分析技术能够预测输电设备的故障风险，并提前进行维修和更换，防止设备故障扩大。通过建立设备健康管理系统，可以实时监测设备的运行状态，进行健康评估。例如，大庆油田的油井健康管理系统，通过监测油井的运行参数，评估油井的健康状况，能够提前安排维护工作。

3）数据驱动决策

现代超级工程的运维管理越来越依赖于数据驱动决策（data-driven decision making，DDD）。通过传感器、物联网、大数据分析等技术，实时监控工程运行状态，及时发现潜在问题并进行处理，提高管理效率和决策科学性。

数据驱动决策的第一步是实时监控。通过在关键部位安装传感器，实时获取设备和设施的运行数据。例如，港珠澳大桥在桥梁的关键结构部位安装了应力传感器、振动传感器等，实时监测桥梁的运行状态。这些传感器采集的数据通过物联网平台传输到监控中心，实现数据的实时监控和分析。特高压交流输电工程通过物联网平台实现对输电设备运行状态的实时监控，确保系统稳定运行。

数据分析是数据驱动决策的核心。利用大数据分析技术，对海量数据进行处理和分析，能够发现运行中的潜在问题。例如，大庆油田通过大数据分析，预测油井的生产趋势，优化生产参数。机器学习技术也在超级工程中广泛应用，通过机器学习算法，可以建立故障预测模型，提高故障预测的准确性。例如，特高压工程通过机器学习技术，建立输电设备的故障预测模型，提前预警设备故障。

智能决策系统是数据驱动决策的关键应用。通过建立智能决策支持系统，能够提供数据分析结果和决策建议，辅助管理人员进行科学决策。港珠澳大桥的智能决策系统通过对桥梁监测数据的分析提供维护和管理的决策支持。优化维护策略也是数据驱动决策的重要成果之一。根据数据分析结果，优化维护策略，可以提高维护的针对性和有效性。例如，大庆油田根据油井运行数据优化油井的维护策略，减少不必要的维护成本。

应急响应是数据驱动决策的另一个重要应用。通过数据监测和分析，实时预警潜在风险，及时采取应对措施。特高压工程的实时预警系统能够在输电设备出现异常时及时发出预警，防止故障扩大。例如，港珠澳大桥的应急响应系统通过对实时监测数据的分析，能够快速响应突发事件，保障桥梁的安全运行。

数据驱动决策不仅提高了超级工程运维管理的科学性和高效性，还为未来智能化运维管理的发展打下了坚实的基础。通过不断完善数据采集和分析技术，推动运维管理向智能化、自动化方向发展，提升超级工程的运维管理水平。

6.5.2　超级工程运维管理模型

超级工程运维管理模型主要包括以下几种。

1. PDCA 循环

计划（plan）、执行（do）、检查（check）和行动（act）（PDCA）循环是一种持续改进的管理方法。对于超级工程的运维管理，可以通过 PDCA 循环不断优化维护策略和管理流程，提高运维管理水平。下面以大兴国际机场为例，具体阐述超级工程运维过程中 PDCA 循环的应用。

1）计划

在大兴国际机场的运维管理中，首先需要制定详细的运维计划，包括明确运维目标，如保证航班准点率、提升乘客满意度等；制定运维策略，包括设施设备的定期检查和维护、应急预案的准备和演练等；进行资源配置，包括人力资源的安排、技术设备的配备、预算的制定等。此外，还需考虑可能的风险因素，并制定应对措施。

2）执行

按照运维计划，具体展开各项运维活动。例如，定期对机场的各类设备设施进行检查和保养，确保其正常运行；对机场的各类服务进行监督，确保服务质量符合标准；实施应急演练，确保应急预案的可行性和有效性。在执行过程中，注重记录各项工作的完成情况和发现的问题，以便后续检查和改进。

3）检查

定期对运维活动进行检查和评估。例如，分析设备设施的运行数据，判断其是否达到预期性能指标；通过乘客反馈和满意度调查，评估服务质量是否符合标准；检查应急演练的效果，评估应急预案的执行情况。在检查过程中，要对发现的问题进行详细记录，分析其原因，并评估其对整体运维目标的影响。

4）行动

根据检查结果，对运维计划和执行情况进行必要的调整和改进。例如，对于设备设施存在的故障或隐患，及时进行维修和改进；针对服务质量不达标的情况，改进服务流程和标准；根据应急演练中的不足，完善应急预案和培训内容。改进措施实施后，进入下一个 PDCA 循环，不断优化运维管理水平。

通过 PDCA 循环的应用，大兴国际机场可以不断优化运维管理，提高设施设备的可靠性，提升服务质量，确保机场的安全和高效运行。这一持续改进的过程，能够使机场在面对复杂和变化的运行环境时，始终保持高水平的运维管理能力。

2. 全面生产维护

全面生产维护（total productive maintenance，TPM）是一种集预防性维护和自主维护于一体的管理方法，强调全员参与和持续改进。超级工程运维阶段可以通过 TPM 提高设备的综合效率，降低故障率，延长设备寿命。以复兴号列车为例，具体阐述超级工程运维过程中 TPM 的应用。

1）自主维护

在复兴号列车的运维过程中，首先要培养列车操作人员（如司机和乘务员）的设备维护技能。这包括培训他们了解列车各项设备的基本工作原理和维护方法，使其能够进行日常的检查和简单的维护工作。例如，操作人员可以定期检查列车的车门、空调系统、照明系统等，及时发现和处理一些小问题，确保设备的正常运行。这种自主维护不仅能够提高设备的使用效率，还能及时发现潜在问题，防止小故障演变成大问题。

2）专业维护

复兴号列车的复杂维护任务由专业维护团队负责。专业维护团队由具备高级技能和丰富经验的技术人员组成，他们能够处理列车的复杂维修和保养任务，如发动机系统的检修、制动系统的维护、信号系统的调试等。专业维护团队还负责定期对列车进行全面的检查和保养，确保各项设备始终处于最佳运行状态。此外，他们还需要对自主维护过程中发现的问题进行深入分析和处理，保证列车的整体运行安全和稳定。

3）计划维护

为了保证复兴号列车的高效运转，需要制定详细的维护计划。维护计划包括对列车各个系统和部件的定期检查和设立保养时间表，明确每次维护的具体内容和要求。计划维护的核心是预防性维护，通过定期的维护工作，预防设备故障的发生，延长设备的使用寿命。例如，每月对制动系统进行检查和保养，每季度对发动机系统进行全面检修，每年对列车的所有关键部件进行一次大修。这些计划性的维护工作可以有效减少突发故障，提高列车的运行可靠性。

4）全员参与和持续改进

TPM强调全员参与和持续改进。在复兴号列车的运维过程中，不仅仅是操作人员和专业维护团队需要参与维护工作，管理层和其他相关人员也应积极参与。例如，管理层可以定期组织维护工作的评估和改进会议，分析运维过程中的问题和不足，提出改进措施。通过全员的共同努力，形成持续改进的良性循环，不断优化维护策略和方法，提高设备的综合效率，降低故障率，延长设备寿命。

通过TPM在复兴号列车运维过程中的应用，可以实现全员参与、预防性维护和自主维护相结合的管理模式，有效提高列车的运行效率和安全性，确保设备始终处于最佳状态。这种综合性维护方法，不仅有助于降低运维成本，还能显著提升乘客的乘车体验和满意度。

6.5.3 超级工程风险管理理论

1）风险识别与评估

风险管理是超级工程运维管理中的重要环节。有效的风险管理需要从风险识别与评估入手，这是确保工程长期稳定运行的基础。

首先，风险识别是指确定可能影响工程运行的各种风险因素。对于超级工程，这些风险因素包括自然灾害、设备故障、人为错误、技术缺陷、运营环境变化等。自然灾害如地震、台风、洪水等会对工程结构和设施造成严重破坏。设备故障可能源于设备老化、材料疲劳、设计缺陷等因素。人为错误则包括操作失误、管理疏忽等。技术缺陷来自设计方案的可行性、材料稳定性、施工工艺可靠性等。运营环境包括组织架构调整、管理模式变革、利益相关方诉求变化及技术人才变化等因素。这些因素都需要在风险识别阶段进行全面而细致的分析。

识别风险后，需要通过定量和定性的方法评估风险的概率和影响。定量评估通常涉及数据分析和统计模型，利用历史数据和模拟工具评估风险事件发生的概率和可能造成的损失。例如，可以通过历史气象数据评估自然灾害发生的频率，通过设备运行数据预测设备故障的概率。定性评估则主要依赖专家判断，通过专家会议、德尔菲法等方法对风险进行分类和排序，确定每种风险的严重程度和紧迫性。

在评估过程中，应重点关注高概率、高影响的风险，这些风险通常是风险管理的重点对象。通过综合定量和定性评估，制定详细的风险评估报告，明确各类风险的性质、概率、影响范围和应对优先级，为后续的风险控制与应对提供依据。

2）风险控制与应对

风险控制的核心是通过预防和动态监控降低风险概率或影响。基于评估结果，制定针对性策略：高概率、高影响风险采取规避（调整范围）或转移（保险、分包）；中低风险通过技术加固、培训或资源缓冲缓解。同时建立实时监控体系，利用进度偏差、质量异常等预警指标，结合定期风险审查，确保风险透明可控，防止风险升级。关键措施包括流程优化、冗余设计、强化验证及资源调配，形成"预防—监控—调整"闭环管理机制，系统性压缩风险。

风险应对聚焦风险发生时的快速响应与影响最小化，需提前制定预案，明确情景化分工、资源调度与决策流程。例如，技术故障启动备用方案、供应链中断切换备用渠道或调整项目节点。对不可控风险（如政策变动），通过应急预算或路径灵活性缓冲冲击。执行中需跨部门高效协同，确保信息实时透明，并建立"应对—复盘—优化"机制，将应急经验转化为风险控制策略的迭代依据，形成管理闭环，既化解当前危机，又提升未来风险防御能力，实现韧性增长。

风险控制与风险应对是项目管理动态的两个抓手，两者互相依存，互为补充，两者之间通过持续迭代策略，将不确定性转为可控变量，在保障目标的同时增强组织抗风险韧性，支撑复杂环境下项目的成功交付。

6.5.4 超级工程运维阶段管理实践

1. 港珠澳大桥运维管理

1）结构健康监测

港珠澳大桥采用了先进的结构健康监测系统，通过在桥体关键部位安装传感器，实时监测大桥的应力、振动、变形等数据。这些数据通过无线网络传输到监控中心，进行实时分析和处理，及时发现潜在的结构问题。

2）交通管理

港珠澳大桥作为重要的交通通道，交通管理尤为重要。大桥采用智能交通系统（ITS），通过摄像头、雷达等设备实时监控交通流量和车速，及时疏导交通拥堵，保障车辆安全通行。

3）维护与检修

港珠澳大桥的维护与检修工作由专业团队负责，定期对桥梁进行全面检查和维护。通过预防性维护措施，及时更换和维修老化部件，确保大桥的长期安全运行。

2. 特高压交流输电运维管理

1）状态监测与评估

特高压工程的输电线路和设备需要进行持续的状态监测。通过在线监测系统，实时获取设备的温度、电流、电压等运行数据，分析设备的健康状态。对于可能发生故障的设备，提前进行维修和更换，防止故障扩大。

2）防灾减灾

特高压工程面临着自然灾害的威胁，如雷击、地震、台风等。通过加强防灾减灾措施，能够减少自然灾害对工程的影响。例如，安装避雷器、增强抗震设计、定期检查和加固线路设施等。

3）智能运维

特高压工程逐步引入智能运维技术，通过大数据分析、人工智能等手段，提高运维效率和管理水平。智能运维系统能够自主诊断设备故障，优化维护策略，提供决策支持，提高运维管理的智能化和自动化水平。

3. 大庆油田运维管理

1）油井监控与维护

大庆油田的油井是生产的核心。通过油井监控系统，可以实时获取油井的压力、温度、流量等数据，分析油井的运行状态；同时便于定期对油井进行维护，清理堵塞，维修设备，确保油井的高效生产。

2）输油管道管理

输油管道是大庆油田的重要组成部分，涉及长距离的原油运输。通过管道监控系统，实时监测管道的压力、流量、温度等参数，防止管道泄漏和破裂。定期对管道进行检测和维护，确保输油管道的安全运行。

3）环境保护

大庆油田在运维管理中高度重视环境保护。通过采用先进的环保技术和措施，可以减少生产过程中的污染物排放。对油田周边环境进行监测，能够及时发现和处理污染问题，保护生态环境。

6.6 复杂性问题管理

中国近现代超级工程项目规模庞大，参与者和利益相关群体数量众多，工程与环境的交互增强，因此工程的复杂性特征尤其明显。面对超级工程的复杂性给工程管理带来了巨大的挑战，如何认识超级工程的复杂性，并采用科学的方法应对，化繁为简，是超级工程管理的核心问题。

6.6.1 超级工程复杂性问题管理理论

中国近现代超级工程的复杂性对管理理论提出挑战，同时也带来理论改革的重大机遇。

1）复杂性吸收与整体性相容原理

复杂系统通常具有多尺度动态复杂性特征，这些特征在微观层面表现为系统中单元的数量及单元之间的关联关系，在宏观层面则表现为系统期望实现的整体性功能。复杂性吸收原理主要建立在系统融合模型方法的基础上，是一个涉及多个领域，尤其是在复杂系统管理和工程决策中广泛应用的概念。在超级工程领域，复杂性可能表现为决策关联性、认知模糊性、偏差性、知识有限性等多种形式。复杂性吸收原理是指在面对复杂系统或决策过程中的复杂性时，通过一系列策略和方法，有效地识别、理解、整合并吸收这些复杂性因素，以达到优化系统性能、提高决策质量或实现特定目标的原理。这一原理强调了对复杂性的主动管理和利用，而非简单地避免或忽视。

在工程实践中，博弈学习过程及其决策策略为复杂性吸收的管理方法提供了指导。对于不同类型的系统分别采取了如下的针对性管理措施。

（1）实体硬系统：在确定工程系统及功能基线时，鼓励各系统通过多方会议充分沟通接口需求，同时利用行业技术标准加速共识达成，以确保系统间的无缝对接。

（2）要素虚系统：在资源规划阶段，采取灵活的资源提报与分配机制。各单位自下而上提出资源需求，随后自上而下进行资源统一分配，这一过程可迭代进行，直至各研制单位对资源分配满意，促进资源的合理配置与高效利用。

（3）组织软系统：在组织层面，既鼓励各研制单位建立健全内部技术和管理体系，又在工程总体层面设立统一的总体机构，以实现技术和管理上的总体控制与协调，确保工程各部分的有机统一。

通过上述综合性的管理方法，工程系统内外的技术接口、资源分配及组织关系迅速达成一致，有效平衡了微观层面的复杂性与宏观层面的整体性要求，即在更高的层次上实现了复杂性与整体性之间的和谐共存[351]。

2）复杂性分解和整体固化原理

超级工程管理决策复杂性既不是一种杂乱无章没有规律的复杂性，也不是一种单一的复杂性，而是一种有规律的、多样化的复杂性。不同类型的复杂性具有不同的内涵，所面临的问题也是不同的。还原论方法通过层层分解的方式简化了复杂性而忽略了各要素间的关联性，整体论方法将事物作为一个整体进行研究而忽略了任何一个整体都是更大整体的局部这个事实。可见，超级工程的复杂性既不能被理解为简单要素的集合，也不能被理解为一个不可分割的整体。一些学者运用系统论的基本原理提出了"复杂性降解"的概念，认为可以将整体复杂性问题降解为若干相对独立又彼此关联的简单子问题群，从而使管理主体易于得到复杂性相对较低的问题的解决方案，再将各个子问题的解决方案向上集成为方案序列，以确保对复杂性问题的整体认知，为认知重大工程复杂性提供了新的思路。对于复杂性降解，还必须认识到，不同知识、经验和技能水平的管理主体所认知到的复杂性水平是不同的，从而形成不同的整体复杂性问题拆解路径、不同的子问题群和不同的方案序列。因此，复杂性问题降解具有多条降解路径和多个解，需要组合使用不同的管理策略，且只有在这些管理策略与特定主体关联的情况下才能评判是否最优[352]。

系统的管理过程中，首先是技术基线细化与验证，在研发初期，需对原系统功能技术基线进行精细化的逐层分解，确保每个子模块功能明确。同时，通过在各层级进行功能整合测试，验证新构建的网络体系能否有效实现原工程的整体功能，确保系统性能达标。伴随技术基线的分解，需同步细化资源配置及管理流程，确保每项资源都能精准对接到具体任务。而在功能整合阶段，则致力于优化流程，减少冗余步骤，提升整体运作效率，实现流程上的高效整合。复杂问题讲解结合整体固化原理，实现资源共享与优势互补，共同推动项目顺利进行，提高工作效率。

3）多尺度动态复杂多主体的博弈理论

超级工程组织过程中的多主体博弈表现在其多元的参建主体之间以及其与隶属单位的互动中。为了实现统一的工程目标，必然要求不同的参与主体之间以及参与主体与其他利益相关者之间进行不断的沟通协调、合作等互动行动。总之，工程组织保持开放性是工程组织不断更新和发展，不断适应环境变化的必要条件。多主体博弈理论（multi-agent game theory）是指研究多个决策实体（或称为代理人）在相互作用中如何进行决策的理论框架。在这种理论下，每个代理人都追求自身的利益，并且其行为会影响其他代理人的利益和决策。

多总体博弈模型描述了多个代理人在给定策略空间下的行为和互动。常见的博弈模型包括合作博弈、非合作博弈和混合策略博弈等，每种模型都有不同的假设和解决方法。纳什均衡是博弈论中一个重要的概念，指的是在给定策略下，每个代理人都做出最优决策，其他代理人的策略不变。这种状态下，任何代理人无法通过单方面改变策略来获得更好的结果。此外多主体博弈理论可以分析代理人之间的协作和竞争关系。在博弈中，代理人既可能通过协作达成互利的结果，也可能通过竞争来争取自身利益最大化。多主体博弈理论提供了一种理论框架，帮助分析和理解复杂环境下多个决策实体的互动和决策过程，对于解决现实生活中的复杂问题具有重要的理论和实际应用价值。

因此，超级工程管理决策复杂性问题的解决不能仅仅依靠一种单一的策略或方法，而是要遵循人类应对复杂性问题管理过程的复杂性规律，包括管理问题的识别和知识构建的复杂性、管理问题的分析和方案选择的复杂性、管理方案实施和协调控制的复杂性。管理过程的复杂性产生于管理主体之间、管理客体之间以及管理主体与管理客体之间的动态交互之中。管理过程的复杂性是工程管理的动态复杂性的体现。管理主体在认知层面的局限、行为决策中的偏差以及自主博弈倾向，往往会导致对工程问题解决方案的误判与误选。这种决策失误在高度耦合的任务流程中，会通过网络效应被进一步放大，从而对整体工程系统产生更为深远的影响。此外，当工程状况恶化，管理者在时间的压力下做出的仓促的补救举措，由于违背了工程运作的客观规律，可能使得工程状况进一步恶化，最终导致工程陷入混沌无序的状态。

6.6.2 超级工程复杂性问题管理实践

超级工程的复杂性问题管理是工程管理中的重要领域，涉及如何在极为复杂的环境中协调各方资源，解决技术和管理难题，从而确保项目顺利进行。

1. 北斗卫星工程中的复杂性问题管理实践

新时期航天战略强调系统能力的提升，支持空间开发与科学探索，要求技术创新。航天系统向多元化发展，特征为复杂性、巨型化、高风险性。北斗卫星工程作为标志性项目，融合了宏观卓越整体性与微观高度复杂性。宏观上，追求高精度、稳定性、可靠性等，体现国家意志与规划。微观上，面临时间紧、任务重、技术创新快等挑战，要求高效攻克难关。这一双重特性在实体硬系统（物理构建）、要素虚系统（资源管理）、组织软系统（组织架构与管理）中均显著体现，共同支撑北斗卫星工程的成功实施。

北斗卫星工程通过创新系统设计确立了新型技术标准，这重构了系统间的互操作性，对整合提出了严峻挑战，尤其在硬件单元的宏观协同与微观细节间产生了复杂的平衡需求。为此，北斗卫星工程采取了双管齐下的策略。首先，强化技术沟通，利用多层次、多样化的信息交流平台，包括直接对话、系统平台等，深入交流接口细节、对接策略和操作规范，确保各方需求被充分理解和表达，为技术方案的形成奠定坚实基础。其次，统一技术标准，工程总体部门主导制定了标准规范、技术指南及质量管理框架等文件，旨在推动各系统单元遵循统一的技术标准，快速就接口设计等关键技术问题达成共识，从而形成稳定且可实施的初步技术方案。

北斗卫星工程新技术挑战大、系统间资源相互制约、资源需求极不确定，导致宏观规划与微观需求间存在冲突。为解决此问题，北斗卫星工程采取了双向互动的资源规划策略，首先，自下而上的资源申报，鼓励各研制单位基于实际工作需要，逐层上报资源需求，确保需求真实反映系统建设的需要。其次，自上而下的资源整合与分配，工程总体运用优化方法，整合全局资源，并根据各单位上报的需求合理分配，确保资源高效利用。此过程通过多轮迭代，不断调整与确认，直至所有研制单位对资源分配达成一致，从而形成了稳定可行的初步实施方案。

北斗卫星工程汇聚了跨领域、多行业的参研单位，这些单位间复杂的行政与经济关系、资源竞争，导致在组织软系统中产生了宏观整体协调与微观复杂管理间的矛盾。为应对这一挑战，北斗卫星工程在组织模式上采取了创新设计。首先，引入分层管理体系，构建了多层次的组织结构，既在各研制单位内部设立技术和管理指挥控制体系，确保单位内部的资源有效配置与技术精准管理；同时，又在所有单位之上设立更高层级的技术和管理指挥体系，以实现全局性的协调与控制。其次，采取分权管理和集中管理相结合，在各研制单位内部，通过设立总师和总指挥的岗位，实行分权管理，赋予其内部资源调配和技术决策的权力，有效协调内部技术与资源的关系，提升决策效率和响应速度。在更高层面上，成立工程领导小组、工程管理办公室及大总体等机构，实施总体控制策略，负责跨单位、跨领域的技术整合与资源调配，确保工程整体目标的实现。通过上述组织设计，既保留了各研制单位的灵活性与自主性，又实现了工程整体的统一指挥与协调，有效缓解了宏观整体性与微观复杂性之间的冲突，促进了北斗卫星工程的高效推进与成功实施。

北斗卫星工程作为复杂星座项目，兼具单星特性与多类型多星混合星座的复杂性。为应对这一技术挑战，北斗卫星工程在详细技术基线管理中采取了分层分解与整合的策略。首先，使用功能逐层分解，将卫星整体功能细化至分系统、设备层，明确各层级的功能特性、接口要求及生产单元的物理属性，确保技术细节的精准把控，把问题的复杂性降低。其次，使用功能整合与基线建立方法，根据卫星类型，在各层次上进行功能整合，形成针对不同卫星类型的批生产研制基线与生产基线，既保证了技术方案的稳定性，又实现了生产的高效与标准化。通过上述方法，北斗卫星工程有效平衡了宏观复杂性与微观精细化的需求，确保了工程的顺利推进与高质量完成。

北斗卫星工程需限时发射多类卫星至预定轨道，因此详细工作上出现了宏观整体性和微观复杂性之间的协调问题。为应对上述挑战，北斗卫星工程在资源配置上巧妙融合了流程细化与简化的策略，精心构建了一套稳定且详尽的实施方案。一方面，通过引入多元化的计划管理方法，北斗卫星工程制定了周密细致的工程研制计划，将各项任务精准分解至具体单位及责任人，实现了计划执行层面的精细化管理，确保了每个环节的高效有序进行。另一方面，北斗卫星工程积极借鉴行业内的成熟经验，对星箭研制流程进行了大刀阔斧的优化与重组，创新性地提出了"集中设计、统一状态、全面投产、分批验收、流水作业、滚动备份"的宇航产品组批生产管理模式。这一模式不仅显著提升了生产效率，还有效降低了生产成本，为工程的顺利进行提供了坚实保障。此外，北斗卫星工程还采取了一系列高效运作措施，如整星空运、多星并行测试、星箭组合体整体转运以及一箭双星发射等，这些举措极大地缩短了工程周期，加速了卫星组网的进程，展现了北斗卫星工程在技术创新与效率提升方面的卓越能力。

北斗卫星工程在任务分解时，需平衡详细分配与任务不可分性，为此，北斗卫星工程综合专业化与合作型组织，构建稳定实施机构。横向设项目经理、办公室、项目队，纵向配合职能部门、技术部门，明确责权利。对强关联工作，设行政链工作组和技术链项目群，促进跨部门合作，确保任务高效完成。

以上内容都是北斗卫星工程采用复杂性吸收和整体性相容及复杂性分解和整体固化原理对项目实施的具体内容，在这个工程的实施过程中，我国不断借鉴和吸收领域内先进的管理思想和方法，建成了工程管理体系，保证了工程的成功实施。

2. "鞍钢宪法"中的复杂性问题实践

超级工程的复杂性问题管理是工程管理中的重要领域，涉及如何在极为复杂的环境中协调各方资源、解决技术和管理难题，从而确保项目顺利进行。以"鞍钢宪法"为例，我们可以探讨如何在超级工程中通过问题管理来应对这些挑战。20世纪60年代，中国特色社会主义建设正处于关键时期，工业企业面临管理和技术革新的巨大需求。在这种背景下，为总结和规范工业管理经验，毛泽东主席亲自推动制定了"鞍钢宪法"，如图6.5所示。这一宪法不仅是对鞍钢管理实践的总结，也旨在为全国的工业企业提供管理和技术革新的范例。

图6.5 "鞍钢宪法"

"鞍钢宪法"是新中国工业企业管理的一项划时代的成就，是 20 世纪 60 年代初总结出来的企业管理经验，是在中国工业化进程中应对管理挑战和技术发展需求所做的重要尝试。这一管理法典源于当时中国最大的钢铁厂——鞍钢，对中国后续工业企业管理制度的发展产生了深远的影响。其核心思想是开展技术革命，大搞群众运动，"实行两参一改三结合"（两参：指工人参与管理和技术决策；一改：即改革不合理的规章制度；三结合：强调工人、技术人员和管理人员的紧密合作），坚持政治挂帅，实行党委领导下的厂长负责制，来实现生产效率和企业管理水平的持续提升。在现代超级工程中，"鞍钢宪法"的经验被广泛借鉴，尤其是在复杂性问题管理中发挥了重要作用[353]。以下是"鞍钢宪法"在超级工程管理中的实践启示。

1) 标准化管理应对技术复杂性

"鞍钢宪法"的一个重要特点是标准化操作。通过建立标准化的工作流程和技术规范，鞍钢在大规模钢铁生产中提高了技术的稳定性和操作的可控性。在现代超级工程中，技术复杂性常常通过标准化管理加以控制，建立统一的操作流程和技术标准，减少因为技术差异和不一致性带来的风险。

2) 计划性与协同应对组织复杂性

"鞍钢宪法"提倡高度的计划性管理和协作精神。大型工程往往涉及众多的部门和人员，良好的组织和协调是确保工程顺利实施的关键。"鞍钢宪法"通过严格的计划性要求各个部门必须按照统一的生产计划行动，避免了生产过程中的混乱与浪费。在超级工程中，项目管理应通过严密的时间表和任务分配机制，将各部门的工作合理安排在一起，形成有效的协同合作。

3) 创新性管理应对环境复杂性

"鞍钢宪法"在面对复杂环境时强调创新精神，不断改进和优化现有的生产工艺和管理方法，以应对外部环境的变化。超级工程在建设过程中往往需要应对外部环境的复杂性，如自然灾害、政策变动或市场需求变化。借鉴"鞍钢宪法"的经验，管理者应鼓励团队创新，在应对外部环境变化时积极寻找新的技术解决方案和管理方法。例如，绿色建筑项目需要适应环境要求，可以通过技术创新降低能源消耗，减少对环境的影响。

4) 风险管理应对不确定性

"鞍钢宪法"非常重视风险管理，强调预防性措施和风险意识。在超级工程中，不确定性和风险往往伴随着技术革新和复杂的组织环境。例如，在大规模建设项目中，工期延误、材料短缺、技术故障等都是常见的风险。为了有效管理这些风险，项目团队需要制定详细的风险评估报告，提前识别潜在问题，并通过应急预案和备份资源来降低风险发生的影响。

超级工程的复杂性问题管理是一项综合性和系统性的工作，需要从技术、组织、环境等多个维度入手。"鞍钢宪法"通过标准化管理、协同计划、创新驱动和风险管理，有效应对了生产过程中的复杂性问题，为现代超级工程的管理提供了重要的借鉴。在未来的工程实践中，项目管理者可以从"鞍钢宪法"中汲取经验，结合现代管理工具和技术，进一步提升项目管理的效率和质量。

第 7 章

未来趋势

中国近现代超级工程的建设不断进步和发展，未来超级工程的发展将与国家的政治经济、科学技术和社会发展密切相关。现从建设地域、行业领域、建造规模、科学技术、价值功能五个方面综述中国超级工程的发展趋势，如图7.1所示。

图 7.1　超级工程的发展趋势

在建造地域分布上，中南部的经济发达地区仍将是未来超级工程的主要焦点，同时也将更加关注那些对地区经济发展具有重大促进作用的地区，如经济纽带区域和"一带一路"重要枢纽地域。随着科技的不断进步，超级工程在行业领域的发展将更加集中于科技密集型行业，如中国空间站和国际大型机场等工程项目。在建造规模上，超级工程已经取得了显著的增长。我国已建成多项世界级的超级工程。未来，随着国家大区域经济协同发展的需求，超级工程将进一步向跨省的更大规模发展。人工智能技术的应用将是未来超级工程发展的必然趋势，覆盖超级工程全生命周期的各个环节，包括工程设计、建设和运行管理。绿色建造、数字孪生和复合材料等新兴科学技术也为超级工程的未来建设提供了有力的支撑。价值功能方面，未来超级工程项目将在战略性、引领性、效益性、可持续性价值上持续增强，取得可期的经济效益和社会效益，功能作用则会更加注重国际合作、生态环保、社会公平良性发展和艺术进步等。

7.1　建造地域

从中国近现代超级工程的地域分布情况来看，这些工程主要集中于经济较为发达的中南部地区。根据国家政策导向，未来超级工程的布局将更加注重发挥经济纽带作用，特别是在长三角地区、西部地区、东北地区和"一带一路"参与共建省份等对地区经济发展具有重大促进作用的地区。此外，随着发展中国家需求的增长，中国的超级工程已经逐渐拓展到更多的发展中国家，也在欧洲和美国等地生根发芽，展现出强大的生机与活力。超级工程未来建造地域总的趋势如图 7.2 所示。

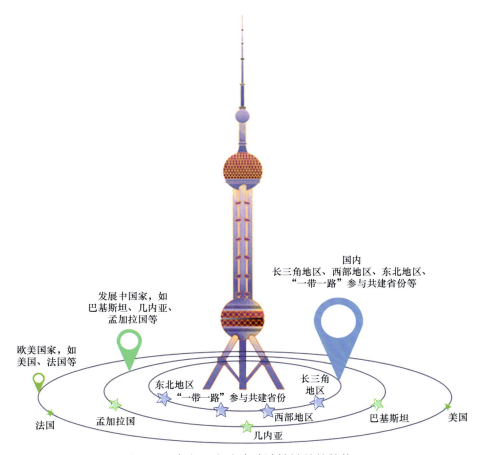

图 7.2　超级工程未来建造地域总的趋势

1）长三角地区

社会经济需求发展需要影响超级工程的未来地域分布。中国近现代超级工程在地域上的分布，一方面是需求拉动，另一方面更多的是一种因地制宜，在现有地理、经济资源的基础上开展深度开发。例如华东地区，位于中国东部，自然环境条件优越，物产资源丰富，商品生产发达，工业门类齐全，是中国综合技术水平最高的经济区。轻工业、机械工业、电子工业在全国占主导地位，铁路、水运、公路、航运四通八达，是中国经济发展最快的地区之一，尤其是长三角地区，近年来经济发展速度一直高于全国平均值。

长三角地区大部分省份地处临海，如浙江省，经济的快速发展叠加需求的快速拉动，沪杭超级磁浮、沿海高铁、环杭州湾智慧高速公路、萧山机场综合枢纽等一大波投资千亿级别的"超级工程"落地浙江。

2）西部地区

国家西部大开发战略旨在依托亚欧大陆桥、长江水道、西南出海通道等交通干线，发挥西部中心城市作用，以线串点，以点带面，逐步形成我国西部有特色的西陇海兰新线、长江上游、南宁、贵阳、昆明等跨行政区域的经济带。西部大开发将带动西部的十大工程，覆盖铁路、公路、机场、航空网络、输气管道、水利、林业等。

西部退耕还林还草工程自 1999 年开始，是我国政策性最强、投资量最大、涉及面最广、群众参与程度最高的生态建设工程。它不仅是我国最大的强农惠农项目，仅中央投入的工程资金就超过 5000 亿元，更是全球最大的生态建设工程，实现退耕、还林、还草达 5 亿多亩[354]。渝怀铁路是国家西部大开发的重点项目之一，全长 624km，为一级单线并预留复线条件，将一次性建成电气化铁路。这条铁路穿过了多个贫困地区，因此被誉为扶贫铁路。在重庆境内的投资约为 150 亿元，占总投资的 70% 以上，全线十大重点控制工程都在重庆境内，是新中国成立以来重庆市投资额最大的基本建设项目。西部大开发项目涵盖多个领域，包括"五纵七横"国道主干线西部地区重要路段、兰州—重庆输油管道工程、农业特色经济建设工程、中心城市基础设施建设工程、高新技术产业化和医疗卫生项目工程等。此外，西安咸阳国际机场将作为支线航空网络的核心，以成都双流国际机场、昆明巫家坝国际机场、西安咸阳国际机场、兰州中川国际机场和乌鲁木齐天山国际机场为中心，逐步形成一个以主要枢纽机场为中心的轮辐式支线航空运输网络。

3）东北地区

在国家东北振兴战略的指导下，发挥东北地区的资源和工业基础的优势，超级工程也将会在东北地区进行建设。

大连海上机场。交通对于城市发展的重要性大家都有目共睹，大连目前只有一座大型客运机场。一座大型客运机场已经不能满足大连的发展需求，修建海上机场恰逢其时，这就是大连金州湾国际机场。

大连至烟台的海底隧道。由于位于大陆尽头的地理区位，大连城市发展受到诸多限制和约束，与其他城市的互联互通更是奢望，如果海底隧道能够修通，将会完美规避这些短板，大连至烟台一个小时就能到达。不过修建海底隧道对技术的要求特别高，所以修建也并非短时间就能完成。

松辽运河工程和海港连通工程。松辽运河工程，即贯通松花江和辽河的水利工程。一旦这条运河贯通，东北三省的产业和产品将直接通江达海，带动全域的经济发展。目前松辽运河已经开始进行前期工作。

4）"一带一路"参与共建省份

"一带一路"倡议引领未来超级工程地域分布。在"一带一路"参与共建省份，将会有更多与其他国家和地区展开合作的需求，推动基础设施等大型工程的建设。因而这些"一带一路"参与共建省份将会是未来一段时间内超级工程重点发展的区域。

深江铁路工程正线全长约 116km，其中，深江铁路洪奇沥水道公铁合建段主桥长度为 1.41km，主跨为 0.8km，系世界首创公铁合建超短边跨双塔双索面混凝土－钢箱桁混合组合梁斜拉桥新结构体系，也是全线的关键控制工程。大桥上层为八车道城市快速公路，下层为四线高铁。深江铁路线路起自新建的深圳西丽站，向西经东莞市、广州市、中山市、江门市，接入江门至湛江铁路江门站，建设工期 5.5 年，计划 2028 年 4 月建成通车。项目建成后，广东省沿海高铁主通道由此全线开通，可直接带动粤东、粤西与珠三角的区域协调发展，深圳前海与广州南沙可实现半小时高铁互联互通，江门与深圳可实现一小时内通达，对进一步打造"轨道上的大湾区"，促进珠三角西翼片区经济社会发展具有重要意义。

中老铁路工程由国内段昆明至玉溪段、玉溪至磨憨段与老挝境内段磨丁至万象段铁路组成，昆明至玉溪段已于 2016 年开通，其全长为 88km，设计速度为 200km/h，为国铁Ⅰ级电气化铁路；玉溪至磨憨段已于 2021 年开通，其全长为 509km，设计速度为 160km/h，为国铁Ⅰ级电气化铁路；老挝境内段磨丁至万象段铁路全长 418km。

5）发展中国家

社会需求是超级工程演化的重要拉动力。这使得超级工程的分布演化呈现出从发达国家向发展中国家迁移的趋势。随着经济的发展，东南亚、非洲、南美洲等地的发展中国家将会产生更多的超级工程需求。因此，中国超级工程正在走出国门，走向世界。

卡拉奇核电站，即卡拉奇K-2/K-3是巴基斯坦规模最大的核电站，也是巴基斯坦首个单机组百万千瓦级电力工程，由中核集团中国中原对外工程有限公司总承包。中国为巴基斯坦建设的是国外首个华龙一号核电机组，作为中国研发的3代核电机组，华龙一号在具备极强发电性能的同时，安全性也得到了极大提高，不仅可以在失去联系的情况下自主运行72h，还能在没有电力供应的情况下自动向堆芯放入大量冷却水，避免出现泄漏事件，外壳更是具备极强的防御力，可以说来自中国的这台核电机组必然帮助巴基斯坦缓解国内用电缺口，这些超级工程也成为中国在海外一张又一张亮眼的基础建设名片。

中国基建已经走向了全世界，获得了很多国家的青睐。位于非洲的几内亚想要建设一条几内亚达圣铁路，这条铁路虽然长度仅有125km，建设难度却非常高。为了完成这一工程，中国工程队派出了大量工程师，最终成功在海外建成了这条总长125km的超级工程。几内亚对此铁路非常满意，也让中国工程队再次火爆非洲。几内亚达圣铁路不仅成为中国超级工程的非洲名片，更打开了中国铁矿资源的海外供应渠道，为未来超级工程的发展奠定了物质基础。

孟加拉国帕德玛大桥的地势非常恶劣，整个地区被帕德玛河冲击，而且河道中有常年堆积的淤泥，桥梁的建设条件差、施工难度大，被认为是世界上最具挑战性的桥梁建造项目之一。孟加拉国开出的百亿天价让欧洲20多个国家望而却步。中国铁路集团凭借世界领先的桥梁、隧道、铁路等工程技术接手了这一工程。中国铁路集团在帕德玛大桥的施工中运用多项先进的施工技术和建桥设备，克服了水流湍急、飓风频发、航道回淤等众多挑战，并且上演了建造奇迹，不但工程如期进展，而且建造的大桥深受当地人认可。帕德玛大桥被孟加拉国人称为"梦想之桥"，连接孟加拉国南部21个区与首都达卡。大桥建成后将以前7~8h的过河时间缩短为10min，极大地提高了通行效率和安全性，也将带动和促进孟加拉国的经济发展。

6）欧美国家

中国高铁以其速度和安全性为中国民众带来真正意义的出行便捷，也吸引了欧美国家的注意力。中国高铁的基础设施建设也走进了欧洲和美洲地区。匈塞铁路，即塞尔维亚的贝尔格莱德和匈牙利的布达佩斯之间的高铁，一旦完成，它会成为该地区最大的基础设施铁路项目。作为中国与中东欧国家高质量共建"一带一路"的示范项目，匈塞铁路的修建遇到许多困难，首当其冲的是这个超级项目高昂的成本。修建匈塞铁路总计需要花费约38亿欧元，其中约20亿欧元用于

160km 的匈牙利路段，18 亿欧元用于塞尔维亚一侧的 210km。高昂的建设投资拥有它应得的回报，匈塞铁路的修建对中国、塞尔维亚、匈牙利三国是多赢的局面。一旦高铁完工，贝尔格莱德到布达佩斯的通行时间将缩短至 3h，而不是过去老旧铁路的 8h。其不仅会大大加强匈塞两国之间的经济合作交流，也给欧洲联盟（简称欧盟）的经济发展带来了巨大的潜在推动力，中国的投资也会为本国带来更大的经济收益和国际影响力。2022 年，匈塞铁路贝尔格莱德至诺维萨德段开通运营。作为中国高铁的欧洲首单，匈塞铁路的建设不断推进，也带动中国标准加快"走出去"。首批由中国制造出口欧洲的钢轨，从内蒙古包头起运，这批钢轨将通过天津大沽港，以铁海联运的方式抵达欧洲，投入到诺维萨德至匈塞边境城市苏博蒂察段的建设中。

中国桥梁建造技术的提升更是带动了桥梁维护改造技术的进步。美国的汉密尔顿大桥是一座位于美国境内的大桥，虽然美国在 20 世纪的基建实力十分强大，但近几十年来，随着逐渐将发展的重心向金融产业转移，美国国内开始逐渐缺乏先进的基础设施建设技术和相关从业人才，以至于这座美国人自己修建的桥梁出现问题之后，如今的美国企业甚至无法自主对其进行维护，因此美国最后不得不请求中国出手为其进行桥梁的修建和修复作业。同时，由于工程交由中国建设，美方还提出了一项颇为苛刻的要求，那就是在进行修复作业时，不能影响到桥上的交通。面对这样严苛的要求，中国工程团队设计开发了创新性的综合顶升支撑系统，采用一种自平衡式的抱箍-拉杆-钢立柱的支撑系统，成功在满足这一条件的同时完成了哈密尔顿大桥的修建工作，证明了中国桥梁施工的实力[355]。

当前是网络信息化时代，掌握更加实时、高效的信息技术，已经成为世界各国实现快速发展的主要手段。在海底敷设电缆作为通信信息工具，带来了"海缆革命"，全世界已经有 60 多个国家和地区拥有大量的水下电缆线路。中国领导和承建的"和平"海底电缆工程从我国开始，穿越巴基斯坦后入海，最后到达法国马赛。我国也是继美国、法国、日本之后第四个拥有该技术的国家。"和平"海底电缆工程作为首条与中欧相连的海底电缆，不仅具有开拓性意义，而且其总长度达令人惊叹的 1.2 万 km，将覆盖整个亚洲和北美大陆地区。"和平"海底电缆工程是中国突破美国海缆领域封锁，也是中国在光电信息技术领域追赶、超越美国的开始。

中国超级工程的地理分布既是为了满足国内的社会民生需求和促进经济发展布局，同时也是积极拓展至世界上的其他国家，为这些国家的人民带来福祉。这些超级工程不仅为国内的高质量发展提供了新的动力，同时也凭借其国际领先技术的应用赢得了欧美国家的认可，使我国超级工程在全球范围内留下了令人瞩目的印记。

7.2　行业领域

21世纪以来，"工程"的内涵日渐丰富，逐渐成为人类社会发展的物质基础与文明符号。中国近现代所兴建的如南水北调、大兴国际机场、港珠澳大桥等一大批举世瞩目的超级工程，与传统的超级工程有着本质上的区别，也预示着中国超级工程未来的发展趋势。

超级工程的目标是更好地服务社会、造福人类，随着未来科技的进步以及人类社会的发展，超级工程的工程理念会逐步转向"和谐工程""创新工程""绿色工程"，如图7.3所示。"和谐工程"会成为未来超级工程理念的根本出发点，其强调人、自然、社会三者应在工程活动中达到"和谐"状态，既要确保超级工程务实简洁、切实惠民，又要确保超级工程与地方文化、历史元素、风俗习惯、民族特色、周边环境有机融合。"创新工程"是确保超级工程发挥实际作用、提升国家综合实力以及巩固国际地位的必由之路，其强调在充分考虑所处时代背景、社会文化与实际需求的基础上，综合把握创新的维度与尺度，践行负责任创新。"绿色工程"是超级工程的内在要求，是对中国"天人合一"传统生态观念的继承与弘扬，其强调在追求超级工程数量、效益的同时，要充分考虑自然的生态承受力和整体多元性，促成工程与自然、工程与人文的有机融合，达到人与自然的互惠互利。

图7.3　超级工程在行业领域的趋势

1）土木工程

（1）要进一步实现可持续发展，建立人与自然之间良好的共生关系，积极推动环境保护和节能工作。将专注于研究和开发一系列新型实用材料，以满足土木工程行业的需求。同时，将提高高质量、低能耗、绿色、节能、环保建材在超级工程建设中的占比，以避免浪费大量资源的情况发生。同时，尽可能降低在超级工程的建设过程中对自然环境的影响与破坏，寻求新型实用建材以及创新施工工艺来替代传统的不可再生资源，以达到节约资源的目标，努力实现人与自然的和谐共生。

（2）提升信息化程度，加深互联网技术与土木工程领域超级工程的融合，与时俱进着力发展土木工程信息化建设，实现全过程的信息化，构建涵盖设计、施工等各个方面的工程信息一体化的管理体制，保证施工的准确性和高效性，例如，借助传感装置与电子计算机设备，对土木超级工程体系进行全方位的监控和监督，对工程的整体状况进行掌握和掌控。未来土木超级工程建筑将进一步完善信息一体化，尤其在新建建筑物的后期养护、质量监控方面意义重大。

（3）保证土木超级工程的生态化，近现代以来，我国的经济建设驶入了快车道，国内土木超级工程项目增多，由于大部分的土木工程建筑都与自然环境有着密切接触，对自然环境产生了严重影响，而自然环境的不断恶化也会危害已建成的土木超级工程的质量。此外，土木超级工程对于建筑材料的需求是十分庞大的，建筑的能耗也相对较大。因此，土木超级工程在未来的发展方向是向环保和节能的方面发展，从而努力实现人类与自然环境的和谐共存，达到工程的建造与自然环境的协调。

（4）实现土木超级工程创新型发展，随着我国现代化发展进程的加速，社会建筑的发展规模日益扩大，对于土木超级工程的功能需求日益增多，对于工程的造型的要求更加多元化，对于工程的建造建设的施工技艺要求更加复杂化，相应的建设的群体也越来越大型化。未来的土木超级工程会向着大型复杂结构的现代化土木建筑发展，所配套的新兴的设备与材料、新型的建筑结构与建设工艺也会不断出现。此外，我国在未来的长时间内仍会是世界上人口最多的发展中国家，人口和土地资源的矛盾十分突出，以城市为例，由于土地资源分配不均，出现了城市生存空间拥挤、道路交通堵塞、基础设施建设相对落后等一系列的城市问题。这些问题给人们的生活带来了极大的不便利，同时在一定程度上影响城市的经济发展，成为实现城市可持续发展的重大阻碍。而我国城市有着极大的地下空间，地下城市有着巨大的空间资源，如果能够通过土木超级工程合理开拓，节约下来的土地资源将是十分巨大的[356]。

2）水利工程

（1）更加节水。人多水少、水资源时空分布不均，是我国长期以来的基本国情和基本水情，面对这样的自然条件，除了要加大力度宣传国情水情，提高全民水患意识、节水意识、水资源保护意识外，更重要的是国家层面的统一调控，推动建设节水型水利超级工程，提出更多适应生态环境要求和国民经济发展需求的重大水利举措。在国家新一批次的重大水利工程建设中，"节水"是一个关键词，用更少的水资源发挥出更大的价值将会是未来我国水利超级工程设计与建设的重要依据。

（2）更加生态环保。党的十九大多次提出重视生态环境保护，其核心就是要建设资源节约型社会。近现代以来，我国水利工程设计技术日臻完善，人民生活水平日益提高，对于环境有了更高层次的要求。在水利工程领域，人民希望水利工程不再单纯地发挥其水利功能，而是要在确保其发挥应有的水利功能的同时，更加注重保护工程周边的生态环境。具体来说就是要在进行水利超级工程设计时，将环评环节视为重中之重。要将保护生态、维护自然与人的和谐关系作为设计主题，设计出生态型的水利超级工程。此外设计的水利超级工程除了能够满足常规发电、蓄水功能外，还要能够保护生态环境。

（3）科技水平更高。随着社会的发展，人类的科技水平日新月异。超级工程的建设为新技术的应用提供了良好的发展空间，而新技术的应用又可以在很大程度上保证超级工程的质量，二者相互促进，形成良性循环。对于未来的水利超级工程建设者来说，学习与研究新技术，对水利工程项目的施工环节等进行优化，可以确保水利工程的整体质量，推动国家的繁荣发展。同时，计算机技术的发展也带动了水利工程建设方面技术的发展，如振冲技术、堆石混凝土技术、大面积碾压技术、防水毯技术、绿化混凝土技术等新技术，将会大规模应用于水利超级工程的建设中。这些水利工程新技术的出现将会打破传统的技术格局，新技术的大量运用推动了水利超级工程项目的快速发展。

3）能源矿业工程

随着能源领域科技不断取得新的突破，新一轮能源技术革命正在逐渐兴起。化石能源清洁高效利用、非常规油气和深水油气、可再生能源、储能、能源互联网等一些重大或颠覆性技术创新在不断创造新的产业和形成新的业态，在改变着传统能源格局，引领能源生产和能源消费不断发生变革的同时，也塑造着能源超级工程的未来。未来能源领域的发展方向将转为变革传统能源开发利用方式，推动新能源技术应用、构建新型能源体系。在这样的能源发展大背景下，能源矿业领域超级工程的未来趋势将呈现出"能源供应多元化、传统能源清洁化、低碳能源规模化、终端用能高效化、能源系统智慧化"的鲜明特色。

（1）能源供应多元化，就是在建设能源矿业超级工程时要综合考虑并合理利用天然气能源、太阳能、风能、生物质能等可再生能源，以及先进安全核能等新能源，改变传统的能源利用结构。要针对不同能源的资源禀赋特点，形成其独特的开发、转化、利用、污染物控制等环节。

（3）传统能源清洁化，具体是要不断探索与应用化石能源的清洁高效开发和利用技术，真正实现煤炭超低排放利用与深度低碳化兼容发展的态势。具体表现为在未来涉及传统化石能源的能源矿业超级工程中，大面积应用超临界燃煤发电等煤利用技术、碳捕集与封存技术等化石能源清洁高效利用技术，并结合工程应用不断对这些技术进行改进。

（3）低碳能源规模化，表现为将能源结构由高碳化石能源向低碳清洁能源转变，将天然气和可再生能源视为我国能源发展的主要方向。具体表现为：在未来能源矿业超级工程的建设中，除了利用并发展集中式发电系统技术外，也要进一步实现化石能源的多能互补和分布式利用，特别是要攻克并利用可再生能源发电与现代电网的融合技术等能够提高可再生能源在工程中利用比例的重要技术。

（4）终端用能高效化，体现在能源消费向着以电能为代表的绿色能源消费模式转变，在未来的能源矿业超级工程中，低能耗、高效能的绿色工艺与装备产品会成为建设主力，工程建设将向着更绿色、更轻便、更高效的方向发展。

（5）能源系统智慧化，即注重能源互联网技术在能源矿业超级工程中的应用。近年来，随着智能优化与整体调控技术在能源领域的应用与发展，智慧能源业态初现雏形。在未来的能源矿业超级工程中，智能电网、分布式智慧供能系统将会迅速发展，能源运输会不断向智能化、电气化方向转变，而工程建筑本身将会更加洁净化、绿色化、智能化。

除了以上的五个特点外，未来的能源矿业超级工程将会与信息、生物、材料等领域进一步交叉融合，不断推动科技革命和产业革命。以工程与材料科学领域的结合为例，材料领域中更为先进的高温材料、保温材料、特种金属功能材料的突破，促进了能源工程建设所需的高性能发动机、透平、锅炉等机器的发展；新型电池材料、先进复合材料、高性能结构材料等的不断涌现，克服可再生能源的间歇性、低能量密度等缺点，推动其在工程中的应用。

4）运载工程

运载工程中的空间工程是一项综合性工程，旨在进入、探索和利用太空以及地球以外的天体。它主要涉及的技术包括运载与发射技术、航天器平台技术、空间有效载荷技术、在轨服务与维护技术、临近空间飞行器技术等。自 20 世纪 60 年代以来，随着阿波罗登月、航天飞机、国际空间站等航天任务的实施，空间技术集成了材料、化工、能源、导航与控制、电子、通信和信息技术等众多领域的最新成果，同时又有力推动了这些领域的发展，为现代高科技发展不断注入新的活力。空间工程领域前沿技术的转移转化还能引领战略性新兴产业的发展。例如，先进空间技术的应用推广，显著带动了星际自主导航、新一代信息技术（保密通信、新兴传感器、太空互联网）、新能源、新材料、高端装备制造、生物医药等产业的发展，为国民经济持续、健康发展提供了新的增长点。

进入 21 世纪以来，随着各航天大国载人航天、空间科学卫星以及月球与深空探测任务的不断实施，空间技术获得了稳步发展并不断进步，具体体现在以下方面。

（1）在运载与发射技术方面，各航天大国都在致力于高可靠、低成本、高性能、可重复使用、无毒无污染的新一代推进技术发展，如液氧−煤油低温推进技术，并将核动力推进、激光推进、电推进等新型推进技术作为未来的发展重点。

（2）在航天器平台技术方面，其各类平台正从以任务为导向、定制化、功能专一，向以能力为导向、宽适应性、功能复用发展；平台的柔性化、高功能密度化、可重构化、自主智能化、网络协同化成为发展方向。面向未来载人月球探测和载人火星探测等深空探测任务，各航天大国积极发展新一代载人航天器技术，如美国国家航空和航天局正在为深空探测任务研究与开发新一代"猎户座"载人飞船，内华达山脉公司在研究与开发"追梦者"小型航天飞机，俄罗斯正在研制"联邦"号飞船。

（3）在空间有效载荷技术方面，随着航天任务的不断推进，空间载荷技术获得了长足的发展，尤其是近 20 年来，逐步向智能化、低成本、高性能、长寿命的方向发展。

（4）在在轨服务与维护技术方面，航天员和机器人协同在轨服务技术获得了很大的进步，同时，太空增材制造技术成为未来深空探测的一项关键技术，近年来逐步向材料多样化、工艺混合化、装备智能化、装备精密化、功能复杂化的方向发展。欧美针对工程塑料、复合材料、月尘月壤、生物制造分别进行适应太空环境的增材制造工艺开发，研制了一系列空间增材制造装备，小型 3D 打印机已送入国际空间站开展了技术试验与初步应用。欧美利用在轨维护技术，多次进行空间站、航天飞机的健康监测、维修作业和升级更换作业。

（5）在临近空间的开发利用方面，各国重点开展临近空间高、低动态飞行器技术的发展，如高超声速飞行器、平流层飞艇、长航时高空气球等临近空间平台技术，以实现临近空间自由进出、长时可控飞行作为未来发展的目标。

随着探测手段的不断完善及人类认知能力的不断提高，空间科学领域的探测与研究也在向更深、更广、更精细化的方向不断拓展，涉及太阳系起源和演化规律、地球系统全球变化、生命起源和地外生命探索、人类生命离开地球能否生存、地球之外是否有生命（包括智慧生命）、太阳大爆发是否会威胁人类的生存、微重力环境下基础物理理论验证等基本和重大基础前沿科学问题[357]，未来的空间工程将围绕以下八个方面展开。

（1）开展小尺度的精细结构和大尺度的物理规律的科学探索，加深对宇宙基本物理过程的认识。

（2）探测系外行星并观测其大气等表面特征，回答地球和人类在宇宙中是否独一无二这一根本性科学问题，并研究不同类型行星的发展和演化规律。

（3）通过对太阳小尺度的精细结构进行高时间/空间分辨率观测和对大尺度活动、长周期结构及演化进行整体观测，建立小尺度运动与大尺度变化的联系，揭示太阳磁场、太阳耀斑和日冕物质抛射的物理成因及其相互作用。

（4）通过对日地空间关键区域开展探测，了解日地空间天气连锁变化过程及其变化规律，认识太阳活动对地球和人类社会的影响，为精确的实时空间天气预报服务。

（5）开展太阳系探测，拓展人类活动疆域，增进对太阳系天体起源与演化的认识，为寻找地外生命提供线索。

（6）将地球作为一个系统开展研究，重点关注驱动地球系统的关键循环过程，回答各循环系统如何变化、成因是什么、未来变化趋势是怎样的等问题。

（7）通过微重力环境下的实验开展流体物理、燃烧科学、材料科学等基本物理过程和规律的研究，揭示因重力存在而被掩盖的物质运动规律；通过空间实验进行基本物理理论和物理定律预言的检验，探索当代物理的局限；提供新一代时空基准。

（8）开展空间环境下的生命科学基础与机理研究，探索地外生命及人类在地外空间的生存表现和能力，研究生命的起源、演化与基本规律，为人类空间探索提供生命保障。

7.3 建造规模

中国近现代的超级工程在建造规模上增长迅速，从大庆油田到京沪高铁，再到三峡水利工程、大兴国际机场、港珠澳大桥，中国工程逐步进入世界级超级工程的行列，工程的总投资额、建筑面积、运行能力以及综合效益等都达到了世界第一的高度，证明了中国建设超级工程的实力。

近年来，中国工程建设行业发展迅速，市场规模不断扩大，成为实现经济发展的重要支柱。中研网发布的数据显示，2023年中国工程建设行业市场规模约为64.25万亿元，建筑业总产值达到14.5万亿元，同比增长7.8%。

受到政府对超级工程建设行业提供有力政策支持以及"十四五"规划的推动，中国工程建设市场将进一步分化，技术和服务水平将不断提高，建设投资总量也将不断增加，工程建设市场规模将不断扩大。例如，推动城乡建设，实施高标准城市建设，加大基础设施投资，支持民营企业参与建设项目等。这些政策都会促进中国超级工程建设行业规模的发展和扩大。

未来的超级工程将随着国家大区域经济协同发展的需求，更多地向跨省、跨地区的更大规模发展，超越以往的工程规模。未来超级工程将涉及更广泛的领域，从工程建设到工程技术，再到经济发展和生态保护，而不局限于一个领域，从而使工程规模变得更加庞大。超级工程建设的未来规模发展趋势可以从以下三个方面概括。

1）规模不断扩大，技术标准不断提高

未来超级工程将在技术不断进步的推动下，规模不断扩大，技术标准不断提高。它们将拥有更加先进、更加高效的建设过程，并且将有更多的可能性和发展空间。装备制造业的发展带来更大能力的制造装备；材料科学与技术的发展带来更高强度和性能的新材料；新兴的智能制造技术、虚拟现实技术、机器人技术等将成为大规模超级工程建设的利器。超级工程不仅要求精良的技术标准和良好的项目管理，还要求有效的资源分配管理。利用先进的技术和管理方法来提高工程

效率和质量，极大地提高工程建设能力和工程建设规模。

2）从单体结构向集群结构方向发展

新工程将整合多个大规模工程，多个工程间形成资源互补、效益促进、功能多样的新格局。随着经济发展需求的增强，以及国际化合作的深入，未来超级工程将逐步进入跨区域、跨行业、跨国家的发展模式，影响力也将不断扩大，将在改善国家及世界的社会和经济、环境等方面发挥重要的作用。随着可持续发展理念的不断深入，超级工程建设行业将进一步推动规模和工程效用上的可持续发展，提升工程建设质量，提高能源利用效率，保护自然资源，实现更加可持续的发展，投资规模的增加将会进一步推动群体结构的建造规模。

3）资金规模不断扩大

在全球经济一体化的背景下，国际投资及建设资金的规模将不断扩大，为超级工程的发展提供更多的资金支持，这也将促进超级工程的项目规模继续增加。大规模的基础设施和新基建将在全国范围内进行。新建设的超级工程将对现有系统进行改进，如可再生能源和交通方面的进步，将是必要的，以跟上人口不断增长的能源和环境需求。随着技术的进步和资源的丰富，范围和规模空前的项目将得以实现。

水利工程是指对水资源进行开发利用的工程，包括水库、灌溉系统、排水系统等。水利工程的建设对于国家的农业、工业和城市发展具有重要的意义。铁路是连接各个地区的主要交通方式之一，对于国家经济和社会的发展具有重要的推动作用。铁路的建设可以促进商品和人员的流通，缩短运输时间，降低运输成本，提高运输效率。同时，铁路的建设还可以促进区域经济的发展，推动城市化进程，改善民生，提高人民生活水平。桥梁是连接两个地方的重要交通设施，对于交通运输的发展具有至关重要的作用[358]。算力是数字经济时代的新生产力，已成为推动数字经济发展的核心力量、支撑数字经济发展的坚实基础，在推动科技进步、促进行业数字化转型以及支撑经济社会发展方面发挥重要的作用。

下面以未来超级工程中的水利、铁路、桥梁和算力为例，介绍其工程建设规模方面的发展趋势。

（1）未来水利超级工程建设方面。水利工程能够为农业提供稳定的灌溉水源，提高农业生产效率和农民生活水平；同时，水利工程还可以为工业提供稳定的水源和电力，促进工业生产的发展；另外，水利工程还可以为城市提供稳定的供水和排水系统，改善城市环境和人民生活水平。水利投资是基建投资的一部分，近年来我国水利工程投资建设明显提速，2010～2024 年全国完成水利投资由 2320 亿元增加至 1.35 万亿元，2010～2024 年年复合增长率（compound annual growth rate，CAGR）为 12.8%。从水利建设投资项目数量来看，据水利部数据统计，2024 年中央水利投资计划已分解落实水利建设项目 4.7 万个，吸纳就业 314.7 万人。

从政策角度来看，水利部印发的《关于实施国家水网重大工程的指导意见》指出，要建成一批重大引调水和重点水源工程，新增供水能力 290 亿 m³。2022 年，国务院常务会议正式确定要推进 150 项重大水利工程，包括防洪减灾工程 56 项、水资源优化配置工程 26 项、灌溉节水和供水工程 55 项、水生态保护修复工程 8 项、智慧水利工程 5 项，总投资规模达 1.29 万亿元，有望带动间接投资约 6.6 万亿元。2022～2027 年预计水利建设投资额占比情况如图 7.4 所示。在"十四五"时期保障"防洪安全、供水安全、粮食安全、生态安全"的方向下，防洪减灾、水资源优化配置和水生态保护修复使得我国水利工程投资建设具备更为明确的现实需求。

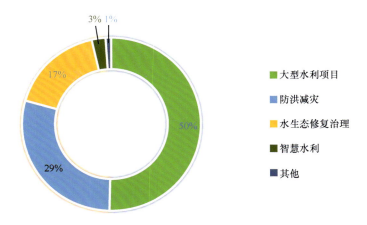

图 7.4 2022～2027 年预计水利建设投资额占比

（2）未来铁路超级工程建设方面。根据国家铁路局数据，我国铁路里程发展仍处于上升阶段：2024 年全国铁路完成固定资产投资 8506 亿元，规模继续保持在较高水平。2024 全年投产新线 3113km，其中高铁 2457km；全国铁路营业里程达 16.2 万 km，其中高铁 4.8 万 km。《新时代交通强国铁路先行规划纲要》提出，到 2035 年全国建成高铁 7 万 km 左右，50 万人口以上城市高铁通达。根据《"十四五"现代综合交通运输体系发展规划》，到 2025 年，预计铁路营业里程达

16.5 万 km，其中高铁里程达 5 万 km，主要采用速度标准 250km/h 及以上的高铁网对 50 万人口以上城市达到 95% 以上覆盖率，"十纵十横"综合运输大通道更加完善，高效率交通基础设施覆盖范围持续扩大。同时，《新时代交通强国铁路先行规划纲要》也提出，要自主创新建立速度 400km/h 及以上高铁技术标准、更快捷的货运列车、更先进的重载铁路等成套关键技术体系。

（3）未来桥梁超级工程建设方面。桥梁的建设可以缩短交通运输的时间，降低运输成本，提高交通运输的效率和安全性。同时，桥梁的建设也可以促进地区之间的经济交流和文化交流，推动经济的发展和社会的进步。

根据交通运输部的数据，2016 年公路桥梁为 80.53 万座，到 2023 年末为 107.93 万座，我国公路桥梁保持以年均 3.91 万座的速度增长。根据《长江干线过江通道布局规划（2020—2035 年）》，预计到 2025 年，我国将建成过江通道 180 座左右，基本形成规模适度、资源节约的长江干线过江通道系统；《长江三角洲地区交通运输更高质量一体化发展规划》明确要规划研究沪甬、沪舟甬、东海二桥等跨海通道。随着现代科技发展，跨江跨海桥梁跨度逐渐增加，也需要高性能、高可靠性的新型桥梁支座支撑工程建设。未来跨江跨海桥梁等超级工程建设将保持较大规模，保障细分市场的需求持续增长。

（4）未来算力超级工程建设方面。算力超级工程是指以超级计算机为核心，建设大规模的数据中心和云计算平台，用于处理海量数据和进行高性能计算。算力超级工程对于国家的科技创新和经济发展具有重要的意义。算力超级工程可以为国家的科研机构和企业提供高性能计算和海量数据处理的能力，推动科技创新和产业升级；同时，算力超级工程还可以为互联网、金融、医疗等行业提供支撑和服务，促进信息化和数字化的发展。截至 2022 年 6 月底，我国算力总规模超过 87EFLOPS（EFLOPS 是衡量计算机处理器浮点运算能力的单位，1EFLOPS 代表每秒进行 10^{18} 次浮点运算），位居全球第二，算力核心产业规模达到 1.8 万亿元。受益于政策驱动、全国一体化算力网络国家枢纽节点的部署和"东数西算"工程的推进等利好因素，我国算力网络市场高速增长，预计到 2026 年底，总算力规模将超过 360EFLOPS，高性能算力占比达到 40%。作为算力网络的重要组成部分，我国未来算力基础设施市场也得到长足发展，高性能芯片、数据中心、网络等基础设施建设也为算力、应用以及产业提供了可持续发展的保障。当前，我国已建成全球最大规模光纤和移动通信网络，截至 2022 年 6 月底，我国 5G 基站数达到 185.4 万个，5G 移动电话用户数超过 4.5 亿户，所有地级市全面建成光网城市，千兆光纤用户数突破 6100 万户，启动建设多条"东数西算"干线光缆，在用数据中心机架总规模超过 500 万标准机架，服务器规模约 2000 万台，算力规模超过 150EFLOPS。

《"十四五"数字经济发展规划》提出，加快构建算力、算法、数据、应用资源协同的全国一体化大数据中心体系。工信部表示，将进一步推动算力基础设施建设，加快推进核心关键技术攻关，不断激发算力"引擎"赋能效应。在推动算力基础设施建设的基础上，将统筹布局绿色智能的算力基础设施，推进一体化大数据中心体系建设，加速打造数网协同、数云协同、云边协同、绿色智能的多层次算力设施体系，实现算力水平的持续显著提升，夯实数字经济发展"算力底座"。在未来，伴随国家对算力重视程度的不断提升以及"东数西算"工程将算力基础设施建设推入快车道，作为数字时代的全新生产力，算力的价值将在未来更加凸显，支撑数字经济不断向好发展。

在大坝港口建设方面，未来的大坝港口工程将建造得更大、更高、更深，以支持更大的船只、更多的货物、更高的通航能力和更高的安全性。

在桥梁和高速公路建设方面，未来的桥梁工程建造将更加复杂，以适应更复杂的环境和更复杂的建造需求。桥梁的规模将增大，以适应更多的车辆通行、更新的设施和技术，以及加强的安全性能。高速公路的规模会发生改变，以满足客户的需求。在当前新的经济环境下，政府和企业在投资拓宽和维护高速公路方面将开展深入合作，推动高速公路的建造规模和覆盖范围迈上新台阶。

在大型机场建设方面，未来的大型机场将建造得规模更大、更加智能，以支持更多的航班、更多的客运量和运输量。机场的基础设施建设也将更加先进，以满足未来航空业的发展需要。未来机场建造将更多地以大型综合交通枢纽为主要方向，这些工程将更加注重打造便捷的交通网络，以促进城市的发展和人民的出行。未来机场建造的投资将更加注重技术升级和创新。例如，智能机场建设、人工智能、自动化等新技术的应用将成为未来机场建设的主要趋势。此外，未来机场建造的投资规模和趋势将更加多样化和复杂化，需要在技术、经济和环保等方面作出更加科学、合理和可持续的决策。同时，为了更好地满足市场需求，未来机场建设将更加注重提高效率、降低成本和提升服务质量。

在水利灌溉系统方面，未来的水利灌溉系统将更加先进，以支持更大的作物种植面积、更多的干旱地区的灌溉、更多的水资源利用、更强的水质保障和更高的供水质量。

未来超级工程在建造规模上的总体发展趋势将会是技术不断提高，项目投资及建设资金等方面的规模将不断扩大，跨区域、跨行业、跨国家的发展模式也将得到不断推广，影响力也将进一步拓展。同时，未来超级工程的发展会更加注重满足真正的社会和经济发展需求，通过系统工程来科学规划和决策，例如，在建筑超级工程方面，打破追求规模越大越好、高度越高越好的传统模式，而是转向更加符合社会与经济发展、功能适应、环境保护等多维度、多目标的综合发展需求，与工程实际运行需要的能力相一致。未来超级工程将会逐步成为改善国家和社会经济、环境以及国际影响的重要力量。

当前，我国已经建成一系列超级工程，如三峡水利工程、港珠澳大桥、大兴国际机场等，这些工程的规模和难度都非常大，其中国家意志发挥着重要作用。我国超级工程的建设涉及多个领域，如交通、能源、信息、环保等，可以加速国家现代化进程，提升我国在全球的竞争力和影响力，在未来推动区域协调发展。超级工程的建设往往需要跨越多个地区，通过推动区域协调发展，可以促进各地资源优势互补、产业协同发展，推动区域经济的快速发展。超级工程对我国发展具有重要的推动作用，可以加速我国现代化进程，提升国家综合实力，推动区域协调发展，带动基础设施建设，促进科技创新和人才培养，提高国际影响力。

未来中国将大力在数字经济、人工智能、5G 等技术上扩大超级工程项目投资，同时还在推进"一带一路"倡议，加速推进国际化进程，这些都为超级工程的建设提供了新的机遇和挑战。同时，随着人工智能、机器人等技术的不断发展，未来的超级工程可能会更加智能化和自动化，超级工程建造的规模和趋势将更加多样化和复杂化，需要在技术、经济、政治和环保等方面作出更加科学、合理和可持续的决策。

7.4 科学技术

在当今中国经济发展进入新常态的背景下，超级工程所蕴含的科学与技术已成为推动国家发展的关键力量，其实施立足全局、面向全球、聚焦关键领域，进而带动整体发展，对国家重大发展战略的实现起到了重要的支撑作用。随着世界范围内新一轮科技革命和产业变革的孕育兴起，超级工程技术也在不断创新和发展。新兴科学技术对超级工程的影响越来越显著，其中新一代信息技术的发展尤为迅速。新兴的材料技术、信息技术和绿色技术等的深度应用，使得超级工程的设计、规划、建设、运行和管理都更加高效和精准。

本节将探讨中国近现代超级工程科学与技术发展的重要趋势和影响，以及超级工程建设对我国和世界科技发展水平的推动作用。将从中国的政策支撑和跨学科的高新科技集成开发与颠覆创新两个大的方面展开讨论。最后，通过典型的案例分析，具体阐述这些科学技术趋势在实际工程中的具体应用和效果。超级工程科学技术趋势逻辑关系如图7.5所示。

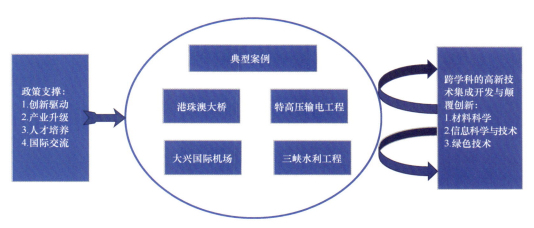

图 7.5　超级工程科学技术趋势逻辑关系图

1）超级工程的技术发展得到政府的全面支持和政策保障

中国政府出台了一系列支持超级工程发展的政策，其中包括鼓励科技创新、产业升级、人才培养和国际合作等。这些政策为超级工程的技术创新和应用提供了重要的支撑。例如，国家重大科技专项和战略性新兴产业发展规划等政策，激励企业和机构在超级工程领域投入更多的研发资源，并推动技术的突破和应用。

（1）创新驱动。中国政府通过出台一系列创新政策和措施，鼓励企业、研究机构和高校加强科技创新，推动超级工程技术的创新发展。政府提供财政支持，资助研发项目和科技成果转化；优化知识产权保护制度，鼓励技术成果商业化；建立科技创新示范区和创新园区，提供创新孵化、技术服务等支持。

（2）产业升级。中国政府加大对超级工程相关产业的扶持力度，推动产业升级和优化结构。政府出台产业政策，引导企业加大研发投入，提高技术水平；加强行业标准和质量监管，促进产业规范化发展；推动超级工程与先进制造、智能化技术等产业融合，形成新的产业链和价值链。

（3）人才培养。中国政府注重培养超级工程领域的高层次人才，为技术创新和工程建设提供人才支持。政府加大高校和研究机构的科技创新人才培养力度，建立人才培养计划和项目；鼓励企业开展技术人才培训和引进，提供留学奖学金和优厚待遇等措施，吸引国内外优秀人才参与超级工程建设。

（4）国际交流。中国政府积极推动超级工程技术的国际交流与合作，为技术趋势的发展提供国际视野和经验借鉴。政府支持企业参加国际展览，派遣专家团队赴国际会议演讲和交流；加强国际标准的制定与对接，提升中国超级工程的国际竞争力；鼓励企业与国际知名企业、院校等开展联合研发和项目合作，共同推动超级工程技术的发展。

通过创新驱动、产业升级、人才培养和国际交流等方面的政策支撑，中国超级工程技术在技术创新、产业发展、人才培养和国际合作方面迈出了坚实的步伐，并在全球范围内展现出强大的竞争力和影响力。

2）超级工程需要跨学科的高新技术集成开发与颠覆创新

超级工程展现了某一具体行业下工程技术的集成创新与新工程下新技术的传承创新。这种创新使得超级工程在新的历史条件下具备了长久的生命力，并迫使工程选择采用新技术而放弃传统技术。超级工程的里程碑式意义在于对技术的颠覆创新，它不仅推动了新技术的广泛应用，而且削弱了旧技术的地位。在中国，以重大工程带动科技创新是一种具有鲜明特色的方法和路径。重大工程往往面临极其复杂的挑战和巨大的技术难题。如果我们不掌握关键核心技术，单纯依靠引进、购买是不可行的。因此，通过建设重大工程来带动协同创新、攻克技术难关，从而掌握核心技术，加快科技进步的步伐，掌握创新和发展的主动权，这种"颠覆式创新"在我国的重大工程建设史上多次取得成功实践，成为一种重要的推动力量。超级工程的建设和运营能够积累宝贵的技术经验和能力，同时，科学技术进步使中国在某些领域达到了国际领先地位，提高了国际竞争力。超级工程通过集成创新和传承创新，展示了对技术的颠覆创新。在中国，以重大工程带动科技创新已经被证明是一条行之有效的道路，它不仅解决了技术难题，还推动了创新能力的提升，使我国在科技创新领域取得了重要突破。

（1）材料科学。从超级工程的历史发展可以看出，超级工程领域的每一次飞跃都离不开工程材料的技术变革。工程材料的技术变革和进步通常会使超级工程出现质的变化。例如，从古代超级工程中通常使用的土、木、石等传统材料，到近现代超级工程中开始使用的钢材、混凝土，土木工程、水利工程、交通运输工程等领域的超级工程已经实现了许多质的飞跃。21 世纪以来，随着美国提出的材料基因组工程，把材料芯片技术机器学习的建模方法应用于新材料的发现和改进上，从软件和硬件上改进材料理论，大大促进了材料学的发展。当前，超级工程的发展对于能够大量使用的、具有极高稳定性能的、符合环保要求的全新工程材料提出了更多的需求，使得当前超级工程材料技术的发展日趋活跃。

材料科学是一门综合性科学，研究材料的组织结构、性能、生产流程和使用效能以及它们之间的相互关系。它集物理学、化学、冶金学等于一体，是一门与工程技术密不可分的应用科学。根据物理化学属性和用途，材料科学可分为金属材料、无机非金属材料、有机高分子材料、复合材料、电子材料、宇航材料、建筑材料、能源材料、生物材料等。实际应用中，材料又常分为结构材料和功能材料。结构材料以力学性质为基础，用以制造受力为主的构件，同时也有物理性质或化学性质的要求。而功能材料则是利用物质的物理化学性质或生物现象等对外界变化产生的不同反应而制成的一类材料。研究与发展材料的目的在于应用，必须通过合理的工艺流程才能制备出有实用价值的材料来，通过批量生产才能成为工程材料。材料的实用研究构成了材料科学与技术的结合点。确定目标材料的技术要求与指标，确定材料的化学成分与制作方法，通过工业试制与结果分析确定材料的性能，最后实现大批量的工业生产，是材料研究的基本流程。材料性能主要包括力学性能、物理性能、化学性能及冶金和加工性能等工艺性能。其中，弹性和塑性是力学性能的基础，弹性部分包括比例极限、弹性极限、弹性模量、剪切弹性模量及泊松比，塑性部分包括屈服强度、条件屈服强度、强化与强度极限、延伸率等。利用固体材料热力学和平衡态理论、固体动力学理论（包括扩散和相变理论）、固体材料的结构理论、固体电子论等，可以发现新材料、改进现有材料的性能，以保证满足工程的需要。

（2）信息科学与技术。超级工程的建设效率严重依赖于各方面的技术、经济和管理信息的高效处理、交换和表达。以往的超级工程建设已经展示出技术与管理信息化的潜力。信息化技术在超级工程设计和建设过程中的全方位融合有助于实现更加宏大和复杂的超级工程。例如，在设计阶段，可视化、虚拟现实仿真等高级计算机技术可以降低建造风险，提高技术水平。在施工建设阶段，虚拟现实技术可以节约成本，增强现实技术可以监控安全运行与故障检修过程。超级工程设计全过程的可视化与虚拟现实仿真技术的应用改变了传统超级工程的决策模式与评价方式，降低了决策风险。新兴科学技术对超级工程的影响更加显著，为超级工程的实现提供了基础支撑和保障。

在超级工程的设计阶段，可以采用可视化、虚拟现实仿真等高级计算机技术对超级工程的设计全过程进行可视化与虚拟现实仿真，这样可以大大降低超级工程建造的风险，同时，通过设计过程的可视化，可以对超级工程的论证更充分，使得拟建造的超级工程具有非常高的技术水平。

在超级工程的施工建设阶段，可以利用虚拟现实技术进行三维可视化建模，建立虚拟现实场景。施工人员可以在三维虚拟现实环境中与计算机实时交互，模拟仿真施工过程，检验施工过程的安全性和可行性。这样可以在保证施工安全的前提下，节约施工成本。此外，在超级工程的建造阶段，还可以使用新型实时仿真与监控技术。通过对建造过程的实时仿真和监控，可以实时了解超级工程建造的进展，对存在的风险进行预判分析，加强在建造过程中的管理水平。例如，上海中心大厦应用建筑信息模型技术进行了复杂形态外幕墙参数化设计、异形空间密集管线综合、三维辅助出图、钢结构深化对接、幕墙深化对接、3D 打印等应用。这些技术有效推进了高难度项目的进程，提高了设计质量，保证了施工有效对接，成功减少返工 80%，节省投资 3 亿元 [358]。

在超级工程建设完成后的运行和维护阶段，可以利用增强现实技术对工程的安全运行与故障检修过程进行监控。操作人员可以手持平板电脑，在工程设备中利用增强现实技术对融合在场景中的各类安全和质量问题进行模拟。这样可以为操作人员提供直观的三维引导指令，帮助安全质量监管人员更好地理解任务，提升信息获取的实时性和完整性。超级工程设计全过程的可视化与虚拟现实仿真技术的应用改变了传统超级工程的决策模式与评价方式，降低了超级工程的决策风险。同时，设计可视化与现实仿真技术改变了超级工程的投资模式。工程前端设计的大规模资金投入要求改变了超级工程的融资模式，并且催生了新的技术形态与产业模式。

（3）绿色技术。每一项超级工程建设历时数年到数十年，在建设过程中，需要考虑绿色建造。绿色建造主要包括绿色设计和绿色施工。绿色设计是绿色施工的前置条件。绿色施工能保障绿色设计蓝图的实现，系统化的科学管理和技术进步是实现绿色建造的重要途径。北京中信大厦在绿色建造方面做了积极探索。一是施工过程水回收利用，在钢平台下部设置集水箱，利用地下室四周设置的降水井，重复利用地下室的水，分别用于混凝土养护、消防用水、路面冲洗、厕所冲洗等。二是土方开挖阶段，设置洗车池、污水沉淀池，水经沉淀、过滤循环再利用，既保持了建设过程的清洁，也提高了水的使用率。三是采用太阳能与建筑一体化应用技术，工程屋顶铺设太阳能光电设施，合理利用可再生资源。

尽管超级工程的规模和尺度巨大，但在某些技术环节和施工要求上，它们却需要极其精细化的处理。例如，在三峡水利工程中，三峡大坝的永久船闸开挖高边坡稳定性是世界级的施工难题。在历时5年的开挖中，船闸边坡的变形一般都控制在2~3cm，优于设计要求。同样地，在港珠澳大桥工程中，沉管隧道的对接过程也需要十分精细的处理。因此，超级工程的成功离不开对细节的精益求精。

超级工程的成本巨大，除了满足功能性需求外，还必须保证使用过程中的安全性和建筑的耐久性。因此，使用寿命检测技术至关重要，以确保工程的使用寿命能达到设计年限。建筑结构形式不同，所采用的检测技术也有差异。对于砌体结构，回弹检测法、筒压检测法、原位单剪检测法和轴压检测法是常用的检测方法。对混凝土结构的检测主要包括钢筋配置合理性、混凝土结构构件耐久性和原材料耐久性的检测。实载检测和结构动力检测是混凝土结构检测中常用的方式，回弹检测法和钻芯取样检测法是最常用的方法。随着建筑高度和跨度的增加，钢结构建筑越来越常见，需要对其性能和质量进行检测，实载测试和动力检测是常用的方法。例如，在港珠澳大桥工程中，混凝土结构的耐久性设计和控裂技术是关键技术之一，其沉管隧道耐久性基于结构使用年限的定量耐久性设计，通过建立耐久性数学模型对钢筋混凝土条件和养护措施等变量进行分析，提出了对构件材料指标或结构指标的量化要求。

3）案例分析

在我国的重大工程中，政策支撑与技术创新为工程技术的突破发挥了重要作用。下面通过分析4个超级工程案例来说明。

（1）港珠澳大桥。作为世界上最长的跨海大桥，港珠澳大桥的建设充分体现了技术的集成创造。在设计和施工过程中，采用了许多创新的技术手段，如模块化设计和预制构件，提高了施工效率；利用先进的海底隧道技术，解决了海底地质条件复杂的难题。同时，该项目也促进了颠覆性的技术创新，如人工岛屿建设和风雨桥塔结构等。

（2）特高压输电工程。特高压交流输电技术是中国超级工程领域的重要突破，通过技术的集成创造和颠覆创新实现了长距离高功率输电。该技术采用了高电压、大容量和远距离传输的方法，有效解决了长距离电力输送的损耗和稳定性问题。在特高压输电工程中，中国自主开发了一系列关键技术和设备，如超导材料、智能变电站等，推动了特高压输电技术的发展。

（3）大兴国际机场。大兴国际机场是中国近年来建设的重要交通基础设施，也体现了技术的集成创造和颠覆创新。该项目在设计和建设过程中，采用了先进的航空技术和工程技术，如远程引导系统、自动化行李处理系统和绿色环保设计等。同时，大兴国际机场还引入了人工智能和大数据等新技术，提升了安全性、效率和服务质量。

（4）三峡水利工程。作为世界上最大的水利工程之一，三峡水利工程的建设充分体现了技术的集成创造和颠覆创新。该工程在解决洪水调节、发电和航运等方面提出了全新的技术挑战。在设计和建设过程中，采用了一系列独特的技术措施，如巨型水闸、混凝土拱坝和导流堤等。同时，三峡水利工程也推动了颠覆性的技术创新，如河道生态修复和水资源管理等。

综上所述，港珠澳大桥、特高压输电工程、大兴国际机场和三峡水利工程等典型超级工程体现了中国近现代超级工程的技术趋势。这些工程不仅需要政策支撑，而且依赖于技术的集成创造和颠覆创新，通过引入新技术、突破技术难题和推动颠覆性技术的发展，实现了工程技术的突破和创新。

科学技术的进步是促使工程发展的重要方面。全球科技创新呈现新的发展态势，科技创新链条更为灵巧，技术更新和成果转化更为快捷，产业更新换代不断加速。中国政府通过政策支撑和跨学科的高新技术集成开发，推动近现代超级工程技术的发展。政府的创新驱动政策、产业升级措施、人才培养计划以及国际交流合作，为超级工程技术提供了全面支持。同时，超级工程技术的发展还受到了跨学科的高新技术的积极影响，尤其是新兴科技的广泛应用。

超级工程技术的发展对我国和世界科技水平的提升起到了重要的推动作用。通过典型案例分析，可以看到这些技术趋势在实际工程中的具体应用和效果。超级工程技术在提升国家综合实力、推动经济社会发展、改善人民生活水平等方面发挥着重要作用。总之，近现代超级工程技术的发展是中国面向全球的战略选择，受到政府的政策支持和跨学科的高新技术的积极影响。这些技术趋势对我国和世界科技水平的提升具有重要的推动作用，能为国家发展带来巨大的经济和社会效益。这些技术趋势对超级工程在科学技术方面的影响非常重要，同时，超级工程的建设也会进一步影响我国和世界的科技发展水平，实现从"中国制造"向"中国创造"的转变。

7.5 价值功能

超级工程作为科学与技术在工程上的巨大集成，代表着时代的科学技术水平，体现着时代的价值取向与功能。不同的历史阶段，不同类型的超级工程有着不同的建设目标和价值取向。价值取向主要体现了统治者和劳动人民对国家安全和民族尊严的高度重视和坚定信念。以三峡水利工程为例，其建造初衷则是为了调节长江流域的水资源，防止洪涝灾害，促进水路交通，改善水利灌溉和发电，其价值取向主要体现在服务全国人民，改善电力供应和通航条件，为国家经济建设和社会发展提供支撑和保障。

价值取向在超级工程建设中发挥着重要作用，能够指导超级工程的目标和愿景、引导技术和创新、影响效益发挥。未来超级工程在价值取向上将更加注重战略性、引领性、效益性和可持续性等，在功能上将助力国际合作、助力生态环保、助力社会公平与良性发展和助力艺术进步等，如图7.6所示，具体内涵包括以下几个方面。

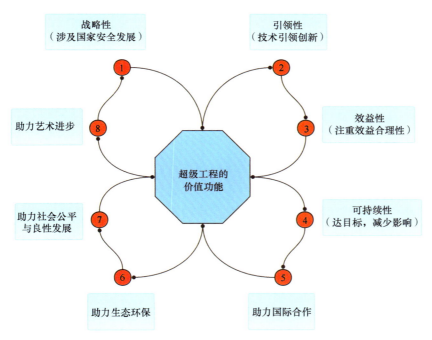

图 7.6 超级工程的价值取向和功能发展趋势

1）战略性

超级工程通常涉及国家的重要利益和国家安全，其建设和运营具有国家安全和发展的属性。此外，一些超级工程还涉及国家的战略地位和发展，其建设和运营对国家的发展具有重要意义。因此，未来超级工程建设将会与国家战略密切关联。我国未来重要的五大超级工程分别是中欧高铁、琼州海峡跨海隧道、墨脱水电站、中国空间站和藏水入疆工程。这些项目一旦建成，将会对地区乃至国际的发展带来深远的影响，我国的基础建设和发展的影响力也将远远超出西方。中欧高铁正在积极推进建设，是深化我国与"一带一路"共建国家经贸合作的重要载体和推进"一带一路"建设的重要抓手。目前，我国国内的交通设施已经有着完善的修建体系，西方国家在这一点上难以企及，建造顺利完成后它将会成为规模最大的铁路工程，能极大地带动中欧的发展和联系，促进周边的经济发展。琼州海峡跨海隧道的建成将会打破原有两条固定的空运和海运航线，大幅度提升发展速度，降低空运的成本，并且能和经济发达的东部地区城市进行对接。藏水入疆工程利用西藏水流量大的特点，将水资源引到新疆的干旱地区，能够促进新疆的农业发展，缓解沙漠化，这将一举改变我国西部的生态环境，对我国的整体发展具有重要意义。藏东南水能资源具有重要的战略价值，还处于勘测阶段的墨脱水电站未来建成后也蕴含巨大的经济环境效益。能源战略将决定国家的命运。藏东南部中印边境地区蕴藏的丰富水电能源，在中印双方未来的能源结构中，占据着不可忽视的重要地位，它关系到我国的国家安全、国际关系、能源结构、生态环境和西藏未来社会经济的可持续发展。以上我国正在规划及建设的超级工程建成后都具有重大的战略意义，在国家的经济发展和国防安全中将发挥重要作用[359]。

2）引领性

超级工程通常具有较高的技术难度，需要国家集中资源和力量，才能够完成建设和运营。因此，超级工程具有国家科技创新和管理能力的属性。未来超级工程建设将会更注重技术引领性，充分发挥科技创新的作用，采用先进的技术和方法，提高工程建设和管理水平。超级工程的溢出效应显著而深刻。一项超级工程的大功告成，首先必然是一揽子科研立项，这助力了学科基础理论研究的突破，助推了一系列技术专利成果的积淀。产学研的对接与相互促进贯穿超级工程项目的全过程。随着蓝图落地，从无到有，每个超级工程都可以视作催化剂，催化了人口红利向工程师红利的转化，催化了中国制造向中国智造的转型。由超级工程所汇聚的人才、所积累的技术，在相当程度上，都转化成具备全球优势的产业能力。以深中通道为例，历经80多次方案研讨，取得300多份图纸、23项技术攻关、11项国家专利，自主研发制造出了世界首例智能浇筑设备，实现浇筑速度、下料高度等的毫米级控制，实现沉管浇筑过程自动化、浇筑数据可视化，大大减少了人工干预，极大程度地提高了沉管预制的效率和质量。工程大量采用了智能建造的方式来打造平安百年品质工程，如打造了国内首条大型钢结构智能制造生产线、世界唯一的一艘沉管浮运安装一体船、世界领先的钢壳沉管自密实混凝土浇筑系统、智慧梁厂等，通过自动化、智能化实现了危险作业换人、简单重复作业减人。深中通道形成了我国钢壳混凝土沉管隧道、海中超大跨径悬索桥、8 车道海底隧道防灾救援及水下枢纽互通立交等领域的设计与施工成套技术及中国技术标准，填补国内空白，将会引领我国跨海通道工程技术新跨越，提升我国跨海工程的建设品质和国际竞争力。

3）效益性

超级工程的经济价值体现在直接经济效益、长期经济效益以及吸引外资等方面。未来超级工程建设将更加注重经济效益的合理性。在超级工程建设规划和设计中，应根据实际需求和可行性，合理确定工程建设的规模、投资和产出，以实现直接经济效益的最大化。同时，注重工程建设后的运营和管理，以保证工程的长期经济效益。良好的基础设施促进吸引外资流入。以三峡水利工程为例，其作为开发和治理长江的关键性骨干工程，防洪是其首要功能，在长江防洪体系中具有不可替代的作用。2003～2024 年，根据中下游的防洪需求，三峡水利工程累计拦洪近 70 次，包括 50000m³/s 以上的洪峰 20 次，拦洪总量 2200 亿 m³，多年平均防洪效益为 88 亿元，防洪减灾效益显著。其中，2010 年、2012 年和 2020 年最大入库洪水流量均超过 70000m³/s，大于 1998 年宜昌站最大洪峰流量 63300m³/s，三峡水库通过削峰、错峰调度，成功应对了洪水，确保了长江中下游荆江河段的防洪安全。三峡水利工程发电效益可观，在为国民经济发展提供绿色动力的同时，还带来了节能减排效益。截至 2022 年 8 月底，三峡电站累计发电量 15634 亿 kW·h。2020 年发电量达 1118 亿 kW·h，创世界单座水电站年发电量最高纪录。三峡水利工程的发电有效缓解了华中、华东地区及广东省的用电紧张局面，为电网的安全稳定运行发挥了重要作用。截至 2024 年 12 月，三峡电站已发电量相当于减少燃烧标准煤 5.5 亿 t，减少 14.9 亿 t 二氧化碳排放。三峡水利工程蓄水后，将使昔日险滩密布的峡江航道变成高峡平湖，极大地促进了长江航运的快速发展和沿江经济社会的协调发展。截至 2022 年 8 月，通过三峡船闸、升船机的货运总量达到 17.97 亿 t。库区长江干线平均每年水上交通事故数量是蓄水前的 1/3。此外，三峡水利工程对水资源的调节功能强大，在下游补水、实时生态调度、开展应急调度方面发挥着重要作用。在下游补水方面，每年1~4月，三峡水利工程下泄流量按约6000m³/s控制，相比常年天然流量增加约1500m³/s，增幅超过33%，平均增加下游航道水深约0.7m，有效保障了下游的生活生产用水[360]。

4）可持续性

未来超级工程将更加注重可持续发展，即在实现超级工程目标的同时，考虑工程建设对环境、资源、社会等方面的影响，采取有效的措施减少超级工程对自然环境和社会的负面影响，保护生态系统的完整性和可持续性，确保工程长期有效。例如，港珠澳大桥建设过程中始终坚持以"环保先行"为理念，以"源头控制"为抓手，早在项目可行性研究阶段便相继开展了环境影响评价、海域使用论证、中华白海豚保护、海洋倾倒区选划、防洪评价等环境保护专题研究，在超级工程建造中更多地采用低碳、环保、节能的材料，以降低对环境的影响，提高资源的利用效率，带动环境保护、能源效率和资源利用相关技术的创新发展，使得港珠澳大桥不仅仅是中国由桥梁大国迈向桥梁强国的里程碑，也是一座代表人类与海洋和谐相处的丰碑。

人类一切社会实践活动都是围绕着发展而进行的，超级工程同样也是为促进社会发展而建造和运行的。从价值取向来看，未来超级工程在战略性、引领性、社会性上的作用会持续增强。由于超级工程涉及的投资大，如何进行效益评估以实现可见且可预期的经济效益和社会效益，也是超级工程发展面临的重要挑战。

中国近现代超级工程，以载人航天、大型飞机等建设为代表，标志着国防力量和体系的现代化基本完成。同时，在实现"两个一百年"奋斗目标与实现中华民族伟大复兴的过程中，实现农业现代化、城乡一体化与全面建成小康社会，以超级工程建设为重点，推动全国实现更深层次、更高水平的开放格局，加强国家东西南北全区域与党政军民学各领域发展的协调性与统一性。超级工程更倾向于解决国家经济、文化、社会中的具体现实问题，其功能主要体现在以下几个方面。

（1）助力国际合作。

由于超级工程的规模和复杂性，它们通常需要跨国合作和资源共享。这有助于促进国际合作和知识交流，推动全球科学技术的进步。由于超级工程通常需要大量的资源，包括资金、材料和专业人才，国际合作可以帮助多个国家共享资源，以共同完成项目。这有助于分担项目成本和风险。超级工程通常涉及多个国家的合作，各国可以共同解决跨国挑战，如气候变化、环境保护、能源需求等。这种合作有助于促进国际关系的稳定和友好。超级工程吸引了来自世界各地的专业人才，他们带来了不同领域的知识和经验。国际合作促进了知识和经验的交流，有助于各国从彼此的经验中学习和受益。超级工程项目通常需要开发和应用最新的技术和工艺。国际合作可以促进技术的共享和传播，有助于各国提高技术水平。一些超级工程项目旨在解决全球性问题，如能源供应、环境保护、基础设施建设等。国际合作是解决这些问题的关键，有助于全球社会共同应对挑战。国际合作项目通常促进了各国之间的友好关系和互信。通过共同努力解决共同问题，国际社会可以建立更紧密的联系。

（2）助力生态环保。

党的十八大以来，党中央非常关注生态环保，提出了"绿水青山就是金山银山"等重要的环保要求[361]。党的十九大更是指出：当前社会的主要矛盾已经转变成为人民日益增长的美好生活需要和不平衡不充分的发展之间的矛盾，构建清洁低碳、高效安全的能源体系，形成资源全面节约和循环利用的社会环境，为了加强对生态文明建设的总体设计和组织领导，设立国有自然资源资产管理和自然生态监管机构，完善生态环境管理制度[362]。因此，未来的超级工程建造过程中，必将对生态环保提出更高的要求，同时，也更加重视突出生态问题的解决，超级工程必然是人类认识自然、利用自然和改造自然的工程。

（3）助力社会公平与良性发展。

党的十九大报告指出：中国特色社会主义进入新时代，我国社会主要矛盾已经转化为人民日益增长的美好生活需要和不平衡不充分的发展之间的矛盾。同时，我国社会生产力水平总体上显著提高，社会生产能力在很多方面进入世界前列[363]。超级工程作为工程领域的代表，其发展的趋势必将更关注社会公平和可持续发展，在继续推动社会经济发展的基础上，更好地满足人民在经济、政治、文化、社会、生态等方面日益增长的需要，更好推动人的全面发展、社会的全面进步。

（4）助力艺术进步。

超级工程的设计和建造需要极高的科技和工程技能，这些技能和知识可以为艺术家提供新的灵感和创作素材。超级工程本身可以被视为一种艺术表现形式。超级工程技术的发展为艺术创作提供了更加高效和精准的技术支持。例如，数字化技术和虚拟现实技术的应用可以让艺术家更加方便地创作和呈现作品，同时也为观众提供了更加沉浸的观赏体验。超级工程建设往往需要多学科的合作，这种合作模式可以为艺术家提供新的合作机会和交流平台。这些工程在建设过程中所展现出的卓越技术和创新精神，能够吸引国际社会的广泛关注和赞誉，增强我国的国际影响力，给人民带来民族骄傲和自豪感。

中国近现代超级工程在未来的发展趋势较明显，如图 7.7 所示。首先，从建造地域上看，超级工程将逐渐走向国际化，不仅局限于国内，还会拓展到其他国家和地区，为全球范围内的经济发展和民生改善做出贡献。其次，行业领域将更加宽泛，涵盖了科技、经济、文化等多个领域，从传统的制造业向新兴的高科技产业、环保产业等领域延伸。此外，建造规模将更加庞大，一些世界级的超级工程将会建成，彰显中国的综合国力和科技实力。在技术方向上，超级工程将更加注重综合性和交叉性，包括数字技术、新材料技术、生物技术等多个领域的融合和创新。最后，超级工程的价值功能将更加注重战略性、引领性、可持续性以及效益性，从而助力国际合作、生态环保、社会公平与良性发展和艺术进步，成为推动人类社会高质量发展的重要力量。

图 7.7　未来超级工程的和谐共生

图片来源：ChatGPT 生成

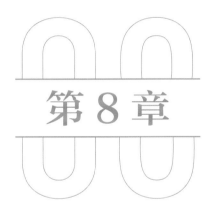

第 8 章

经验与启示

　　超级工程，作为人类理解和塑造自然界的重要手段，不仅映射出人类文明的进步，更在近现代成为展现科技发展和社会变革的关键节点。近现代，特别是随着工业革命及其后续科技进步的浪潮，我们对自然的认识和改造的能力达到了前所未有的高度，这一进程在超级工程的历史演变中尤为明显。从最初的重工业设施，如钢铁厂、铁路，到现代的高速公路网络、大型水利枢纽和空间探索项目，每一项超级工程都对应时代科技水平和社会需求的体现。本章将重点探讨近现代超级工程如何作为工业化和现代化进程中的里程碑，体现人类智慧的结晶，并在文化传承与科技创新的历史长河中发挥核心作用。通过这些分析，本章旨在总结超级工程的发展规律，深入理解其背后的理论基础，并从历史和现实的视角出发，为未来超级工程的规划与建设提供更加深刻的启示和指导。

8.1　社会转型的动力分析启示

　　在回顾中国近现代历史的浪潮时，我们不可忽略的是那些深刻影响国家命运的超级工程。在面临外部压力和内部变革的复杂背景下，中国通过一系列具有战略意义的工程项目，展开了对工业化的勇敢探索。这些工程不仅是技术和工程实力的展示，更是中国应对社会挑战、推动经济和社会进步的重要手段。它们见证了中国从传统到现代的转型，标志着国家在全球历史舞台上的重要转折点。

1. 中国近代的发展挑战与工程探索

　　中国近代面临着重大的社会与经济挑战，受半殖民地半封建社会状态的影响，中国经历了外国列强的政治和经济压迫。这一时期，外国势力通过战争、不平等条约和资本输出等手段，对中国的独立自主发展造成了严重阻碍。同时，国内封建主义与外国资本主义、官僚资本主义的相互勾结加剧了对人民的压迫。而在此期间的超级工程的建设在我国行业发展中扮演了重要角色，提供了宝贵的经验和借鉴。

　　首先，汉阳铁厂的建设在中国近代史上具有划时代的意义，它标志着中国钢铁工业的自主发展起步。汉阳铁厂不仅是中国第一家自主建造的钢铁企业，它的成功建设还为中国钢铁工业的崛起奠定了坚实的基础。首先，汉阳铁厂的建设证明了中国在当时已具备自主建造大型工业企业的能力。面对欧洲列强的工业化优势和中国自身半殖民地半封建的局限，汉阳铁厂的建造成为中国工业化进程中的一个重要里程碑。它充分展现了中国人民的智慧和努力，为中国的工业化进程增添了信心。其次，汉阳铁厂的建设过程体现了技术创新的重要性。在建设过程中，汉阳铁厂面临了众多技术难题，如材料选择、机械设备制造等。为了解决这些问题，工程师进行了大量的尝试和创新实践，如在钢水温度控制、炼钢工艺、高炉炉壳等方面的技术创新，这些都为铁厂的顺利建成提供了关键支持。这种创新精神和实践对当前制造业的发展同样具有重要意义。此外，汉阳铁厂的建设也凸显了人才培养和引进的重要性。铁厂建设过程中所需的技术、管理、营销等方面的人才都是当时的稀缺资源。为了确保其顺利运营，汉阳铁厂采取了多种方式吸引和培养人才，这对于当前企业的人才战略也有着重要的启示。

尽管汉阳铁厂拥有众多创新和突破，但其最终面临的困境也为我们提供了重要的教训。首先，汉阳铁厂的建设过程中存在一些问题，如选址不当和资源配置不合理。铁厂被设立在一个既不产煤炭也不产铁矿的地方，导致了高昂的生产成本，这使得铁厂在投产不久后就面临破产。其次，汉阳铁厂作为一个典型的封建制国企，管理上存在重大缺陷。官本位盛行，管理者缺乏经营知识，铁厂内部充斥着吃国家饷银的关系户，这些问题导致铁厂经营管理低效，产品质量不佳。此外，当时中国工业技术的落后和缺乏完整的工业体系也是铁厂面临的重大挑战。同时，由于清政府的腐败和外国在中国市场的竞争优势，汉阳铁厂在市场上难以站稳脚跟。最终，在缺乏政府的保护和支持的情况下，汉阳铁厂陷入了困境。

与此同时，京汉铁路的建设则在相同的历史背景下，展示了中国在面对外部压力和内部需求变革的情况下的不同面貌。京汉铁路的建设尝试不仅是工程技术上的成就，更是中国社会和经济转型的象征，它展示了中国如何在面对外部压力和内部需求变革的情况下，通过技术引进和自主创新勇敢探索工业化道路。它建设于1905~1908年，是连接中国北部和南部的首条铁路。这条铁路的建设不仅是工程技术上的壮举，也为行业发展提供了宝贵的经验和借鉴。首先，它强调了技术创新的重要性。京汉铁路的建造面临了众多技术挑战，如穿越汉水和大别山等，这些挑战需要开发新的技术和方法来解决。此外，京汉铁路的建设还凝聚了来自不同地区和行业的人才。更为重要的是，它与当时全球范围内的工业革命息息相关。特别是在第二次工业革命期间，钢铁工业的巨大发展极大地促进了钢材的生产和其在铁路建设中的应用，使得轨道、桥梁等结构的建设更为便利和高效。同时，蒸汽机和电气化技术的应用也大大加快了铁路的建设速度。因此，京汉铁路的建设对铁路行业的发展具有深远的影响和借鉴意义。

2. 中国现代的技术革新与行业崛起

进入现代，中国的快速发展在政治、经济、文化等多个领域显著体现，特别是自改革开放以来，国家逐步实现了开放和现代化的步伐。在技术创新方面，中国取得了突飞猛进的成就。现代以来，中国不断推动科技创新，加强科研投入和研发能力，各行各业涌现出众多领先世界的科技成果，如高铁、航空航天、5G通信技术等，这些成就不仅改变了中国，也对全球产生了深远的影响。同时，中国在基础设施和工程项目建设方面实现了前所未有的规模和发展。重大工程项目如三峡水利工程、京津冀一体化、中国天眼、高速公路网络等，不仅展示了中国的工程能力，也为全球基础设施建设提供了新的范例。此外，中国在人才培养方面取得了显著成就，培育了大量科技人才和管理人才，为国家的快速发展提供了坚实的人才支撑。同时，国家积极维护社会稳定和安全，为工程建设和社会发展提供了良好的政治环境和社会基础。

以 5G 为例，该技术的迅速发展和普及引领了一个全新的通信时代。作为 5G 网络建设的核心，5G 基站（图 8.1）的建设不仅是技术创新的体现，更是推动社会全面数字化的关键一环。与前代通信技术相比，5G 具有更高的传输速度、更低的延迟和更大的网络容量，这些优势使得 5G 能够更好地满足社会对信息传输日益增长的需求，并为数字经济和智能社会的发展提供了强大的支撑。5G 基站的建设是一个复杂而全面的过程，涉及电力、通信、建筑、交通等多个领域的协作。这要求参与的各方拥有相应的专业知识和技能，以确保基站建设和运营的质量。因此，各方需紧密协作，确保工作的高效和顺利进行，从而充分发挥 5G 技术的潜力，助力社会发展[364]。在建设过程中，面对技术和发展的挑战，团结协作的精神至关重要。5G 技术的发展经历了多次试错和改进，需要开放、包容的态度，积极交流经验和技术，共同解决面临的问题。同时，建设过程中需考虑到群众的日常生活，尽量减少对公众的影响。相关部门应倾听民声、了解民意，确保信息共享，使得 5G 基站成为真正的民心工程。此外，5G 基站建设在规划时应考虑环保和可持续发展。随着 5G 技术的广泛应用，基站数量的增加可能会对环境产生影响。因此，需要采用低碳、节能、环保的建设理念，减轻对环境的影响。同时，5G 技术也可用于环保领域，如城市垃圾分类、智能交通等，实现环保和可持续发展的目标。最后，5G 基站的建设虽然消耗大量资源和能源，但其建成后将带来巨大的社会财富。5G 技术将促进各行各业的数字化转型，提升生产力和生活质量，同时丰富人们的生活体验，提高幸福感。

图 8.1 5G 基站

从这些超级工程的建设经验中，我们可以洞察到驱动社会转型的关键力量。首先，技术创新是推动社会进步和行业发展的核心动力。技术进步不仅解决了现存问题，也开辟了新的行业和市场机会。在行业发展的过程中，新技术的应用极大地提高了工作效率，降低了成本，优化了行业结构，从而增强了整个行业的竞争力。其次，有效地利用国内外资源，通过学习和引入国际先进技术，并合理配置人力和物力资源，可以最大化资源利用效率。在面对地质、气候和基础设施等条件复杂的项目时，多方协作和资源合理配置显得尤为重要，这不仅能降低项目风险，还能保证工程的顺利进行。此外，可持续发展是行业进步中不可忽视的要素。在追求经济效益的同时，减少对环境的影响，并重视环保和资源的可持续利用，是实现经济和环境双赢的关键。

8.2 资源优化发展启示

在探究中国近现代的发展轨迹时，不可忽视的是那些塑造了国家面貌的超级工程。这些工程不仅代表了工程技术上的辉煌成就，而且体现了国家对于均衡发展和资源优化的深远思考。它们是中国社会进步的缩影，展示了如何通过技术创新和智能变革，在历史的洪流中不断前行。在这一过程中，中国不仅面对了经济发展和社会变革的重大挑战，还在工业化探索和区域发展中开辟了新的道路。

1. 优化资源配置，促进平衡发展

自新中国成立以来，国家实施的南水北调工程、西气东输工程以及三峡水利工程等超级工程，均代表着战略性的资本投入和广泛的社会影响[365]。这些工程

不仅代表了国家在基础设施建设方面的巨大投资,而且在优化资源分布、缓解区域发展不均衡等方面发挥了至关重要的作用。这些项目不仅是对国家发展战略的实质性投资,更是对中华民族未来长远发展的重要保障。

以三峡水利工程为例,它作为这一系列工程的典型代表,不仅是世界上最大的水电站之一,也是综合治理长江中下游地区防洪问题的关键。该工程展现了我国在现代化建设和综合国力提升方面的雄心壮志。自三峡水利工程投入运营以来,它的经济效益逐渐显现并得到认可。首先,三峡水利工程的建设极大地缓解了全国水资源短缺的问题。随着我国经济的快速发展和人口的持续增长,水资源的需求日益加剧。在我国广阔的国土上,不同地区的气候差异显著,尤其是季风气候区域,暴雨和洪涝灾害频发,而大陆性气候区域则面临着水资源分布的极度不均衡。三峡水利工程不仅有效地控制了长江流域的洪水,还通过其巨大的水库容量,在调节流域水资源方面起到了关键作用。此外,三峡水利工程的建设还促进了当地及周边地区的经济发展。大坝所带来的直接经济效益包括水力发电、航运便利以及旅游业的发展。作为一种清洁能源,三峡水利工程大幅减少了对化石燃料的依赖,为国家的可持续发展战略做出了贡献。在航运方面,三峡水利工程的运营显著提高了长江的航运能力,促进了货物的快速流通和区域经济的联系。同时,三峡水利工程作为一项世界级的工程,也吸引了众多国内外游客,成为一个旅游热点,从而推动了当地的文化和旅游业发展。

同样,始建于 2004 年,2011 年正式通气的西气东输工程作为一项重要的基础设施项目,对国家的能源结构和环境保护产生了重大影响。它的主要任务是将中国西部地区丰富的天然气资源输送到资源匮乏的东部地区,这一举措在多个层面上对中国产生了深远的影响。首先,西气东输工程缓解了中国东部地区的能源紧张局面。此前,东部地区主要依赖进口石油和煤炭等传统能源,而西部地区则拥有丰富的天然气资源。这一工程的实施有效实现了东西部能源的平衡,降低了能源供应的地域不平衡性。同时,它还促进了西部地区的经济发展,加强了区域经济的协调发展。其次,西气东输工程的建设推动了中国天然气行业的发展。随着天然气需求的增长,中国的天然气产业规模不断扩大,产业链不断完善。从天然气的勘探、开发、生产、运输到销售,相关产业均得到了显著的发展和提升。这一工程还推动了中国天然气市场的市场化改革,提高了市场化程度。此外,西气东输工程对环境保护也产生了积极的影响。天然气作为一种清洁、高效、低污染的能源,与煤炭等传统能源相比,能显著减少大气污染和温室气体排放。通过推广天然气的使用，中国在减少对传统能源依赖的同时，也在推进清洁能源的发展。总的来说，西气东输工程不仅是一个能源输送项目，它还推动了中国西部地区的社会经济发展，并为地方经济带来了就业和税收等多方面的积极影响。

2. 推动区域发展，提高竞争力

新中国成立以来，国家积极推行了一系列重大的国家战略，如粤港澳大湾区建设、西部大开发、京津冀协同发展等，这些战略不仅体现了国家的发展远见，也为区域一体化发展奠定了坚实的基础。

在这些战略的指导下，众多超级工程相继落地，其中港珠澳大桥的建设成为这一系列工程的标志性成就。港珠澳大桥不仅是一项重大的工程技术壮举，更是区域一体化发展的重要里程碑。港珠澳大桥的建成，不仅实现了香港与珠三角西岸地区的紧密对接，还通过京珠高速、西部沿海高速等主要交通干道的连接，将其影响扩展至中国西南地区。这座大桥的建设不仅促进了内地与港澳地区的交通基础设施的有效衔接，更加深了两地之间的交流与合作。它不仅促进了人流、物流、资金流和技术流等创新要素的高效流动和优化配置，还增强了粤港澳大湾区内部联系的网络化趋势。这座桥梁的存在，使得不同关税区之间的货物交流更为顺畅，显著提升了区域内物流运输和供应链管理的效率。这不仅有助于形成一个均衡且多极化的网络格局，还促进了港澳地区深度融入粤港澳大湾区，加快了整个大湾区的一体化发展进程。从地区分析的角度来看，港珠澳大桥的通车使得香港的国际航运中心的地位得到了进一步巩固。这不仅推动了粤港澳大湾区其他城市共同构建世界级的港口群和空港群，还优化了区域内的高速公路、铁路、城市轨道交通网络布局，促进了交通基础设施的高效衔接。同时，香港作为全球金融中心，其地位的加强也为珠江口西岸经济带的发展提供了新的动力。通过引入香港的风险投资和金融服务，珠江口西岸经济带得以在科技创新、产业转型升级等方面取得显著成就。

对于澳门而言，港珠澳大桥的建成不仅大大提升了粤澳之间的通关便利化水平，还有助于粤港澳三地联合打造和推广区域旅游产品和服务。这不仅提升了澳门休闲旅游品牌的国际影响力和竞争力，还推动了澳门旅游资源与广东乃至西南地区旅游资源的进一步整合。珠海作为珠江口西岸的重要城市，通过大桥的建成转变为该地区的交通枢纽，吸引了大量来自港澳的创新资源和生产要素，特别是在生物医药、信息技术、家电制造等领域实现了产业的持续扩张和强化。

港珠澳大桥的建设及其运营，不单是工程技术领域的一次壮举，更是推动区域经济一体化及社会发展的重要动力。这座桥梁成为连接区域内城市的纽带，促使它们的功能和角色得以互补和重塑，从而为这些城市的经济增长和社会进步开辟了新的道路。这些城市通过大桥紧密相连，形成了一个强大的经济圈，加深了区域内的经济互联和社会交流，为整个区域的长期发展奠定了坚实的基础。综合来看，港珠澳大桥以及其他相关的超级工程象征着中国在区域一体化进程中迈出稳健的步伐。这些工程不仅推动了经济的快速增长，还加强了不同地区间的紧密联系，提高了整个区域的竞争力。通过这些工程的成功实施，中国展现了在区域发展规划和执行方面的卓越能力，为全球范围内进行类似的区域一体化发展提供了宝贵的经验和参考模式。

8.3 工程演变规律启示

超级工程与人类历史的发展紧密相连，它们不仅是人类与自然互动的产物，而且其演进过程受到自然和社会因素的双重影响。自然因素如新材料和技术的发展，社会因素如社会需求的变化，共同塑造了超级工程的演变历程。这种互相制约和促进的关系，深刻地影响了超级工程的发展轨迹。通过分析不同领域超级工程的演进过程，我们可以洞察其中蕴含的规律和趋势。中国近现代的超级工程展现了科技、经济和文化发展的多样性与复杂性。这些工程不仅是科技领域和经济区域发展变化的反映，而且构成了国家发展历史轨迹的一部分。它们代表着中国近现代在科技与经济领域的发展演变。从这些工程中，我们可以观察到中国在不同时期、不同地区面临的挑战以及响应这些挑战的方式，从而理解国家整体发展的历史背景和趋势。

中国近现代超级工程的形成和发展表面上看似是工程技术的连续演变，实则是一个复杂的、系统性的动态过程。这不仅涉及订单流、人员流、资金流、设备流、物料流和信息流的综合运动，而且深层次上，还包括科学、技术、工程和管理知识的相互流动和迁移。这种迁移过程不仅受到工程本身的内在发展驱动，也受到外部政治、社会和经济发展的引导与限制。超级工程在中国近现代的发展历程，从最初的劳动密集、技术落后的阶段，逐渐过渡到资金密集、技术先进的大型工程项目，最终形成当今拥有海量资金投入和顶尖工程技术的超级工程，这一转变过程是中国经济发展不同阶段的真实写照。

1. 社会需求驱动的超级工程决策过程

随着社会经济的发展和变迁，超级工程的目标和形态也发生了显著的演变。从单一的基础设施建设，如早期的桥梁和水利工程，发展到现代的多功能综合项目，如智能交通系统和生态城市建设，这反映了国家对于社会需求和经济发展的深刻理解，这一演变过程凸显了国家领导层的决策作用。这些工程不仅展现了国家和领导者的意志，也体现了社会意识形态的变迁。20 世纪初西方技术的引入加速了中国基础设施的建设。例如，1903 年中国实现南京到上海等地区的铁路连接，这是中国现代化的重要里程碑。新中国成立后，超级工程建设规模扩大，如三峡水利工程，体现了国家对基础设施和经济发展的重视。

未来的超级工程决策预计将更加民主化和科学化，以科技为支撑，促进工程的成功实施。这种转变不仅有助于优化资源配置，还能更好地满足日益多样化的社会需求。

2. 科技进步在超级工程中的推动作用

在 20 世纪初，尽管中国工程技术落后，但随着科技进步和西方技术的引入，工程技术水平显著提升。自 20 世纪 50 年代起，中国水电站技术逐渐国际化，至"两弹一星"项目成功，标志着中国在核技术和航天领域的重大突破。80 年代，中国的铁路建设现代化，如大秦铁路和京九铁路的建成，显示了中国在超级工程铁路方面的综合实力。90 年代以后，随着经济的飞速发展，中国工程技术实现了质的飞跃，出现了如青藏铁路、北斗卫星系统和长江口深水航道工程等。

随着智能技术的快速演进，超级工程迎来转型的重要时刻，面临挑战的同时也蕴藏着巨大机遇。这些技术的融合不仅在施工方法和工程管理领域带来了革命性的变革，而且在推动工程项目的环保性和可持续性方面开启了新篇章[366]。未来，超级工程将更加依赖智能化系统来进行风险评估、资源优化以及维护管理。例如，大数据和人工智能在工程设计的优化中扮演着关键角色，而无人机和机器人技术在施工监控和维护上的应用，将极大提高工程的效率和安全水平。智能技术的引入还为超级工程在可持续发展和环境保护方面提供了新机遇。例如，智能节能系统和环境监测技术的应用有助于超级工程在设计和运营过程中更环保、更节能[367]。随着越来越多的智能技术被整合到超级工程中，这些工程项目不仅在技术层面更加先进，也将在社会责任和环境保护方面发挥更大作用。这些超级工程预计将成为展示中国在科技创新、社会发展和环境保护方面融合成果的典范，推动中国发展的同时，也为全球的可持续发展贡献智慧和解决方案。

综合来看，超级工程将更广泛地应用尖端科技和智能系统。人工智能、物联网、大模型等技术的发展和整合，将引领工程建设进入智能化、数字化的新时代。这不仅将从根本上改变传统的工程建设方式，也将为工程科学开辟新的研究领域和应用场景。因此，深入掌握和持续创新工程核心技术将成为推动未来工程建设的关键动力，同时也将为人类社会带来新的挑战和机遇。

3. 超级工程的形态变迁与功能革新

随着社会经济的发展，工程的规模不断扩大，技术变得更为复杂，功能从满足基本民生需求转变为服务国家经济发展的需求。例如，桥梁工程的演变从简单的石桥、木桥到能够跨越大江大河的悬索桥，以及港珠澳大桥这样的国家级战略项目，这些工程不仅满足了民生需求，而且推动了区域社会经济的发展。

未来，超级工程的发展将更加注重社会和经济需求，更好地服务于社会高质量发展。我国将基于科学的规划和决策，整合新技术、新工艺，建造出更高质量、更绿色可持续的项目。例如，建筑规模将不再单纯追求大小，而是综合考虑社会经济发展、功能适应性、环境保护和低碳绿色等因素，以实现综合发展。

4. 超级工程在关键领域和地区的展望

未来的工程项目的创新可能集中在交通基础设施（如超大型桥梁和隧道）、信息互联（如全国范围内的工业互联网和物联网）及高端装备制造和半导体领域。这些项目不仅将满足国家经济发展的多元需求，还将推动科技领域的突破和创新。

从区域分布上看，中国近现代的超级工程从最初集中在东北和西北地区，逐渐扩展到东部沿海地区。新中国成立初期，政府重点在东北和西北地区推进工业化，如鞍山钢铁公司和长春第一汽车制造厂等重点项目。改革开放后，东部沿海地区成为经济发展的热点，随之而来的是超级工程建设的重心转移。如今，随着"一带一路"倡议的实施，中国将在"一带一路"共建国家进行更多的基础设施合作项目[368]。同时，西部大开发和东北振兴等国家战略也将引导超级工程在更多地区和领域兴起。

未来超级工程将不仅仅是规模和技术的竞赛，而是更多地注重于社会经济需求的满足和可持续发展。建筑规模的设计将更加考虑社会、经济、环境保护和低碳发展等多方面因素，力求在促进区域发展的同时，实现与环境的和谐共生。例如，未来的桥梁工程将不再单纯追求跨度和高度，而是将社会需求、经济效益和生态环境融为一体，实现综合性的发展目标。

这些趋势和变化表明，中国的超级工程不仅是技术和工程的展示，更是国家发展战略、科技创新和社会需求的综合体现。未来，随着科技的不断进步和社会需求的多样化，超级工程将继续扮演着推动国家进步和促进区域发展的关键角色。

8.4 技术进步启示

近现代中国的超级工程，是国家发展历程中的重要里程碑。它们不仅代表着技术进步和创新，还映射出社会和经济的巨大转型。从京汉铁路到三峡水利工程，再到 5G 网络建设，这些工程展示了中国从半殖民地半封建社会到现代化大国的飞跃。现代中国的超级工程，不仅在领域和影响上更为广泛，而且在技术上达到了国际先进水平。特别是随着智能技术的发展，如人工智能和机器学习的应用，这些超级工程在设计、施工和管理方面都实现了革命性的突破，从而使中国在全球工程领域中取得了显著的地位。

1. 超级工程技术进步推动经济增长

工程科技的进步，作为推动经济增长的核心动力，已经在中国近现代的发展历程中展现了其无可比拟的影响力。历史上的每一次工业革命，无一不是工程技术革新的直接结果，这些变革不仅引领了生产方式的转型，也极大地提高了社会生产力。在中国，这种工程科技的快速发展与应用已成为国内经济腾飞的重要推动因素。随着科学技术的日益进步，工程师运用科学理论与实践相结合的方法，引领着新技术、新材料、新生产方式的革新，以解决实际工程中的种种挑战。例如，三峡水利工程作为世界上最大的水利枢纽之一，其巨大的发电量和综合效益不仅为中国的能源供应做出了巨大贡献，也为全国电网的稳定运行和能源结构优化提供了坚实支撑。此外，三峡水利工程在防洪、航运、水资源调配等方面的作用也是显著的，这进一步促进了长江经济带及周边地区的经济发展，提高了地区的生活质量和生产力。除此之外，超级工程还带动了相关产业的发展，如建筑材料、机械制造、信息技术等行业均因工程项目的需求而获得了快速发展。它们不仅为工程项目提供了技术支持，也在这一过程中实现了自身的技术升级和创新。

2. 超级工程技术进步提升国际竞争力

中国超级工程的科技创新和应用在全球范围内树立了其作为技术先锋和国际竞争者的地位。自改革开放以来，中国不断推动科技创新的边界，将这些创新应用到超级工程建设中，从而显著提升了其在国际舞台上的竞争力。这种科技进步不仅体现在工程建设的规模和复杂性上，更体现在其设计、实施和管理的先进性上。

在全球化的今天，技术革新与快速的成果转化已成为驱动全球经济发展的关键因素。超级工程的建设不仅是技术展示的舞台，也是中国科技实力的直接体现。随着国际竞争的加剧，拥有高端工程技术和管理能力成为国家竞争力的重要标志。中国的现代超级工程，如高铁、巨型水坝、跨海大桥等，在全球范围内都取得了广泛的认可。这些工程的成功实施不仅展示了中国在工程技术方面的成就，更重要的是，它们促进了中国在相关领域的技术研发和创新，中国正逐步实现从"中国制造"向"中国创造"的转变。

此外，中国在超级工程中的科技创新还促进了与其他国家在科技和工程领域的合作。通过在超级工程中采用国际先进技术和标准，中国不仅提升了自身的技术水平，也为全球工程技术的发展做出了贡献。这种跨国界的合作和技术交流，进一步提升了中国在全球工程行业中的地位和影响力。

3. 超级工程技术进步引导科技发展

中国对工程科技的长期重视和持续投资，在近现代已经成为推动国家进步和全球影响的核心力量。尤其在重大工程和高科技领域的研究与开发上，中国显示了其对科技前沿的追求和掌控能力。多项关键领域的技术创新，如三峡水利工程的水利技术、载人航天和探月工程（图 8.2）的航天技术、青藏铁路的高原铁路建设技术、高铁的综合交通技术、西气东输的能源管理技术以及特高压交流输电技术等，都标志着中国在这些领域达到或接近世界先进水平。这些超级工程不仅极大地推动了中国经济社会的发展，也提高了中国在全球舞台上的话语权和影响力。

图 8.2　探月工程

面对未来，中国正致力于构建科技强国的战略布局。这一策略不仅关注当前的技术发展，更着眼于长远的科学探索和全球竞争格局。为此，中国正在建立大型的综合性科技试验基地，这些基地覆盖了材料科学、能源科技、通信技术、机械制造和人工智能等多个关键领域，旨在推进中国科技的整体发展和创新能力。此外，智能化技术的整合和应用正在为中国的超级工程注入新的动力。机器人技术、自适应控制系统、智能数据分析以及大模型等高端技术的应用，不仅提高了这些工程项目的效率和质量，还拓展了其应用范围和深度。这些技术的融入，使得中国的超级工程不仅是建筑和工程的壮举，更成为科技创新和智能应用的示范。中国的这一系列科技进步和超级工程建设，展现了国家在全球科技竞争中的战略眼光和实力。通过持续的技术创新和工程实践，中国正在塑造一个更加创新、智能和可持续发展的未来，为全球科技发展和人类社会进步做出重要贡献。

4. 超级工程技术进步促进人文发展

超级工程不仅是中国技术和经济力量的象征，它们在文化、社会和人文价值观的转变上也发挥着关键作用。这些工程在推动中国崛起的同时，也在不断塑造和推进社会进步与文化发展。

在文化传承与创新方面，超级工程扮演了重要的角色。许多工程项目在设计和建造中巧妙地融入了地方文化元素，如大兴国际机场的设计灵感来自中国传统的元宝形状，巧妙地将东方美学纳入现代设计语言之中。这种结合不仅展示了中国丰富的文化遗产，还为传统艺术和工艺在现代社会中找到了新的表达方式和应用场景。超级工程对社会意识和价值观产生了显著影响。大型工程的建设和运营吸引了广泛的社会参与，加强了公民对环境保护、资源管理和社会公平的认知。例如，三峡水利工程的实施不仅关注工程本身的技术挑战，也引起了公众对生态保护和可持续发展的广泛讨论。在教育和科普方面，超级工程不仅为专业人士提供了研究和学习的机会，也为公众尤其是年轻一代提供了接触和理解先进科学技术的窗口。例如，青藏铁路不仅是工程奇迹，也成为展示先进工程技术和高原地理的教育平台。在全球化背景下，中国的超级工程还成为国际文化交流与合作的桥梁。这些工程项目通过国际合作展示了中国的技术成就，同时加强了与世界各国在文化、技术和经济方面的联系。例如，中国的高铁建设得益于与多国的技术合作，这不仅展示了中国的技术实力，也促进了国际技术和文化交流。

综上所述，超级工程在中国的崛起过程中不仅展示了科技和经济的力量，更深刻地影响了文化和社会的发展。这些工程成为中国现代化进程的重要标志，同时也推动了社会价值观的进步和文化的多元发展。

8.5　工程与社会哲学启示

中国近现代的众多超级工程不仅仅是工程技术的巨大成就，它们更是中国政府卓越领导力和社会资源动员能力的体现。通过高效的组织和协调，中国成功地克服了重重困难，实现了令世界瞩目的工程目标。这些工程成果不仅是现代中国人民智慧和创造力的体现，也凝聚了激励后人的不朽精神力量。中国近现代超级工程与历史上的工程相比具有明显的特殊性，其对中国乃至全世界未来的启示意义不容忽视。

1. 中华文化在近代超级工程中的传承和现代蜕变

中华民族深厚的传统文化在推动超级工程达到其最佳效用方面起着积极的作用。这些工程不仅是技术和工艺的展示，更是中华文化深厚底蕴和哲学思想的现代体现。例如，中华文化中的协作精神和集体主义在现代工程项目中充分体现，这种文化传统为工程项目的成功实施提供了强大的社会动力，实现了从古典到现代的转化，同时也在全球范围内展示了其独特的魅力和价值。

一方面，中华文化对自然和谐的深刻理解在近代中国的超级工程中得到了精彩体现，这种理念不仅是传统文化的核心，也成为现代工程实践的重要指导原则。在工程的设计、建设、运营和管理的每一个环节中，这种对自然的尊重和和谐共生的态度都被深入地融入其中。以中国高铁为例，其设计和建设在遵循工程技术规则的同时，也充分考虑到与沿线自然环境的和谐相融。在规划路线时，工程师努力避免破坏生态平衡，如通过隧道和桥梁等方式绕开生态敏感区域，减少对自然景观和生物栖息地的影响[369]。同样，中国的大型桥梁和水利工程也展现了中华文化中"天人合一"的哲学思想。这些工程在设计时不仅追求工程效能的最大化，也注重保持自然生态的完整性。例如，水利工程在调控河流和储存水源的同时，也考虑到对周边生态系统的影响，通过生态修复和环境保护措施来减轻负面影响。这种深植于中华文化的自然和谐理念，不仅在中国的超级工程中得到了传承和弘扬，也为全球工程实践提供了宝贵的参考。它强调了人类活动与自然环境之间的平衡，呼吁在追求科技进步和经济发展的同时，也要关注环境保护和生态可持续性。

另一方面，中华文化在现代超级工程的实施过程中所表现出的现代蜕变，不仅是对传统价值观的传承，更是对其现代应用的一种创新。在超级工程的建设中，传统文化中的集体主义、协作精神和勤奋耐劳等价值观得到了重新诠释和强化。这些价值观不仅在项目的具体执行中发挥着关键作用，而且也成为推动这些大型项目成功的文化动力。集体主义在超级工程中体现得尤为明显。大型工程的建设需要来自不同背景和专业的人员共同合作，共同努力以实现共同的目标。这种团队合作精神和集体行动力在中国的超级工程中得到了充分的展现。此外，中华文化中的勤奋耐劳精神在超级工程的建设中得到了现代化的体现。这些工程的成功实施，是无数工作者日夜辛勤劳动的结果。他们的坚持和努力不仅体现了个人的职业素养，更体现了对国家发展和社会进步的深厚责任感。同时，超级工程中还体现了中华文化中强调的精益求精和对大局的深刻考虑。在工程建设中，对细节的关注、对质量的追求以及对项目整体效益的考虑，都是中华文化中这些传统价值观的现代体现。不断创新和优化工程设计、提高施工效率、确保工程质量，每一个环节都彰显了中华民族追求卓越的精神。此外，超级工程的建设还体现了中华文化在全球化背景下的适应和发展。随着中国在全球经济中的地位日益提升，中国的超级工程不仅是国内发展的象征，也成为全球工程技术和文化交流的重要平台。通过这些工程，中华文化的包容性、开放性得到了进一步的展示，促进了不同文化之间的相互理解和尊重。

总体来说，中华民族的传统文化在近现代超级工程中不仅得到了有效的传承，更实现了与现代科技和全球化的完美结合。这种文化的现代转化和全球传播，不仅增强了中华文化的影响力，也为全球文化多样性的保护和发展贡献了中国智慧。通过超级工程，中华文化展现了其在现代社会中的活力和韧性，为世界文化发展提供了宝贵的经验和灵感。

2. 中国社会制度是近现代超级工程成功的根本前提

中国近现代超级工程的成功依赖于中国独特的社会制度。这反映了社会存在决定社会意识的基本原则。作为集体性的巨型项目，超级工程的成功彰显了国家在社会管理中的核心作用，不可或缺。中国的社会主义制度，以其强大的集中和控制能力，尤其擅长在大型项目上集中资源和力量，为这些超级工程的迅速实施提供了坚实保障。中国近现代超级工程的成功经验表明我国政治制度的独特优势不仅是中国未来经济发展的基石，也为全球其他国家的建设和发展提供了一个成功的政治制度范例。这进一步强调了政治制度在经济发展中的重要性及其对全球发展的示范效应。中国的社会制度、超级工程的成功以及社会主义制度和政治制度的独特优势，这些哲学原理和观点贯穿其间，深刻阐释了这些要素在中国近现代超级工程成功中扮演的关键角色。这一观点深植于中国长期历史发展所塑造的独特社会结构和国家治理模式。中国拥有明显的集中力量处理重大事务的制度优势，主要表现在以下几个方面。

（1）中国奉行的人民至上理念是社会主义制度的显著优势。中国共产党的领导，作为中国特色社会主义的核心，强调政府始终以人民至上为执政理念，尊重和激发人民的主体地位和创新精神。这种理念贯穿国家治理的方方面面，使中国能够凝聚广大人民，心往一处想，劲往一处使，共同完成重大项目。

（2）中国在集中资源和力量办大事方面拥有制度上的显著优势。面对突发灾害、重大历史机遇或威胁人民安宁的挑战时，中国能迅速动员全国资源，实现新的发展跃迁或有效解决问题和矛盾。这种全国一盘棋的做法不仅在经济领域得以体现，也广泛应用于科技、文化和网络等多个领域，推动中国向一个富强、民主、文明、和谐的社会主义现代化强国迈进。

（3）中华优秀传统文化是中国集中力量办大事的重要支柱。经历长期历史积淀的中国人民，形成了团结互助、共渡难关的文化传统。这些传统文化价值观成为中国集中力量处理大事的文化基因。在这种文化熏陶下，中国人民展现出强烈的集体主义精神和爱国情感，使国家能够在面对各种挑战时迅速凝聚力量，共同应对困难。

进一步而言，中国的丰富资源和强大经济实力同样是其近现代超级工程成功的关键支撑。中国以庞大的人口、广阔的国土、丰富的自然资源和迅猛发展的经济力量，为超级工程的建设提供了强大潜力。随着经济实力的不断壮大，中国政府能够将更多财政资源投入到超级工程的建设中，从而加速了这些项目的推进。同时，中国在技术创新和竞争力方面的优势，也是推动近现代超级工程成功的重要因素。中国在这一领域积累了丰富的建设和运营经验，创造出了先进的工程技术。中国企业在设计、施工和应对技术难题方面具备世界级的能力，能够在极短时间内高质量地完成复杂项目。此外，中国在超级工程建设的成本效益方面具有显著优势，使其在国际市场上具有强劲的竞争力。

综上所述，中国的社会制度、文化传统、资源基础、经济实力和技术创新等方面的优势共同铸就了近现代超级工程的成功。这些因素不仅凸显了中国特色社会主义制度的优越性，也彰显了中国人民的智慧和创造力。正是这些综合优势的发挥，使中国在超级工程建设上取得了全球瞩目的成就，为全球可持续发展提供了宝贵的经验和启示。

3. 人类工程与自然的融合艺术

在当代社会，技术创新与超级工程的进步共同塑造了一种全新的人类与自然的相互关系，揭示了一种融合艺术的精髓。这些壮观的工程成就不单单反映了人类的技术力量，更深层次地展示了人类对自然界的深刻洞察和尊重。它们代表了一种创新的思维方式，将工程学的严谨与自然界的和谐美学相结合，展现了人类在追求工程壮丽与自然平衡之间找到的独特和谐点。这不仅是技术与自然共生的艺术，更是人类智慧和创造力与自然界完美融合的象征。

超级工程的核心技术，如智能自动化、高效材料科学、先进的工程管理技术，正在引领一场工程建设的新革命。这些技术的应用不仅大幅提升了工程的效率和质量，而且在减轻对环境的负担方面展现了人类对可持续发展的承诺。例如，智能自动化技术在施工中的运用，通过对机械设备的精确控制，不仅加快了建设速度，提高了安全性，还大大降低了人为错误的风险。这些技术的进步不仅提升了工程建设的操作效率，更加强了人类与自然和谐共处的能力。

这些技术革新不单是科学领域的跳跃，它们代表着人类对自然界和世界的全新理解。超级工程中的每项技术突破都是对自然法则更深入的洞察和应用。它们不仅推动了工程学科的发展，也为我们认识和理解自然界开辟了新的视野。这些技术的发展不仅确保了具体工程项目的成功，也为科学研究和技术创新提供了新的思维路径。综上所述，超级工程的成就依托于不断发展和创新的技术力量。它们不仅是人类改造自然的强大工具，更是人类智慧与创造力的集中体现。这些工程在推动科技发展的同时，也在不断地重塑人类与自然的关系，提供了在可持续发展道路上前行的宝贵经验和启发。随着技术的持续进步，我们期待在未来的工程领域见证更多的创新和突破。

4. 经济繁荣与社会进步的协奏曲

中国近现代的超级工程不仅是技术和经济成就的象征，它们更深刻地反映了经济发展与社会进步之间的哲学关系。这些工程在实现国家现代化的过程中，体现了经济增长与社会价值观变迁之间的互动和共生关系。

在全球化和技术快速发展的大背景下，超级工程的建设不仅是对物质资源的动员和利用，更是对人类智慧和创造力的集中体现。它们促进了工业、交通、通信等关键领域的发展，创造就业，加速基础设施现代化，成为推动经济转型和全球化战略的核心动力。这种综合作用不仅促进了经济数字上的增长，更重要的是，它在深化社会认知、提升集体意识和重塑价值观念方面发挥了重要作用。

超级工程的建设和实施是一种宏大叙事，它们反映了人类与自然、科技与社会之间复杂的相互关系。这些工程不仅是力量和技术的展示，也是对人类理解世界和自我实现能力的挑战。工程的规划、建设和管理反映了人类对自然环境的态度、对资源管理的理念，以及对未来社会形态的设想。

中国的超级工程也展现了一个崛起大国在全球化时代的战略思考和文明使命。这些工程的成功实施不仅标志着中国在工程技术和经济实力上的崛起，更代表着中国在全球经济和文化舞台上的积极角色和影响力。它们是中国在应对全球挑战、推动经济发展和社会进步方面的实践和贡献，也是中国对全球治理和国际合作的参与和引领。

因此，超级工程不仅是物质建设的成果，更是中国对现代发展理念、对人与自然和谐共生的追求，以及对全球责任和人类命运共同体理念的体现。它们是中国作为一个崛起大国的智慧、创新能力和全球责任感的具体展现，为全球经济的持续发展注入了新的活力和方向。

参考文献

[1] 徐飞. 中国高铁的全球战略价值[J]. 人民论坛·学术前沿, 2016(2): 6-20.

[2] 邹学荣, 罗琴. 如何认识三峡工程的历史与时代意义[J]. 人民论坛·学术前沿, 2016(2): 31-49.

[3] 吴海峰. 南水北调工程与中国的可持续发展[J]. 人民论坛·学术前沿, 2016(2): 50-57.

[4] 张基尧, 庞清辉. 南水北调决策始末[J]. 百姓生活, 2018(2): 54-55.

[5] 罗盘, 曲昌荣. 心中永远装着移民百姓——写在河南省南水北调丹江口库区移民搬迁基本完成之际[J]. 河南水利与南水北调, 2011(17): 6-8.

[6] 瞿文. 自主创新让奥运场馆实现"中国创造": 北京奥运工程建设科技创新一瞥[J]. 中国建筑金属结构, 2008(2): 14-15.

[7] 【党史教育】百年党史今日学 (第 137 期)[EB/OL]. (2021-10-14) [2023-07-01]. https://m.thepaper.cn/baijiahao_14907931.

[8] 储国强, 梁娟. 世界最长双洞公路隧道建成[N]. 人民日报, 2007-1-21(004).

[9] 鲍学英, 王起才. 基于信息熵和价值工程的工程评标方法研究[J]. 兰州交通大学学报, 2015, 34(4): 62-65.

[10] 李应南, 陈向科. 基于层次分析法和专家打分法的交叉口交通安全评价研究[J]. 中华民居 (下旬刊), 2014(5): 245-248.

[11] 李伯聪. 略论中国近现代工程史的开端[J]. 山东科技大学学报 (社会科学版), 2015, 17(2): 1-8.

[12] 孙晔飞, 陈娜. 江南制造局的前世今生[J]. 中国国情国力, 2005(11): 48-50.

[13] 嵇刊, 吴宇. 金陵机器制造局里的甲午往事[J]. 科学大众 (中学生), 2021(10): 36-37.

[14] 一舟. 承载强国梦的百年船厂[J]. 中国水运, 2007(1): 42-43.

[15] 王琳琳. 西兰公路 削陡峻 扩仄险 通甘陕[J]. 中国公路, 2017(14): 88-89.

[16] 王丽娜. 吴淞铁路修筑始末[J]. 吕梁教育学院学报, 2018, 35(4): 43-44.

[17] 开滦矿务局史志办公室. 开滦煤矿志-第二卷: 1878—1988[M]. 北京: 新华出版社, 1995.

[18] 何守伦. 梓里铁桥: 金沙江上第一桥[J]. 社会主义论坛, 2017(9): 54-55.

[19] 姜晔. 近代清政府对旅顺港的建设[C]. 中国近代史及史料研究, 2010: 8.

[20] 唐山机车车辆厂志编审委员会. 唐山机车车辆厂志 (1881—1992)[M]. 北京: 中国铁道出版社, 1999.

[21] 杨琦. 上海杨树浦水厂被核定为全国重点文物保护单位[J]. 给水排水, 2013, 49(10): 122.

[22] 黄华平. 晚清名臣刘铭传与台湾的第一条铁路[J]. 文史天地, 2022(10): 53-57.

[23] 大连机车车辆工厂厂志编纂委员会. 铁道部大连机车车辆工厂志 (1899—1987)[M]. 大连: 大连出版社, 1993.

[24] 何太平. 汉阳铁厂与洋务运动时期的其他钢厂: 中国近代钢铁工业蹒跚起步[J]. 冶金经济与管理, 2020(2): 13-16.

[25] 王丰. 新时代百年老站换新颜: 首都北京丰台站巡记[J]. 中外企业文化, 2022(11): 31-32.

[26] 苏轩. 大生纱厂的纺织技术转移 (1895—1937)[J]. 工程研究–跨学科视野中的工程, 2018, 10(4): 419–427.

[27] 张子君. 京汉铁路与近代驻马店城市发展研究 (1906–1949)[D]. 郑州: 郑州大学, 2018.

[28] 贾勇. 铁路与近代河南经济社会研究 (1897—1937)[D]. 武汉: 武汉大学, 2020.

[29] 孙章. 京张铁路三部曲: 中国轨道交通技术进步与产业振兴的缩影[J]. 城市轨道交通研究, 2022, 25(2): 160–161.

[30] 肖邦振. 南苑机场的接收和开国大典受阅飞行[J]. 军事文摘, 2019(21): 68–70.

[31] 李兴仁. 中国第一个水电站: 石龙坝水电站[J]. 中国建材, 2014, 63(1): 137.

[32] 张芝林. 上海杨树浦发电厂志 (1911—1990)[M]. 北京: 中国电力出版社, 1999.

[33] 钟国文. 细说国家博物馆馆址变迁[J]. 文史天地, 2015(2): 62–66.

[34] 高国骧. 抚顺西露天矿开采技术[M]. 北京: 煤炭工业出版社, 1993.

[35] 闫觅. 永利碱厂故事[M]. 南京: 南京出版社, 2019.

[36] 刘长太. 匠勋[M]. 哈尔滨: 北方文艺出版社, 2020.

[37] 耀华玻璃厂志编纂委员会. 耀华玻璃厂志[M]. 北京: 中国建筑材料工业出版社, 1992.

[38] 石油企业管理编辑部. 回望百年中国石油石化[J]. 石油企业管理, 2001(Z1): 22–35.

[39] 刘元燕. 泾惠渠灌区生态环境健康评估模型及系统研究[D]. 西安: 西安理工大学, 2022.

[40] 邢建榕. 称雄上海五十年的国际饭店[J]. 世纪, 2000(4): 32–33.

[41] 徐裕茹. 钱塘江大桥正桥桥式设计方案的形成与技术要点[J]. 广西民族大学学报 (自然科学版), 2020, 26(3): 39–44.

[42] 李沛霖. 民国时期远东第一: 南京永利铔厂影像志[J]. 江苏地方志, 2010(6): 42–44.

[43] 文热心. 矮寨公路奇观[J]. 中国地名, 2017(10): 72–73.

[44] 谢建平. "二十四道拐" 抗战公路[J]. 文史天地, 2020(1): 100.

[45] 陈瑜. "百年老店" 独山子石化[J]. 中国石油企业, 2022(11): 113.

[46] 公孙纪东. 二九八厂: 中国光学工业的摇篮和故乡[J]. 军工文化, 2020, 6: 82–83.

[47] 严海建. 中国机械工业的摇篮: 中央机器厂[J]. 装备制造, 2008(5): 89–91.

[48] 彭连港. 关于吉林丰满水电站的历史[J]. 吉林大学社会科学学报, 1982, 22(2): 28–32.

[49] 抚顺铝厂志编辑委员会. 抚顺铝厂志–第一卷, 上[M]. 沈阳: 辽宁人民出版社, 1988.

[50] 琢莹. 在那遥远的地方……: 一位老档案工作者的回忆录 (之四) 八千里路云和月[J]. 中国档案, 2002(4): 49–50.

[51] 崔丽霞, 张亚楠. 黄崖洞兵工厂与中国人民军工精神之铸就[J]. 档案, 2022(2): 36–43.

[52] 邢正锋. 关于鸳鸯池水库管理的思考[J]. 甘肃农业, 2012(9): 26–27.

[53] 徐希进. 山东省治淮沂沭泗河洪水东调南下工程建设回顾与展望[J]. 山东水利, 2005(1): 11.

[54] 史海滨, 杨树青, 李瑞平, 等. 内蒙古河套灌区节水灌溉与水肥高效利用研究展望[J]. 灌溉排水学报, 2020, 39(11): 1–12.

[55] 杨占峰. 从白云鄂博稀土资源开发利用谈稀土再认识[J]. 包钢科技, 2017, 43(3): 1–7.

[56] 陈寅生. 国道 318 六十年祭[J]. 杭州金融研修学院学报, 2015(2): 76–78.

[57] 廖粤军. 大通湖百年环境演化历史及治理策略[D]. 广州: 广州大学, 2021.

[58] 宋云华. 治黄工程中的伟大创造: 黄河大堤的锥探工作[J]. 科学通报, 1953(9): 695.

[59] 徐俊仁. 治淮五十年 苏北换新颜[J]. 江苏水利, 2000(10): 6–8.

[60] 王封礼. 新中国修建的第一条铁路: 成渝铁路[J]. 文史天地, 2023(4): 95.

[61] 黑龙江龙煤矿业股份集团有限责任公司. 百年矿区 红色记忆[J]. 当代矿工, 2022, 5(11): 7–11.

[62] 佚名. 苏北灌溉总渠工程[J]. 人民水利, 1952(2): 71–72.

[63] 宗荷. 凌空啸长风: 我国第一架喷气式歼击机歼–5 诞生记[J]. 国防科技工业, 2014(8): 46–48.

[64] 佚名. 荆江分洪工程: 蓄泄兼筹 江湖两利[J]. 中国防汛抗旱, 2020, 30(6): 3.

[65] 本刊资料, 中文. 学习、调研、实干: 宝成铁路建设回顾[J]. 党史博览, 2018(1): 2.

[66] 辽宁省档案馆编研展览处. 新中国工业第一系列 沈阳重型造出我国第一台 5 吨蒸汽锤[J]. 兰台世界, 2014(7): 161.

[67] 张柏春, 张久春, 姚芳. 20 世纪 50 年代苏联援建第一汽车制造厂概述[J]. 哈尔滨工业大学学报 (社会科学版), 2004(4): 3.

[68] 鞍钢集团有限公司党委. 新中国工业化道路的第一块基石: "一五" 期间鞍钢建设发展情况[J]. 企业文明, 2021(7): 27–29.

[69] 光旭敏. 农业类遗产保护研究: 以大寨为例[D]. 太原: 山西大学, 2018.

[70] 张玉坤. 发展中的北京铁路枢纽[J]. 铁道知识, 2006(1): 11–13.

[71] 中央政府门户网站. 共和国的足迹——1953 年: 向工业国的目标迈进[EB/OL]. (2009–08–03) [2023–07–01]. https://www.gov.cn/govweb/zhuanti/2009–08/03/content_2752502.htm.

[72] 董慧涵. 北江大堤防洪效益及维护[J]. 广州师院学报 (自然科学版), 1998(9): 32–35.

[73] 王娜. 西北新兴工业城市 "156 项工程" 源流演变与规划响应研究: 以兰州、西安为例[D]. 兰州: 兰州交通大学, 2022.

[74] 冯立波, 于万夫. 吉化: 新中国化工长子吉化: 新中国化工长子[J]. 化工管理, 2014(4): 35–43.

[75] 王宗志. 天堑变通途: 万里长江第一桥武汉长江大桥建设始末[J]. 共产党员 (河北), 2020(20): 54–55.

[76] 吴浩宁, 解北大. 迎接新世纪的挑战: 北京首都国际机场航站区扩建工程[J]. 民航经济与技术, 1997(9): 56–57.

[77] 周石. 新疆克拉玛依市经济社会发展历程回顾[J]. 实事求是, 2011(4): 95–96.

[78] 刘羽燕. 胜利油田的开发建设研究 (1961–1992)[D]. 北京: 中共中央党校, 2021.

[79] 茂名石化. 茂名石化[J]. 人民之声, 2018, 313(1): 58.

[80] 白雪. 第一拖拉机制造厂建设历史研究[D]. 广州: 华南理工大学, 2016.

[81] 崔荣旺. 大庆油气地球物理技术发展史例: 1955–2002[M]. 北京: 石油工业出版社, 2003.

[82] 张继超, 曹生利. 为民族直升机工业和通航发展贡献 "哈飞力量"[J]. 军工文化, 2017(9): 97–99.

[83] 谢泽, 田宗伟. 梦启新安江[J]. 中国三峡, 2019, 9: 104–111.

[84] 胡文励. 三门峡库区冲淤演变分析及上游河网水沙数值模拟研究[D]. 天津: 天津大学, 2021.

[85] 《南京化工厂志》编辑办公室. 中华人民共和国化学工业部南京化工厂志[M]. 北京: 方志出版社, 1997.

[86] 林楠. 周恩来与人民大会堂的建设[J]. 党史纵览, 2023, (2): 7–9.

[87] 张弛. 告别故园为 "革命": 丹江口水库移民问题研究[J]. 理论月刊, 2007(12): 88–91.

[88] 张树奇. 水利、移民与政治: 密云水库研究 (1958–1965)[D]. 保定: 河北大学, 2017.

[89] 高佩佩. 刘家峡库区移民的生活现状及发展问题研究[J]. 卷宗, 2018(16): 278.

[90] 钟山. 半个世纪的相处 永不磨灭的记忆[J]. 太空探索, 2012(1): 8–9.

[91] 佚名. 我国最后一架强 5 飞机完成总装交付[J]. 航空世界, 2012, 12: 10.

[92] 赵玲. 浩瀚太空 与子偕行: 纪念中国酒泉卫星发射中心成立60年[J]. 中国科技奖励, 2018(12): 26-29.

[93] 何悦, 周莲. 革命英雄主义精神对成昆铁路建设的推动作用研究[J]. 现代商贸工业, 2023, 44(10): 39-41.

[94] 王菁珩. 金银滩往事: 在我国第一个核武器研制基地的日子[M]. 北京: 原子能出版社, 2009.

[95] 张通. 万吨水压机: 七十年前的"大国重器"[J]. 中国工业和信息化, 2020(9): 74-77.

[96] 胡伯鑫, 胡予芳. 第一颗原子弹爆炸幕后的保卫工作[J]. 人民公安, 2001(14): 52-55.

[97] 韩雪, 章成霞. 我国第一艘万吨级远洋货轮"东风号"通过验收[EB/OL]. 央广网, (2021-01-08) [2022-07-30]. https://www.gov.cn/govweb/zhuanti/2009-08/03/content_2752502.htm. http://m.news.cctv.com/2021/01/08/ARTIFWaNAE2okAJeYVsWwvr0210108.shtml.

[98] 陈向阳. 彪炳史册的丰碑: 南京长江大桥精神的凝炼与传承[J]. 档案与建设, 2021(8): 4-10.

[99] 任羊成, 侯新民. 难忘修建红旗渠[J]. 协商论坛, 2022(12): 46-49.

[100] 金川镍矿. 金川集团股份有限公司官网[EB/OL]. http://www.jnmc.com/index/about/index.html.

[101] 刘羽燕. 20世纪50年代末60年代初大庆油田开发建设的决策与准备历程[J]. 中国石油大学学报 (社会科学版), 2021, 37(2): 35-44.

[102] 程昭武. 国产轰6宝刀不老[J]. 航空知识, 2006(4): 28-29.

[103] 鼹鼠. 中国美男歼-8[J]. 航空世界, 2003(3): 38-39.

[104] 三线建设中国中共党史学会. 中国共产党历史系列辞典[M]. 北京: 中共党史出版社, 党建读物出版社, 2019.

[105] 钱丽芳, 谭喜堂, 申朝旭. 北京地铁1号线运能现状及提高措施[J]. 城市轨道交通研究, 2012, 15(2): 69-73.

[106] 刘畅, 陈琛, 来肖华. 从"581"任务到"502"会议: 东方红一号卫星方案制定历程[J]. 国际太空, 2020(4): 15-19.

[107] 重庆市涪陵区档案馆. 深埋山间的和氏璧——816地下核工程[J]. 四川档案, 2021, 3: 46.

[108] 索俐. 建设东方红炼油厂[J]. 中国石化, 2015(4): 51-53.

[109] 吴殿卿. 中国第一艘核潜艇诞生记[J]. 党史博览, 2014(3): 4-10.

[110] 李森, 杨万杰. 乌江渡水电站扩机工程施工地质预报的体会[C]//岩土工程学术交流会文集. 浏阳: 中南大学岩土工程研究所, 2004: 79-82.

[111] 董述春. 岗南水电站抽水蓄能机组的经济效益[J]. 水利水电技术, 1981, 12(2): 14-18.

[112] 《舰船知识》杂志. 1968年11月我国首艘自行研制核潜艇开工建造[EB/OL]. (2008-08-12) [2022-08-01]. http://mil.news.sina.com.cn/p/2008-08-12/0743516052.html.

[113] 佚名. 长庆油田: 崛起在鄂尔多斯盆地的我国重要油气生产基地[J]. 党建文汇 (上半月), 2010(2): F0004.

[114] 程不时. 实践、集成、创新: 运10飞机集中了大型飞机的典型技术[J]. 民用飞机设计与研究, 2000(3): 22-26.

[115] 马正茂. "八三"管道纪事[J]. 石油政工研究, 2010(4): 70-71.

[116] 王孙高, 杨桃萍, 孔维琳. 葛洲坝水利枢纽工程建设对宜昌市土地利用格局影响[J]. 云南水力发电, 2021, 37(3): 12-16.

[117] 邓华凤. 杂交水稻知识大全[M]. 北京: 中国科学技术出版社, 2014.

[118] 敬业. 我国最高的建筑 白云宾馆[J]. 建筑工人, 1980, 1(4): 44-45.

[119] 尚施雯. 如椽之笔抒写石油化工华丽篇章: 上海石化 47 年发展历程纪实[J]. 上海化工, 2019, 44(9): 3–4.

[120] 萧跃. 河南郭亮: 穿越天险的绝壁长廊[J]. 华北国土资源, 2015(3): 8–11.

[121] 罗金强. 武钢"一米七"引进谈判纪实[J]. 国企, 2010(3): 116–119.

[122] 杨建文. 浅析引大入秦工程对农田水利经济发展的启示[J]. 农业科技与信息, 2019(13): 104–105.

[123] 《宝钢志》编撰委员会. 宝钢志[M]. 上海: 上海古籍出版社, 2010.

[124] 文素素, 赵宽. 三北工程建设 40 年森林覆盖率提高 8.5 个百分点[EB/OL]. (2018–11–30) [2023–07–01]. http://news.haiwainet.cn/n/2018/1130/c3541083–31449668.html?baike.

[125] 吴达才. "热""冷"遐思: 关于山西能源重化工基地建设的随感[J]. 山西能源与节能, 2004(3): 4–7.

[126] 卢震. 天津城市水荒与引滦入津工程研究 (1981–1984)[M]. 北京: 中共中央党校, 2021.

[127] 侯良泽. 无为大堤加固工程建设管理工作思考[J]. 人民长江, 2010, 41(14): 104–107.

[128] 刘奎乡, 柏懋秋, 姚文煜. 沈大高速公路营运调研报告[J]. 公路交通科技, 2000, 17(2): 72–74.

[129] 李明安. 平朔矿区和安太堡露天煤矿[J]. 中国煤炭, 1996, 22(10): 30–32.

[130] 彭喆. 秦山核电站 中国核电从这里起步[J]. 中国核工业, 2011(6): 30–31.

[131] 中国铁路太原局集团有限公司党委宣传部, 中国铁路太原局集团有限公司湖东电力机务段党委. 大秦重载精神负重争先扛起重载铁路旗帜勇于超越打造运输战略通道[N]. 人民铁道, 2021–08–24(002).

[132] 国务院国有资产监督管理委员会. 全球第一煤矿——神华神东大柳塔煤矿特大型矿井建设[EB/OL]. (2017–08–30) [2023–07–01].http://www.sasac.gov.cn/n4470048/n4470081/n7799730/n7799735/n7799750/c7806029/content.html.

[133] 孙浩. 大亚湾核电站安全运行 25 年[J]. 新能源经贸观察, 2019(5): 93–94.

[134] 周居霞, 赵咏峰. 世界煤炭企业的领跑者: 记神东集团补连塔煤矿党委[J]. 实践 (党的教育版), 2011(10): 32–33.

[135] 任旭初. 宁波舟山港 主通道项目助力品质工程建设 树立桥梁建设新标杆[J]. 建设机械技术与管理, 2020, 33(6): 26–37.

[136] 刘启明, 严明. 北仑发电自加压力攀高峰[N]. 中国电力报, 2006–11–13(001).

[137] 陈小平. 难忘福建第一桶油[J]. 政协天地, 2009(10): 38–39.

[138] 中国石油新闻中心. 中国石油塔里木油田打造我国最大超深油气生产基地纪略[EB/OL]. (2022–03–10) [2023–07–01]. http://news.cnpc.com.cn/system/2022/03/10/030061390.shtml.

[139] 北京市规划和自然资源委员会. 高碑店污水处理厂: 污水变清流夙愿成现实[EB/OL]. (2020–11–30) [2023–07–01]. https://baijiahao.baidu.com/s?id=1684771517926693670&wfr=spider&for=pc.

[140] 中国矿业网. 神华准格尔能源集团黑岱沟露天煤矿[EB/OL]. (2017–02–13) [2023–06–28]. http://www.chinamining.org.cn/index.php?a=show&c=index&catid=124&id=19643&m=content.

[141] 孟庆丰. 40 年见证: 科学规划引领中国公路历史性跨越[EB/OL]. 中国日报网. (2018–11–18) [2023–06–28]. https://baijiahao.baidu.com/s?id=1617714308278118295&wfr=spider&for=pc.

[142] 江欢成. 合理的结构造就建筑的美——东方明珠塔、雅加达塔及广州塔的方案设计 [C]// 中国工程院土木水利与建筑工程学部, 中国土木工程学会, 中国建筑学会. 我国大型建筑工程设计的发展方向论文集, 2005: 16.

[143] 程为和. 上海杨浦大桥设计简介[J]. 城市道桥与防洪, 1993(4): 7–10.

[144] 殷保合. 小浪底工程建设及运行管理[J]. 中国水利, 2004(12): 5-10.

[145] 深部岩土力学与地下工程国家重点实验室. 深部岩土力学与地下工程国家重点实验室概况[EB/OL]. [2024-06-01]. https://gdue.cumtb.edu.cn/sysgk.htm.

[146] 杨家笠. 陕京输气管道工程经济分析[J]. 天然气工业, 1998, 18(1): 77-81.

[147] 孟令先, 刘忠明, 张志宏, 等. 超临界/超超临界火电机组齿轮调速传动装置研究与应用[J]. 机械传动, 2012, 36(11): 19-21.

[148] 邱乃庸. 中国载人航天工程概述[J]. 载人航天, 2003, 9(5): 8-10.

[149] 陈丽君. 天地人和成就蓄能之巅[N]. 安吉新闻, 2019-01-04(001).

[150] 赵峰, 吴威. 沪蓉大动脉昨夜全线通车[N]. 湖北日报, 2014-12-28(002).

[151] 刘军. 香港国际机场: 高效友好的新门户[J]. 建筑, 2011(4): 77-78.

[152] 程安东. 长河回望 (5)[N]. 西安晚报, 2012-12-02(015).

[153] 付华. 南北铁路大通道: 京九铁路[J]. 中国地名, 2009(11): 61-62.

[154] 廉民, 王朝晖. "死亡之海"的绿色天路: 塔里木沙漠公路绿化纪实[J]. 国土绿化, 2018(2): 36-37.

[155] 左婕. 三峡工程建设对洞庭湖区生态环境的影响[D]. 长沙: 湖南师范大学, 2012.

[156] 钟和. "歼 10 之父"宋文骢[J]. 小康, 2016(8): 40-41.

[157] 中国卫星导航系统管理办公室. 北斗卫星导航系统发展报告[R]. 2018.

[158] 香港特别行政区政府环境保护署. 净化海港计划第一期[EB/OL]. [2023-07-01]. https://www.epd.gov.hk/epd/sc_chi/environmentinhk/water/cleanharbour/milestones.html.

[159] 朱健强, 陈绍和, 郑玉霞, 等. 神光Ⅱ激光装置研制[J]. 中国激光, 2019, 46(1): 15-22.

[160] 朱森. 践行高质量发展: 内蒙古大唐国际托克托发电有限责任公司工作纪实[J]. 实践 (思想理论版), 2019(11): 60-61.

[161] 蒋云开, 王琥. "西电东送"的前哨阵地: 贵州安顺发电厂概况[J]. 中国经贸导刊, 2002(4): 56.

[162] 夏克强. 浦东国际机场: 上海民航发展新的里程碑[J]. 上海公路, 1999(2): 2-4.

[163] 牛保田. 中国铁路大提速[J]. 经济与信息, 1997(7): 21.

[164] 杨冬. 长江口深水航道[M]. 上海: 上海文艺出版集团, 2011.

[165] 赵业荣, 刘硕琼, 雷桐. 长庆苏里格气田天然气欠平衡钻井实践[J]. 石油钻采工艺, 2004, 26(4): 13-16.

[166] 齐琪. 雄雄铁骑 心心相传: 记 99A 坦克总师毛明和他的"心防"保密[J]. 保密工作, 2017(6): 23-25.

[167] 青岛河钢新材料科技有限公司. 河钢新材[EB/OL]. (2016-10-26) [2023-07-01]. https://www.hbisco.com/site/group/hghg/info/2016/10841.html.

[168] 《秦沈客运专线工程总结》编委会. 秦沈客运专线工程总结[M]. 北京: 中国铁道出版社, 2006.

[169] 余学群. 广播电视村村通工程实施回眸[J]. 有线电视技术, 2006, 13(9): 109-110.

[170] 刘小顺. 张家界百龙天梯获三项吉尼斯纪录, 被称世界第一[EB/OL]. [2023-7-13]. https://view.inews.qq.com/k/20230713A04ZZJ00?noredirect=1&web_channel=wap&openApp=false.

[171] 上海水务海洋. 亚洲最大的污水处理厂——白龙港污水处理厂[EB/OL]. (2022-11-29) [2023-07-01]. https://m.thepaper.cn/baijiahao_20950058.

[172] 穗机宣. 白云机场: 70 年辉煌路"四型机场"正当时. 民航管理, 2019(11): 28-31.

[173] 李思慎. 长江重要堤防隐蔽工程建设中的防渗处理[J]. 长江科学院院报, 2000, 17(S1): 4-8.

[174] 中国水力发电工程学会. 截至 2000 年底水电前期工作完成情况[J]. 水力发电, 2001, 27(4): 5.

[175] 林培栋. "西气东输"工程[J]. 航天技术与民品, 2000(9): 36.

[176] 贺冲. 江泽民中亚之行获得丰硕成果[EB/OL]. (2000-07-10) [2022-08-01]. https://news.sina.com.cn/china/2000-07-10/106112.html.

[177] 李建刚, 赵君煜, 彭子龙. 全超导托卡马克核聚变实验装置[J]. 中国科学院院刊, 2008, 23(5): 474-477.

[178] 大剧院网站管理员. 国家大剧院立项和建设过程[EB/OL]. (2016-07-04) [2022-08-01]. http://www.bjzaji.cn/ShowNews.asp?id=1662.

[179] 董恒, 曹森. 一项伟大的世界级工程秦岭终南山公路隧道向祖国人民汇报[N]. 中国交通报, 2010-05-07(002).

[180] 中国《青藏铁路》编写委员会. 青藏铁路·综合卷[M]. 北京: 中国铁道出版社, 2012.

[181] 涂露芳. 鸟巢、水立方下月破土动工[N]. 北京日报, 2003-11-24.

[182] 汪易森, 杨元月. 中国南水北调工程[J]. 人民长江, 2005, 36(7): 2-5.

[183] 上海市地方志编纂委员会. 上海市志-交通运输分志, 港口卷: 交通运输分志 港口卷: 1978-2010[M]. 上海: 上海交通大学出版社, 2017.

[184] 刘峰, 李向阳. 中国载人深潜"蛟龙"号研发历程[M]. 北京: 海洋出版社, 2016.

[185] 中国石油化工集团公司. 上海赛科 90 万吨乙烯工程投产创多项行业奇迹[EB/OL]. (2005-07-05) [2023-07-03]. http://www.sasac.gov.cn/n2588025/n2588124/c4009406/content.html.

[186] 黄娟. 壮丽 70 年·奋斗新时代 | 榆林: 做高端煤化产业引领者[EB/OL]. (2019-06-15) [2023-07-03]. https://www.sohu.com/a/320857881_120053963.

[187] 杨芝. 傲立潮头勇创新 杭州湾跨海大桥开启时代新篇章[J]. 宁波通讯, 2019(17): 35-38.

[188] 胡昆鹏, 李昊天, 鲜亮, 等. 十年磨剑 描绘天堑宏图 百年大桥 终成长江巨龙: 2011 年度鲁班奖工程苏通长江公路大桥[J]. 工程质量, 2012, 30(4): 45-60.

[189] 刘林波. 国内 300MW 及以上容量大型循环流化床电站锅炉发展及应用[J]. 湖北电力, 2014, 38(8): 42-46.

[190] 中国载人航天工程官方网站. 神舟五号载人航天飞行任务准备情况[EB/OL]. (2008-09-17) [2023-06-29]. http://www.cmse.gov.cn/art/2008/9/17/art_490_3836.html.

[191] 马元月. 点燃智造产业高科技"人才引擎": 记东旭集团科技人才发展之路[J]. 中外企业文化, 2019(8): 24-26.

[192] 张雷, 陆丽萍. IGCC 联产甲醇变换与燃气热回收工艺的选择[J]. 中氮肥, 2008(6): 38-39.

[193] 郑本文, 张慧. 三门核电站前世与前期[J]. 能源, 2014(10): 102-105.

[194] 何雁, 刘鑫毅. 海南炼化: 书写"一号工程"战略篇章[J]. 今日海南, 2006(9): 17-19.

[195] 陈和生, 张闯, 李卫国. 北京正负电子对撞机重大改造工程[J]. 工程研究-跨学科视野中的工程, 2009, 1(3): 275-281.

[196] 尹怀勤. 我国的嫦娥工程和探月卫星[J]. 天津科技, 2007, 34(4): 5-7.

[197] 中央政府门户网站. CRH380 系列高速动车组安全运营里程超过 4 亿公里[EB/OL]. (2014-06-07) [2023-07-03]. http://www.gov.cn/xinwen/2014-06/07/content_2696194.htm.

[198] 王琪. 央视总部大楼[J]. 集邮博览, 2015(11): 48.

[199] 史博臻. "从零到百"增自信, 蛟龙出海腾云起 | "上海制造"出海记③ [EB/OL]. (2023-04-03) [2023-07-03]. https://baijiahao.baidu.com/s?id=1762105419770090541&wfr=spider&for=pc.

[200] 周晓玲. 中哈石油管道将在 2005 年底前铺成[J]. 中亚信息, 2004(1): 43.

[201] 舒歌平. 神华煤直接液化工艺开发历程及其意义[J]. 神华科技, 2009, 7(1): 78-82.

[202] 徐洪杰, 肖体乔. 上海光源建设历程及其发展现状[J]. 复旦学报 (自然科学版), 2023, 62(3): 310-321.

[203] 王乐文, 李宏庆. 广州新电视塔项目进度管理研究[J]. 广州建筑, 2008, 36(4): 33-35.

[204] 佚名. 中国代表性跨海海底隧道工程[J]. 科技导报, 2016, 34(21): 121.

[205] 李晓华, 黄中华. 石太客运专线太行山隧道进入正洞施工[N]. 人民铁道, 2006-08-06(001).

[206] 刘文朝, 刘群昌, 程先军, 等. 2005—2006 年农村饮水安全应急工程规划要点[J]. 中国水利, 2005(3): 33-37.

[207] 林雪梅. 二滩: 共和国水电建设史上的辉煌[J]. 四川水力发电, 2009, 28(5): 125-128.

[208] 郭震宇, 陶御橘. "辽宁"号航空母舰[J]. 科学大众 (小学版), 2022(S2): 62-63.

[209] 首钢京唐公司. 首钢京唐公司十年发展历程回顾[EB/OL]. (2019-05-11) [2023-07-03]. https://www.sohu.com/a/313329374_313737.

[210] 刘伟, 徐剑华. 上海国际航运中心洋山深水港区工程及其建设意义[J]. 物流科技, 2006, 29(3): 54-57.

[211] 任军川. 神华布尔台煤矿在内蒙古伊金霍洛旗建成[EB/OL]. (2008-11-11) [2023-06-29]. http://www.jjckb.cn/cjxw/2008-11/11/content_127458.htm.

[212] 游锐. 上海虹桥综合交通枢纽工程进度管理的实践[J]. 管理观察, 2009(30): 33-34.

[213] 秦玉清, 庞兴, 郭云峰, 等. 青岛大炼油工程建成中交[N]. 中国石化报, 2008-01-04(001).

[214] 韩先才, 孙昕, 陈海波, 等. 中国特高压交流输电工程技术发展综述[J]. 中国电机工程学报, 2020, 40(14): 4371-4386.

[215] 周妍. 奔涌绿色激情[N]. 中国电力报, 2010-06-21(002).

[216] 张圣龙, 向锐. 柔性直流输电系统研究[J]. 电气开关, 2019, 57(1): 56-57.

[217] 尤放, 杜志炎. 百万吨乙烯落子镇海[J]. 中国石油石化, 2006(22): 46-47.

[218] 李正清. 中信重工 1850Ct 油压机进入安装[J]. 锻造与冲压, 2009, 1(14): 1672.

[219] 郭刚. 甘肃省构建"风电走廊"[N]. 人民日报海外版, 2008-03-31(005).

[220] 中国政府门户网站. 十项工程夯实广东经济根基 3 条铁路同时开工建设[EB/OL]. (2005-12-18) [2023-06-30]. https://www.gov.cn/jrzg/2005-12/18/content_130461.htm.

[221] 丁海中. 中交隧道局: 上海地铁 11 号线项目开工[J]. 中国工程建设通讯, 2010(3): 1.

[222] 余瑞冬. 中国将造世界最大规模液压机支撑国产大飞机[EB/OL]. (2007-04-04) [2022-08-01]. https://www.chinanews.com/it/kjdt/news/2007/04-04/907210.shtml.

[223] 李承明. 国之重器陕西造 我国首款大型运输机: 运-20 正式列装[J]. 西部大开发, 2016(9): 99.

[224] 林宏武, 周在友, 程建新, 等. SWDW165 高性能航道疏浚钻机的开发[J]. 矿山机械, 2008, 36(9): 11-14.

[225] 林祖锐, 常江, 王卫. 城乡统筹下徐州矿区塌陷地生态修复规划研究[J]. 现代城市研究, 2009, 24(10): 91-95.

[226] 肖介光, 熊祥. 川气东送长输管道工程见闻[J]. 电焊机, 2007, 37(9): 106-107.

[227] 杨金鹏. 中国石油钦州千万吨级炼油项目 2009 年投产[J]. 炼油技术与工程, 2009, 39(1): 44.

[228] 晨阳. 上海中心大厦[J]. 上海集邮, 2016(8): 9.

[229] 黄锰钢, 李步康. BIM 深度应用: 天津 117 大厦项目管理集成平台[J]. 建筑, 2016(3): 65-67.

[230] 成都艾斯工程机械有限公司. 国产 WK-55 型矿用电铲[EB/OL]. [2024-06-06]. https://esmachinery.com/index.php? route=extension/news/news&news_id=24.

[231] 中国中铁. 国产盾构的故事, 从"中国中铁 1 号"说起[EB/OL]. (2021-11-10) [2023-06-30]. https://m.thepaper.cn/baijiahao_15327539.

[232] 林瑶生, 粟京, 刘华祥, 等. "海洋石油 981"深水钻井平台设计与创新[J]. 中国造船, 2013, 54(S1): 237-244.

[233] 马宁, 袁红良. 中国造"大鹏昊"号 LNG 船横空出世[J]. 船舶经济贸易, 2008(4): 24-26.

[234] 刘非小. 中联重科: 自主研制全球最大吨位履带起重机即将下线[EB/OL]. (2011-05-20) [2023-06-30]. http://www.jjckb.cn/invest/2011-05/20/content_309906.htm.

[235] 李金玲, 张瑞晨. 黄陵矿业智能化开采助推高质量发展[EB/OL]. (2018-10-10) [2023-06-29]. http://www.hlkyjt.com.cn/info/1017/23798.htm.

[236] 新华社. 温家宝出席京沪高速铁路开工典礼[EB/OL]. (2008-04-18) [2023-06-30]. https://www.gov.cn/jrzg/2008-04/18/content_948040.htm.

[237] 匡光力, 邵淑芳. 稳态强磁场技术与科学研究[J]. 中国科学: 物理学 力学 天文学, 2014, 44(10): 1049-1062.

[238] 中国建筑集团有限公司. 深圳平安金融中心[J]. 城乡建设, 2019(9): 68-69.

[239] 韦东庆, 郭晓康, 张鸣功. 港珠澳大桥"工程文创"开发路径及创新实践[J]. 广东经济, 2022(10): 6-15.

[240] 刘洁. 记者探访"网红"重庆最复杂立交桥: 或成为新景点[EB/OL]. (2017-06-04) [2023-06-30]. http://news.cctv.com/2017/06/04/ARTIYXSyfYmEYNMopoYrD70P170604.shtml.

[241] 王楠. 中俄石油管道合作的战略分析[D]. 北京: 外交学院, 2012.

[242] 苏伟. 华能开建国内首座 IGCC 电站[N]. 中国电力报, 2009-07-08(001).

[243] 郭军. 在西部崛起的中国绿色能源之都[N]. 酒泉日报, 2021-07-06(001).

[244] 全国乙烯工业协会秘书处. 2010 年我国乙烯生产情况简述[J]. 乙烯工业, 2011, 23(1): 63.

[245] 中国工程机械信息网. 扬民族品牌三"泵王"力铸中国第一高楼[EB/OL]. (2010-03-29) [2023-06-30]. http://www.6300.net/info/detail_20418.html.

[246] 曹凯旋, 梁军, 成亚光. 奋进山核乘风破浪[N]. 中国电力报, 2011-01-24(002).

[247] 开颜. 中缅油气管道项目正式开工[J]. 石油工业技术监督, 2010, 26(6): 8.

[248] 秦海岩. 我国海上风电发展回顾与展望[J]. 海洋经济, 2022, 2: 50-58.

[249] 梁立新. 风光储输示范电站: 从荒原崛起到荣获工业大奖[J]. 华北电业, 2018(11): 50-53.

[250] 专措. 西藏电力发展大事记[N]. 西藏日报, 2021-06-23(6).

[251] 岳书华. 展大国翱翔翼 圆百年飞天梦: 习近平会见 C919 大型客机项目团队代表并参观项目成果展览[J]. 军工文化, 2022(10): F0002.

[252] 贾连辉, 陈帅, 贾正文, 等. 钻爆法隧道智能建造体系及关键技术研究[J]. 隧道建设 (中英文), 2023, 43(3): 392-407.

[253] 王丹容. 国最大单体围垦开工围垦 20 万亩再造一个温州城[N]. 浙江新闻, 2012-12-11.

[254] 闫文杰, 宁波. 昆明铁路枢纽东南环线工程开工建设. 中国日报云南记者站[EB/OL]. (2010-05-21) [2023-06-30].http://www.chinadaily.com.cn/dfpd/yn/2010-05/21/content_9878814.htm.

[255] 王翔, 王为. 我国天宫空间站研制及建造进展[J]. 科学通报, 2022, 67(34): 4017-4028.

[256] Whitlock R, 李磊, 邵韦平, 等. 中信大厦[J]. 建筑学报, 2019, 3: 6-11.

[257] 佚名. 中国隐形战斗机研制掀开新篇章 歼-20 成功进行首次试飞[J]. 共产党员, 2011(5): 51.

[258] 王祝堂. "天宫一号"资源舱铝-锂合金打造[J]. 轻合金加工技术, 2012, 40(1): 61-62.

[259] 徐远源, 朱勤. 创新引领超越: 记中国化学总承包伊犁新天煤制天然气项目[J]. 石油化工建设, 2011, 33(5): 16-19.

[260] 赵政坤. 中国预警机的前世今生[J]. 湘潮, 2010(7): 52-56.

[261] 严俊, 张海燕. 500 米口径球面射电望远镜 (FAST) 主要应用目标概述[J]. 深空探测学报, 2020, 7(2): 128-135.

[262] 王庆国. 浅析 12000 吨起重船的应用实践[J]. 航海, 2016(3): 47-49.

[263] 曹克顺. 敢问路在何方: 世界最大 WK-75 型矿用挖掘机诞生记[J]. 机械管理开发, 2013, 28(6): 7-9.

[264] 彭承志, 潘建伟. 量子科学实验卫星: "墨子号"[J]. 中国科学院院刊, 2016, 31(9): 1096-1104.

[265] 陈和生. 中国散裂中子源: 探秘微观世界的 "超级显微镜" [N]. 科技日报, 2021-06-03(005).

[266] 王语. 京新高速公路韩呼段开建[J]. 筑路机械与施工机械化, 2011, 28(6): 2.

[267] 中国土木工程学会. 国家会展中心 (上海) [EB/OL]. (2017-03-29) [2023-06-27]. http://123.57.212.98/topie/portal/content/5300.htm.

[268] 骆晓飞. 青海光伏发电产业面临电网支撑薄弱等问题[EB/OL]. (2012-04-28) [2023-06-01]. https://news.sina.com.cn/c/sd/2012-04-28/142024345196.shtml.

[269] 《面向世界的复兴号》编委会. 面向世界的复兴号[M]. 北京: 中国铁道出版社, 2020.

[270] 佚名. 宏华集团开工建设全球起重能力最大的移动式起重机[J]. 现代制造, 2012(45): 24.

[271] 冉永平, 蒋建科, 丁怡婷. 全球首座第四代核电机组华能石岛湾高温气冷堆示范工程并网发电[N]. 人民日报, 2021-12-21(001).

[272] 周围围. 让中国装备享誉世界[N]. 中国青年报, 2022-07-18(002).

[273] 文研中. 为国铸舰 逐梦深蓝——记山东舰总建造师马瑞云[J]. 军工文化, 2022, 7: 31-33.

[274] 全国煤化工信息总站. 全球单体规模最大煤炭间接液化项目竣工验收[J]. 煤化工, 2022, 50(5): 64.

[275] 黄云, 胡其高, 张硕云. 南海海洋环境对岛礁工程结构与设施影响研究[J]. 国防科技, 2018, 39(3): 50-63.

[276] 佚名. 世界第一高桥北盘江大桥合龙[J]. 当代贵州, 2016(36): 6.

[277] 郝智伟. 阿里云[J]. IT 经理世界, 2014(1): 60-62.

[278] 罗琼. 协同治理视角下白鹤滩水电站巧家县移民搬迁安置研究[D]. 昆明: 云南财经大学, 2022.

[279] 浙江浙能嘉华发电有限公司. 燃煤机组超低排放技术[M]. 北京: 中国电力出版社, 2016.

[280] 吕振刚. 矿建二公司小保当 1 号副斜井顺利贯通 [EB/OL]. (2017-09-20) [2023-06-29]. http://www.shxmhjs.com/gongchengzhanshi/gongchengdongtai/2017-09-20/31546.html?from=timeline.

[281] 伊然. 试采可燃冰的大国重器: "蓝鲸 1 号"[J]. 石油知识, 2017(4): 4-5.

[282] 湖北省交通运输厅. 打造长江黄金水道综合立体交通走廊[EB/OL]. (2015-12-29) [2023-06-30]. http://www.zgsyb.com/news.html?aid=339825.

[283] 杨德虎, 孟丹, 李雨露, 等. 大型工程建设前后周边地区生态质量遥感评估: 以北京大兴国际机场为例[J]. 地球科学与环境学报, 2022, 44(5): 839-849.

[284] 欧阳德辉, 匡湘鄂, 冯丽均, 等. 惠州大亚湾石化区再添巨无霸[N]. 惠州日报, 2023-05-22(002).

[285] 樊曦. 川藏铁路成都至雅安段开工建设全长 42 公里[EB/OL]. (2014-12-06) [2023-06-30].

https://www.gov.cn/govweb/xinwen/2014−12/06/content_2787576.htm.

[286] 人民网. 全球首个"华龙一号"示范工程今天在福建开工[EB/OL]. (2015−05−07) [2023−06−30]. https://www.csgc.com.cn/s/1138−3780−30797.html.

[287] 李坤. 贵州大数据发展大事记[J]. 当代贵州, 2016(10): 22−23.

[288] 金姝彤, 王海军, 陈劲, 等. 模块化数字平台对企业颠覆性创新的作用机制研究: 以海尔 COSMOPlat 为例[J]. 研究与发展管理, 2021, 33(6): 18−30.

[289] 闫杰. 全球首条 10.5 代线投产的意义, 应该这样理解[EB/OL]. (2017−12−23) [2023−07−04]. http://www.cena.com.cn/smartt/20171223/91022.html.

[290] 佚名. 世界首个 ±1100kV 特高压直流输电工程成功启动双极全压送电[J]. 变压器, 2019, 56(2): 4.

[291] 佚名. 驭"龙"有术:"雪龙 2"号船长赵炎平剪影[J]. 航海, 2019(2): 1−2.

[292] 胡萌伟. 国之重器筑牢中国梦[N]. 天津日报, 2021−07−01(T18).

[293] 李鹏. 天问将如何问天? 揭秘中国首次火星探测任务"天问一号"[EB/OL]. (2020−04−25) [2023−06−30]. https://baijiahao.baidu.com/s?id=1664909973923050567&wfr= spider&for=pc.

[294] 徐国平, 黄清飞. 深圳至中山跨江通道工程总体设计[J]. 隧道建设 (中英文), 2018, 38(4): 627−637.

[295] 尤肖虎, 潘志文, 高西奇, 等. 5G 移动通信发展趋势与若干关键技术[J]. 中国科学: 信息科学, 2014, 44(5): 551−563.

[296] 佚名. 北京冬奥场馆全面开工[EB/OL]. (2017−03−29) [2023−06−27]. https://www.beijing.gov.cn/ywdt/zwzt/dah/bxyw/201711/t20171102_1815522.html.

[297] 庞昌伟. 中俄天然气合作及东线、西线及远东天然气管道建设[J]. 黑河学院学报, 2018, 9(9): 93−96.

[298] 王新东. 以"绿色化、智能化、品牌化"为目标规划设计河钢唐钢新区[J]. 钢铁, 2021, 56(2): 12−21.

[299] 范琪妍. 国内首条跨海高铁——福厦高铁湄洲湾跨海大桥首孔移动梁顺利完成浇筑[EB/OL]. (2019−06−14) [2023−07−04]. https://news.cri.cn/20190614/67189568−d71a−6003−7339−d6ee47a3e234.html.

[300] 杨海军, 陈永权, 田军, 等. 塔里木盆地轮探 1 井超深层油气勘探重大发现与意义[J]. 中国石油勘探, 2020, 25(2): 62−72.

[301] 陈鹏. 我国首个深水自营大气田陵水 17−2 开钻 深海自主擒气龙[J]. 中国石油石化, 2020(2): 52−53.

[302] 帆 923. 山河智能, 中国智造[EB/OL]. (2022−07−06) [2023−07−04]. https://mp.weixin.qq.com/s?__biz= MzA4MDM5NTk0MQ==&mid=2651669387&idx=1&sn=87a00dd0751b524394550 389c3a64790&chksm=845d0841b32a81576c401647490ea8a30c4a33073c74beeeb0e404d35214 5c2700be1e9632e6&scene=27.

[303] 马梦璇. 全球最大集装箱船首航苏伊士运河[J]. 中国航务周刊, 2021(36): 21.

[304] 王路, 李蔚, 陈车, 等. 武汉火神山医院供配电系统设计分析[J]. 智能建筑, 2020(4): 15−19.

[305] 佚名. 再攀巅峰! 三一 SCC98000TM 刷新全球最大吨位起重机纪录[J]. 建筑机械, 2021, 11: 44.

[306] 周馥隆. 大塔时代开拓者 中联重科首发全球最大上回转塔机 W12000−450[J]. 今日工程机械, 2021(6): 66−67.

[307] 伍玲. "全球第一钻"长沙造! 山河智能研制世界最大旋挖钻机[EB/OL]. (2023−04−23) [2023−

07−04]. https://baijiahao.baidu.com/s?id=1763921890840748474&wfr=spider&for=pc.

[308] 中联重科起重机. 大国重器！全球量产最大吨位全地面起重机中联重科 ZAT18000H753 成功交付[EB/OL]. (2020−10−26) [2023−07−04]. https://www.sohu.com/a/427487450_197415.

[309] 何宝新. 重磅时刻 中国第一艘国产大型邮轮"爱达·魔都号"出坞[J]. 国防科技工业, 2023(6): 46−47.

[310] 国务院发展研究中心. 中国区域经济发展报告[M]. 北京: 国务院发展研究中心出版社, 2021.

[311] 中国科学院地理科学与资源研究所. 中国地理概况[M]. 北京: 科学出版社, 2021.

[312] 国家能源局. 中国能源发展统计年鉴[M]. 北京: 中国能源出版社, 2020.

[313] 工业和信息化部. 中国制造业发展报告[M]. 北京: 中国工业出版社, 2021.

[314] 陈新民, 李明宇. 能源矿业超级工程的地理分布及其对策[J]. 地理研究, 2020, 39(1): 12−20.

[315] 王红. 制造类超级工程的空间分布及其影响因素[J]. 中国制造业发展报告, 2021, 35(2): 45−60.

[316] 李静. 中国运载类超级工程的地理分布及其社会经济影响[J]. 运输工程学报, 2019, 42(4): 28−35.

[317] 赵子豪, 刘莉. 信息通信超级工程的区域分布及其发展策略[J]. 信息通信技术, 2018, 50(3): 20−29.

[318] 张强. 其他类超级工程的分布特点及其综合效益分析[J]. 大型工程管理, 2022, 37(6): 32−40.

[319] 张向营, 张春山, 孟华君, 等. 基于 GIS 和信息量模型的京张高铁滑坡易发性评价[J]. 地质力学学报, 2018, 24(1): 96−105.

[320] 中国电力企业联合会. 中国电力行业人才年度发展报告−2018[M]. 北京: 中国电力出版社, 2018.

[321] 张晓明. 中国工业化进程中的东北地区[M]. 大连: 东北财经大学出版社, 2018.

[322] 赖红军, 殷慧. 独山子石化公司实时数据库系统实施与应用[J]. 石油化工自动化, 2006, 42(6): 78−79.

[323] 马雅林, 任万敏, 朱敏, 等. 成昆铁路矮塔斜拉桥减隔震体系研究[J]. 铁道标准设计, 2023, 67(5): 62−66.

[324] 熊勇清, 李世才. 战略性新兴产业与传统产业的良性互动发展: 基于我国产业发展现状的分析与思考[J]. 科技进步与对策, 2011, 28(5): 54−58.

[325] 周亦人, 沈自才, 齐振一, 等. 中国航天科技发展对高性能材料的需求[J]. 材料工程, 2021, 49(11): 41−50.

[326] 李成智, 王晶金. 中国航天工程: 发展阶段、创新模式及现代意义: 以长征系列运载火箭为例[J]. 工程研究——跨学科视野中的工程, 2022, 14(6): 542−552.

[327] 高星林, 张鸣功, 方明山, 等. 港珠澳大桥工程创新管理实践[J]. 重庆交通大学学报(自然科学版), 2016, 35(S1): 12−26.

[328] 张永双, 郭长宝, 李向全, 等. 川藏铁路廊道关键水工环地质问题: 现状与发展方向[J]. 水文地质工程地质, 2021, 48(5): 1−12.

[329] 刘建军, 张建军. 宝成铁路建设的历史回顾与启示[J]. 铁道建筑, 2006(6): 1−5.

[330] 李明. 中国空间站建设的技术创新与应用[J]. 航天器工程, 2022, 31(1): 1−10.

[331] 张晓东, 王小明. 中国空间站科学实验平台及其应用前景[J]. 航天研究与技术, 2021, 41(3): 1−15.

[332] 张晓东, 李小红. 中国水利超级工程建设的成就与挑战[J]. 水利学报, 2021, 52(3): 1−15.

[333] 王小明, 刘建军. 中国新能源超级工程的创新实践与应用[J]. 能源技术与管理, 2019, 44(3): 1−10.

[334] 杨戈. 有一种"四通八达"叫中国路[J]. 中国科技奖励, 2019(7): 41−43.

[335] 中国中铁股份有限公司. 京新高速公路 上地铁路分离式立交桥[J]. 城乡建设, 2018(18): 72−73.

[336] 陈伟乐, 宋神友, 金文良, 等. 深中通道钢壳混凝土沉管隧道智能建造体系策划与实践[J]. 隧道建设 (中英文), 2020, 40(4): 465−474.

[337] 曹远燎, 范天佑. 云端架长虹 海事部门全力保障深中通道高质量高速度建设[J]. 珠江水运, 2023(3): 6−8.

[338] 殷保合. 黄河小浪底工程关键技术研究与实践[J]. 水利水电技术, 2013, 44(1): 12−15.

[339] 黄东东. 对开发性移民的法律解释[J]. 重庆三峡学院学报, 2003, 19(1): 5−9.

[340] 张永康, 吴建新, 吴凤民. 高稳高效海上风电安装平台关键制造技术研究[J]. 电加工与模具, 2021(1): 1−6.

[341] 王殊涵. 全产业链模式下企业环境成本管理的探究: 以中国神华为例[D]. 南昌: 江西财经大学, 2019.

[342] 杨景麟. 创新蝶变 智慧赋能: 智能快掘新模式为煤炭行业提供"陕煤榆北方案"[J]. 中国煤炭工业, 2022(4): 82−83.

[343] 陆娅楠. 纯中国血统:"复兴号"来了[J]. 科技传播, 2017, 9(13): 14−17.

[344] 李浩鸣, 向鹏, 陈雅忱. 袁隆平与中国杂交水稻工程[J]. 工程研究−跨学科视野中的工程, 2009, 1(3): 292−303.

[345] 马文明. 高强钢筋高强混凝土预应力梁抗弯性能试验研究[D]. 合肥: 合肥工业大学, 2013.

[346] 孙忠成. 探寻大型项目管理之道[J]. 项目管理评论, 2021(5): 70−73.

[347] 乐云, 胡毅, 陈建国, 等. 从复杂项目管理到复杂系统管理: 北京大兴国际机场工程进度管理实践[J]. 管理世界, 2022, 38(3): 212−228.

[348] 吴德元. 水利水电工程工程质量管理实践探讨[J]. 科技资讯, 2011, 9(33): 126−127.

[349] 周愉. BIM 技术在建筑工程管理中的应用[J]. 四川水泥, 2022(8): 113−115.

[350] 臧钊. 基于 BIM+GIS 的京张高速铁路空地一体"数字孪生"智能化运维技术研究[J]. 铁道运输与经济, 2022, 44(9): 139−145.

[351] 麦强, 陈学钏, 安实, 等. 重大航天工程系统融合原理、模型及管理方法[J]. 管理世界, 2021, 37(2): 214−224.

[352] 陈星光, 朱振涛. 复杂系统视角下的大型工程项目管理复杂性研究[J]. 建筑经济, 2017, 38(1): 42−47.

[353] 金尚女, 杨乃坤. 对鞍钢宪法内容实质的探讨[J]. 兰台世界, 2014(19): 137−138.

[354] 李育材. 退耕还林工程成效与可持续发展研究[M]. 北京: 中国林业出版社, 2021.

[355] 居艮国, 黄凯赞, 吴志刚, 等. 综合顶升支撑系统在美国亚历山大−汉密尔顿大桥改造中的应用[J]. 世界桥梁, 2011, 39(3): 78−81.

[356] 张润迓. 土木工程在国民经济建设中的重要地位及其发展趋势[J]. 经济研究导刊, 2021(23): 16−19.

[357] 顾逸东. 我国空间科学发展的挑战和机遇[J]. 中国科学院院刊, 2014, 29(5): 575−582.

[358] 裴爱晖, 蔡翠, 巩玉朋, 等. 碳达峰背景下推进高铁快运发展研究[J]. 综合运输, 2023, 45(1): 121−124.

[359] 葛清, 张强, 吴彦俊. 上海中心大厦运用 BIM 信息技术进行精益化管理的研究[J]. 时代建筑, 2013(2): 52−55.

[360] 佚名.【巍巍三峡】累计发电量 15634 亿千瓦时！三峡工程综合效益持续发挥[ER/OL]. (2022−10−11) [2024−06−06]. https://politics.gmw.cn/2022/10/11/content_36080281.htm.

[361] 佚名. 绿水青山就是金山银山——党的十八大以来治国理政启示之六[ER/OL]. (2017−10−14) [2024−06−06]. http://opinion.people.com.cn/n1/2017/1014/c1003−29587461.html.

[362] 中共中央文献研究室. 十八大以来重要文献选编[M]. 北京: 中央文献出版, 2016: 187.

[363] 习近平. 决胜全面建成小康社会夺取新时代中国特色社会主义伟大胜利: 在中国共产党第十九次全国代表大会上的报告 (2017 年 10 月 18 日)[M]. 北京: 人民出版社, 2017.

[364] 中国信息通信研究院. 中国 5G 发展和经济社会影响白皮书 (2023 年) [ER/OL]. (2023−12) [2024−07−12]. http://www.caict.ac.cn/kxyj/qwfb/bps/202401/P020240326603524901232.pdf

[365] 唐任伍. 2035 年民生发展前瞻: 美好生活与人的尊严[J]. 人民论坛·学术前沿, 2021(1): 58−63.

[366] 王红卫, 钟波涛, 李永奎, 等. 大型复杂工程智能建造与运维的管理理论和方法[J]. 管理科学, 2022, 35(1): 55−59.

[367] 韩雨燕. BIM 技术在绿色建筑全生命周期中的应用研究[J]. 智能城市, 2023, 9(2): 34−36.

[368] 葛剑雄, 胡鞍钢, 林毅夫. 改变世界经济地理的"一带一路"[J]. 全国新书目, 2016(4): 30.

[369] 郭峰, 刘雅欣, 张丽娟, 等. 工程哲学视域下的铁路工程知识演化研究[J]. 工程研究 (跨学科视野中的工程), 2022, 14(5): 432−441.

总后记

古往今来，著作可以留世，其过程很少记录。为此，公开记录开创性"超级工程研究"的基本过程和所有参与的研究人员，应该是一件非常有意义的事情，其最大的价值是还原学术研究的公正。

2017 年，秋冬之交，中国工程院"工程哲学理论体系"和"工程管理理论"研究获得了重大的学术成就，鼓舞了工程管理学部一批热心工程建造的院士，提出系统研究超级工程的设想，得到了工程管理学部主任孙永福院士的首肯，也得到了殷瑞钰院士、何继善院士、翟光明院士、傅志寰院士、王礼恒院士的赞许和积极支持，2018 年还得到了中国工程院副院长何华武院士的支持。

为此，2018 年 6 月 25 日，在中国工程院 316 会议室，胡文瑞院士主持召开了首次"超级工程研究"会商会议，参与会商的有殷瑞钰院士、何继善院士、王礼恒院士、王基铭院士、黄维和院士、杨善林院士、丁烈云院士、凌文院士、金智新院士、向巧院士、卢春房院士、刘合院士，以及智能工业数据解析与优化教育部重点实验室（东北大学）唐立新教授、中国石油吕建中教授和杨虹首席专家等，就立项"超级工程研究"和"超级工程排行榜"研究，初步达成一致，特别是殷瑞钰院士认为，这是"继'工程哲学理论体系'和'工程管理理论'研究之后又一重大学术研究，对工程管理学部学科建设有着重要的现实意义"。何继善院士认为，这是"工程管理学部职责所在"。凌文院士提议，"将研究成果作为向中华人民共和国国庆 70 周年献礼"项目。

为了加快进度，2018 年 7 月 1 日，胡文瑞院士在亚运村无名居召开了"超级工程研究"立项筹备小组会议，同意设立"超级工程研究"课题组，确定由胡文瑞院士任课题组组长，请王基铭院士、刘合院士担任课题组副组长，唐立新教授担任课题组秘书长，初步确定课题组成员由中国石油、中国国际工程咨询有限公司（以下简称中咨公司）、智能工业数据解析与优化教育部重点实验室（东北大学）、中国石化、清华大学、北京大学、天津大学等单位的专家和学者组成，由中国石油和智能工业数据解析与优化教育部重点实验室（东北大学）承担主要研究任务。

2018年8月5日，课题组在中国工程院218会议室召开了"超级工程研究"会议，初步确定研究内容为古今中外四大板块，即中国古代和近现代、世界古代和近现代超级工程。会议根据王基铭院士提议，确定先期立项研究"中国近现代超级工程"，同时就"中国近现代超级工程研究"的目的意义、主要背景、主要框架、预期成果等进行了讨论。委托智能工业数据解析与优化教育部重点实验室（东北大学）积极准备课题立项和启动研讨会事宜，建议课题组长胡文瑞院士作主题报告，唐立新教授作专题理论报告。2018年8月14日，唐立新教授在沈阳召开了课题立项和启动研讨会筹备工作首次会议。

在两年多的咨询和组织准备基础上，2019年，经中国工程院工程管理学部七届十八次常委会通过立项，正式设立"超级工程研究"课题。2019年4月26日，在中国工程院316会议室召开"超级工程研究"启动研讨会，会议由课题组副组长王基铭院士主持，胡文瑞、殷瑞钰、何继善、翟光明、袁晴棠、傅志寰、王礼恒、陆佑楣、孙永福、黄维和、杨善林、周建平、丁烈云、凌文、向巧、金智新、卢春房、陈晓红、刘合等20位院士，中国工程院三局高战军副局长及聂淑琴主任和来自中国石油、中咨公司、中国石化、国家能源集团、清华大学、天津大学、同济大学、智能工业数据解析与优化教育部重点实验室（东北大学）、中南大学、上海交通大学、北京交通大学、中国石油经济技术研究院、中国石油西南油气田公司等单位的领导专家和学者共50余人出席了启动研讨会。胡文瑞院士代表课题组作了"中国近现代超级工程研究"主题报告，唐立新教授作了"中国近现代超级工程研究"理论专题报告。启动研讨会经过热烈讨论、思想碰撞和智慧交锋，认为"超级工程研究"是一项开创性的填补空白的学术研究，具有极强的学术价值和极高的现实意义，值得组织力量进行深入的科学研究。

2019年12月8日，由中国工程院工程管理学部主办，智能工业数据解析与优化教育部重点实验室（东北大学）承办的"中国近现代超级工程前沿技术研讨会"在北京五洲皇冠国际酒店召开。会议由七届工程管理学部主任胡文瑞院士主持，新当选的智能工业数据解析与优化教育部重点实验室（东北大学）唐立新院士和清华大学方东平教授、河海大学王慧敏教授分别作了专题报告。中国工程院王玉普、孙永福、黄维和、刘合、卢春房、孙丽丽、唐立新等9位院士，中国工程院三局高战军副局长、聂淑琴主任和常军乾副主任，来自清华大学、北京航空航天大学、中国空间技术研究院、中国水利水电科学研究院、苏州科技大学、河海大学、华东理工大学等单位的40余名专家学者出席研讨会。与会院士、专家、学者针对课题研究提出了中肯的意见和建议，包括分行业细化完善超级工程筛选标准，做到既反映行业特征，又符合超级工程筛选标准；重点突出超级工程价值的部分；案例研究与整体研究内容中的共性解析、系统解析之间的联系要进一步凝练；加强超级工程发展演化规律研究，如超级工程与国家发展阶段、经济水平以及超级工程群之间的协同效应研究；加强超级工程认识规律的凝练，争取上升到工程哲学的高度。

2020 年 3 月 7 日，在北京西藏大厦召开了"超级工程研究"骨干研究团队会议，来自中国石油、智能工业数据解析与优化教育部重点实验室（东北大学）、中咨公司、中国石化、清华大学的专家学者参加了本次会议。会议根据"超级工程研究"先后次序问题，进行了认真的讨论，最终形成一致意见。研究的目标以中国超级工程建造为重点，涵盖古今、覆盖国内外的超级工程建造，总架构为"1+4"（总研究课题 + 四个专题研究课题），即一个总研究课题为"超级工程研究"课题，四个专题研究课题为"中国古代超级工程研究""中国近现代超级工程研究""世界古代超级工程研究"和"世界近现代超级工程研究"课题。除2019 年已经立项的"中国近现代超级工程研究"外，同步开展中国古代超级工程研究、世界古代超级工程研究和世界近现代超级工程研究，立项工作分别于2020 年、2021 年、2022 年按程序启动。

天有不测风云，人有旦夕祸福。在"超级工程研究"紧张有序进行之时，2020 年初突如其来的一场新冠疫情，给超级工程后续研究带来了极大的冲击。课题组马上调整了工作方式，通过线上线下结合的方式，增加沟通次数，召开视频研讨会，保证研究工作持续进行。同时，不失时机地召开线下研讨会议，千方百计地推进"超级工程研究"深入进行。

2020 年 8 月 30 日，"中国近现代超级工程研究及排行榜汇报研讨会"在中国工程院 316 会议室成功举行。会议由胡文瑞院士主持，唐立新院士受项目组委托作了专题报告，王基铭院士对研讨会进行了系统总结。中国工程院殷瑞钰、傅志寰、王礼恒、孙永福、陆佑楣、袁晴棠、黄其励、苏义脑、周建平、黄维和、柴洪峰、刘合、卢春房、孙丽丽等 20 位院士参加了会议，来自中国石油、智能工业数据解析与优化教育部重点实验室（东北大学）、中国交通建设集团有限公司（以下简称中国交建）、中国空间技术研究院、北京理工大学、北京航空航天大学、清华大学、中国海油、中国铁道科学研究院集团有限公司、中国水利水电科学研究院等企业与研究机构的 30 余名专家学者出席了研讨会。研讨会的主要成果是对中国近现代超级工程研究项目做出较高的评价，走出了"超级工程研究"第一步，并通过中国工程院工程管理学部的评审，顺利结题。

　　"中国近现代超级工程研究"结题后，除了分板块研究外，工作量最大的是超级工程案例研究、案例筛选工作，采取的方式分为行业，按照超级工程的定义、分类、标准进行筛选，同行对比，归类梳理，最后形成一致意见。

　　比较突出的事例，黄其励院士带领的电力系统超级工程案例研究团队，从2020年9月到2021年2月，历经6个月，组织国家能源集团、中国华能集团有限公司（以下简称华能）、中国大唐集团有限公司（以下简称大唐）、中国华电集团有限公司（以下简称华电）、国家电力投资集团有限公司（以下简称国电投）等电力行业中的知名企业专家学者，组成超级工程案例研究课题组，共同针对电力行业的超级工程案例进行系统遴选，并召开多次专题超级工程案例线上线下会议，审定电力系统超级工程经典案例，起到了非常好的带头作用。

　　值得特别记述的是钢铁超级工程案例审定会。2021年8月27日，钢铁冶金行业超级工程案例审查会在北京举行，殷瑞钰院士主持会议。中国工程院胡文瑞院士、刘合院士、唐立新院士，中国石油王俊仁教授，河钢集团有限公司（以下简称河钢）王新东副总经理，以及来自河钢、首钢集团（以下简称首钢）、东北大学30多位专家学者参加审定会。著名冶金学家殷瑞钰院士的一席话，给参会专家留下了非常深刻印象。他说："在中国钢铁行业够得上超级工程案例的就是鞍钢、宝钢、武钢（一米七轧机）和首钢，它们最具代表性，代表了一个时代建设成就，代表了一个时代民族不屈的精神，将超级工程经典案例记述下来是非常有意义的。"

　　2021年4月24日，在湖南长沙召开了"超级工程研究"专题研讨会。胡文瑞院士主持会议，唐立新院士作专题报告。刘合院士、黄维和院士、陈晓红院士、范国滨院士和智能工业数据解析与优化教育部重点实验室（东北大学）、湖南工商大学等20余名专家学者出席了研讨会。在热烈讨论的基础上，最后形成一致意见，一是加快超级工程整体研究报告的撰写；二是完善和确定"古今中外"超级工程名录名称；三是积极开展对部分超级工程案例进行调研；四是积极策划"超级工程丛书出版物"事宜。

　　2021年8月29日，石油煤炭行业超级工程案例审查讨论会在中国石油勘探开发研究院举行，胡文瑞院士主持，刘合院士、金智新院士、赵文智院士、唐立新院士等参加。来自中国石油、中咨公司、智能工业数据解析与优化教育部重点实验室（东北大学）、大庆油田、长庆油田、胜利油田、新疆油田、玉门油田勘探开发研究院、中煤平朔集团有限公司（以下简称中煤平朔）、国能神东煤炭集团、中原油田分公司、普光分公司等40多位院士、专家学者出席了本次研讨会，系统梳理了该领域超级工程案例，特别是对大庆油田、玉门油田、平朔露天煤矿的历史地位给予了高度的评价。

2021年10月18日，在中国工程院218会议室召开了超级工程案例撰写讨论会，胡文瑞院士主持会议，重点讨论了超级工程案例撰写的原则要求和组织形式，在坚持超级工程定义、分类、标准的基础上，必须坚持案例撰写的统一模式，先期撰写超级工程案例示范篇，委托中国交建试写"港珠澳大桥工程"，东北大学试写"万里长城"工程，中国长江三峡集团有限公司试写"三峡水利枢纽工程"，北京理工大学试写"两弹一星"工程，作为超级工程案例撰写示范篇，为全面开展案例撰写提供经验和参考。黄维和院士、刘合院士、唐立新院士、孙丽丽院士、林鸣院士、王自力院士，以及王俊仁教授、方东平教授、宋洁教授、许特博士、鲍敬伟博士等参加了会议。

2021年10月28日，在中国石油研究总院小范围召开《超级工程概论》第五版审稿会议，对目录进行了较大幅度的修改，增加了理论部分和补充了工程哲学启示方面的内容。参加会议的有胡文瑞院士、王俊仁教授、许特教授、鲍敬伟博士等，最后建议王俊仁教授抽时间到智能工业数据解析与优化教育部重点实验室（东北大学）与唐立新院士团队协商落实，尽快使《超级工程概论》进入审稿和修改阶段，总体要求不断打磨，使《超级工程概论》成为精品学术著作。

2021年12月16日，在北京西藏大厦召开《超级工程概论》研讨会，胡文瑞院士主持会议，专题讨论《超级工程概论》目录，一致确定"古今中外"四个板块研究著作，为了"四个板块"著作与《超级工程概论》有所区别，统统由"概论"改为"概览"，即《中国古代超级工程概览》《中国近现代超级工程概览》《世界古代超级工程概览》《世界近现代超级工程概览》，并且委托王俊仁教授牵头，与许特、郎劲、赵任、赵国栋老师继续修改完善"四个概览"目录。

2022年2月17日，在六铺炕石油大楼8楼第一会议室，召开了有关排行榜学术"名称"会议，即关于超级工程"排行榜"名称问题，依据清华大学方东平教授建议，并征求各方意见，有四个可供选择名称，①超级工程排行榜；②超级工程榜；③超级工程名录；④超级工程年表。多数专家认为"超级工程排行榜"比较提气，具有较强的吸引力，其他"名称"显得比较平淡。最终建议：所有超级工程以公认的开始建设时间为起点，按历史年代时间顺序排行，统统称之为"超级工程排行榜"，避免了超级工程地位、重要程度、大小的争议。会议由胡文瑞院士主持，唐立新院士、王俊仁教授、吕建中教授、方东平教授、宋洁教授、杨虹首席专家等25人参加了会议。

2022 年 4 月 19 日，在北京召开"超级工程研究调整实施方案和案例撰写"视频会议，唐立新院士在沈阳主持会议，胡文瑞院士在北京作"超级工程研究"课题调整实施方案和案例撰写报告，特别强调：这是超级工程研究四年来规模最大、内容非常重要的一次视频会议，希望各研究、撰写团队给予高度关注。视频会议在全国设 23 个分会场。参加视频会议的院士有：胡文瑞、王基铭、唐立新、黄其励、杨善林、丁烈云、邵安林、金智新、卢春房、向巧、陈晓红、范国滨、王坚、李贤玉、孙丽丽、王自力、孙友宏、张来斌、林鸣、杨宏、杨长风等。刘合院士、黄维和院士、谢玉洪院士请假委托团队代表参加了会议。中国工程院工程管理学部办公室聂淑琴主任参加了会议。中国石油天然气集团、中国石化集团、中国国际工程咨询有限公司、中国铁路集团公司、中国航天科技集团公司、中国交建集团公司、国家能源投资公司、中国鞍钢集团公司、河钢集团公司、中国工程物理研究院、中国海洋集团公司、中国航发集团公司、阿里巴巴公司、华为公司、中国中车股份有限公司（以下简称中国中车）、能新科国际有限公司、中国石油国家高端智库研究中心、中国石油长庆油田公司、解放军 301 医院、陕西盛世唐人文化产业集团有限公司（以下简称唐人文化公司）、中国卫星通信有限责任公司、火箭军研究院、国家安全部科技委、冶金工业规划研究院、东旭集团有限公司、东北大学工业智能与系统优化国家级前沿科学中心/智能工业数据解析与优化教育部重点实验室、清华大学、北京大学、华中科技大学、河海大学、北京航空航天大学、合肥工业大学、北京理工大学、太原理工大学、中国石油大学（北京）、北京建筑大学、中南大学、湖南工商大学、中国地质大学（北京）、西安交通大学、成都理工大学等 24 家国内知名企业、16 所知名大学、40 多个超级工程案例撰写团队的 250 多位专家学者出席了视频会议。

2022 年 7 月 1 日，在北京六铺炕 8 楼第一会议室召开"超级工程研究"视频会议，唐立新院士（沈阳）主持，胡文瑞院士作"超级工程研究"报告与出版物编辑编审方案报告，王基铭院士（上海）做总结讲话，刘合院士（北京）做了发言。聂建国院士、王自力院士参加了会议，研究团队主要成员王俊仁、方东平、宋洁、王新东、许特、郎劲、赵国栋、赵任、吕建中、杨虹、魏一鸣、付金华、钟晟、杨虹、鲍敬伟、祝磊、张磊、何欣、徐立坤、王京峰、贾枝桦、罗平平等 70 多人参加了会议。会议主题是"超级工程研究出版物编辑编审"。

2022 年 8 月 31 日，在北京召开"超级工程排行榜及名录"案例最终版本审定会议，胡文瑞院士主持，唐立新院士、刘合院士参加，主要研究成员王俊仁、方东平、宋洁、杨虹、许特、郎劲、赵国栋、赵任、鲍敬伟、祝磊、何欣、徐立坤等参加。"超级工程排行榜及名录"是超级工程研究课题重点工作之一，超级工程案例选取工作，以超级工程定义、分类、标准为依据，在组织多场行业领域超级工程案例的遴选与研讨会议的基础上，采取专家论证、同行对比、专家打分等方法，结合不同历史年代、不同国家地区、不同民族文化特征、不同行业领域的超级工程在工程规模、工程科技、工程价值方面自身的特点，最终确定了"超级工程排行榜及名录"。

2022 年 9 月 5 日到 9 月 15 日，超级工程研究团队连续 11 天通过视频形式讨论"超级工程排行榜名录"问题。视频会议分别由胡文瑞院士和唐立新院士主持，郎劲、许特、赵国栋、赵任老师对古今中外入选"超级工程排行榜及名录"的各案例名称、建设时间和入选理由作了报告。参加视频会议的有王俊仁（中国石油）、方东平（清华大学）、宋洁（北京大学）、许特（东北大学工业智能与系统优化国家级前沿科学中心/智能工业数据解析与优化教育部重点实验室，后同）、郎劲、赵国栋、赵任、王新东（河钢）、钟晟（西安交通大学）、祝磊（北京建筑大学）、张磊［中国石油大学（北京）］、贾枝桦（唐人文化公司）、杨虹（中国石油，后同）、鲍敬伟、何欣、徐立坤等 46 人，在北京、沈阳、唐山、西安设 6 个分会场，由于沈阳疫情严重，大部分研究人员都在各自的家里参加视频会议，由于 5G 网络发达，视频效果非常好。

视频会议对入选超级工程的古今中外 600 多个案例，逐一进行了审查和讨论，对每项超级工程逐一做出评定性用语，特别是对每个入选的超级工程地位的评价文字进行了认真严格的审查，有权威机构评价的选择权威机构评语，没有权威机构评语的，根据专家讨论给出评语。如中国的"村村通工程"，是中国近现代 299 个超级工程中唯一用"伟大"一词形容的超级工程，其评语为"人类历史上最伟大的惠民工程"。由于对超级工程案例逐个审查，这次视频会议持续了 11 天。

为了保证入选超级工程排行榜案例的权威性与可靠性，会议对如下问题达成了共识：①对大运河工程、万里长城工程的起始时间，确定为以隋唐大运河建设时间为起始时间，万里长城以秦朝建设时间为起始时间；②对苏联建设的超级工程分别归属于独立后的国家，如苏联的超级工程分别标注为苏联（俄罗斯）、苏联（乌克兰）、苏联（土库曼斯坦）等；③凡是超级工程名称使用"工厂"或"公司"字样，统统改为"工程"，保证超级工程的研究对象是工程本体，而非公司或企业；④不同时期的同一类型且相互之间有联系的超级工程，考虑将两个案例进行合并，避免重复，同时，也反映其不断升级与更新趋势；⑤所有超级工程都应该具备"地标性""标志性"的地位,"第一、最大、最早"是超级工程最重要评价用语,"唯一性""誉谤性"是影响极大的超级工程的基本特征;⑥课题组在视频会议期间邀请了三一重工股份有限公司(以下简称三一重工)、中联重科股份有限公司(以下简称中联重科)、中国铁建重工集团股份有限公司(以下简称铁建重工)、山河智能装备股份有限公司等企业参加视频讨论,对准备入选超级工程的24项现代装备制造工程案例进行了讨论,如中国第一台盾构机、1号盾构机、859号掘进机、DZ101号掘进机、隧道钻爆法施工智能成套装备、极寒盾构机、"京华号"盾构机、"深江1号"盾构机、HBT9050CH超高压混凝土输送泵等;⑦入选的古代超级工程案例,在历史中确实存在过,已经没有实体保存,依据史料证明和考古验证,则依然可以入选古代超级工程排行榜。

2023年5月23日至24日,在沈阳东北大学工业智能与系统优化国家级前沿科学中心S23会议室,胡文瑞院士主持召开了超级工程研究阶段检查与讨论会。会议对《超级工程概论》、"古今中外超级工程概览""超级工程排行榜""超级工程图册""系列丛书出版""编辑编审"等问题进行了讨论,对分工和完成时间均做出具体的安排,可以说是一次重要的会议,确定的问题如何落实,关系超级工程研究的成败。会议请王俊仁教授任总执笔人,负责本次会议确定事项逐一落实。

2023年5月27日上午,在西安华邑酒店咖啡厅,胡文瑞院士主持召开了"超级工程研究"图册审定讨论会。罗平平副总经理汇报了"超级工程研究"图册设计进展情况。经过讨论,会议形成了以下共识:①图册中地图部分与文字占比最好符合0.618的黄金比例,以求和谐美观。要以淡蓝色的中国地图和世界地图为背景底图。②排行榜中每个案例最关键的要素是时间,时间要突出排在首位。古代超级工程地理分布图要出两套线图,标明其地理位置。③图册要注明设计单位、审核人、制图人、研究单位等关键信息,同时增加中国工程院标志以及"中国工程院重大战略咨询研究项目"文字内容。④重大的历史转折点要清晰注明,如1840年(晚清时期)、1912年(民国时期)、1949年(新中国成立)以及1978年(改革开放)。⑤图册要设计两套,一套在书中作为插页,另一套图集合成册出版。单独出版的图册,考虑更大规格,可以上墙挂示。

2023年6月1日,按照胡文瑞院士的总体部署要求,在中国石油勘探开发研究院廊坊科技园区会议中心第二会议室,编辑编审小组召开了《超级工程概论》编辑编审研讨会,会议结合《超级工程概论》初稿基本情况及科学出版社对书稿的要求,针对编辑编审需要完善的工作进行了讨论,落实责任人和参与人员、途径、时间节点、工作要求、工作标准，并安排部署下一步工作任务。

2023 年 6 月 3 日下午，在西安未央区唐人文化公司会议室召开图册修改讨论会，罗平平副总经理详细解说了修改内容。会议形成了三项修改共识：①图册封面重新优化设计，封面语录要注明作者；②中国近现代案例较多，平分为上下两册设计；③图册封面设计时考虑下面用万里长城，上面用中国空间站的背景照片，分别作为古代及近现代超级工程的典型代表。何欣博士、闫丽娜、李晓飞等参加了会议。

2023 年 6 月 5 日，为落实胡文瑞院士近期对《超级工程概论》编辑编审工作的批示和要求，在中国石油勘探开发研究院廊坊科技园区会议中心 518 会议室，编辑编审团队、东北大学工业智能与系统优化国家级前沿科学中心/智能工业数据解析与优化教育部重点实验室、科学出版社及唐人文化公司的相关人员召开了《超级工程概论》编辑编审工作交流协调会。会议针对《超级工程概论》编辑编审工作所遇到的一些困难和问题进行了交流和协调。

2023 年 6 月 12 日，胡文瑞院士组织编辑编审团队、东北大学工业智能与系统优化国家级前沿科学中心/智能工业数据解析与优化教育部重点实验室、科学出版社及唐人文化公司相关人员，在中国石油勘探开发研究院廊坊科技园区会议中心第二会议室召开《超级工程概论》编辑编审工作研讨会。参会人员包括胡文瑞、王俊仁、闫建文、于鸿春、王焕弟、何军、何欣、徐立坤、张杰、韩墨言、张剑峰、朱德明、耿建业、吴凡洁、赵国栋、苏丽杰、沈芬、罗平平。会议针对《超级工程概论》编辑编审工作进展进行了审查，并针对工作中所遇到的一些困难和问题进行了沟通协调，本次会议有效地推动了《超级工程概论》编辑编审工作的顺利完成。

2023 年 6 月 21 日，在中国石油勘探开发研究院主楼第九会议室，中国石油团队、东北大学工业智能与系统优化国家级前沿科学中心/智能工业数据解析与优化教育部重点实验室团队、科学出版社团队及唐人文化公司相关人员召开超级工程研究有关工作沟通协调会。会议针对超级工程研究相关成果进入空间站以及《超级工程概论》交接备忘录中未尽事宜的完善情况进行了沟通和协调。

2023 年 6 月 25 日，在中国工程院 318 会议室召开"超级工程研究与排行榜"项目深化研究讨论会，会议采用线上线下结合方式，刘合院士主持会议，胡文瑞院士在会议开始时做了重要发言，充分肯定了超级工程四年的研究成果，并对后续工作开展做出了详细的部署和安排。中国工程院参加视频会议的院士有：胡文瑞（现场）、王基铭（线上）、刘合（现场）、唐立新（线上）。中国石油团队、东北大学工业智能与系统优化国家级前沿科学中心/智能工业数据解析与优化教育部重点实验室团队、清华大学（含北京建筑大学）团队、北京大学团队、合肥工业大学团队、河钢集团团队、成都理工大学团队、北京航空航天大学团队、长庆油田团队、东北石油大学团队、西安交通大学团队、中国石油化工集团公司、中国石油大学（北京）、中国石油企业杂志社、中国科学院科创发展办公室、中石化勘探开发研究、北京博奥问道企业管理咨询有限公司等17个研究团队或单位（学校）的70多位专家学者出席了本次会议。会议针对项目研究及编辑编审工作提出了具体的建议及安排。

2023年7月6日，为了推动"超级工程研究与排行榜"项目稳步实施，胡文瑞院士组织相关人员，在北京中国石油勘探开发研究院科技会议中心第一会议室召开专题研讨会。王俊仁、付金华、鲍敬伟、何欣、徐立坤线下参会，许特、郎劲、赵国栋线上参会。会议针对"超级工程研究与排行榜"项目实施中的一些具体问题进行了讨论并达成共识。

2023年7月23日，胡文瑞院士组织相关人员，在北京大学博雅国际酒店大学堂2号厅召开"超级工程研究与排行榜"推进会，针对"中国古代超级工程排行榜"进行研讨。会议采用线上和线下相结合的方式召开。参加会议的院士有胡文瑞、王基铭、刘合、杨善林和唐立新等。中国石油团队、东北大学工业智能与系统优化国家级前沿科学中心/智能工业数据解析与优化教育部重点实验室团队、清华大学（北京建筑大学）团队、北京大学团队、合肥工业大学团队、河钢集团团队、成都理工大学团队、唐人文化公司、科学出版社9个团队或单位的共75位院士、专家参加会议。通过本次会议：①完成了"中国古代超级工程排行榜"编审交接工作；②明确了"超级工程概览"的撰写与编辑编审工作；③明确了各研究团队关于"超级工程排行榜"编辑编审的下一步工作任务；④提出了编辑编审工作的具体要求。

2023年7月26日，胡文瑞院士在西安组织相关人员召开"超级工程地理分布图和历史年代时间轴图研究"出版讨论会。会议完成了"超级工程地理分布图和历史年代时间轴图研究"的设计委托，并针对图册设计的相关期望和要求进行了讨论，达成一致意见。设计需要从受众的角度出发，以扩大影响为目标。由唐人文化团队，发挥自己专业的设计思路，进一步提升单册出版的地理分布图和历史年代时间轴图的设计水平和设计质量，兼顾封面和内容，按照合同完成12张基础图的设计内容，每张图给出两套方案，与科学出版社进一步商讨图册的组合出版方式，提出整体的设计方案。

2023年8月6日，针对"超级工程研究与排行榜"研究项目，胡文瑞院士组织相关人员在北京邯钢宾馆二楼会议室召开"世界近现代超级工程排行榜"编辑编审讨论会，中国石油团队王俊仁、付金华、张磊、鲍敬伟、何欣、徐立坤，河钢集团王新东、钟金红、王凡、张倩、杨楠、郝良元、刘金哲、侯长江，东北大学许特、张颜颜，科学出版社吴凡洁，北京大学何冠楠、王宗宪，北京建筑大学祝磊，合肥工业大学李霄剑，成都理工大学王丹，唐人文化罗平平共24人参加了会议。会议完成了"世界近现代超级工程排行榜"编辑编审交接工作，胡院士作了总结讲话，对编辑编审工作提出了具体要求，细化明确了"超级工程研究与排行榜"各研究团队在编辑编审过程中的注意事项。

2023年8月8日，为了进一步推动"超级工程研究与排行榜"稳步实施，胡文瑞院士在清华大学新土木馆429会议室组织并召开"中国近现代超级工程排行榜"（案例1～150）编辑编审讨论会。会议完成了"中国与世界古代、近现代超级工程名录"与"中国近现代超级工程排行榜"（案例1～150）编辑编审交接工作。胡文瑞院士对编辑编审工作提出了具体要求，并进一步细化明确了"超级工程研究与排行榜"各研究团队在编辑编审过程中的注意事项。中国石油团队胡文瑞、王俊仁、付金华、张磊、何欣、徐立坤，清华大学方东平、冯鹏、施刚、马吉明、胡羿霖、沈宇斌、刘年凯、刘磊、黄玥诚、王尧、张桎淮、李泊宁，东北大学工业智能与系统优化国家级前沿科学中心/智能工业数据解析与优化教育部重点实验室郎劲、赵国栋，科学出版社耿建业，北京大学陆胤、王剑晓、黄静思，河钢集团王新东，北京建筑大学祝磊、易伟同、蒋永慧、刘兴奇、路鸣宇，合肥工业大学李霄剑，成都理工大学王丹，唐人文化贾枝桦、罗平平共34人参加了本次会议。

2023年8月15日，课题组针对"超级工程研究与排行榜"研究项目，在成都理工大学行政楼三楼第三会议室，组织召开"世界古代超级工程排行榜"编辑编审讨论会，会议由王俊仁教授主持，胡文瑞院士在会议中作了重要讲话，王基铭院士作了总结讲话，通过本次会议完成了"世界古代超级工程排行榜"编辑编审交接工作。中国工程院胡文瑞院士、王基铭院士，中国石油团队王俊仁、付金华、张磊、鲍敬伟、任利明、陆浩、李莉、何欣、徐立坤，成都理工大学刘清友、许强、范宣梅、李智武、罗永红、赵伟华、吉锋、马春驰、崔圣华、张岩、罗璟、林汐璐、王丹，东北大学工业智能与系统优化国家级前沿科学中心/智能工业数据解析与优化教育部重点实验室许特、赵国栋，科学出版社吴凡洁，北京大学宋洁、吴林瀚、黄晶、袁业浩，河钢集团王新东、郝良元，北京建筑大学祝磊，合肥工业大学李霄剑，唐人文化贾枝桦、罗平平共 37 人参加了本次讨论会。

2023 年 8 月 17 日，胡文瑞院士组织相关人员在合肥工业大学工程管理与智能制造研究中心第三报告厅，针对"超级工程研究与排行榜"研究项目召开"中国近现代超级工程排行榜"（案例 151～299）编辑编审讨论会，会上胡文瑞院士作了重要讲话，丁烈云院士作了院士发言，杨善林院士作了会议总结。本次会议顺利完成了"中国近现代超级工程排行榜"（案例 151～299）编辑编审交接工作，并结合历次排行榜编辑编审讨论会的要求，针对编辑编审工作提出了综合的具体要求。中国工程院胡文瑞院士、丁烈云院士、杨善林院士，中国石油团队王俊仁、付金华、张磊、何欣、徐立坤，合肥工业大学刘心报、梁昌勇、刘业政、胡笑旋、张强、付超、姜元春、焦建玲、裴军、李霄剑、丁帅、周开乐、顾东晓、罗贺、莫杭杰、彭张林、王国强、王浩、李玲、郅伦海、汪亦显、张爱勇、袁海平、项乃亮、李贝贝、高鹏、刘佩贵、韩丁、刘武、刘广、刘用、丁卓越，东北大学工业智能与系统优化国家级前沿科学中心/智能工业数据解析与优化教育部重点实验室许特、苏丽杰，科学出版社吴凡洁，北京大学何冠楠、王剑晓，北京建筑大学祝磊，河钢集团郝良元，成都理工大学赵伟华，唐人文化贾枝桦、罗平平共 50 人参加了本次研讨会。

2023 年 8 月 26 日至 27 日，受胡文瑞院士委托，为进一步推进"超级工程概览"撰写工作，课题组在沈阳东北大学工业智能与系统优化国家级前沿科学中心/智能工业数据解析与优化教育部重点实验室易购大厦 S23 会议室，组织召开了"中国古代超级工程概览"研讨会。会议明确"概览"在系列丛书中的定位和作用，并针对《中国古代超级工程概览》书稿中八个章节，针对性地从逻辑架构、案例分析、研究方法、规律总结、价值提炼、经验启示等多个方面，提出了几十条具体的补充、删减、调整及修改的建议；会议同时要求中国近现代、世界古代以及世界近现代"超级工程概览"参照进行修改。中国石油团队王俊仁、付金华、张磊、徐立坤、陈潇，东北大学工业智能与系统优化国家级前沿科学中心/智能工业数据解析与优化教育部重点实验室许特、郎劲、赵任、赵国栋、高振、陈宏志、杨阳、刘文博、郭振飞、董志明、齐曦、王显鹏、汪恭书、王佳惠、张颜颜、苏丽杰、杜金铭、张家宁、王坤、车平、宋光、秦诗悦、常爽爽、纪东、杨钟毓，科学出版社吴凡洁，北京大学高锋，北京建筑大学祝磊共 33 人参加了本次讨论会。

"超级工程研究"本身就是一项"超级工程"，先后组织 43 个研究团队，其中 3 个为骨干研究团队；参与研究的人员共计 751 人，其中院士 49 位、专家学者 200 余人；105 家各类企业、研究院所，其中世界 500 强企业 15 家；19 所大学，其中著名大学 9 所。4 年来召开大中型研讨会议 126 场次，其中大型研讨会议 54 场次，时间最长的连续 11 天，小规模内部研讨会几百场次，查阅了大量的资料，走访了许多企业、研究机构、档案馆所和专业人士，试图将超级工程的各个层面完整地展现出来，但人类历史发展的漫长岁月里，有太多的伟大工程值得被记录和研究。

在"超级工程研究"进入了关键时期，中国石油集团公司为了支持"超级工程研究"，专项设立"超级工程研究与排行榜"深化研究课题，包括 8 个子课题，进一步提升超级工程研究的质量和水平。中国石油编辑编审团队集中于廊坊研究院密闭进行研究，争取 2023 年底出版《超级工程概论》，向伟大的中华人民共和国成立 73 周年献礼。同时，在中国石油集团公司支持下，使超级工程研究成果、系列丛书和系列图册，尽快与广大读者见面。

最后，代表中国工程院"超级工程研究"课题组，衷心感谢"超级工程研究"的顾问团队、骨干团队和参与研究的企业、院校、研究机构全体人员。

特别感谢中国石油天然气集团公司在关键时刻的大力支持。

特别感谢许特副教授和鲍敬伟主任、何欣博士、徐立坤博士。

附 1　中国工程院"超级工程研究"领导小组名单
附 2　中国工程院"超级工程研究"顾问团队名单
附 3　中国工程院"超级工程研究"主要成员名单
附 4　中国工程院"超级工程研究"全体参与人员名单

胡文瑞
2023 年 6 月 17 日于辛店路 1 号林楠院初稿
2023 年 8 月 27 日（农历七月十二）于东坡居二稿
2023 年 11 月 29 日于中国石油勘探开发研究院终稿

附1 中国工程院"超级工程研究"领导小组名单

胡文瑞：中国石油天然气集团有限公司，中国工程院院士、教授级高级工程师、博士生导师、中国工程院工程管理学部第六届副主任和第七届主任、全国企业管理现代化创新成果评审委员会主任，丛书主编（课题组组长）、总策划人、总审稿人

王基铭：中国石化集团公司，中国工程院院士、教授级高级工程师、博士生导师、中国工程院工程管理学部第五届主任，丛书副主编（课题组副组长）、总审稿人

刘 合：中国石油勘探开发研究院，中国工程院院士、教授级高级工程师、博士生导师、国际石油工程师协会专家咨询委员会委员、SPE 东南亚区域执行主席，丛书副主编（课题组副组长）、总审稿人

唐立新：东北大学工业智能与系统优化国家级前沿科学中心，中国工程院院士、副校长、教授、博士生导师、第十四届全国人大代表、中心主任、首席科学家，智能工业数据解析与优化教育部重点实验室主任，丛书副主编（课题组副组长）兼秘书长、总审稿人

王俊仁：中国石油天然气集团有限公司，曾任中亚地区公司副总经理、西非地区公司总经理、中国石油国家高端智库特聘专家、教授级高级经济师，丛书副秘书长（执行）[课题组（执行）副秘书长]、总执笔人

聂淑琴：中国工程院，工程管理学部办公室主任，丛书副秘书长（课题组副秘书长）

鲍敬伟：中国石油勘探开发研究院，科技中心副主任、高级工程师，丛书副秘书长（课题组副秘书长）

许 特：东北大学工业智能与系统优化国家级前沿科学中心，副主任、副教授，丛书副秘书长（课题组副秘书长）、主要撰稿人

特别说明：领导小组主要负责丛书总的策划、设计和组织工作；负责《超级工程概论》《中国古代超级工程概览》《中国近现代超级工程概览》《世界古代超级工程概览》《世界近现代超级工程概览》设计、撰写、编辑编审工作；负责"超级工程排行榜""超级工程排行榜名录""超级工程地理分布图""超级工程历史年代时间轴图"设计、编辑编审工作。

附2　中国工程院"超级工程研究"顾问团队名单

徐匡迪：第十届全国政协副主席、中国工程院原院长、中国工程院院士

朱高峰：原国家邮电部副部长、中国工程院原副院长、中国工程院院士

何华武：中国工程院原副院长、中国工程院院士

殷瑞钰：原国家冶金部副部长，原总工程师，中国工程院工程管理学部第一、第二、第三届主任，中国工程院院士

翟光明：中国石油勘探开发研究院原院长、中国工程院院士

何继善：中南大学原校长、教授、中国工程院院士、能源与矿业工程学部原主任

袁晴棠：中国石化集团总公司原总工程师、中国工程院院士

傅志寰：原国家铁道部部长、中国工程院院士

王玉普：应急管理部原部长、中国工程院原副院长、党组副书记、中国工程院院士

汪应洛：西安交通大学教授、中国工程院院士

陆佑楣：水利部原副部长、三峡水利枢纽建设原总指挥、中国工程院院士

王礼恒：中国航天科技集团原总经理、中国工程院工程管理学部第四届主任、中国工程院院士

孙永福：原国家铁道部正部长级副部长、中国工程院工程管理学部第六届主任、中国工程院院士

许庆瑞：浙江大学教授，中国工程院院士

特别说明：顾问团队排序遵循中国工程院工程管理学部传统习惯。顾问团队职责为负责课题设计、定向、咨询、研究和研讨工作，多数顾问参与了超级工程研讨和排行榜案例撰写工作。

附3 中国工程院"超级工程研究"主要成员名单

胡文瑞：中国石油天然气集团有限公司，中国工程院院士、教授级高级工程师、博士生导师、中国工程院工程管理学部第六届副主任和第七届主任、全国企业管理现代化创新成果评审委员会主任，丛书主编（课题组组长）、总策划人、总审稿人

王基铭：中国石化集团公司，中国工程院院士、教授级高级工程师、博士生导师、中国工程院工程管理学部第五届主任，丛书副主编（课题组副组长）、总审稿人

刘　合：中国石油勘探开发研究院，中国工程院院士、教授级高级工程师、博士生导师、国际石油工程师协会专家咨询委员会委员、SPE东南亚区域执行主席，丛书副主编（课题组副组长）、总审稿人

唐立新：东北大学工业智能与系统优化国家级前沿科学中心，中国工程院院士、副校长、教授、博士生导师、第十四届全国人大代表、中心主任、首席科学家，智能工业数据解析与优化教育部重点实验室主任，丛书副主编（课题组副组长）兼秘书长、总审稿人

卢春房：国家铁道部原副部长、中国国家铁路集团有限公司原常务副总经理、中国铁道学会第七届会长、正高级工程师、博导、中国工程院工程管理学部第八届主任、中国工程院院士，铁路工程案例撰稿人

黄其励：国家电网公司一级顾问、国家能源集团电力首席科学家、教授级高级工程师、博士生导师、能源与矿业工程学部第八届主任、中国工程院院士，能源工程案例撰稿人

黄维和：中国石油原副总裁、中国石油企业协会学术委员会主任、国家管网公司技术委员会主任、教授级高级工程师、博士生导师、中国工程院院士，管道工程案例撰稿人

丁烈云：华中科技大学原校长、教授、博士生导师、中国工程院院士，建筑工程案例撰稿人

戴厚良：中国石油天然气集团公司董事长、党组书记、教授级高级工程师、博士生导师、中国工程院院士，重点支持超级工程研究

孙丽丽：中国石化炼化工程集团和中国石化工程建设有限公司董事长、全国工程勘察设计大师、正高级工程师、博士、博士生导师、北京市科协副主席、中国工程院院士，石化工程案例撰稿人

曹建国：中国航空发动机研究院集团董事长、教授级高级工程师、博士生导师、中国工程院院士，参与研究

杨善林：合肥工业大学教授、博士生导师、中国工程院院士，综合工程案例撰稿人

谢玉洪：中国海油集团首席科学家、科学技术委员会主席、教授级高级工程师、博士生导师、中国工程院院士，海洋工程案例撰稿人

特别说明：该名单不包括顾问团队名单。"超级工程研究"主要成员按参与超级工程研究先后时间、承担任务权重排序。均参与了超级工程概论、古今中外超级工程概览部分的研究，有些还是超级工程排行榜的撰稿人或超级工程图册的设计者。

陈晓红：湖南工商大学校长、教授、博士生导师、中国工程院院士，制造工程案例撰稿人

范国滨：中国工程物理研究院、教授、博士生导师、中国工程院院士，军工工程案例撰稿人

金智新：太原理工大学学术委员会主任、教授级高级工程师、博士生导师、中国工程院院士，煤炭工程案例撰稿人

凌　文：山东省人民政府副省长、教授级高级工程师、博士生导师、中国工程院院士，参与超级工程研究

向　巧：中国航发副总经理、教授、博士生导师、中国工程院院士，航空工程案例撰稿人

林　鸣：中国交建总工程师、首席科学家、教授、博士生导师、中国工程院院士，交通工程案例撰稿人

王自力：北京航空航天大学教授、博士生导师、中国工程院院士，军工工程案例撰稿人

李贤玉：解放军火箭军研究院某所所长、研究员、解放军少将、军队卓越青年、中国工程院院士，导弹工程案例撰稿人

王俊仁：中国石油天然气集团有限公司教授级高级经济师，曾任中亚地区公司副总经理、西非地区公司总经理，中国石油国家高端智库特聘专家，丛书副秘书长（执行）〔课题组（执行）副秘书长〕、总执笔人

许　特：东北大学工业智能与系统优化国家级前沿科学中心副主任、副教授，丛书副秘书长（课题组副秘书长）、"超级工程丛书"主要撰稿人

方东平：清华大学土木水利学院院长、教授、博士生导师，土木工程案例撰稿人

宋　洁：北京大学工学院党委书记、长江学者、北京大学博雅特聘教授、博士生导师，信息工程案例撰稿人

郎　劲：东北大学工业智能与系统优化国家级前沿科学中心副教授、博士，"超级工程丛书"主要撰稿人

赵国栋：东北大学工业智能与系统优化国家级前沿科学中心主任助理、博士，"超级工程丛书"主要撰稿人

赵　任：东北大学工业智能与系统优化国家级前沿科学中心副教授，"超级工程丛书"主要撰稿人

聂淑琴：中国工程院工程管理学部办公室主任，丛书副秘书长（课题组副秘书长）

鲍敬伟：中国石油勘探开发研究院科技中心副主任、高级工程师，丛书副秘书长（课题组副秘书长）

王新东：河钢集团专家委员会副主任和首席技术官、河北金属学会理事长、正高级工程师，钢铁等工程案例撰稿人

钟　晟：国家发改委与西安交通大学共建改革试点探索与评估协同创新中心研究员、陕西省决咨委委员，工程案例撰稿人

刘清友：成都理工大学书记、长江学者、博士、教授、博士生导师，地质工程案例撰稿人

梁　樑：合肥工业大学原校长、杰青、长江学者、教授、博士生导师，综合工程案例撰稿人

祝　磊：北京建筑大学土木与交通学院、教授、博士生导师，土木工程案例撰稿人

罗平平：唐人文化公司副总经理，超级工程地理分布图等主要设计人

邵安林：鞍钢集团副总经理、教授级高级工程师、中国工程院院士，工程案例撰稿人

李家彪：自然资源部第二海洋研究所原所长、浙江省海洋科学院院长、浙江省科协副主席、中

国海洋学会副理事长、联合国海洋十年大科学计划首席科学家、博士、研究员、中国工程院环境与轻纺工程学部副主任、中国工程院院士，海洋工程案例撰稿人

黄殿中：中国信息安全测评中心教授、中国工程院院士，信息工程案例撰稿人

孙友宏：中国地质大学〔北京〕校长、博士、教授、中国工程院院士，钻井工程案例撰稿人

张来斌：中国石油大学〔北京〕原校长、全国政协常委、国家应急部油气生产安全及技术重点实验室主任、教授、博士生导师、中国工程院院士，石油工程案例撰稿人

赵文智：中国石油勘探开发研究院原院长、工学博士、石油地质勘探专家、教授级高级工程师、博士生导师、国家能源局油气战略研究中心专家委员会主任、中国工程院院士，油田工程审稿人

聂建国：清华大学学术委员会主任、杰青、长江学者、教授、博士生导师、中国土木工程学会副理事长、中国工程院土水建工程学部主任、中国工程院院士，土木工程审稿人

杨　宏：中国航天集团空间技术研究院（五院）研究员、中国载人航天工程空间站系统总设计师、工学博士、中国工程院院士，空间站工程案例撰稿人

王　坚：阿里巴巴集团公司技术委员会主席、教授级高级工程师、中国工程院院士，信息工程案例撰稿人

王金南：生态环境部环境规划院原院长、研究员、中国环境科学学会理事长、全国政协常委、人资环委副主任、中国工程院院士，环境工程案例撰稿人

杨长风：中国卫星导航系统工程管理办公室原主任、北斗卫星导航系统工程总设计师、正高级工程师、中国工程院院士，卫星工程案例撰稿人

郭庆新：东北大学工业智能与系统优化国家级前沿科学中心教授，超级工程撰稿人

孟　盈：东北大学工业智能与系统优化国家级前沿科学中心教授，超级工程撰稿人

王显鹏：东北大学工业智能与系统优化国家级前沿科学中心教授，超级工程撰稿人

汪恭书：东北大学工业智能与系统优化国家级前沿科学中心教授，超级工程撰稿人

苏丽杰：东北大学工业智能与系统优化国家级前沿科学中心副教授，超级工程撰稿人

吴　剑：东北大学工业智能与系统优化国家级前沿科学中心讲师，超级工程撰稿人

宋　光：东北大学工业智能与系统优化国家级前沿科学中心讲师，超级工程撰稿人

刘　畅：东北大学工业智能与系统优化国家级前沿科学中心讲师，超级工程撰稿人

杜金铭：东北大学工业智能与系统优化国家级前沿科学中心副教授，超级工程撰稿人

高　振：东北大学工业智能与系统优化国家级前沿科学中心副教授，超级工程撰稿人

许美玲：东北大学工业智能与系统优化国家级前沿科学中心讲师，超级工程撰稿人

陈宏志：东北大学工业智能与系统优化国家级前沿科学中心副教授，超级工程撰稿人

李开孟：中国国际工程咨询有限公司总经济师、研究员，参与研究

张秀东：中国石化集团工程公司副总经理、教授级高级工程师，石化工程案例撰稿人

张颜颜：东北大学工业智能与系统优化国家级前沿科学中心教授，超级工程案例撰稿人

杨　阳：东北大学工业智能与系统优化国家级前沿科学中心教授，超级工程案例撰稿人

宋相满：东北大学工业智能与系统优化国家级前沿科学中心主任助理，超级工程案例撰稿人

魏一鸣：北京理工大学副校长、教授、博士生导师，参与研究

贾枝桦：唐人文化董事长、中国工业设计协会常务理事、中国油画学会理事、经济学博士、独立艺术家、教授级高级工程师，超级工程地理分布图设计人

李新创：冶金工业规划研究院院长、教授、中国钢铁论坛创始人，钢铁工程案例撰稿人

王慧敏：河海大学教授、博士生导师、长江学者，水利工程案例撰稿人、参与超级工程研究

张家宁：智能工业数据解析与优化教育部重点实验室（东北大学）副教授，超级工程撰稿人

郭振飞：智能工业数据解析与优化教育部重点实验室（东北大学）讲师，超级工程撰稿人

董志明：智能工业数据解析与优化教育部重点实验室（东北大学）讲师，超级工程撰稿人

白　敏：智能工业数据解析与优化教育部重点实验室（东北大学）讲师，超级工程撰稿人

王佳惠：智能工业数据解析与优化教育部重点实验室（东北大学）副主任，超级工程撰稿人

王　尧：清华大学博士生，超级工程审稿人

马琳瑶：清华大学博士生，超级工程审稿人

曹思涵：清华大学博士生，工程案例撰稿人

王丽颖：清华大学博士生，工程案例撰稿人

何冠楠：北京大学助理教授、博士生、国家级青年人才，工程案例撰稿人

赵伟华：成都理工大学副教授，工程案例撰稿人

王剑晓：北京大学助理研究员、科技部国家重点研发计划青年科学家，工程案例撰稿人

张　磊：中国石油大学（北京）副教授，石油工程案例撰稿人

杨钟毓：智能工业数据解析与优化教育部重点实验室（东北大学）科研与教学科科长，超级工程撰稿人

常军乾：中国工程院正处级巡视员、工程管理学部办公室副主任，参与超级工程研究

吕建中：中国石油国家高端智库专职副主任、学术委员会秘书长、教授级高级经济师，参与超级工程研究

杨　虹：中国石油经济技术研究院首席专家、教授级高级工程师，古建筑工程案例撰稿人

徐文伟：华为技术有限公司科学家咨询委员会主任、教授级高级工程师，信息工程案例撰稿人

张建勇：能新科能源技术股份有限公司创始人，能源工程案例撰稿人

林　枫：中国船舶集团第七〇三所所长、研究员，船舶工程案例撰稿人

曲天威：中国中车副总经理兼总工程师、教授级高级工程师，制造工程案例撰稿人

王　军：中国中车集团有限公司副总裁、教授级高级工程师，制造工程案例撰稿人

李　青：东旭光电科技集团总工程师、博士生导师、教授级高级工程师，工程案例撰稿人

王京峰：中国石油长庆油田公司巡察办处长、高级经济师，石油工程案例撰稿人

何江川：中国石油天然气股份有限公司副总裁、教授级高级工程师，石油工程案例审稿人

王建华：中国水利水电科学研究院副院长、正高级工程师，水利工程案例撰稿人

王安建：中国地质科学研究院矿产资源战略研究所首席科学家、教授、博士生导师，矿产工程案例撰稿人

王荣阳：中国航空工业集团公司政研室主任、研究员，航空工程案例审稿人

李　达：中国海油研究总院结构总师、教授级高级工程师，海洋工程案例撰稿人

徐宿东：东南大学东港航工程系主任、教授级高级工程师、博士生导师，工程案例撰稿人

刘泽洪：国家电网原副总经理、教授级高级工程师，能源工程案例审稿人

张来勇：中国寰球工程有限公司首席技术专家、技术委员会主任、正高级工程师，石化工程案例撰稿人

傅　强：中集（烟台）来福士海洋工程公司设计研究院副院长、高级工程师，海洋工程案例撰

稿人

王道军：火箭军研究院罡副主任、研究员、博士，导弹工程案例撰稿人

李晓雪：解放军总医院医学创新研究部灾害医学研究中心主任、上校、副主任医师，医院建造工程案例审稿人

陈晓明：上海建工集团股份有限公司总工程师、教授级高级工程师，建筑工程案例撰稿人

袁红良：沪东中华造船（集团）有限公司研究所副所长、教授级高级工程师，船舶工程案例撰稿人

邵　茂：北京城建集团有限责任公司工程总承包部项目总工程师、高级工程师，建筑工程案例撰稿人

王定洪：冶金工业规划研究院总设计师、正高级工程师，冶金工程案例撰稿人

关中原：国家管网研究总院《油气储运》杂志社社长、教授级高级工程师，管道工程案例撰稿人

何　欣：中国石油勘探开发研究院高级工程师，编辑编审人

徐立坤：中国石油勘探开发研究院高级工程师，编辑编审人

范体军：华东理工大学教授，工程案例撰稿人

李妍峰：西南交通大学教授，工程案例撰稿人

罗　彪：合肥工业大学教授，工程案例撰稿人

翁修震：合肥工业大学硕士生，工程案例撰稿人

陈佳仪：合肥工业大学硕士生，工程案例撰稿人

张　勇：国家能源投资集团科技与信息化部经理、教授级高级工程师，能源矿业工程案例撰稿人

李　治：北京大学博士生，工程案例撰稿人

王宗宪：北京大学博士后，工程案例撰稿人

钟金红：河钢集团有限公司科技创新部副总经理、正高级工程师，钢铁工程案例撰稿人

王　凡：河钢集团有限公司科技创新部高级经理、高级工程师，钢铁工程案例撰稿人

任　羿：北京航空航天大学可靠性工程研究所副所长、研究员，军工案例撰稿人

冯　强：北京航空航天大学可靠性工程研究所工程技术中心主任、副研究员，军工案例撰稿人

田京芬：中国铁道出版社原社长和总编辑、中国铁道学会副秘书长、铁路科技图书出版基金委员会秘书长、高级工程师，铁道工程案例撰稿人

贾光智：中国铁道科学研究院信息所副所长、研究员，铁道工程案例撰稿人

附 4 中国工程院"超级工程研究"全体参与人员名单

1. 东北大学工业智能与系统优化国家级前沿科学中心 / 智能工业数据解析与优化教育部重点实验室团队（骨干团队，负责理论研究、案例撰写、编辑编审）

唐立新：东北大学工业智能与系统优化国家级前沿科学中心，中国工程院院士，副校长

许　特：东北大学工业智能与系统优化国家级前沿科学中心，副主任

郎　劲：东北大学工业智能与系统优化国家级前沿科学中心，副教授

赵国栋：东北大学工业智能与系统优化国家级前沿科学中心，主任助理

赵　任：东北大学工业智能与系统优化国家级前沿科学中心，副教授

郭庆新：东北大学工业智能与系统优化国家级前沿科学中心，常务副主任、教授

孟　盈：东北大学工业智能与系统优化国家级前沿科学中心，副主任、教授

王显鹏：东北大学工业智能与系统优化国家级前沿科学中心，教授

汪恭书：东北大学工业智能与系统优化国家级前沿科学中心，教授

苏丽杰：东北大学工业智能与系统优化国家级前沿科学中心，副教授

张颜颜：东北大学工业智能与系统优化国家级前沿科学中心，教授

杨　阳：东北大学工业智能与系统优化国家级前沿科学中心，教授

宋　光：东北大学工业智能与系统优化国家级前沿科学中心，博士

吴　剑：东北大学工业智能与系统优化国家级前沿科学中心，博士

刘　畅：东北大学工业智能与系统优化国家级前沿科学中心，博士

杜金铭：东北大学工业智能与系统优化国家级前沿科学中心，副教授

高　振：东北大学工业智能与系统优化国家级前沿科学中心，副教授

陈宏志：东北大学工业智能与系统优化国家级前沿科学中心，副教授

宋相满：东北大学工业智能与系统优化国家级前沿科学中心，主任助理

张家宁：东北大学工业智能与系统优化国家级前沿科学中心，副教授

许美玲：东北大学工业智能与系统优化国家级前沿科学中心，副教授

赵胜楠：智能工业数据解析与优化教育部重点实验室（东北大学），博士

白　敏：智能工业数据解析与优化教育部重点实验室（东北大学），博士

王　坤：智能工业数据解析与优化教育部重点实验室（东北大学），副教授

秦诗悦：智能工业数据解析与优化教育部重点实验室（东北大学），博士

常爽爽：智能工业数据解析与优化教育部重点实验室（东北大学），博士

郭振飞：智能工业数据解析与优化教育部重点实验室（东北大学），博士

纪　东：智能工业数据解析与优化教育部重点实验室（东北大学），博士

特别说明：该名单包括"超级工程研究"领导小组成员、顾问团队成员、主要研究成员、案例撰写成员、编辑编审成员，称之为"'超级工程研究'全体参与人员名单"。按照承担任务权重、参与研究先后排序。

董志明：智能工业数据解析与优化教育部重点实验室（东北大学），博士

王佳惠：智能工业数据解析与优化教育部重点实验室（东北大学），副主任

杨钟毓：智能工业数据解析与优化教育部重点实验室（东北大学），科长

齐　曦：智能工业数据解析与优化教育部重点实验室（东北大学），科研助理

2. 中国石油团队（骨干团队、负责策划设计、理论研究、案例撰写、编辑编审）

胡文瑞：中国石油天然气集团公司，中国工程院院士

翟光明：中国石油天然气集团公司，中国工程院院士

赵文智：中国石油勘探开发研究院，中国工程院院士

刘　合：中国石油勘探开发研究院，中国工程院院士

戴厚良：中国石油天然气集团公司，中国工程院院士

黄维和：中国石油规划总院，中国工程院院士

孙焕泉：中国石化集团公司，中国工程院院士

王俊仁：中国石油国家高端智库特聘专家，教授级高级经济师

马新华：中国石油勘探开发研究院，教授级高级工程师

何江川：中国石油天然气股份有限公司，教授级高级工程师

李国欣：中国石油天然气集团公司，教授级高级工程师

付金华：中国石油长庆油田，教授级高级工程师

刘新社：中国石油长庆油田勘探开发研究院，副院长，教授级高级工程师

孙新革：中国石油新疆油田，首席技术专家，教授级高级工程师

王玉华：中国石油玉门油田党委宣传部，副部长，教授级高级工程师

王　鹏：中国石油大庆油田勘探开发研究院，常务副院长，高级工程师

闫建文：中国石油勘探开发研究院，文献档案馆书记、副馆长，石油精神（石油科学家精神）研究中心首席专家，正高级政工师

鲍敬伟：中国石油勘探开发研究院，科技中心副主任，高级工程师

何　欣：中国石油勘探开发研究院，高级工程师

徐立坤：中国石油勘探开发研究院，高级工程师

于鸿春：中国石油辽河油田，教授级高级工程师

何　军：中国石油规划总院，教授级高级工程师

张　杰：中国石油勘探开发研究院，美术编辑

王焕弟：石油工业出版社，编审

戴　娜：中国石油长庆油田，教授级高级工程师

陈　潇：中国石油规划总院，中级编辑

3. 清华大学团队（骨干团队，负责理论研究、综合案例撰写、编辑编审）

聂建国：清华大学，中国工程院院士

方东平：清华大学，教授

祝　磊：北京建筑大学，教授

曹思涵：清华大学，博士生

王　尧：清华大学，博士生

马琳瑶：清华大学，博士生

黄玥诚：清华大学，助理研究员

王丽颖：清华大学，博士生

徐意然：清华大学，博士生

傅远植：清华大学，硕士生

徐健朝：清华大学，本科生

张思嘉：清华大学，本科生

尹　飞：北京建筑大学，博士后

易伟同：北京建筑大学，博士生

蒋永慧：北京建筑大学，博士生

刘兴奇：北京建筑大学，博士生

路鸣宇：北京建筑大学，博士生

郭天裕：北京建筑大学，硕士生

白　杨：北京建筑大学，硕士生

申民宇：北京建筑大学，硕士生

左凌霄：北京建筑大学，硕士生

张福瑶：北京建筑大学，硕士生

吕冬霖：北京建筑大学，硕士生

李　湛：北京建筑大学，硕士生

张建勋：北京建筑大学，硕士生

吴　尧：北京建筑大学，硕士生

杨立晨：北京建筑大学，硕士生

陈　宇：北京建筑大学，硕士生

潘天童：北京建筑大学，硕士生

黄春程：北京建筑大学，硕士生

李隆郅：北京建筑大学，硕士生

姚　宇：北京建筑大学，硕士生

吴宇航：北京建筑大学，硕士生

孙博文：北京建筑大学，硕士生

刘　振：北京建筑大学，博士生

戚正浩：北京建筑大学，硕士生

谭信睿：北京建筑大学，硕士生

徐新瑞：北京建筑大学，硕士生

刘靖宇：北京建筑大学，硕士生

4. 中国石油国家高端智库团队（参与理论研究、案例撰写）

吕建中：中国石油国家高端智库研究中心，专职副主任，教授级高级工程师

杨　虹：中国石油集团经济技术研究院，首席专家，教授级高级工程师

吴　潇：中国石油集团经济技术研究院，高级工程师

孙乃达：中国石油集团经济技术研究院，高级工程师

5. 现代电力团队（电力工程案例撰写）

黄其励：国家电网公司，一级顾问，中国工程院院士

刘泽洪：国家电网公司，全球能源互联网合作组织驻会副主席，教授级高级工程师

张　勇：国家能源投资集团公司科技与信息化部，经理，教授级工程师

田汇冬：国家电网公司设备监造中心，高级主管，高级工程师

张　进：国家电网公司特高压部技术处，处长，高级工程师

刘　杰：国家电网公司特高压部技术处，副处长，高级工程师

韩先才：国家电网公司交流建设部，副主任，教授级高级工程师

李燕雷：国家电网公司特高压部线路处，处长，高级工程师

吕　铎：国家电网公司，高级主管，高级工程师

程述一：国家电网公司经济技术研究院，高级工程师

杜晓磊：国家电网公司经济技术研究院，高级工程师

卢亚军：国家电网经济技术研究院青豫工程成套设计项目，经理，高级工程师

臧　鹏：国家电网公司国外工程公司，经理，高级工程师

刘前卫：国家电网公司科技创新部，副主任，高级工程师

付　颖：国家电网公司，副处长，高级工程师

崔军立：国家电网青海省电力公司，董事长，党委书记，教授级高级工程师

周　杨：国家电网公司直流建设部，高级工程师

魏　争：国家电网经济技术研究院，高级工程师

张亚迪：国家电网公司西南分部，高级工程师

王彦兵：国家电网经研院设计咨询中心水电技术处，副处长，高级工程师

田云峰：国家电网新源张家口风光储示范电站公司，总经理，高级工程师

刘宇石：中国电力科学研究院，高级工程师

陈海波：国家电网智能电网研究院，副院长，教授级高级工程师

郝　峰：国家电网内蒙古东部电力有限公司，高级工程师

黄　坤：国家电网运检部高级主管，高级工程师

刘永奇：国家电网抽水蓄能和新能源部，主任，教授级高级工程师

朱法华：国家能源集团科学技术研究院有限公司，副总经理，教授级高级工程师

许月阳：国家能源集团科学技术研究院有限公司，三级主管，高级工程师

管一明：国家能源集团科学技术研究院有限公司，高级工程师

陆　烨：国家能源集团浙江北仑电厂，高级工程师

许科云：国家能源集团浙江北仑电厂，高级工程师

陈　笔：国家能源集团浙江北仑电厂，高级工程师

闫国春：中国神华煤制油化工有限公司，党委书记、董事长，教授级高级工程师

王　海：国家能源集团浙江公司安全生产部，主任

杨萌萌：国家能源集团大港发电厂，总工程师，高级工程师

周保精：国家能源集团，高级主管，高级工程师

尧　顺：陕西榆林能源集团有限公司，副总经理，教授级高级工程师

杨　文：国家能源集团神东煤炭公司，高级工程师

许联航：国家能源集团神东煤炭公司，高级工程师

郭洋楠：神东煤炭技术研究院，高级工程师

王学深：四川白马循环流化床示范电站公司，董事长，教授级高级工程师

甘　政：四川白马循环流化床示范电站公司，高级工程师

谢　雄：四川白马循环流化床示范电站公司，高级工程师

许世森：华能集团科技部，主任，教授级高级工程师

刘入维：华能集团科技部，副处长，高级工程师

陈　锋：华能国际电力股份有限公司玉环电厂，董事长、党委书记，教授级高级工程师

张　欢：华能集团清洁能源技术研究院有限公司，高级工程师

曹学兴：华能集团华能澜沧江水电公司，高级主管，高级工程师

余记远：华能集团华能澜沧江水电公司，高级主管，高级工程师

任永强：华能集团华能清洁能源研究院，绿色煤电部主任，高级工程师

王瑞超：华能（天津）煤气化发电有限公司，高级工程师

王　超：华能澜沧江水电公司，高级主管，高级工程师

王鹤鸣：大唐集团科技创新部，主任，教授级高级工程师

赵兴安：大唐集团，高级工程师

唐宏芬：大唐集团新能源科学技术研究院太阳能研究所，副所长，高级工程师

李国华：大唐集团科学技术研究总院，院长，教授级高级工程师

李兴旺：内蒙古大唐国际托克托发电有限责任公司，副总经理，教授级高级工程师

董树青：大唐集团，高级主管，高级工程师

赵计平：内蒙古大唐国际托克托发电有限责任公司，高级工程师

龙　泉：大唐集团，主任工程师，高级工程师

夏怀祥：大唐集团新能源科学技术研究院，副院长，教授级高级工程师

陈晓彬：华电集团华电山西公司，党委书记、董事长，教授级高级工程师

杨宝银：华电集团华电乌江公司，副总经理，教授级高级工程师

湛伟杰：华电集团华电乌江公司工程管理部，主任，教授级高级工程师

6. 唐人文化团队（图册设计、综合案例撰写）

贾枝桦：唐人文化，董事长，教授级高级工程师

罗平平：唐人文化，副总经理

沈　芬：唐人文化，副总经理

苏　威：唐人文化，常务副总经理

李晓飞：唐人文化，设计总监

闫丽娜：唐人文化，经理

王浩平：唐人文化，经理

蔺苗苗：唐人文化，设计师

牛玲玲：唐人文化，经理

雷　蕾：唐人文化，设计师

7. 北京航空航天大学团队（军工系统案例撰写）

王礼恒：中国航天科技集团有限公司，中国工程院院士

王自力：北京航空航天大学，中国工程院院士

任　羿：北京航空航天大学可靠性工程研究所，副所长，研究员

冯　强：北京航空航天大学可靠性工程研究所，工程技术中心主任，副研究员

张　悦：北京航空航天大学，博士生

郭　星：北京航空航天大学，博士生

王荣阳：中国航空工业集团有限公司，政研室主任，研究员（审核人员）

汪亚卫：中国航空工业集团有限公司，原集团总工程师，研究员

张聚恩：中国航空工业集团有限公司，原集团科技部部长，航空研究院副院长，研究员

李　志：中国航空工业集团有限公司沈阳飞机设计研究所，科技委专职委员，研究员

8. 中国交建团队（交通行业案例撰写）

林　鸣：中国交建集团，中国工程院院士

刘　攀：东南大学，校党委副书记，教授级高级工程师

陈　峻：东南大学交通学院院长，教授级高级工程师

董　政：中国交建集团港珠澳项目部，副总工程师，高级工程师

徐宿东：东南大学东港航工程系，系主任，教授级高级工程师

冒刘燕：东南大学，博士生

郝建新：东南大学，博士生

刘春雨：东南大学，博士生

谢　雯：东南大学，博士生

刘考凡：东南大学，博士生

陈香橦：东南大学，博士生

韩鹏举：东南大学，博士生

刘佰文：东南大学，博士生

王奕然：东南大学，博士生

何俐烨：东南大学，博士生

吴世双：东南大学，博士生

9. 中国海油团队（海洋工程案例撰写）

谢玉洪：中国海洋石油集团有限公司，中国工程院院士

李　达：中海油研究总院工程研究设计院，结构总师，教授级高级工程师

陈国龙：中海油研究总院工程研究设计院，浮体结构高级工程师

易　丛：中海油研究总院工程研究设计院，浮体结构资深高级工程师

谢文会：中海油研究总院工程研究设计院，深水浮体首席工程师

蒋梅荣：中海油研究总院工程研究设计院，浮体高级工程师

时光志：中海油能源发展股份有限公司 LNG 船务分公司，副经理，高级工程师

傅　强：中集（烟台）来福士海洋工程有限公司设计研究院，副院长，高级工程师

仝　刚：中海油研究总院钻采研究院，工程师

王杏娜：中海石油（中国）有限公司勘探部，主管，工程师

沈怀磊：中海石油（中国）有限公司勘探部，高级主管，高级工程师

王　晨：中海油研究总院勘探开发研究院，部门秘书，经济师

张春宇：中海油研究总院勘探开发研究院，沉积储层工程师
冯晨阳：中海油研究总院勘探开发研究院，实习生

10. 河钢集团团队（钢铁行业案例撰写、参与编辑编审）

殷瑞钰：钢铁研究总院，中国工程院院士
王新东：河钢集团，副总经理，首席技术官，教授级高级工程师
钟金红：河钢集团科技创新部，副总经理，正高级工程师
王　凡：河钢集团科技创新部，高级经理，高级工程师
张　倩：河钢集团《河北冶金》杂志社，社长，高级工程师
杨　楠：河钢集团科技创新部，经理，高级工程师
刘金哲：河钢集团低碳发展研究中心，研究员，高级工程师
侯长江：河钢集团低碳发展研究中心，研究员，高级工程师
郝良元：河钢集团低碳发展研究中心，研究员，高级工程师
李国涛：河钢集团低碳发展研究中心，研究员，高级工程师
刘宏强：河钢集团科技创新部，总经理，教授级高级工程师
田京雷：河钢集团低碳发展研究中心，主任，首席研究员，高级工程师
马　成：河钢材料技术研究院，博士
曹宏玮：河钢材料技术研究院，博士
刘帅峰：河钢材料技术研究院，博士
侯环宇：河钢材料技术研究院低碳发展研究中心，研究员，高级工程师
王雪琦：河钢材料技术研究院，工程师
王耀祖：北京科技大学，副教授

11. 河海大学团队（水利工程案例撰写）

王慧敏：河海大学，教授
薛刘宇：河海大学，副处长
仇　蕾：河海大学，教授
赖小莹：天津大学，副教授
薛　诗：河海大学，硕士生
吴星妍：河海大学，硕士生
庞甜甜：河海大学，硕士生
李天骄：河海大学，硕士生
马蓓文：河海大学，硕士生
王子勍：河海大学，硕士生
蔡思琴：河海大学，硕士生
贺子高：河海大学，硕士生
朱锦迪：河海大学，硕士生
刘　艺：河海大学，硕士生
余　潞：河海大学，硕士生
李佳静：河海大学，硕士生
张子千：河海大学，硕士生

陈　红：河海大学，硕士生

12. 阿里巴巴团队（云计算案例撰写）

王　坚：阿里巴巴集团技术委员会，主席，中国工程院院士

王中子：阿里巴巴集团科研项目支持办公室，高级专家，博士

13. 华为公司团队（信息行业案例撰写）

徐文伟：华为技术有限公司战略研究院，院长，正高级工程师

张宏喜：华为技术有限公司 ICT Marketing，部长

王敬源：华为技术有限公司，高级专家

金　铭：华为技术有限公司，营销专家

乔　卿：华为技术有限公司，营销专家

14. 北京大学团队（综合案例撰写、编辑编审、参与理论研究）

宋　洁：北京大学工学院，党委书记，教授

何冠楠：北京大学，助理教授

王剑晓：北京大学，助理研究员

李　治：北京大学，工程管理博士

黄　晶：北京大学，工程管理博士

王宗宪：北京大学，博士后

高　锋：北京大学，博士后

黄静思：北京大学，博士后

何　璇：北京大学，工程管理硕士

赵　岳：北京大学，工程管理硕士

伥　庚：北京大学，工程管理硕士

郑耀坤：北京大学，工程管理硕士

王先阳：北京大学，工程管理硕士

李胤臣：北京大学，工程管理硕士

王伟明：北京大学，工程管理硕士

方　隆：北京大学，工程管理硕士

冯　伟：北京大学，工程管理硕士

汪志星：北京大学，工程管理硕士

李颖溢：北京大学，工程管理硕士

赵　耀：北京大学，工程管理硕士

徐少龙：北京大学，工程管理硕士

张栩萌：北京大学，工程管理硕士

麦艺海：北京大学，工程管理硕士

肖亨波：北京大学，机械硕士

高晨宇：北京大学，中国史硕士

李逸飞：北京大学，中国史硕士

王娇培：北京大学，中国史硕士

陈榕欣：北京大学，中国史硕士

15. 中国石化团队（石化案例撰写）

孙丽丽：中国石化炼化工程集团，中国工程院院士

王基铭：中国石化集团，中国工程院院士

袁晴棠：中国石化集团，中国工程院院士

张秀东：中国石化集团工程公司，副总经理，教授级高级工程师

门宽亮：中国石化集团工程公司，高级工程师

蔡晓红：中国石油抚顺石化公司，主办，政工师

陈国瑜：中国石油抚顺石化公司，科长，政工师

毛　军：中国石油抚顺石化公司，处长，正高级政工师

张志军：中国石油独山子石化公司乙烯厂，总工程师，教授级高级工程师

周湧涛：中国石化工程建设有限公司，专业副总监，高级工程师

吴佳晨：中国石化工程建设有限公司，主办，政工师

李　真：中国石化工程建设有限公司，主办，助理经济师

范传宏：中国石化工程建设有限公司，副总经理，正高级工程师

高云忠：中国石化工程建设有限公司，副总裁，正高级工程师

王卫军：中国石化工程建设有限公司，高级项目经理，高级工程师

崔一帆：中国石化工程建设有限公司，项目经理，高级工程师

霍宏伟：中国石化工程建设有限公司，首席专家，正高级工程师

苏胜利：中国石化工程建设有限公司，首席专家，高级工程师

李可梅：中国石化工程建设有限公司，项目设计经理，高级工程师

秦永强：中国石化工程建设有限公司，总经理助理，正高级工程师

魏志强：中国石化工程建设有限公司，主任助理，正高级工程师

简　铁：中国石化工程建设有限公司，控制部副经理，高级工程师

秦有福：中国石化工程建设有限公司，项目经理，高级工程师

张宝海：中国石化工程建设有限公司施工管理部，原经理，高级工程师

邵　壮：中国石化工程建设有限公司项目执行部，副经理，高级工程师

宁　波：中国石化工程建设有限公司，高级项目经理，正高级工程师

马洪波：中国石化工程建设有限公司施工管理部，经理，高级工程师

卫　刚：中国石化工程建设有限公司土建室，主任，高级工程师

费宏民：中国石油大庆石化公司，副处长，高级工程师

杜海平：中国石化燕山石化公司，部长，高级经济师

宋鸿礼：中国石化燕山石化公司，科长，高级政工师

赵书萱：中国石化燕山石化公司，高级业务主管，高级政工师

朱嬿萍：中国石化上海石化公司，调研主管，馆员

杨祖寿：中国石化上海石化公司党委办公室，调研保密科科长，高级政工师

胡燕芳：中国石化上海石化公司党委宣传部，宣教文化科科长，经济师

李　娟：中国石化上海石化公司党委宣传部，新闻舆情科科长，记者

严　峻：上海赛科石油化工有限责任公司党群工作部，政工师

付卫东：中海油惠州石化有限公司，项目副总经理，高级工程师

赵明昌：中海油惠州石化有限公司项目设计管理部，经理，高级工程师
王辅臣：华东理工大学，博士生导师，教授
范体军：华东理工大学人文社会科学处，处长，教授
张来勇：中国寰球工程有限公司，首席技术专家，技术委员会主任，正高级工程师
李胜山：中国石油华东设计院有限公司，原总经理，正高级工程师
何　勇：中国石油广西石化分公司，常务副总经理，正高级工程师
邢忠起：中沙（天津）石化有限公司，专业经理，高级工程师
曹　群：中石化炼化工程（集团）沙特有限责任公司，部门经理，工程师
刘克伟：中石化炼化工程（集团）沙特有限责任公司，副总经理，高级工程师
俞家生：中石化炼化工程（集团）沙特有限责任公司，副总经理，高级工程师
姜　明：中国石化天津分公司，党委副书记，纪委书记，高级工程师
刘旭军：国家能源集团宁夏煤业有限责任公司建设指挥部，总指挥，正高级工程师
丁永平：国家能源集团宁夏煤业有限责任公司，副科长，高级工程师
李　丽：中国天辰工程有限公司，业务主任助理，高级工程师
石小进：中国石化集团南京化学工业有限公司化机公司党群部，副部长，高级经济师
陈登茂：中国石化集团南京化学工业有限公司，政工师
叶晓东：中国石化集团南京化学工业有限公司，执行董事，党委书记，正高级工程师
叶迎春：中国石化集团南京化学工业有限公司，党群管理高级主管，高级政工师
谭　晶：中国石化集团南京化学工业有限公司，党群管理高级专家，高级政工师
王世华：中国石化集团南京化学工业有限公司，副总经理，高级政工师

16. 湖南工商大学团队（制造工程案例撰写）

陈晓红：湖南工商大学，中国工程院院士
何继善：中南大学，中国工程院院士
唐湘博：湖南工商大学环境管理与环境政策评估中心，主任，副教授
易国栋：湖南工商大学前沿交叉学院学科科研办公室，主任，副教授
张威威：湖南工商大学前沿交叉学院教师，讲师
苏翠侠：铁建重工科技发展部，高级工程师，副总经理
龙　斌：铁建重工科技发展部掘进机事业部，执行总经理兼总工程师，高级工程师
郝蔚祺：铁建重工科技发展部，高级工程师，副总经理
秦念稳：铁建重工电气与智能研究设计院，副院长，高级工程师
张海涛：铁建重工交通工程装备事业部，总工程师兼院长，高级工程师
肖正航：铁建重工基础与前沿技术研究设计院，副院长，高级工程师
孙雪峰：铁建重工掘进机总厂，副总经理，总工程师，高级工程师
李鹏华：铁建重工科技发展部科技成果所，负责人，工程师
张帅坤：铁建重工掘进机研究设计院，副院长，高级工程师
周方建：铁建重工掘进机研究设计院，工程师，技术员
姚　满：铁建重工掘进机研究设计院，院长，高级工程师
杨书勤：铁建重工掘进机研究设计院前沿与基础所，所长，高级工程师
黄运明：三一重工泵路事业部泵送公司研究院，院长

何志伟：三一重工泵路事业部泵送公司研究院隧装研究所，所长
曹思林：三一重起事业部 CEO 办公室，副主任
李利斌：浙江三一装备有限公司研究院臂架研究所，副所长
周　平：中联重工建筑起重机械分公司研究院，科管室主任，工程
张玉柱：中联重科工程起重机分公司研发中心，技术总监，高级工程师
罗贤智：中联重科工程起重机分公司研发中心，副主任，高级工程师
屈乐宏：山河智能装备股份有限公司基础装备研究院工法研究所，副所长，工程师
彭　诚：山河智能装备股份有限公司技术中心技术市场支持部，市场调研员
赵宏强：山河智能装备股份有限公司，研究员，资深专家
陈冬良：山河智能特种装备有限公司特种装备研究总院，院长，正高级工程师

17. 能新科团队（综合案例撰写）
张建勇：能新科国际有限公司，董事长兼 CEO
张　娟：能新科国际有限公司，北美区域执行合伙人
张　英：能新科国际有限公司专家委员会，资深委员，高级建筑师，国家一级注册建筑师，注册城乡规划师
王腾飞：能新科国际有限公司，中国区联席总裁，教授级高级工程师

18. 合肥工业大学团队（综合案例撰写、编辑编审）
杨善林：合肥工业大学管理学院，中国工程院院士
梁　樑：合肥工业大学，原校长，教授
王静峰：合肥工业大学土木与水利工程学院，院长，教授
刘心报：合肥工业大学管理学院，校长助理，教授
张　强：合肥工业大学管理学院，院长，教授
张振华：合肥工业大学土木与水利工程学院，副院长，教授
胡笑旋：合肥工业大学管理学院研究生院，常务副院长，教授
李　早：合肥工业大学建筑与艺术学院，原院长，教授
李霄剑：合肥工业大学管理学院，研究员
丁　帅：合肥工业大学管理学院，教授
顾东晓：合肥工业大学管理学院，教授
项乃亮：合肥工业大学土木与水利工程学院道桥地下系副主任，研究员
汪亦显：合肥工业大学土木与水利工程学院道桥地下系副主任，教授
张爱勇：合肥工业大学土木与水利工程学院，教授
刘　武：合肥工业大学土木与水利工程学院，副教授
钟　剑：合肥工业大学土木与水利工程学院，副教授
王艳巧：合肥工业大学土木与水利工程学院水利系，支部书记，副教授
刘　广：合肥工业大学土木与水利工程学院水利系，副主任，副教授
刘佩贵：合肥工业大学土木与水利工程学院，副教授
韩　丁：合肥工业大学土木与水利工程学院，副教授
梁昌勇：合肥工业大学管理学院研究生院，副院长，教授
徐宝才：合肥工业大学食品与生物工程学院，院长，教授

陈从贵：合肥工业大学食品与生物工程学院，书记，教授
付　超：合肥工业大学管理学院，副院长，教授
姜元春：合肥工业大学管理学院，副院长，教授
高伟清：合肥工业大学物理学院，常务副院长，教授
李中军：合肥工业大学物理学院，副院长，教授
宣　蔚：合肥工业大学建筑与艺术学院，院长，教授
蒋翠清：合肥工业大学管理学院，教授
刘业政：合肥工业大学管理学院，教授
罗　贺：合肥工业大学管理学院，教授
焦建玲：合肥工业大学管理学院，教授
周开乐：合肥工业大学管理学院，教授
李贝贝：合肥工业大学土木与水利工程学院，研究员
郅伦海：合肥工业大学土木与水利工程学院建工系，主任，教授
赵春风：合肥工业大学土木与水利工程学院建工系，副主任，教授
袁海平：合肥工业大学土木与水利工程学院，教授
欧阳波：合肥工业大学管理学院，研究员
高　鹏：合肥工业大学土木与水利工程学院，研究员
蒋翠侠：合肥工业大学管理学院，教授
赵　菊：合肥工业大学管理学院，教授
周　谧：合肥工业大学管理学院，教授
柴一栋：合肥工业大学管理学院，教授
周　啸：合肥工业大学土木与水利工程学院，副研究员
胡中停：合肥工业大学土木与水利工程学院，副教授
莫杭杰：合肥工业大学管理学院，副教授
彭张林：合肥工业大学管理学院，副教授
蔡正阳：合肥工业大学管理学院，副研究员
马华伟：合肥工业大学管理学院，副教授
王国强：合肥工业大学管理学院，副教授
周志平：合肥工业大学管理学院，副教授
孙见山：合肥工业大学管理学院，副教授
丁　勇：合肥工业大学管理学院，副教授
孙春华：合肥工业大学管理学院，副教授
陆文星：合肥工业大学管理学院，副教授
赵树平：合肥工业大学管理学院，副教授
刘军航：合肥工业大学管理学院，副教授
付　红：合肥工业大学管理学院，副教授
王晓佳：合肥工业大学管理学院，副教授
李方一：合肥工业大学管理学院，副教授
杨冉冉：合肥工业大学管理学院，副教授

李兰兰：合肥工业大学管理学院，副研究员

罗　彪：合肥工业大学管理学院，教授

杨远俊：合肥工业大学物理学院，副研究员

黎启国：合肥工业大学建筑与艺术学院，副教授

唐晓凤：合肥工业大学食品与生物工程学院，副教授

苗　敏：合肥工业大学食品与生物工程学院，副教授

贺为才：合肥工业大学建筑与艺术学院，副教授

徐　震：合肥工业大学建筑与艺术学院，副教授

曹海婴：合肥工业大学建筑与艺术学院，副教授

19. 解放军火箭军研究院团队（导弹系统工程案例撰写）

李贤玉：解放军火箭军研究院，中国工程院院士，教授

王道军：解放军火箭军研究院，室副主任，研究员

张连伟：解放军火箭军研究院，室副主任，副研究员

安庆杰：解放军火箭军研究院，副研究员

王　昊：解放军火箭军研究院，副研究员

皮嘉立：解放军火箭军研究院，助理研究员

姜　伟：解放军火箭军研究院，副研究员

20. 中国铁路总公司团队（铁道工程案例撰写）

卢春房：中国铁道科学研究院，中国工程院院士

傅志寰：中国铁道科学研究院，中国工程院院士

孙永福：中国铁道科学研究院，中国工程院院士

何华武：中国工程院，中国工程院院士

田京芬：中国铁道学会，副秘书长，高级工程师

贾光智：中国铁道科学研究院信息所，副所长，研究员

史俊玲：中国铁道科学研究院，部门副主任，研究员

李子豪：中国铁道科学研究院，研究实习员

杜晓洁：中国铁道科学研究院，助理研究员

刘　坦：中国铁道科学研究院，研究实习员

方　奕：中国铁道科学研究院，副研究员

刘曲星：中国铁道科学研究院，研究实习员

郭　静：中国铁道学会，工程师

马成贤：中国铁道学会，高级工程师

王　德：中国铁道学会，正高级工程师

苏全利：国家铁路局，原副局长，正高级工程师

张　航：国家铁路局，工程师

才　凡：中国铁路文联，原秘书长，正高级政工师

21. 煤炭团队（煤炭行业案例撰写）

金智新：太原理工大学，中国工程院院士

凌　文：国家能源投资公司，中国工程院院士

韩　进：中煤平朔集团有限公司，总工程师，高级工程师

刘俊昌：中煤平朔集团有限公司，副总工程师兼生产技术部主管，高级工程师

张荣江：中煤平朔集团有限公司生产技术部，技术员，工程师

肖　平：抚顺矿业集团有限责任公司，总经理，教授级高级工程师

张千宇：抚顺矿业集团有限责任公司，科长，高级工程师

王世军：抚顺矿业集团有限责任公司，调研员，工程师

杨　真：国能神东煤炭集团布尔台煤矿，矿长，高级工程师

曹　军：国能神东煤炭集团布尔台煤矿，总工程师，工程师

杨永亮：国能神东煤炭集团布尔台煤矿，副总工程师，工程师

刘兆祥：国能神东煤炭集团补连塔煤矿，总工程师，工程师

李金刚：国能神东煤炭集团补连塔煤矿生产办，主任，工程师

范文胜：国能神东煤炭集团补连塔煤矿生产办，副主任，高级工程师

王　炜：国能准能集团有限责任公司，高级主管，高级工程师

李福平：国能准能集团有限责任公司，高级主管，高级工程师

李海滨：国能准能集团有限责任公司，副科长，工程师

何长文：黑龙江龙煤鸡西矿业集团有限责任公司宣传部，常务副部长，高级工程师

刘维久：黑龙江龙煤鸡西矿业集团有限责任公司，原《鸡西矿工报》编辑，主任记者

王　学：黑龙江龙煤鸡西矿业集团有限责任公司，原《鸡西矿工报》编辑，主任编辑

毛培柱：黑龙江龙煤鹤岗矿业有限责任公司兴安煤矿综合办公室，副主任，助理政工师

张茂秋：黑龙江龙煤鹤岗矿业有限责任公司兴安煤矿宣传部，原部长，教授级高级政工师

关立国：黑龙江龙煤鹤岗矿业有限责任公司兴安煤矿技术部，副部长，高级工程师

闫朝斌：开滦（集团）有限责任公司开滦档案馆，馆长，高级工程师

许　斌：开滦（集团）有限责任公司开滦档案馆，副馆长，高级政工师

赵　彤：开滦（集团）有限责任公司开滦档案馆，科长，英语副译审

刘树弟：开滦（集团）有限责任公司开滦技术中心，主任，正高级工程师

王福强：开滦（集团）有限责任公司开滦技术中心，科长，高级经济师

雷贵生：陕煤集团黄陵矿业集团有限责任公司，党委书记，董事长，教授级高级工程师

王鹏飞：陕煤集团黄陵矿业集团有限责任公司，党委副书记，总经理，教授级高级工程师

李团结：陕煤集团黄陵矿业集团有限责任公司，总工程师，高级工程师

闫敬旺：陕煤集团神木柠条塔矿业有限公司，党委书记，董事长，正高级政工师

王建文：陕煤集团神木柠条塔矿业有限公司，总工程师，正高级工程师

陈　菲：陕煤集团神木柠条塔矿业有限公司，副部长，工程师

杨　征：陕西小保当矿业有限公司，党委书记，董事长，总经理，高级工程师

梁　旭：陕西小保当矿业有限公司，副总经理，总工程师，高级工程师

张慧峰：陕西小保当矿业有限公司，主管，工程师

王向阳：徐州矿务集团有限公司资产开发管理部，部长，研究员，高级工程师

任　毅：徐州矿务集团有限公司资产开发管理部资产开发科，副科长，中级经济师

蔡光琪：中煤平朔集团有限公司，矿长，教授级高级工程师

李国君：抚顺矿业集团有限责任公司，总工程师，教授级高级工程师

贺安民：国能神东煤炭集团布尔台煤矿，院长，教授级高级工程师

22. 中国空间技术研究院团队（空间站案例撰写）

杨　宏：中国空间技术研究院，中国工程院院士

陈国宇：航天科技集团五院人力资源部，副部长，研究员

周昊澄：中国空间技术研究院，工程师

张　昊：中国空间技术研究院，空间站系统主任设计师，研究员

23. 船舰团队（舰船案例撰写）

刘　合：中国石油勘探开发研究院，中国工程院院士

张金麟：中国船舶集团有限公司，中国工程院院士

林　枫：中国船舶集团有限公司七〇三所，所长，研究员

李名家：中国船舶集团有限公司燃气轮机事业部，党总支书记，研究员

徐文燕：中国船舶集团有限公司院士办，主任，研究员

李雅军：中国船舶集团有限公司燃烧技术中心，主任，研究员

刘　勋：中国船舶集团有限公司，高级工程师

刘世铮：中国船舶集团有限公司，工程师

张智博：中国船舶集团有限公司，高级工程师

纪宏志：中国船舶集团有限公司，副总冶金师，高级工程师

左艳军：中国船舶集团有限公司，副主任，研究员

潘　俊：中国船舶集团有限公司，研究员

吴　炜：中国船舶集团有限公司，副主任，研究员

刘　薇：中国船舶集团有限公司，高级工程师

胡　震：中国船舶集团有限公司，船舶集团首席专家，研究员

王　帅：中国船舶集团有限公司，高级工程师

韩　龙：中国船舶集团有限公司，高级工程师

吴思伟：中国船舶集团有限公司，高级工程师

袁红良：沪东中华造船（集团）有限公司，副所长，教授级高级工程师

屠佳樱：沪东中华造船（集团）有限公司，工程师

24. 华中科技大学团队（建筑行业等案例撰写，参与理论研究）

丁烈云：华中科技大学，中国工程院院士

孙　峻：华中科技大学，副教授

陈晓明：上海建工集团股份有限公司，总工程师，教授级高级工程师

樊　剑：华中科技大学，副教授

陈　珂：华中科技大学，副教授

董贺轩：华中科技大学，教授

高　翔：华中科技大学，博士生

杨清章：华中科技大学，硕士生

郁政华：上海市机械施工集团有限公司，副主任，高级工程师

郑　俊：上海市机械施工集团有限公司，高级工程师

邵　泉：广州市建筑集团有限公司，副总工程师，教授级高级工程师

邵　茂：北京城建集团有限责任公司，工程总承包项目总工程师，高级工程师

25. 鞍钢集团团队（冶金工程案例撰写）

邵安林：鞍钢集团矿业有限公司，中国工程院院士

雷平喜：鞍钢集团矿业有限公司，总工程师，教授级高级工程师

尹升华：北京科技大学，院长，教授

柳小波：北京科技大学，主任，教授

寇　玉：北京科技大学，副主任，教授

韩　斌：北京科技大学，副教授

曲福明：北京科技大学，副主任，副教授

荆洪迪：北京科技大学，副研究员

张永存：鞍钢集团矿业有限公司，工会副主席，高级经济师

丛培勇：鞍钢集团矿业有限公司，调研主任，政工师

26. 中国中车团队（机车等案例撰写）

王　军：中国中车，副总裁，教授级高级工程师

曲天威：中国中车，副总兼总工师，教授级高级工程师

李　敏：中国中车，行政部长，教授级高级工程师

吴胜权：中国中车，副总兼总工师，教授级高级工程师

沙　淼：中国中车，总工程师，教授级高级工程师

梁建英：中国中车，主任，教授级高级工程师

于跃斌：中国中车，主任，教授级高级工程师

赵明元：中国中车，副院长，教授级高级工程师

张新宁：中国中车，总工程师，教授级高级工程师

侯　波：中国中车，副主任，教授级高级工程师

田　钢：中车工业研究院有限公司，技术总监，教授级高级工程师

刘　昱：中车工业研究院有限公司，行政部长，教授级高级工程师

汪琳娜：中车工业研究院有限公司，工程师

徐　磊：中车青岛四方机车车辆股份有限公司，总工师，教授级高级工程师

林　松：中车青岛四方机车车辆股份有限公司，主任设计师，教授级高级工程师

王　浩：中车青岛四方机车车辆股份有限公司，首席设计师，教授级高级工程师

林　鹏：中车青岛四方机车车辆股份有限公司，技术中心书记，教授级高级工程师

王树宾：中车长春轨道客车股份有限公司，总体部部长，教授级高级工程师

邓　海：中车长春轨道客车股份有限公司，中车科学家，教授级高级工程师

王　超：中车长春轨道客车股份有限公司，技术专家，教授级高级工程师

陈澍军：中车唐山机车车辆有限公司，总体部部长，教授级高级工程师

宋焕民：中车唐山机车车辆有限公司，总体部副部长，高级政工师

吴可超：中车唐山机车车辆有限公司，主管，高级政工师

张宗康：中车大连机车车辆有限公司，总体部副部长，高级工程师

苏屹峰：中车大连机车车辆有限公司，工程师

宁　娜：中车大连机车车辆有限公司，高级经济师

27. 核武器团队（核武案例撰写）

范国滨：中国工程物理研究院，中国工程院院士

李　静：中国工程科技创新战略研究院，助理研究员

毛朋成：中国工程科技创新战略研究院，研究生

彭现科：中国工程科技创新战略研究院，副秘书长

曹晓阳：中国工程科技创新战略研究院，副研究员

28. 中国信息安全测评中心团队（信息工程案例撰写）

黄殿中：中国信息安全测评中心国际关系学院，中国工程院院士

王　标：中国信息安全测评中心国际关系学院，教授

巩朋贤：中国信息安全测评中心国际关系学院，研究生

信　欣：中国信息安全测评中心国际关系学院，研究生

袁　艺：中国信息安全测评中心国际关系学院，研究生

29. 解放军总医院（301 医院）团队（医院建设案例撰写）

李晓雪：解放军总医院（301 医院），主任，副主任医师

王彬华：解放军总医院（301 医院），工程师

郝昱文：解放军总医院（301 医院），副主任，高级工程师

马延爱：解放军总医院（301 医院），主管护师

南　杰：解放军总医院（301 医院），助理工程师

吉巧丽：解放军总医院（301 医院），助理研究员

30. 中国石油大学（北京）团队（能源案例撰写）

张来斌：中国石油大学（北京），中国工程院院士

张　磊：中国石油大学（北京），副教授

徐凌波：中国石油大学（北京），硕士生

赵潇楠：中国石油大学（北京），硕士生

杨　潇：中国石油大学（北京），硕士生

聂中华：中国石油大学（北京），硕士生

31. 中国地质大学（北京）团队（深井工程案例撰写）

孙友宏：中国地质大学（北京），中国工程院院士

李　冰：中国地质大学（北京），副教授

李亚洲：中国地质大学（北京），讲师

PavelTalalay：吉林大学极地科学与工程研究院，院长，教授

孙宝江：中国石油大学（华东），教授

刘洪涛：塔里木油田公司油气工程研究院，院长，高级工程师

周　波：塔里木油田公司油气工程研究院，副院长，高级工程师

赵　力：塔里木油田公司油气工程研究院，副所长，高级工程师

唐　斌：塔里木油田公司油气工程研究院，副主任，工程师

张绪亮：塔里木油田公司油气工程研究院，副主任，工程师

32. 卫星团队（卫星案例撰写）

杨长风：中国卫星导航系统管理办公室，中国工程院院士，正高级工程师

王慧林：中国卫星导航系统管理办公室，主管
蔡洪亮：中国卫星导航系统管理办公室，高级工程师
曹坤梅：中国卫星导航系统管理办公室，高级工程师

33. 东旭集团团队（综合案例撰写）

李　青：旭新光电科技有限公司，董事长
斯沿阳：旭新光电科技有限公司，技术总监，高级工程师
王世岚：东旭集团有限公司，高级经理，工程师
郝　艺：东旭集团有限公司，高级经理，工程师
王丽红：东旭集团有限公司，技术总监，高级工程师
李瑞佼：东旭集团有限公司，高级经理，工程师
郑　权：东旭集团有限公司，总经理，工程师
王耀君：东旭集团有限公司精密玻璃研究院，院长，高级工程师
张紫辉：河北工业大学，教授
张勇辉：河北工业大学，教授
王玉乾：石家庄旭新光电科技有限公司，项目部部长
史　俭：石家庄旭新光电科技有限公司，项目部职员
陈志强：石家庄旭新光电科技有限公司，工程师
任晟冲：石家庄旭新光电科技有限公司，技术部主管
刘广旺：石家庄旭新光电科技有限公司，工程师
何怀胜：芜湖东旭光电科技有限公司，副总经理，高级工程师

34. 冶金工业规划研究院团队（综合案例撰写）

殷瑞钰：钢铁研究总院，中国工程院院士
李新创：冶金工业规划研究院，原院长，正高级工程师
姜晓东：冶金工业规划研究院，副院长，正高级工程师
王定洪：冶金工业规划研究院，总设计师，正高级工程师
高　升：冶金工业规划研究院，总设计师，处长，高级工程师
李　闯：冶金工业规划研究院，总设计师，正高级工程师
李晋岩：冶金工业规划研究院，总设计师，高级工程师
安成钢：冶金工业规划研究院，总设计师，高级工程师
周园园：冶金工业规划研究院，高级工程师
樊　鹏：冶金工业规划研究院，副处长，高级工程师
高　金：冶金工业规划研究院，高级工程师
谢　迪：冶金工业规划研究院，高级工程师
刘彦虎：冶金工业规划研究院，高级工程师
张　明：冶金工业规划研究院，副主任，高级工程师
武建国：冶金工业规划研究院，高级工程师

35. 中国石油规划总院团队（管道系统工程案例撰写）

黄维和：中国石油规划总院，国家管网研究总院，中国工程院院士，教授级高级工程师
关中原：国家管网研究总院，《油气储运》杂志社社长，教授级高级工程师

（工作人员未计入名单）

36. 中国航发团队（航天飞行器案例撰写）

曹建国：中国航空发动机研究院，集团董事长，中国工程院院士

向　巧：中国航空发动机研究院，副总经理，中国工程院院士

李　明：中国航空发动机研究院，高级工程师

朱大明：中国航空发动机研究院，教授级高级工程师

付　玉：中国航空发动机研究院，工程师

谭　米：中国航空发动机研究院，工程师

刘翠玉：中国航空发动机研究院，工程师

廖忠权：中国航空发动机研究院，高级工程师

刘博维：中国航空发动机研究院，工程师

晏武英：中国航空发动机研究院，高级工程师

37. 环境规划院团队（环境工程案例撰写）

王金南：生态环境部环境规划院，中国工程院院士

雷　宇：生态环境部环境规划院，所长，研究员

王夏晖：生态环境部环境规划院，副总工，研究员

王　东：生态环境部环境规划院，副总工，研究员

徐　敏：生态环境部环境规划院，首席专家，研究员

张文静：生态环境部环境规划院，研究员

彭硕佳：生态环境部环境规划院，高级工程师

张　鹏：生态环境部环境规划院，工程师

王　波：生态环境部环境规划院，主任，副研究员

郑利杰：生态环境部环境规划院，工程师

车璐璐：生态环境部环境规划院，助理研究员

颜亦磊：浙江省能源集团有限公司，主管，工程师

吕佳慧：浙江天地环保科技股份有限公司，经济师

金　军：浙江浙能嘉华发电有限公司，主管，高级工程师

38. 中国水利科学研究院团队（水利工程案例撰写）

王建华：中国水利水电科学研究院，副院长，正高级工程师

张　诚：国际洪水管理大会常设秘书处，主任，正高级工程师

吕　娟：中国水利水电科学研究院减灾中心，主任，正高级工程师

李文洋：中国水利水电科学研究院国际合作处，翻译

陈　娟：中国水利水电科学研究院国际合作处，高级工程师

张洪斌：中国水利水电科学研究院减灾中心，高级工程师

毕吴瑕：中国水利水电科学研究院减灾中心，高级工程师

穆　杰：中国水利水电科学研究院减灾中心，高级工程师

王　刚：中国水利水电科学研究院减灾中心，正高级工程师

王　力：中国水利水电科学研究院减灾中心，高级工程师

李云鹏：中国水利水电科学研究院减灾中心，高级工程师

周　波：中国水利水电科学研究院减灾中心，正高级工程师

39. 成都理工大学团队（综合案例撰写、参与编辑编审）

刘清友：成都理工大学，书记，教授

许　强：成都理工大学，校长，教授

范宣梅：成都理工大学地质灾害防治与地质环境保护国家重点实验室，副主任，研究员

赵伟华：成都理工大学环境与土木工程学院地质工程系，系副主任，副教授

王运生：成都理工大学环境与土木工程学院地质工程系，教授

林汐璐：成都理工大学地质灾害防治与地质环境保护国家重点实验室，讲师

罗永红：成都理工大学环境与土木工程学院地质工程系，系主任，教授

吉　锋：成都理工大学环境与土木工程学院地质工程系，教授

马春驰：成都理工大学环境与土木工程学院地质工程系，教授

张　岩：成都理工大学环境与土木工程学院地质工程系，研究员

罗　璟：成都理工大学环境与土木工程学院地质工程系，研究员

崔圣华：成都理工大学环境与土木工程学院地质工程系，副教授

陈婉琳：成都理工大学环境与土木工程学院地质工程系，讲师

刘　明：成都理工大学环境与土木工程学院地质工程系，讲师

王　丹：成都理工大学环境与土木工程学院地质工程系，讲师

汤明高：成都理工大学环境与土木工程学院土木工程系，系主任，教授

赵　华：成都理工大学环境与土木工程学院土木工程系，系副主任，副教授

高涌涛：成都理工大学环境与土木工程学院土木工程系，副教授

朱思宇：成都理工大学环境与土木工程学院土木工程系，副教授

武东生：成都理工大学环境与土木工程学院土木工程系，研究员

李　延：成都理工大学环境与土木工程学院土木工程系，副教授

焦　彤：成都理工大学环境与土木工程学院土木工程系，副教授

李龙起：成都理工大学环境与土木工程学院土木工程系，教授

吕　龙：成都理工大学环境与土木工程学院土木工程系，副教授

陈　旭：成都理工大学环境与土木工程学院土木工程系，副教授

钟志彬：成都理工大学环境与土木工程学院土木工程系，副教授

袁维光：成都理工大学环境与土木工程学院土木工程系，讲师

魏振磊：成都理工大学环境与土木工程学院土木工程系，研究员

黄　健：成都理工大学环境与土木工程学院土木工程系，副主任，副教授

解明礼：成都理工大学环境与土木工程学院地质工程系，讲师

夏明垚：成都理工大学地质灾害防治与地质环境保护国家重点实验室，研究员

赖琪毅：成都理工大学地质灾害防治与地质环境保护国家重点实验室，助理研究员

闫帅星：成都理工大学地质灾害防治与地质环境保护国家重点实验室，研究员

陈　政：成都理工大学地质灾害防治与地质环境保护国家重点实验室，研究员

陈　明：成都理工大学地质灾害防治与地质环境保护国家重点实验室，研究员

王剑超：成都理工大学地质灾害防治与地质环境保护国家重点实验室，助理研究员

赵建军：成都理工大学地质灾害防治与地质环境保护国家重点实验室，副主任，教授

高继国：成都理工大学党委组织部，副部长，学校党校副校长，副教授

黄　寰：成都理工大学学术期刊中心、商学院应用经济系，教授

40. 中国地质科学院团队（有色金属矿产案例撰写）

王安建：中国地质科学院，首席科学家，教授

刘　云：中国地质科学院，教授级高级工程师

41. 中国石油长庆油田团队（综合案例撰写、参与编辑编审）

何江川：中国石油天然气股份有限公司，教授级高级工程师

王京锋：长庆油田，教授级高级工程师

刘　涛：长庆油田党委办公室，副主任，政工师

杨　卫：长庆油田企管法规部，副主任，高级政工师

王　浩：长庆油田政策研究二室，主管，工程师

范　敏：长庆油田机关党总支，书记，工会主席，高级政工师

杨彦春：长庆油田党委宣传部，干事，高级政工师

何昕睿：长庆油田党委办公室，副主任，工程师

李　林：长庆油田党委办公室，副主任，工程师

李云鹏：长庆油田，工程师，干事

王　琳：长庆油田党委宣传部，干事，助理政工师

42. 西安交通大学团队（综合案例撰写）

汪应洛：西安交通大学，中国工程院院士，教授，博士生导师

钟　晟：国家发改委与西安交通大学共建改革试点探索与评估协同创新中心，研究员

徐立国：国家发改委与西安交通大学共建改革试点探索与评估协同创新中心，研究员

郑维博：国家发改委与西安交通大学共建改革试点探索与评估协同创新中心，研究员

周　勇：西安交通大学汪应洛院士研究团队，高级工程师

魏　航：西安交通大学汪应洛院士研究团队，高级工程师

43. 上海外高桥团队（邮轮案例撰写）

王　琦：上海外高桥造船有限公司，党委书记（董事长），正高级工程师

陈　刚：上海外高桥造船有限公司，总经理，正高级工程师

周　琦：上海外高桥造船有限公司，副总经理，高级工程师

许艳霞：上海外高桥造船有限公司，成本总监／企划部部长，正高级经济师